数字经济系列教材

INTRODUCTION TO
DIGITAL
ECONOMICS

数字经济概论

主　编 / 李三希
副主编 / 刘小鲁　杨继东　程　华

中国人民大学出版社
· 北京 ·

前言

党的二十大报告强调，要加快建设“网络强国、数字中国”，加快发展数字经济，促进数字经济和实体经济深度融合，打造具有国际竞争力的数字产业集群。数字经济是重组全球要素资源、重塑全球经济结构，乃至改变全球竞争格局的关键力量。在全面建设社会主义现代化国家新征程的背景下，全面发展数字经济是我国把握新一轮科技革命和产业变革新机遇的战略选择，是助力实现中华民族伟大复兴、推进和拓展中国式现代化的重要篇章，具有重要的时代意义。

党的十八大以来，以习近平同志为核心的党中央高度重视数字经济发展。习近平总书记强调，我们要站在统筹中华民族伟大复兴战略全局和世界百年未有之大变局的高度，统筹国内国际两个大局、发展安全两件大事，充分发挥海量数据和丰富应用场景优势，促进数字技术和实体经济深度融合，赋能传统产业转型升级，催生新产业新业态新模式，不断做强做优做大我国数字经济。近年来，我国的数字经济实践取得了巨大成就，因而我们要立足于中国数字经济发展的伟大实践，总结提炼数字经济发展的客观规律，形成系统的数字经济理论体系，建构中国自主数字经济知识体系。

本教材是建构中国自主数字经济知识体系的重要尝试。建构中国自主数字经济知识体系需要满足两个重要条件：一是要立足于中国数字经济实践；二是要形成系统的理论体系，而这正是本教材的核心特征。具体说来，本教材具有 4 个特色。

特色 1：系统的经济学理论体系。本教材立足于中国数字经济实践，构建系统的经济学理论体系，深入揭示数字经济运行的客观规律。市场上的现有教材大多是对数字经济发展的描述性介绍，而本教材充分发挥了编写团队在经济理论上的优势，同时结合中国数字经济发展实践，系统地建构适于分析数字经济发展的理论体系，以帮助学生更深入地理解数字经济运行的客观规律。本教材中的每一章均由在该领域中实施长期跟踪研究的老师承担。本教材编写团队的成员均来自中国人民大学、中国社会科学院大学、英国爱丁堡大学等一流高校，都是数字经济的一线研究人员，他们在理论上均有很深的功底。因此，我们能够确保本教材中的每一章内容都具有系统性、前沿性和准确性。

特色2：丰富的中国案例。近年来，中国的数字经济蓬勃发展，取得了举世瞩目的成绩，拥有丰富的素材和案例。本教材将对实践中的典型案例加以总结，使其内容更加丰富和生动，也让学生可以进一步了解中国数字经济的发展现状。

特色3：学科交叉的分析范式。数字技术是一种通用技术，它能与国民经济中的各行各业融合发展，并对社会经济的各方面都产生了重大影响。分析数字经济，需要多角度、全方位，因而研究者需要具备学科交叉知识。本教材首先从经济学内部着手，借助政治经济学、微观经济学、产业经济学、宏观经济学、劳动经济学等各个角度进行分析。其次，本教材还用到了计算机科学、管理学、法学等其他学科的知识。

特色4：理论和实践的双重前沿。本教材跟踪数字经济的最新实践动态，同时参考了国内外关于数字经济的最前沿研究，试图让学生了解到最前沿的实践和理论。

下面对本教材的经济学理论体系和各章内容安排做一个简要介绍。本教材总共16章，其中第一章为概览，剩下十五章分为微观主体篇、要素与技术篇、数字化转型篇、宏观发展篇、政策篇，每篇都有三章内容。从本质上说，数字经济是一场由技术引发的经济与社会革命。在数字经济这个概念被提出以前，学界更多地使用互联网经济与平台经济这两个概念，而数字经济承继了这两个概念，但又加入了新元素。互联网技术将传统上应该发生在现实中的许多经济活动搬到了线上，让人们能够突破地理空间限制，得以在虚拟空间进行交易。在此，网络外部性是理解经济新形态的核心经济学概念，而平台是互联网技术发展起来后最成功的组织模式。需求端的网络外部性带来的规模经济与供给端平台组织的兴趣，使市场的竞争与结构产生了颠覆性的改变，从而深刻改变了市场的微观主体及其行为。微观主体篇（第二章～第四章）对这些内容进行了详细介绍。随着技术与经济的进一步发展，互联网企业积累了大量数据。各种数据是一个“富矿”，里面蕴含着巨大的价值，已成为新的生产要素。然而，如何对数据这个富矿进行开发利用，从而推进大数据技术、智能算法以及区块链等新型数字技术的产生，还需深入研究。此外，这些新技术的产生，又会反过来影响企业的决策和经济运行。要素与技术篇（第五章～第七章）对数据要素与数字技术进行了全面的经济学分析。数据的积累和技术的进步催生了大量新业态与新模式，并使数字经济开始向传统产业扩张，不断推动企业的数字化转型与传统产业的数字化转型，数字化转型篇（第八章～第十章）对这些内容进行了概括。宏观发展篇（第十一章～第十三章）分别对数字经济的测算方法以及数字经济的发展对劳动力市场与不平等的影响进行了详细介绍。最后，数字经济的发展离不开相关政策的支持，政策篇（第十四章～第十六章）分别对货币政策、产业政策以及竞争政策进行了探讨。

本书是团队合作的结晶。李三希、刘小鲁、杨继东和程华共同设计了本教材的整体框架，具体章节的撰写分工如下：第一章、第三章～第五章，刘小鲁；第八章～第十章以及第十五章，杨继东；第二章和第十四章，程华；第六章，李三希；第七章，汪通；第十一章，蔡跃洲；第十二章，李直；第十三章，陈朴；第十六章，孟雁北。本教材编写团队感谢武玙璠、张明圣、刘希、杨登宇、魏冉、高秋男、赵泽宇、牛新星、陈楠、王猛猛等提供的高效助研工作。

本教材的使用对象为各院校高年级本科生及低年级研究生。本教材的内容具备前沿性，因而还可供相关研究人员参考。在使用本教材前，学生需要学过“经济学原理”的相关课程。

目录

第一章
数字经济概览

第一节 数字经济的内涵与构成 …… 1
第二节 发展数字经济的意义与挑战 …… 11

微观主体篇

第二章
网络外部性与市场需求

第一节 网络外部性的概念及分类 …… 19
第二节 网络外部性与市场需求 …… 23
第三节 网络产业的市场竞争特征 …… 27
第四节 影响网络外部性发挥作用的因素 …… 35

第三章
平台与双边市场

第一节 交叉网络外部性与双边市场 …… 43
第二节 平台定价中的交叉补贴 …… 47
第三节 平台生态系统 …… 50

第四章
数字经济下的竞争与市场结构
第一节 数字经济下的市场竞争 …… 60
第二节 平台竞争 …… 66

要素与技术篇

第五章
数据要素市场
第一节 数据要素与数据市场 …… 77
第二节 数据要素产业链 …… 79
第三节 数据确权 …… 85
第四节 隐私与安全规制 …… 88
第六章
大数据与企业策略
第一节 大数据：数字经济区别于传统经济的核心要素 …… 93
第二节 个性化定价 …… 94
第三节 精准营销 …… 99
第四节 优化生产 …… 104
第七章
区块链经济学
第一节 区块链简介 …… 111
第二节 区块链的应用 …… 119
第三节 区块链的局限性和规制困境 …… 134

数字化转型篇

第八章
数字经济的新业态与新模式
第一节 数字经济的新业态与新模式的背景及内涵 …… 144
第二节 数字经济的新业态与新模式的表现形式 …… 146
第三节 数字经济的新业态与新模式在经济发展中的作用 …… 159

第四节 数字经济的新业态与新模式发展存在的制约因素 …… 160
第五节 数字经济的新业态与新模式的推进政策及发展趋势 …… 161

第九章
企业数字化转型

第一节 企业数字化转型的含义 …… 166
第二节 企业数字化转型的驱动力量 …… 169
第三节 企业数字化转型的现实挑战与实现路径 …… 174
第四节 数字化转型与企业组织变革 …… 177
第五节 企业数字化转型的政策分析 …… 181

第十章
产业数字化转型

第一节 产业数字化的背景与内涵 …… 186
第二节 数字产业化与产业数字化 …… 189
第三节 产业数字化的路径及效应 …… 192
第四节 产业数字化的争论与治理 …… 198
第五节 产业数字化的制约因素和推进政策 …… 200

宏观发展篇

第十一章
数字经济发展评价与测算

第一节 数字经济发展状况的评价维度与主要评价方法 …… 207
第二节 数字经济发展状况的综合评价 …… 211
第三节 数字经济增加值的规模测算 …… 214
第四节 数字经济评价测算的其他议题 …… 219
第十一章附录 公式推导和测算结果 …… 226

第十二章
数字经济中的劳动力市场

第一节 数字经济按需灵活用工的一般特点 …… 239
第二节 数字经济按需灵活用工的意义 …… 243
第三节 数字经济按需灵活用工的发展背景与现状 …… 245
第四节 我国按需灵活用工存在的发展问题与治理 …… 248

第十三章
数字经济和不平等

第一节 收入不平等加剧……254
第二节 数字经济对企业的影响……256
第三节 劳动力市场变化……258
第四节 极化现象……260
第五节 技能需求逆转……263
第六节 区域不平等……267
第七节 中国劳动力市场就业结构的特征……271
第八节 结论和政策含义……276

政策篇

第十四章
数字经济与税收及货币政策

第一节 数字经济对税收体系的挑战……281
第二节 应对数字经济税收挑战的对策……287
第三节 数字金融发展背景下的货币及支付体系创新……291
第四节 数字金融发展对央行货币发行及货币政策的影响……297

第十五章
数字经济发展的产业政策

第一节 产业政策的含义与理论依据……301
第二节 数字经济发展中产业政策的理论分析……305
第三节 数字经济下产业政策的关键内容……309
第四节 国外数字经济发展的产业政策……316
第五节 数字经济下产业政策面临的挑战……320

第十六章
数字经济反垄断监管

第一节 数字经济反垄断法概述……326
第二节 禁止垄断协议与算法合谋规制……329
第三节 禁止滥用市场支配地位与滥用平台力量的规制……333
第四节 经营者集中反垄断审查与数字市场并购……339

参考文献……345

第一章

数字经济概览

教学目标

1. 重点掌握数字经济的内涵与构成
2. 了解数字经济的核心技术
3. 了解中国数字经济的总体规模和构成的变化趋势
4. 了解发展数字经济的意义和挑战

导入案例

中国信息通信研究院于2021年4月发布的《中国数字经济发展白皮书》表明，2020年中国数字经济规模达到39.2万亿元，占GDP的比重为38.6%。美国经济分析局（Bureau of Economic Analysis，BEA）的报告《美国数字经济新修订统计数据，2005—2020》（*New and Revised Statistics of the U.S. Digital Economy, 2005—2020*）指出，2020年美国数字经济规模为2.14万亿美元，占GDP的比重为10.2%。这两组数据的比较能否说明中国的数字经济发展程度远高于美国？如何理解这两组数据之间的差异？要理解这两个问题，就需要学习数字经济的内涵与构成。

第一节　数字经济的内涵与构成

一、数字经济的内涵

（一）数字经济的定义

2016年，G20杭州峰会通过了《二十国集团数字经济发展与合作倡议》，首次将"数字经济"列为G20创新增长蓝图中的一项重要议题。在该倡议中，数字经济的定义是“以使用数字化的知识和信息作为关键生产要素、以现代信息网络作为重要载体、以信息通信技术的有效使用作为效率提升和经济结构优化的重要推动力的一系列经济活动”。

此后，国内很多研究机构都对数字经济进行了研究和测算。其中，中国信息通信研究院（以下简称“信通院”）是国内最早对数字经济的测算进行系统研究的国家智库，并在2015—2021年期间对中国的数字经济进行了持续性的测算。① 在官方统计口径和数据缺失的情况下，信通院发布的各年度的《中国数字经济发展白皮书》提供了最具社会影响力的数字经济统计数据。在测算中，信通院将数字经济定义为“以数字化的知识和信息作为关键生产要素，以数字技术为核心驱动力量，以现代信息网络为重要载体，通过数字技术与实体经济的深度融合，不断提高经济社会的数字化、网络化、智能化水平，加速重构经济发展与治理模式的新型经济形态”。

近年来，我国数字经济实现了快速发展，数字技术和社会经济各领域的融合程度不断加深。在此背景下，为了更科学地界定数字经济及其核心产业统计范围，国家统计局于2021年5月14日公布了《数字经济及其核心产业统计分类（2021）》，将数字经济界定为以数据资源作为关键生产要素、以现代信息网络作为重要载体、以信息通信技术的有效使用作为效率提升和经济结构优化的重要推动力的一系列经济活动。这个定义延续了G20杭州峰会对数字经济的概括，但它将“数字化的知识和信息”明确界定为“数据资源”。

虽然以上三种数字经济的定义在具体表述上存在或多或少的差异，但它们的本质是相通的。这主要表现在以下三个方面：

（1）它们都强调了数字经济是以数据作为关键生产要素的经济活动。

（2）它们都强调了数字技术和现代信息网络的技术基础。

（3）从本质上说，数字经济是在新技术的应用及其与实体经济深度融合基础上产生的经济形态。

（二）数字经济的核心技术

1. 云计算

（1）云计算的优势。云计算是以互联网为基础，提供对计算资源的按需访问。设想某应届毕业生为了完成毕业论文的写作，需要进行一项远超其计算机配置能力的数据处理和计算工作。由于该学生在毕业后可能不再需要完成类似工作，因而专门购买一台服务器并不划算，而且可能远超该学生的经济承受能力。对这个学生来说，租用设备是更合适的解决方法。当然，这个例子也可以外推至各类商业场景中的企业算力需求。实际上，云计算就是以互联网为基础，提供算力资源的出租服务。

---

① 在2015年和2016年的测算中，信通院使用的概念为信息经济，2017年后调整为数字经济。

当然，现实中的云计算比一般的出租服务复杂：一是要有云计算基础设施的建设能力；二是要有计算资源的整合、开发和拓展能力。这两点对资金和技术都有较高的要求。

云计算有以下几个优点：

第一，更低的 IT 成本。云计算可以减轻企业购买、安装、配置和管理自己的硬件及软件基础设施的部分或大部分成本和工作。

第二，更高的灵活性。企业的存储需求和算力需求一般是波动的。例如，天猫在“双十一”的交易量是平时的数十倍。如果企业选择购买和安装服务器，就必须按照流量的峰值来建设，而这样的投入在平时会导致大量的资源闲置和浪费。云计算服务一般都会提供容量弹性，可以根据流量的高峰和低谷向上或向下扩展容量，更具灵活性和经济性。当然，软件服务也类似。通过云计算，企业可以随时租用或停用软件。

(2) 云计算服务的架构。我们平时使用的计算机在构成上包括硬件（如 CPU、内存、硬盘等）、操作系统和应用软件三类。云计算服务的架构可以参照这个结构来理解，共包含基础设施即服务（infrastructure as a service，IaaS）、平台即服务（platform as a service，PaaS）和软件即服务（software as a service，SaaS）三个层次。

IaaS 层是云服务的底层，它是由服务器、网络设备、存储磁盘等物理资产组成的基础设施，一般可以根据计算量需要来添加或移除设备。IaaS 层除了硬件基础设施外，还有一些可独立于操作系统运行的低级代码，如虚拟机监控程序。虚拟化技术能够在一个物理服务器上生成多个虚拟机，并能在这些虚拟机之间实现全面的隔离。

PaaS 层类似于计算机的操作系统，可以提供对操作系统和相关服务的访问。一般来说，Paas 会提供软件开发工具包和集成开发环境等工具，使用户能够开发和部署应用程序。此外，PaaS 能够观察各种应用的运行情况和具体数值，并能自动调配资源来帮助各种应用更好地应对突发流量。

就像计算机需要浏览器、办公软件等应用程序才能满足用户的功能需求一样，SaaS 层通过互联网向用户提供各种软件服务。SaaS 平台供应商将软件部署在自己的服务器上，用户可以根据需要，按使用时长付费使用。

(3) 公有云和私有云。公有云和私有云的主要区别在于开放度。公有云一般可以供各类用户通过互联网来访问使用。私有云是企业针对内部人员或分支机构，在企业内部专网上发布的云计算服务，这种服务仅供企业内部使用，其他用户无法访问。这种区别进一步决定了两者在成本和安全性上的差异。公有云的成本相对低廉，而私有云的安全性更有保证。

【资料专栏 1.1】

中国的公有云市场

根据信通院发布的《云计算白皮书（2022 年）》，截至 2021 年，中国公有云的市场规模为 2 181 亿元。公有云市场一直保持着很高的发展速度，2017—2021 年的增速都在 50%以上。2021 年公有云的市场规模同比增速为 70.8%，见图 1-1。

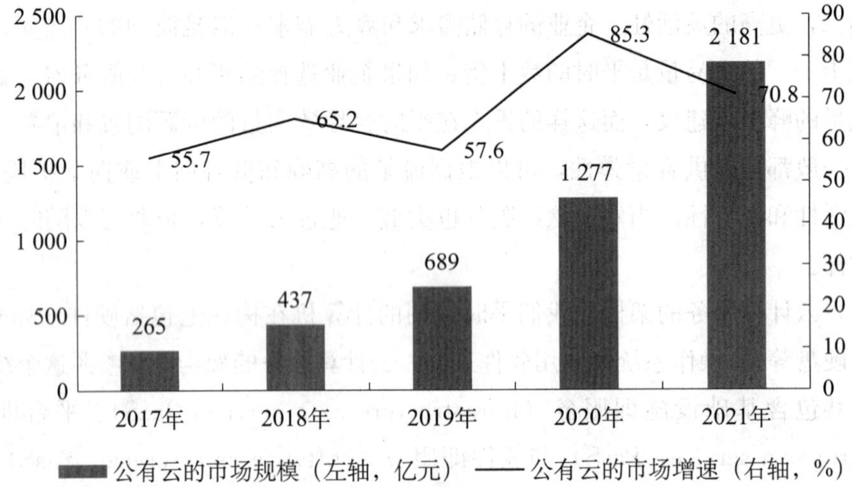

图 1-1　中国公有云的市场规模及增速

资料来源：中国信息通信研究院．云计算白皮书（2022 年），2022-07-21.

在公有云的 IaaS 层，阿里云的市场份额最高，为 34.3%。其他主要的 IaaS 为天翼云、腾讯云、华为云和移动云，它们的市场份额分别为 14%、11.2%、10%和 8.4%，见图 1-2。

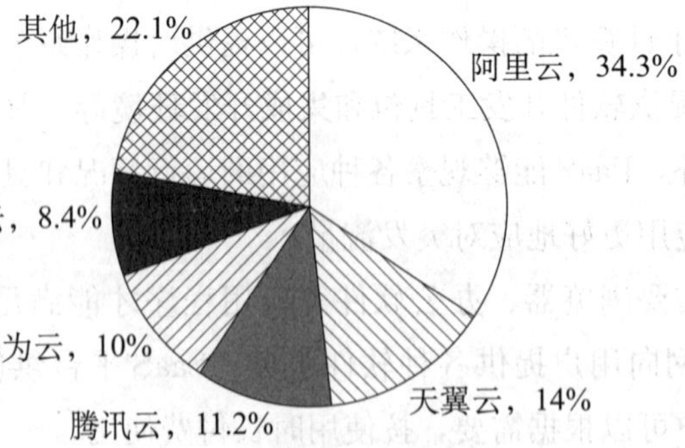

图 1-2　中国公有云的 IaaS 市场占比

资料来源：中国信息通信研究院．云计算白皮书（2022 年），2022-07-21.

2. 大数据

大数据是指具有海量规模的数据，这种数据规模远超传统数据库工具所能处理的范围。正是因为这种规模上的突出特征，大数据所涉及的处理技术与传统处理方式完全不同。大数据涉及数据采集、存储、加工、分析和应用等多个不同流程上的技术。第五章将会对此做更加详细的介绍。

从技术上看，大数据和云计算密不可分，这是因为大数据在规模上已经没有办法用单台计算机进行处理，必须依赖云计算的分布式架构。

3. 人工智能

人工智能的目标是使机器能够胜任一些通常需要人类智能才能完成的复杂工作。人工智能涉及多个不同的领域，如机器学习和计算机视觉等。

机器学习是利用数据价值的关键技术。各大电商平台的个性化推荐系统实际上都是机器学习的人工智能系统。消费者的每一次浏览、点击和购买行为都是在训练这个系统，使它更加“智能”，并在此后做出更符合消费者需要的、更精准的推荐。

4. 物联网

简单来说，物联网就是“物物相连的互联网”，它是将设备连接到互联网和其他设备的概念。物联网是一个由物和人组成的庞大网络，它会收集和共享有关其使用方式以及周围环境的数据。

物联网的意义是在最少的人为干预下让各种设备自动共享和收集数据。虽然人们对物联网的想法已存在了很长时间，但许多不同技术的最新发展使其变得更实用，主要包括：

(1) 射频识别技术。射频识别（radio frequency identification，RFID）技术是一种自动识别技术。该技术将数字信息编码到 RFID 标签中，并通过阅读器来读取这些信息，以实现物品的识别。

(2) 网络连接和传感器技术。传感器是将物连接到互联网的媒介，而互联网的一系列网络协议通过将传感器连接到“云”和其他“物”，以实现高效的数据传输。

物联网正是通过各种不同类型的传感器来实现数据的实时采集和监测的。例如，农业的智能灌溉系统通过传感器来实时监测土壤湿度，以帮助决定是否需要灌溉。共享单车上的传感器可以帮助实时定位，运维人员可以直接定位车辆，而不用人工搜寻。阿里巴巴的无人超市设置了一道“支付门”，消费者在携带商品离店时，支付宝就会自动扣钱，而这正是应用了视觉传感器、压力传感器等技术，才能感应商品的信息以及定位商品的位置。

(3) 云平台和人工智能。云平台和人工智能是物联网的“大脑”。传感器搜集的海量数据通过各种网络传输技术汇集和存储到云平台上，在此基础上，云平台可以基于人工智能技术进行数据的自动计算和处理。

物联网技术的应用场景非常广泛。例如，通过工业物联网可以对机器设备进行持续监控和分析，以确保它们在设定的技术参数范围内运行。物联网还可以实时监控产品的生产过程，以识别和解决质量缺陷。物联网可穿戴设备使人们能够更好地了解自己的健康状况，并允许医生远程监控患者。该技术使企业能够监测员工的健康和安全，这对于在危险条件下工作的工人特别有用。除此之外，目前物联网的主要应用场景还包括智慧农业、智慧物流、智能交通、智能住宅等。

5. 5G

5G是指第五代移动通信技术（5th generation mobile communication technology，5G），它是具有高速率、低时延和大连接特点的新一代宽带移动通信技术。大数据、云计算和物联网等各项技术的应用都需要以高效的移动网络通信为前提，因而5G是数字经济基础设施中最关键的组成部分之一。

6. 区块链

区块链（block chain）是一种共享的、不可篡改的分布式记账方式，它的本质是去中心化的信任机制。2008年10月31日，署名为中本聪的人发布了《比特币：一种点对点的电子现金系统》（*Bitcoin：A Peer-to-Peer Electronic Cash System*），首次提出了比特币的概念，并构建了区块链的信任机制。不过，区块链这个概念直到2015年后才正式出现。

区块链的工作原理如下：区块链将发生的交易记录在“区块”（block）中，每个区块可以包含多笔交易。比特币的一个区块的容量上限为1MB，但对每笔交易的大小没有限制。一般来说，比特币的一个区块可以记录2 000～3 000笔交易，主要包括谁参与了交易、交易了什么，交易发生于何时、何地，交易的数量是多少等。在每个区块形成后，都会与此前和此后的区块首尾相连，形成一个链条。这就是区块链概念的由来。每个区块都包含时间戳，并以加密方式连接在一起，以防任何区块被篡改或一个虚构的区块被插入两个现有的区块中。

巧合的是，比特币刚好出现在2008年国际金融危机后。因此，尽管没有明确的证据，但有一些人认为：区块链之所以采取去中心化的信任机制，是由于国际金融危机对中心化信任机制造成了巨大挑战。纸币的印刷成本极其低廉，却能代替金银作为一般等价物，其原因是有国家信用作为背书。这种信任机制是中心化的，货币发行权完全掌握在中央银行手中。2008年9月15日，以雷曼兄弟的倒闭为开端，金融危机在美国爆发并向全世界迅速蔓延。为了应对危机，美联储采取量化宽松政策大量放水，试图通过超发货币刺激美国经济。这反映出的一个问题是，中心化信任机制意味着权威集中在少数人或组织，但不一定能有效地制约他们的机会主义行为。

为了保证去中心化，区块链引入了三个核心要素：

第一，分布式记账。所有区块链上的用户都有一个账本，而区块链上发生的每一项交易都记录在每个人的账本中。

第二，不可篡改。任何参与者都不能更改已经被记录的交易。如果记录包含错误，则必须添加一个新记录来消除错误，而且这两个记录都是可见的。

第三，共识机制。当人们通过支付宝转账时，转账是否真实发生、金额是多少，都是由具有中心化权威的支付宝平台来决定的。它负责记账，并根据转账情况来更改用户的账户信息。区块链采取的是去中心化模式的社区自治模式，每个人原则上都可以确认交易。那么，当多个人同时记账时，谁记录的交易是真实有效的？这就需要在区块链上的用户之间形成共识。但问题在于，如果每个人都有自利倾向，那么达成共识可能并不容易。这就要求在机制上进行设计。

【资料专栏 1.2】

比特币的共识机制

比特币采用工作量证明（proof of work，PoW）作为共识机制，俗称“挖矿”。工作量证明的思想最早出现于 1993 年，它要求发起者消耗一定的计算能力，也就是要投入一定的成本。工作量证明的早期应用是反垃圾邮件系统。其基本思想是：正常发送电子邮件的人愿意投入一定的时间来编辑邮件，而发送垃圾邮件的人不愿意承担这种时间和精力的投入。

比特币的工作量证明是计算一系列的哈希函数，借以寻找满足特定条件的数值。比特币的每个区块中都有一个名为 nonce 的部分。挖矿的过程是寻找一个 nonce 的数值来作为哈希函数的输入值，而输出的哈希值不大于某个指定的阈值即为合法。哈希函数是一个单向函数，人们可以很简单地通过输入值计算出哈希值，但无法反向通过哈希值倒推出输入值。因此，没有简单的办法来找到符合条件的 nonce 值。目前的办法是随机代入输入值，然后查看所得的哈希值是否符合条件，如此不断重复，直至成功。这样超大计算量的工作不会产生任何实际产出，它的目的只有一个——如果想让某个区块被整个区块链承认，就得付出代价。

比特币共识机制的运行过程如下：

(1) 客户端产生新的交易，向全网广播。

(2) 每个节点收到请求，将交易纳入区块中。

(3) 每个节点进行 PoW。

(4) 当某个矿工找到了 PoW，向全网广播。

(5) 当且仅当包含在该区块中的所有交易都是有效的且此前未存在过，其他节点才认同该区块的有效性。

(6) 其他节点表示它们接受该区块，而表示接受的方法，则是跟随该区块来制造新的区块以延长该链条。节点始终都将最长的链条视为正确的链条，并持续工作和延长它。

一些观点认为，由于区块链上的一切记账都是透明可追溯的，因此区块链可以高效地解决信息不对称问题，防止委托-代理问题和机会主义行为。但是，这里存在两个方面的问题：

(1) 链上的信任成本。在区块链上要达成共识并不是免费的。在无政府主义的自治模式下，信任的实现依赖于参与者自发行动的均衡。如果所有人都是无私的，那么中心化信任机制和去中心化信任机制都会变得高效且简单，而区块链的优势就显现不出来了。如果人们有自利倾向，那么在自治模式下，每个人都希望区块按照最有利于自己的方式来形成。在这种情况下，要想引导人们达成有效信任，仍需借助机制设计来引导个体达成信任均衡。

这种机制设计并不是免费的。例如，在比特币的区块链上，工作量证明没有创造任何价值，却消耗了大量电力。工作量证明机制驱使矿工提高挖矿速度，不断地投入和更新矿机，这进一步导致了更多的资源浪费。因此，区块链本身的部署和运转就可能存在巨大成本。市场会自发选择成本最低的方式来解决信任问题，区块链与中心化信任机制的成本对比决定了它在现实中能否具有广泛的应用价值。

(2) 由链下到链上的信任成本。即使区块链本身能良好运转，但为了实现现实应用，数据上链在很多时候是不可避免的。但是，谁来保证上链的信息是真实可信的？例如，假设现在需要将每个人银行账户的金额信息上链。如何防止人们虚报金额？区块链并不能解决这样的信任问题。就现阶段来说，最简单的办法仍是依赖银行的记账结果，采用中心化信任机制。

二、数字经济的构成与产业分类

（一）数字经济的构成

数字经济包括数字产业化和产业数字化两个方面。

数字产业化是对数字技术的直接应用所形成的先导产业。其中，5G、人工智能、工业互联网、高端芯片、高端工业软件等关键产业和技术领域的发展，不仅代表着产业结构的优化和转型，而且构成了数字化转型的基础。

产业数字化是国民经济中的其他非数字产业部门使用数字技术和数字产品带来的产出增加及效率提升，它是其他产业进行数字化转型的集中体现。产业数字化是指数字技术与实体经济的深度融合，主要以数字技术为基础，推进传统产业生产方式、组织结构和商业模式的升级与创新，进而通过不同产业间的深度融合，形成新业态和新动能。以产业数字化为核心的数字化转型已成为中国数字经济的主要构成部分和发展方向。

在导入案例中，中国和美国的数字经济规模占各自GDP的比重存在巨大差异，导致这种差异的主要原因是信通院和美国经济分析局所界定的数字经济范围不同。美国经济分析局关注数字经济的核心产业，大致对应于我国的数字产业化概念；信通院界定的数字经济同时包含数字产业化和产业数字化，而后者的规模远大于前者。

【资料专栏1.3】

中国的数字经济

信通院发布的《中国数字经济发展报告（2022年）》指出，截至2021年，我国数字经济规模达45.5万亿元，占GDP的比重为39.8%，较2020年上升1.2个百分点，见图1-3。2021年，我国数字经济的名义增速为16.2%，比GDP的名义增速高出约3.4个百分点。

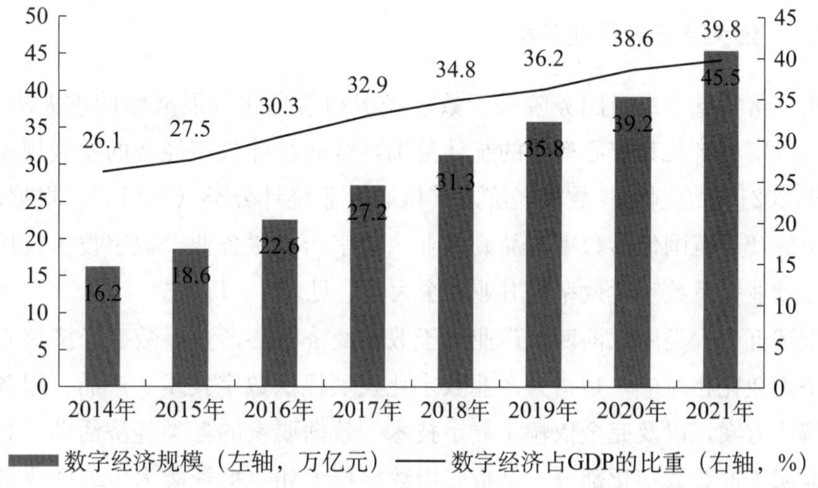

图1-3　中国数字经济规模及占GDP的比重

资料来源：中国信息通信研究院．中国数字经济发展报告（2022年），2022-07-11.

信通院在统计数字经济规模的时候，将数字产业化和产业数字化同时计入。在两者的结构上，产业数字化是中国数字经济的主要构成部分，而且其占比持续提高。信通院发布的《中国数字经济发展报告（2022年）》指出：2021年，中国数字产业化的规模为8.35万亿元，同比名义增长率为11.9%；同年，产业数字化的规模约为37.18万亿元，占数字经济的比重达到81.7%，占GDP的比重为29%。从变化趋势来看，产业数字化在数字经济中所占的比重持续提高（见图1-4），反映出数字经济与实体经济的融合是数字经济发展的主要方向。

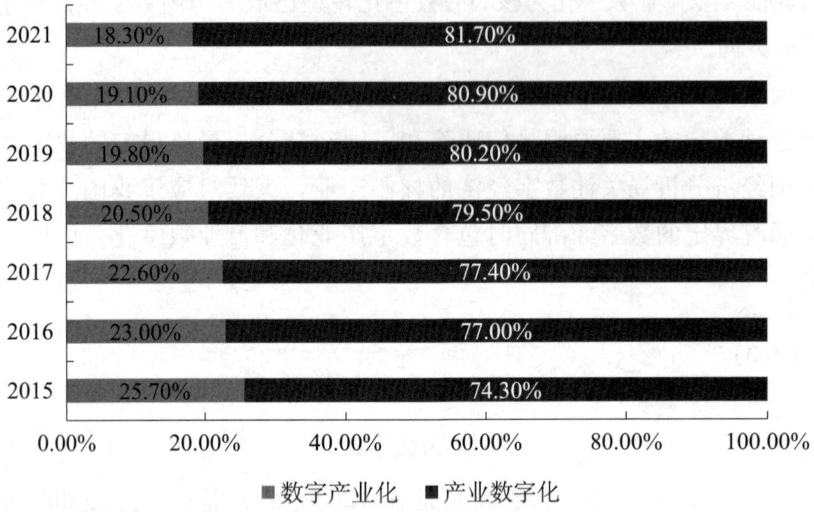

图 1-4　2015—2021 年中国数字经济的构成

资料来源：中国信息通信研究院．中国数字经济发展报告（2022 年），2022-07-11.

（二）数字经济的产业分类

为贯彻落实党中央、国务院关于数字经济和信息化发展战略的重大决策部署，科学界定数字经济及其核心产业的统计范围，全面统计数字经济的发展规模，国家统计局于 2021 年编制了《数字经济及其核心产业统计分类（2021）》。根据该分类，数字经济的产业范围包括数字产品制造业、数字产品服务业、数字技术应用业、数字要素驱动业以及数字化效率提升业五个大类，见表 1-1。

在上述五个大类中，前四个产业属于数字经济核心产业。数字经济核心产业与数字经济产业化相对应，是指为产业数字化发展提供数字技术、产品、服务、基础设施和解决方案，以及完全依赖于数字技术、数据要素的各类经济活动。数字化效率提升业属于产业数字化部分，是指应用数字技术和数据资源为传统产业带来的产出增加和效率提升，反映了数字技术与实体经济的融合。

表 1-1　数字经济及其核心产业统计分类的中类行业

数字产品制造业	数字产品服务业	数字技术应用业	数字要素驱动业	数字化效率提升业
计算机制造	数字产品批发	软件开发	互联网平台	智慧农业
通信及雷达设备制造	数字产品零售	电信、广播电视和卫星传输服务	互联网批发零售	智能制造
数字媒体设备制造	数字产品租赁	互联网相关服务	互联网金融	智能交通

续表

数字产品制造业	数字产品服务业	数字技术应用业	数字要素驱动业	数字化效率提升业
智能设备制造	数字产品维修	信息技术服务	数字内容与媒体	智慧物流
电子元器件及设备制造	其他数字产品服务业	其他数字技术应用业	信息基础设施建设	数字金融
其他数字产品制造业			数据资源与产权交易	数字商贸
			其他数字要素驱动业	数字社会
				数字政府
				其他数字化效率提升业

资料来源：国家统计局．数字经济及其核心产业统计分类（2021），2021－05－27.

第二节　发展数字经济的意义与挑战

一、发展数字经济的意义

2022 年第 2 期《求是》杂志发表了习近平总书记在十九届中央政治局第三十四次集体学习时的讲话《不断做强做优做大我国数字经济》。[①] 习近平总书记在讲话中强调："发展数字经济意义重大，是把握新一轮科技革命和产业变革新机遇的战略选择。"

（一）数字经济代表着经济增长的新模式与新动能

目前，中国已经由高速增长阶段进入高质量发展的新时期。高质量发展要求积极转变发展方式，优化经济结构，深入实施创新发展战略，全面建设社会主义现代化强国。在此背景下，发展数字经济，推进数字经济与实体经济的深度融合发展，是中国进一步探索创新驱动经济增长新模式和新动能，构建国内国际双循环发展模式的主要抓手。

从经济增长模式和新动能角度来看，数字经济具有两方面的意义：

① 习近平．不断做强做优做大我国数字经济．求是，2022（2）：4－8.

（1）数字技术的市场化应用不断催生新业态。5G、大数据、云计算等技术融合发展催生的平台经济、共享经济等都属于近年来新兴业态的代表性例子。

（2）数字技术被广泛用于社会经济的各个方面，通过赋能于传统产业，带来效率改进和产业融合，推动整体经济的结构优化和转型升级。具体来看，数字技术的发展大大降低了信息的记录、追踪和传递成本。在此基础上，平台经济的发展提高了供需匹配效率，并通过消费大数据的反馈，渗透至传统产业的生产过程，推动了生产过程的优化和产品创新；云平台、物联网和智能制造等数字技术的发展推动了传统产业的业务模式、创新模式和商业模式的变革，提高了产业链协同的效率。因此，数字经济不仅是新技术产业化应用的集中体现，而且可以通过与实体经济广泛融合，实现优化产业结构、推动创新和协调发展。

（二）数字经济对于双循环发展格局的重要意义

新型冠状病毒疫情（以下简称“新冠疫情”）使世界各国的经济遭受了巨大冲击。逆全球化思潮的涌现，加之美国对中国在关键领域的技术封锁，使中国的产业链安全和稳定遭受了极大挑战。在此背景下，以国内大循环为主体，国内国际双循环相互促进的双循环发展格局对于中国实现由高速增长向高质量发展的转变至关重要。

数字经济对于双循环发展格局的实现具有重要意义：

在新冠疫情冲击下，居民的生活消费习惯出现了较大改变，而数字技术的应用使新消费需求释放了巨大潜力。

（1）新冠疫情限制了居民的线下消费与出行，但与此同时，与数字经济有关的消费新业态的规模持续增长。根据商务部的数据，在新冠疫情最严重的 2020 年上半年，网络零售成为消费市场强有力的稳定器。2020 年 1—6 月全国实物商品网上零售额达到 4.35 万亿元，同比增长 14.3%，占同期社会消费品零售总额的比重为 25.2%，较 2019 年同期提高了 5.6 个百分点。中国互联网络信息中心（China Internet Network Information Center，CNNIC）发布的第 47 次《中国互联网络发展状况统计报告》显示，2020 年我国网上零售额达 11.76 万亿元，较 2019 年增长 10.9%。此外，在新冠疫情期间，居民对于在线医疗、在线教育和远程办公等业务场景的需求大幅提升，这些举措在减少了人员感染风险的同时，较好地满足了居民对常规疾病的医疗咨询需求，保障了学校复课、企业复工的有序进行。因此，数字经济与各产业融合程度的不断提高，有助于提升资源配置效率、促进新业态的出现。

（2）数字技术在制造业和农业等生产性领域的应用越来越广泛。例如，云平台可以在全产业链实现供需结构优化和匹配。这种供需匹配功能不仅有助于降低交易成本、提升资源配置效率，而且能使产业链具有更好的稳定性。在新冠疫情期间，当原有产业链断裂时，云平台可以基于大数据寻找替代方案，使原有的产业链能够稳定运行。此外，大数据技术可以使企业更加准确和及时地把握市场需求的特征及变化趋势，相应地进行生产过程调整，实现产品和商业模式的创新。这不仅使消费者的个性化需求得到了满足，而且降低了创新的市场风险，提高了厂商的研发效率。最后，云平台为企业的数字化转型提供了管理、研发、生产等各业务流程中的软件和技术支持，有助于企业数字化转型的开展。

二、数字经济发展面临的挑战

（一）关键技术上的“卡脖子”问题

数字经济的基础是数字技术。长期以来，我国在半导体、工业软件等领域的基础研究能力和技术积累较为薄弱，产业链的对外依存度较高。这制约着我国产业链和数字经济的稳定与安全。

为了突破“卡脖子”的关键技术，我国在相关领域集中进行了政策布局。《中华人民共和国国民经济和社会发展第十四个五年规划和2035年远景目标纲要》明确指出，要在新一代人工智能、量子信息、集成电路、脑科学与类脑研究、基因与生物技术、临床医学与健康、深空深地深海和极地探测七大关系到国家安全和发展全局的基础核心领域内，实施一批具有战略性的国家重大科技项目。

（二）传统产业数字化转型的障碍

目前，数字经济中的产业数字化虽然占比高达80%以上，但传统产业的数字化渗透率并不高。根据《中国数字经济发展白皮书（2021年）》的数据，2020年农业和工业中数字经济占行业增加值的比重仅分别为8.9%和21%。尽管新冠疫情的冲击强化了传统产业实施数字化转型的意愿，但仍存在着比较突出的问题。

1. 在农业领域，如何解决数字化转型与小农经济模式的匹配问题尚不明确

目前，我国农业生产经营的主体仍是小农户。小农户的信息获取能力低，其学习能力与理解能力较难达到数字农业的要求。小规模生产与技术推广、机械化、信息化的矛盾必然存在，在接受和应用数字农业技术等方面，小农户面临一定困难。

2. 企业数字化转型面临较大的不确定性以及能力和资源约束

（1）数字化转型并不一定能够带来积极的结果。《2019中国企业数字化转型指数研究》对中国企业数字化转型的成效进行了调查，其结果显示：2018年，仅有7%的数字化转型企业成效显著；2019年，这个比例虽有所上升，但仅为9%。从产业分布来看，在汽车及零配件、消费电子、传统零售等更接近消费端的领域，转型成效显著的企业比例相对较高，而在医药、化工建材、冶金等离消费端相对较远的领域，转型成效显著的企业比例相对较低。

（2）大量企业在数字化转型上面临资源、能力与组织结构上的制约。企业的数字化转型往往需要大量持续的资金投入，这构成了企业深入开展数字化转型的主要障碍。根据《携手跨越重塑增长——中国产业数字化报告 2020》的研究，在我国企业中，数字化投入占年销售额的比重超过 5%的只有 14%；约 70%的企业在数字化转型的投入强度上低于 3%，其中低于 1%的企业占比为 42%。

（3）我国企业的数字化转型还面临人才储备上的短板。数字经济的快速发展催生了大量的人才需求。自 2019 年以来，人力资源和社会保障部（以下简称“人社部”）陆续认定了包括大数据工程技术人员、数字化管理师、全媒体运营师、互联网营销师、在线学习服务师、人工智能训练师等数字经济的相关职业。然而，根据人社部中国就业培训技术指导中心和阿里钉钉发布的《新职业在线学习平台发展报告》，未来 5 年，我国在云计算工程技术人员、物联网安装调试员、人工智能人才、工业机器人系统操作员和运维员以及数字化管理师等各类从业人员方面存在将近 1 000 万的人才缺口。

（三）数字经济的治理理念和理论发展的滞后

制度是经济发展的根本保障。数字化转型和新经济形态的出现与壮大离不开及时有效的制度保障。然而，在中国数字经济快速发展的同时，数字经济的治理理念和理论发展已经明显滞后于实践，不能起到制度先行的保障和引导作用。

1. 数字经济的反垄断实践缺乏坚实的理论基础

平台经济在蓬勃发展的同时，也出现了诸如大数据杀熟、平台“二选一”和赢者通吃等一系列引起社会关注的问题。在产业数字化的过程中，随着平台与产业链的深度融合，数据进一步向平台集中，使市场结构对产业融合创新的影响存在较大的不确定性。

上述问题引发了国家对数字经济反垄断与竞争政策的重视。2020 年 12 月 11 日，中共中央政治局会议正式提出“强化反垄断和防止资本无序扩张”。2021 年 2 月 7 日，《国务院反垄断委员会关于平台经济领域的反垄断指南》发布，这标志着平台反垄断问题已经从理论层面的探索转为数字经济治理中的一个重要现实问题。然而，需要注意的是，双边市场中的市场结构和垄断是否可以按照传统的经济逻辑进行诠释，在理论上仍没有一个确定的结论。事实上，平台经济由于其双边市场的特殊性质，使得传统的相关市场界定方法在反垄断实践中的应用面临巨大的挑战。理论上关于如何对平台进行相关市场界定仍存在很大的争议，一些激进的观点甚至认为市场结构的视角完全不适用于平台反垄断问题。此外，由于交叉补贴是双边市场定价的普遍特征，因此判定平台是否滥用市场支配地位也面临现实挑战。总体来说，数字经济反垄断规制的理论研究已经远远滞后于实践和现实需要。正是因为缺乏统一的理论认识，社会各界对目前我国采取的反垄断规制也存在较大的争议。

2. 数字确权、数据要素市场以及隐私保护方面的制度构架尚不明确

数字经济的核心在于使数据成为关键的生产要素，这就要求建立数据共享和交易的相关制度体系。2020 年 4 月 9 日，中共中央、国务院发布了《关于构建更加完善的要素市场化配置体制机制的意见》，首次明确将数据作为生产要素。这是中国进一步推进数字经济建设的关键制度性突破。然而，在数字要素市场的建设方面，应建立什么样的产权和交易制度，如何处理数据共享和个人隐私保护之间的关系，均没有形成明确的结论。在理论层面上，要素市场的建立首先要求明确产权。但是，从现有理论来看，数据产权应该赋予谁，它与隐私权之间是何种关系，尚没有形成定论。与前文提到的反垄断规制一样，平台将对消费者大数据进行分析，在识别消费者偏好后进行个性化推荐，然后将数据挖掘的结果反馈给平台上的商家甚至上游的制造业企业以获取收益在实践中是非常普遍的。平台是否有权记录和追踪消费者的个人信息、浏览历史及消费记录？平台是否有权对这些数据进行挖掘和转卖以获取商业利益？平台是否应当被允许基于消费者个人数据进行个性化推荐？这些问题在现实中普遍存在，但在理论上仍然缺乏一个统一的理论分析框架。

（四）数字经济的发展所带来的数字鸿沟问题日益凸显

数字经济的发展也可能导致数字鸿沟问题。数字鸿沟是指在数字经济的发展过程中，不同国家、地区、行业、人群之间，由于对信息、网络技术的拥有程度、应用程度以及创新能力的差别而造成的贫富进一步两极分化的趋势。

在数字技术下，大量的新业态和商业模式都与互联网技术紧密联系。受城乡发展不平衡、区域发展不平衡等因素的影响，我国居民在互联网使用上存在较大的个体差异性。在农村地区和经济、教育资源较不发达的地区，不仅互联网和数字基础设施的建设水平较低，而且居民也缺乏与数字经济相适应的认知能力和学习能力。这可能从两个方面导致数字鸿沟问题。首先，从消费者角色来看，尽管数字经济下的电子商务、在线医疗、在线教育等新业态蓬勃发展，但居民在数字技术使用能力上的欠缺将导致他们难以从这些新业态中获益。其次，数字技术与各产业融合程度的不断深化必然带来劳动需求结构的变化，而掌握数字技术的劳动者所获得的技能溢价将越来越明显。因此，数字化转型可能会导致劳动力市场的结构性调整，而数字技术能力上的差异将会导致劳动者之间的技能分化，进而带来收入差距的扩大。

本章小结

数字经济是建立在数字技术和现代信息网络的技术基础上，以数据作为关键生产要素，是在新技术的应用及其与实体经济深度融合基础上产生的经济形态。

数字经济的核心技术包括云计算、大数据、人工智能、物联网、5G、区块链。

数字经济包括数字产业化和产业数字化。

数字经济代表着经济增长的新模式与新动能，但面临着关键技术上的“卡脖子”问题、传统产业数字化转型的障碍、治理理念的滞后和数字鸿沟等问题。

练习题

一、名词解释

1. 数字经济
2. 产业数字化
3. 数字产业化
4. 数字鸿沟

二、思考题

1. 为什么比特币区块链的工作量证明能促成信任的达成？
2. 什么是数字鸿沟？数字鸿沟包括哪些维度？

微观主体篇

第二章

网络外部性与市场需求

教学目标

1. 掌握网络外部性的概念及分类
2. 重点理解网络外部性作用下的市场需求特征
3. 理解网络产业的市场竞争特征
4. 了解影响网络外部性发挥作用的因素

导入案例

从被人类发明出来，到使用人数达到 5 000 万，飞机用了 68 年，汽车用了 62 年，计算机用了 14 年，手机用了 12 年，互联网只用了 7 年，而脸谱和微信分别只用了 3 年和 1 年。在信息通信技术出现后，新产品的市场普及呈现出加速发展趋势。计算机、手机、互联网和社交工具都是具有明显网络外部性的产品，即产品的功能强弱不仅取决于其本身的性能，而且取决于消费者人数的多少。也就是说，当用户网络不断扩张时，这些产品的有用性不断增加。网络外部性的存在让网络产业的竞争和扩张变得十分有趣，本章将介绍网络外部性的概念以及网络外部性的存在对市场需求、市场竞争产生的影响。

第一节　网络外部性的概念及分类

一、网络外部性的概念

（一） 什么是网络

网络是一种结构，由节点和连接构成。这种结构的特征是：连接的存在让各节点不再相互独立，而是相互影响、相互依赖。构成一个网络的节点和连接具有互补的关系，它们相互协同才能发挥网络的功能。

交通和通信行业具有非常典型的网络结构。例如，地铁站是节点，地铁线是连接，它们共同构成了城市地铁网络，承担着运送乘客的功能。类似的例子还有邮政系统、电话网络、ATM 网络等。此外，现实中还广泛存在着一些虚拟网络，如电子邮件、操作系统、货币和语言网络等。

（二）什么是网络外部性

网络外部性（network externality）是指用户从一个产品或服务中得到的效用，随着用户数量的增加而增加的现象，也常被称为网络效应[①]（network effects）。例如，一个电话用户会随着其他电话用户的加入，而与更多人取得联系，因而电话变得更有用；某种货币的持有者会随着这种货币使用者的增加，而与更多的人进行交易。

网络外部性又称需求方规模经济，与供给方规模经济相对应。后者来自高固定成本、低边际成本的特殊成本结构，随着产量增加，这种成本结构下的产品平均成本不断降低。而前者来自需求方之间的相互依赖性（independency），即用户的需求在本质上具有互补性，而网络连接实现了这种互补关系，因此可以提高用户的效用水平。

当网络外部性存在时，人们可以看到两个极端的现象：一个极端的现象是当消费者的人数不断增加时，这个产品或服务就变得越来越有价值，同时需求增加本身可以创造出新的价值；另一个极端的现象是当只有一个用户时，无论这个产品制造得如何精美，它也没有任何价值。例如，一个人拥有的手机、一个人承认的货币，它完全失去了手机或货币的功能。

【资料专栏 2.1】

梅特卡夫定律

梅特卡夫定律（Metcalfe's law）描述了在信息技术时代网络规模与网络价值之间的关系，其含义是网络价值与网络节点数的平方成正比，即网络价值随着网络节点数的增加而增加，并且增加的速度更快。这个定律与摩尔定律[②]、吉尔德定律[③]一起被称为网络时代的三大定律。

---

① 严格说来，网络效应与网络外部性的含义是有差别的。有学者认为，只有当市场参与者不能把网络效应内化，即不能通过价格机制把网络效应反映到收益或成本函数中，才会产生网络外部性。

② 摩尔定律（Moore's law）由英特尔创始人之一的戈登·摩尔提出，它表明集成电路芯片上所集成的电路数目，每隔 18 个月就翻一番，同时价格下降一半。

③ 吉尔德定律（Gilder's law）的含义是在可预见的未来，通信系统的总带宽将以每 6 个月翻一番的速度增长。随着通信能力的不断提高，吉尔德断言：每比特传输价格将朝着免费的方向下跌，价格无限接近于零。

例如，图 2-1 是一个包含了四个用户的电话网络，中间的节点起到转换器的作用。如果每一个电话用户的效用水平 U 取决于他可以享受到的产品数量，那么当节点数 $n=4$ 时，每一个用户的效用为 6，他可以打给另外三个用户，同时可以接听另外三个用户的电话。如果网络的总价值 V 定义为所有用户的效用之和，那么有四个用户的电话网络的价值为：

$$V(4)=4\times 6=24$$

按照上述定义，我们可以看到，当网络节点增加（$n=5$，6，7）时，每一个用户的效用水平为：

$$U(5)=8$$

$$U(6)=10$$

$$U(7)=12$$

网络的总价值分别为：

$$V(5)=40$$

$$V(6)=60$$

$$V(7)=84$$

实现梅特卡夫定律的推动力量就是网络外部性。在该定律的作用下，对于网络产业来说，随着需求的增加，产品不仅不会越来越稀缺，反而会越来越丰富，同时需求可以创造更多的需求，因而网络外部性又称需求方的规模经济。

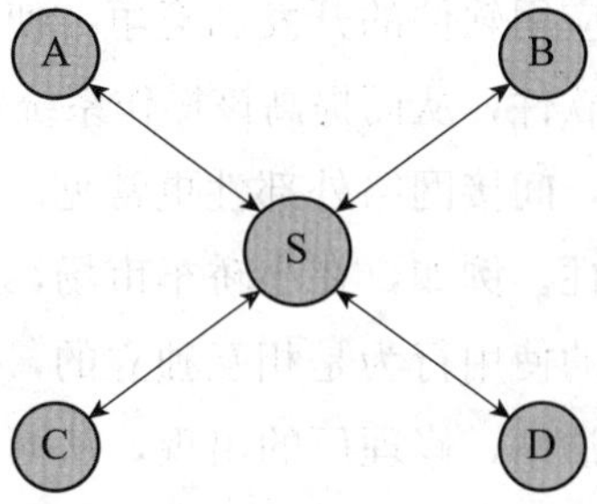

图 2-1　四个用户的电话网络

二、网络外部性的分类

在较早的关于网络外部性的研究中，网络外部性被分为直接网络外部性和间接网络外部性①；21 世纪初，在双边市场的研究出现后，很多学者又提出了跨边网络

① 例如，卡兹和夏皮罗（Kaz and Shapiro，1985）发表在《美国经济评论》上的论文“Network Externalities，Competition and Compatibility”，给出了直接网络外部性和间接网络外部性的分析。

外部性[①]的概念。

（一）直接网络外部性

直接网络外部性（direct network externality）是指用户的增加会直接提高其他用户效用的网络外部性。例如，微信新用户的进入，使得其他用户可以在微信平台上联系到更多的人；文字处理软件的用户增加，使得该软件对其他用户的有用性提高等。在通信、语言、货币网络中，直接网络外部性是非常明显的。

同类用户需求之间的互补关系是直接网络外部性存在的原因。在社交网络中，用户存在相互沟通交流的诉求，而信息发送和信息接收是具有互补关系的存在。社交软件的出现，让人们很方便地连接起来，使这种互补性得以实现，从而提高了彼此的效用水平。

（二）间接网络外部性

间接网络外部性（indirect network externality）是指用户的增加会刺激互补品的生产，导致互补品的种类增加、性能提高或者价格下降，从而使其他用户受益的现象。在这种情形下，用户的增加对其他用户效用的影响是间接的，是通过对互补品市场的影响产生的。例如，在计算机操作系统的使用中，新用户的加入不会直接对其他用户产生影响，但一个操作系统的用户数量增加、市场份额提高，可以激发市场中与该操作系统兼容的应用软件的开发和竞争，使用户可以更便宜的价格、更多样的选择下载和使用应用软件，从而提高该操作系统对所有用户的有用性。

与直接网络外部性相比，间接网络外部性更常见。在一些传统产业中，我们也能发现明显的间接网络外部性。例如，在小轿车市场，新用户购买和使用汽车与现有用户没有关系，因为汽车的使用行为是相互独立的，但汽车用户的增加、市场规模的扩大，能够促使更多加油站、修理厂的出现，从而提高所有用户使用汽车的方便程度。

（三）跨边网络外部性

跨边网络外部性（cross-side network externality）是指在一个双边市场结构的平台上，一边用户数量的增加提高另一边用户效用的现象。例如，在电子商务平台上，卖家数量的增加可以让买家买到更加丰富的商品，而买家数量的增加可以让卖家获得更多流量，并提高销售额。同理，在网约车平台上，司机数量的增加可以让乘客更快叫到车，而乘客数量的增加可以减少司机的等待时间，使其获得更多的

---

① Jean-Charles Rochet and Jean Tirole，“Platform Competition in Two-Sided Markets”，*Journal of the European Economic Association*，2003，1(4).

订单。

事实上，在一个大型数字平台上，上述几类网络外部性是同时存在并发生作用的。比如在一个电子商务平台上，除了前面提到的买家和卖家之间的跨边网络外部性，若买家越多，则平台上积累的评价、点赞等可以给其他买家提供更多的信息，降低买家的搜寻、选择成本，这是直接网络外部性。买家越多，交易量越大，可以激发平台上支付、物流、保险等服务的供给，改善买家的线上购物体验，这是间接网络外部性。因此，在一般情况下，我们并不需要严格区分网络外部性的类型，只要理解用户网络规模的扩大可以激发更多网络效应就可以了。

严格地说，以上分析都是指正的网络外部性，现实中也存在负的网络外部性，即随着网络规模的扩大，产生消费者效用水平降低的现象。比如更多用户的进入，导致网络拥堵等。如果不特别说明，本书在使用网络外部性概念时，都是指正的网络外部性。

第二节　网络外部性与市场需求

在网络产业中，消费者的需求受到其他消费者的数量以及行为的影响，即需求影响需求。这一逻辑的存在，使网络产业中的市场需求函数发生了一些变化。本节将从加入了网络外部性的效用函数出发，讨论网络产业中的市场需求。

一、加入网络外部性的效用函数与市场需求

（一）用户规模、用户活跃度与消费者的效用水平

当考虑网络外部性因素时，一个用户使用网络产品的效用水平不仅取决于他消费这个产品的数量，而且取决于有多少其他消费者也消费这个产品。下面以两产品（x 产品和 y 产品）模型为例来讨论消费者效用函数，其中 x 产品是网络产品。那么，一个消费者的效用函数可以表示为：

$$U=U(x,\ y,\ Q_x)，且\frac{\partial U}{\partial Q_x}>0$$

一个消费者的效用水平取决于他消费 x 产品和 y 产品的数量，以及消费 x 产品的消费者数量 Q_x。$\frac{\partial U}{\partial Q_x}>0$ 表示随着消费 x 产品的消费者数量 Q_x 的增加，他们的效用水平会增加。这就是前文所说的网络外部性。

另外，除了用户的绝对数量以外，用户的活跃度（即消费频次）也会影响网络外部性的大小。在互联网平台上，消费频次常被称为用户活跃度或者用户黏性——

用户接受平台服务的频次越高，就会带来越多的网络外部性。

$\frac{\partial U}{\partial Q_x}$表示每增加一个消费者所带来的效用增量，可被理解为网络效应强度。一般来说，网络效应强度是边际递减的，即随着网络规模的扩大，每增加一个用户，其带来的网络效应逐渐减少。

（二）加入网络外部性的市场需求

消费人数的增加能够提高消费者对一种产品的评价以及提高其支付意愿的现象，在很多年前就被经济学家注意到，只是那个时候还没有提出网络外部性这个概念，这个现象被称为彩车效应[①]（bandwagon effects）。例如，在时尚行业，购买某产品的人越多，该产品就会被认为越时尚、流行度越高，从而吸引更多的人购买。此外，还存在相反的被称为虚荣效应（snob effects）的现象，即随着消费人数的增加，用户对该产品的评价降低、支付意愿减弱。例如，当低收入阶层开始消费某一产品时，可能导致一部分人对该产品的偏好降低、需求减少。无论是彩车效应还是虚荣效应，与前述网络外部性的表现形式都是一样的，即将消费数量引入效用函数后，用户的需求会影响其他用户的需求。

在一本非常流行的由平狄克（Pindyck）编写的《微观经济学》教材中，讨论了在彩车效应影响下的需求变化。消费者有一个关于市场需求量的预期，而且这个预期进入了其效用函数，因而它也作为一个外部变量进入了需求函数。如图 2－2 所示，图中的直线 $D_1(Q_1)$ 表示当消费者预期市场需求量为 Q_1 时的市场需求曲线。假设市场的初始均衡点是 A 点。在 A 点，当价格为 P_1 时，市场需求量为 Q_1，即消费者预期的需求量等于市场均衡时的需求量，这是一个稳定的均衡点。

由于某种原因，市场价格从 P_1 降到了 P_2。如果是传统产品，新的均衡点将沿着原来的需求曲线向下移动，到达需求曲线 $D_1(Q_1)$ 上的 B 点。但考虑到网络效应的存在，此时 B 点对应的实际市场需求量已大于 Q_1，即与市场预期不同。此时，消费者将根据实际观察到的需求量调整自己的预期，而市场需求曲线将会向右上方移动，即预期需求量的提高增加了消费者获得的效用，产生了更强的支付意愿。这个调整将一直持续到 C 点才进入新的均衡，C 点所在的需求曲线 $D_3(Q_3)$ 对应的预期市场需求量是 Q_3，恰好等于实际市场需求量 Q_3，由于消费者预期与现实相符，因此不再发生调整。

也就是说，当价格下降时，有两个机制导致需求量发生变化，一个是传统的需求量与价格的反向相关关系，另一个是网络效应作用下导致的需求曲线外移，因而

---

① 彩车效应是一个比喻，是指一些西方国家在欢庆节日游行时搭载了乐队的花车，参加者只要跳上这辆乐队花车，就能轻松享受游行中的音乐以及最热闹的情景。因此，英文中的"jumping on the bandwagon"（跳上乐队花车）就代表了"进入主流"。在这里，彩车效应是指消费者的从众消费心理。

市场真正的均衡点是 A 点和 B 点。依此类推，在不同的价格下，我们可以找到类似的点，把这些均衡点连接起来，由此得到的直线 AC 才是真正的市场需求曲线。

在平狄克的这个分析框架下，彩车效应或者我们定义的网络效应的存在，增加了需求的价格弹性，使需求曲线变得更加平坦，但没有改变需求曲线向右下方倾斜的趋势。

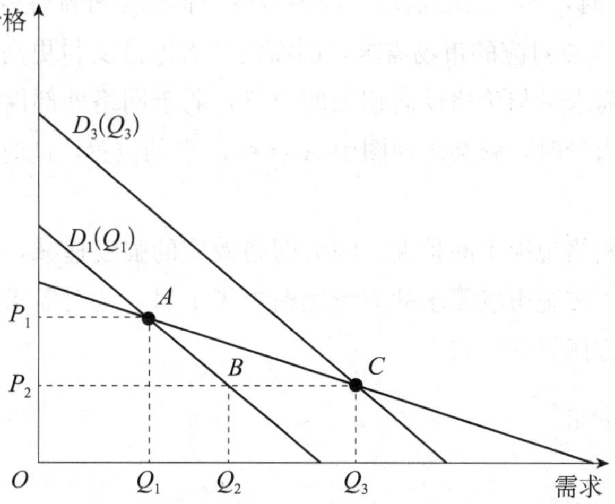

图 2-2　网络效应作用下的需求曲线

二、一个例子：倒 U 形需求曲线

进入 20 世纪六七十年代，以电话为代表的电信业迅速发展，而电信业市场需求的特点是网络外部性很强，前述需求量与价格的反向相关关系对网络产品的需求处理不能反映网络行业的动态变化特征，因而一些研究者进行了不同的数学处理。其中，最有代表性的结果是得到了倒 U 形的市场需求曲线，以及利用这个曲线分析网络产业的市场运行特征。

（一）倒 U 形需求曲线的简单推导

严格的倒 U 形需求曲线的推导可以参考奥兹·谢伊（Oz Shy）编写的《网络产业经济学》，下面简单地推导一下。假设一个网络产品的市场饱和需求量是图 2-3 中横轴上的 F 点，即当价格为零、所有的消费者都进入市场时的最大需求量。假定消费者拥有共同的需求预期，不同的需求预期 Q_1，Q_2，…，Q_n 所对应的市场需求曲线分别是 $D_1(Q_1)$，$D_2(Q_2)$，…，$D_n(Q_n)$。如前所述，每一条需求曲线上只有一个实现预期的市场均衡点，分别是 A 点，B 点，…，C 点。把这些点连接起来，就构成了市场实际呈现的需求曲线，这是一个倒 U 的形状，前半段向右上方倾斜、后半段向右下方倾斜。

在网络产品市场上，需求与价格之间存在两种相互联系的机制：一种是传统需求函数中需求与价格的反向相关关系，即随着价格上升，需求量会下降；另一种是网络外部性带来的价格与需求的反向相关关系，也就是随着市场需求量的增加，消费者从该产品中获得的效用越高，他越愿意支付更高的价格购买该产品。下面以图中 A 点和 B 点的关系来说明。传统需求曲线的逻辑是，当 B 点的价格水平 P_2 高于 A 点的价格水平 P_1 时，那么市场需求量应该减少。但网络外部性的逻辑是，B 点对应的市场需求大于 A 点对应的市场需求，因而消费者愿意支付更高的价格。当传统需求曲线所带来的需求量与价格反向相关的力量，弱于网络外部性所导致的价格与需求量正向相关的力量时，就会出现图中 A 点和 B 点的位置，此时的市场需求曲线向右上方倾斜。

此后，随着网络规模不断扩大，因为网络效应的强度递减，也就是网络外部性的力量减弱，所以传统市场需求的力量逐渐占了上风，此时需求曲线进入拐点，回到正常的向右下方倾斜的形状。

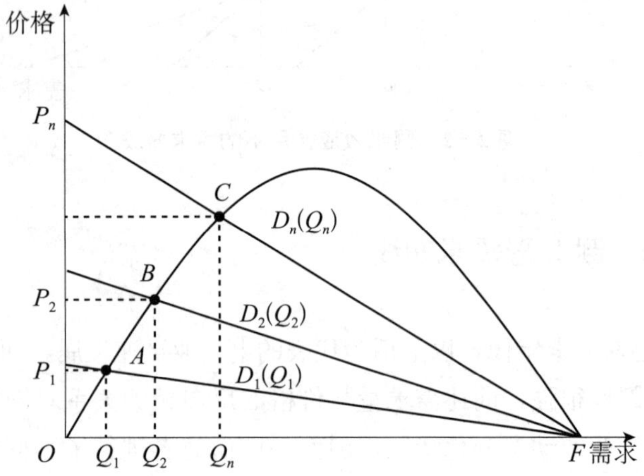

图 2-3　加入网络外部性的倒 U 形需求曲线

（二）倒 U 形需求曲线下的市场均衡

下面做一个最简单的假设，即市场供给曲线是等于边际成本的水平直线。如图 2-4 所示，供给曲线与需求曲线有两个交点 E 点和 F 点。虽然 E 点和 F 点都符合市场出清条件（即需求量等于供给量），但我们看到，处在需求曲线向右上方倾斜的 E 点是一个“刀锋上的均衡”，只要有外部扰动，那么市场机制的作用就会使均衡点越来越偏离 E 点，只有处在需求曲线向右下方倾斜的 F 点才是真正的均衡点。

在 E 点，如果有外部扰动导致市场需求量低于Q_E，那么网络规模的降低就会使需求方的支付价格低于 P，而小于 P 的价格将使厂商亏损，进而厂商的供给意愿减弱，并使网络规模进一步缩小。此时，市场产生负反馈，而市场力量的作用结果是使均衡点回到原点；相反，如果外部扰动使市场需求量大于Q_E，那么网络规模的扩大就会使需求方愿意支付更高的价格，此时厂商的盈利增加、供给意愿增强，并使网络规模进一步扩大，进而市场产生正反馈，在短时间里，市场规模会迅速增长，最后收敛到稳定的均衡点 F。在某个价格下，可以引发市场正反馈效应的网络规模又称临界规模（critical mass）。如图 2－4 所示，在价格 P 下，市场的临界规模是Q_E，市场需求量一旦达到这个水平，市场规模将会爆发式增长，并在短时间里达到饱和状态。

在网络产业的发展早期，因网络规模小导致消费者的支付意愿低，而价格低又导致供给厂商亏损、不愿意生产，所以在负反馈中的网络规模难以扩张，造成了“起步难题”（start-up problem）。在这个阶段，各厂商往往只能通过低价甚至补贴的方式进行“烧钱”，以维持经营。然而，如果通过“烧钱”或其他方式，一旦成功触及临界规模，那么该厂商就会迎来市场需求和利润增加的快速发展期。网络产业发展的这一动态特征，是有别于传统产业的。

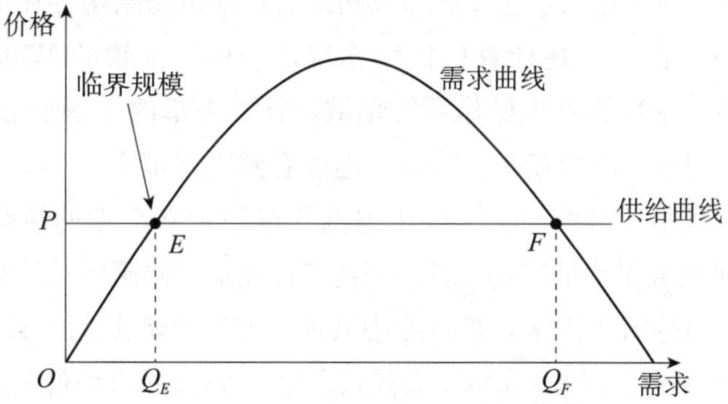

图 2－4　倒 U 形需求曲线下的市场均衡

第三节　网络产业的市场竞争特征

在网络产业中，由于网络外部性的作用，因而市场结构的演变以及企业的竞争策略都有一些不同于传统产业的特征。本节分析马太效应对市场结构的影响、用户锁定效应导致的产业发展路径依赖，以及“烧钱”“免费”这一特殊商业模式存在的原因。

一、马太效应与市场结构

在网络外部性的作用下，拥有较大用户规模的企业对消费者具有更强的吸引力，能够发展得更快，而小企业因为用户规模小，无法让用户享受到充分的网络效应，从而缺乏竞争力。因此，市场结构会出现强弱两极分化的马太效应（Matthew effect），导致市场集中度高，呈现一定程度的垄断。但是，需要注意的是，网络产业垄断产生的原因以及后果与传统产业有所不同。

（一）马太效应和网络产业中的垄断

马太效应是指一种“赢者通吃、输者出局”（winner-take-most）的两极分化现象。在网络产业中，因为先进入市场，或者因为早期发展得较快，当一个平台相比竞争对手具有了一定优势并构建了规模更大的用户基础时，就会对消费者具有更强的吸引力。当用户不断进入、网络规模持续扩大时，产品的吸引力会进一步增强，形成正反馈，从而获得更大的市场份额；反之，弱小的竞争对手会陷入网络规模小和对消费者吸引力弱的负反馈。如果其他条件相同，消费者会逃离小网络、涌入大网络，从而产生大网络扩张迅速，而小网络被排挤出去的现象。

因此，网络产业在进入快速发展和成熟期后，其市场结构往往呈现出垄断或者寡头垄断的特征。例如，在计算机操作系统市场中，微软的 Windows 长期占据 90%左右的市场；在智能手机操作系统领域，谷歌安卓的市场份额一直在 70%左右。此外，如果观察中国的互联网行业，也能看到类似情形。如图 2-5 和图 2-6 所示，它们分别显示了 2020 年 12 月中国网约车平台乘客端的活跃用户数，以及 2021 年中国电子商务平台的市场份额。网约车行业最大的平台滴滴出行的活跃用户数是第二位嘀嗒出行的 4 倍多，是行业中其他所有平台活跃用户数之和的近 2 倍。在电子商务领域，阿里一家（淘宝+天猫）占据了 53%的市场份额，加上京东、拼多多，市场排名前三位平台的合计市场份额高达 88%。

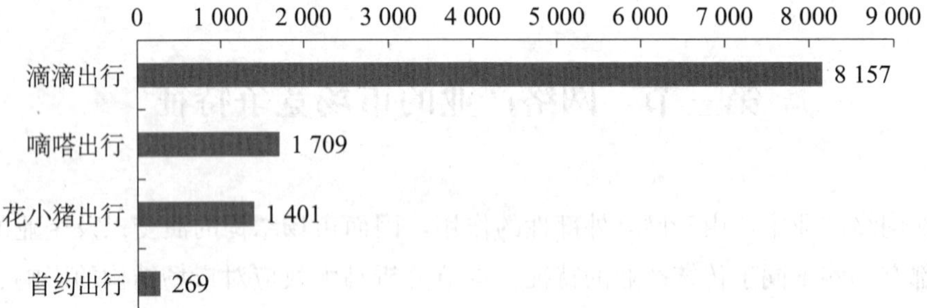

图 2-5 2020 年 12 月中国网约车平台乘客端的活跃用户数

资料来源：华经产业研究院．“花小猪”成搅局者？2020 年网约车市场发展现状及前景分析．华经情报网，2021-09-23.

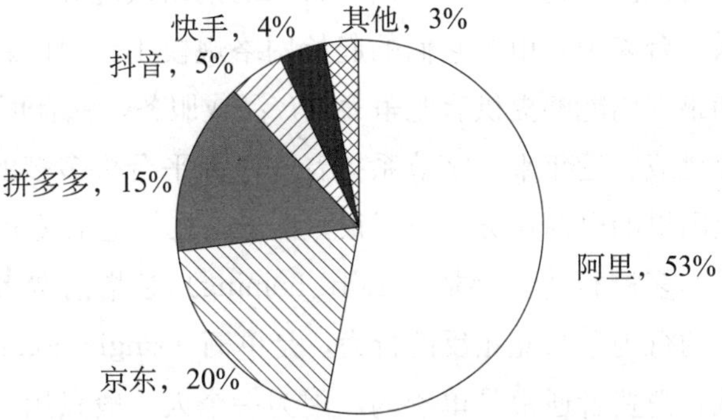

图 2-6 2021 年中国电子商务平台的市场份额

（二）与传统产业垄断的比较分析

一说到垄断，微观经济学常常告诉我们，垄断赋予了厂商一定的市场势力。为了追求利润最大化，厂商将限制产量、提高价格，从而产生无谓损失，损害消费者利益以及社会福利。但是，我们需要注意，网络产业的垄断在产生的原因以及导致的后果上，与传统产业是不同的。

首先，网络产业的垄断与传统产业垄断形成的原因不同。传统产业垄断形成的原因来自供给方，主要原因包括高固定成本、低边际成本的规模效应，市场准入的人为限制（如许可、牌照等）或技术资金门槛，以及对特殊资源的垄断等。但网络产业的垄断形成原因来自需求方，主要原因是网络外部性，是消费者追求效用最大化而产生的在大网络聚集的结果。当然，我们不能否认，在现实中，网络产业的垄断往往是由供给方存在的规模效应、技术门槛和需求方网络效应共同作用的结果。

其次，网络产业的垄断后果也与传统产业有所不同。在传统产业中，占据垄断地位的厂商会通过高价、限量剥夺消费者剩余，从而导致社会福利的损失。但在网络产业中，垄断存在另一个作用机制，即垄断意味着消费者聚集在一个网络里，该产业形成了最大的用户网络，此时的网络外部性是最大的。无论这种网络外部性是否会由于高价被厂商剥夺，这个结果对社会福利的影响都是正向的。

在这里，如果不考虑网络产业和平台经济中垄断产生的更多原因，只从网络外部性的角度来看，我们可以发现：对网络产业市场垄断的判断和规制需要有新的考量因素，不能简单按照传统产业有关垄断的理论逻辑来处理。

（三）制约马太效应作用范围的因素

网络产业在发展过程中，也存在许多因素制约着马太效应发挥作用，因而呈现出更为复杂的动态演变特征。

第一，网络外部性边际递减的趋势。如前所述，网络效应是边际递减的。例如，已经占据较高市场份额的平台，其新增用户带来的网络效应并不强烈；相反，对于网络产业的新进入平台来说，由于它们的起始网络规模小，因而新增用户带来的网络效应很强烈，如果它们能够提供有竞争力的产品或服务，就有可能利用这个优势，对在位大企业形成挑战。近年来，字节系抖音和电商平台拼多多的迅速崛起，对微信的社交业务以及阿里的电商业务形成了很大冲击，在一定意义上证明了这一点。

第二，消费者的多栖行为。多栖（multi-homing）是指消费者同时使用几个提供相同服务的平台的行为；与此相反的行为，是单栖（single-homing）。在计算机和手机操作系统领域，消费者通常是单栖的，因为一个人一般只用一台计算机、一部手机，只安装一个操作系统。但在网上购物、社交、游戏、外卖等领域，大多数消费者会同时下载多个 App，并在不同平台间切换。例如，年轻人会在淘宝、京东、小红书、拼多多等多个平台上进行浏览购物，还会同时使用微信、QQ、新浪微博、抖音等多个社交软件等。当消费者的行为呈现多栖时，市场就可以容纳较多的平台，并形成激烈的市场竞争。

第三，产品或服务的异质性。一般来说，消费者的需求是异质的、多元的，往往需要处于不同市场定位的产品或服务来满足，并且消费者愿意为满足自己偏好的产品支付更高的价格。因此，定位于利基市场[①]、提供小众产品的平台也可以在市场上获得一席之地。例如，在桌面计算机时代，虽然 90%的个人计算机用户都使用 Windows 操作系统和支持这个操作系统的计算机，但苹果电脑及其 Mac 操作系统在给设计人员提供绘图、设计等方面有非常优异的功能，因而专业设计人员愿意支付高价来使用苹果电脑。

第四，技术进步带来的产品迭代。数字技术呈现出快速创新和发展的特点，它所带来的产品快速迭代，给予了新兴创业企业更多的机会。如果大型企业不能及时应对新技术带来的市场变化，它也可能在很短的时间里倒下。曾经占据手机市场最高份额的摩托罗拉、诺基亚，以及中国社交软件曾经的王者“人人网”等，都是因为在新技术到来时缺乏相应的产品策略调整而迅速倒下的。

二、用户锁定与路径依赖

（一）网络外部性与用户锁定

在网络产业中，我们常常能发现用户锁定的现象，即因为一些障碍的存在或者需要投入较高的成本，用户难以从一个网络转到另一个网络。例如，假设你是一个

---

① 利基市场，英文是 niche market，是指高度专门化的需求市场。Niche 源自法语，其原意是建造在墙上供奉神像的神龛，在市场营销学中常被用来形容大市场中的缝隙市场。

资深的中国联通用户，因为中国移动在某个地区的信号覆盖更好，你想从中国联通转向中国移动。但更换电信服务运营商需要更换电话号码①，这意味着你需要通知所有朋友你的新号码、更换绑定了各类网站及银行卡的电话号码等。如果这些操作需要花费大量的精力和时间，那么你可能因为不愿付出这些转换成本而选择继续使用中国联通的服务。在这种情形下，中国联通就对你形成了锁定。在这个例子中，电话号码是一个代表你身份的网络节点，若你更换号码，意味着你要丧失许多原先的连接，还会遭受网络外部性降低的损失。或者即使你使用新号码重新建立了连接，但这个过程本身要花费新的成本，即转换成本。

从企业的角度来说，锁定用户（让其难以转移）是一种有效的市场竞争策略。锁定用户的策略有很多种，主要包括：第一，迅速建立大的用户网络。这可以给用户带来足够的网络外部性，如果他要离开，就需要承受巨大的损失。第二，利用互补品进行锁定。比如你购买了苹果手机，那么你就自动成为苹果商店（Apple Shop）的用户，或者为了更加方便，你会购买苹果云（iCloud）的服务。进一步，当你更换新的手机时，如果你在苹果云上已经存储了许多资料、图片，那么继续购买苹果手机就是最好的选择。此时，你就被锁定在苹果公司构造的生态中了。第三，无形资产或其他增值服务锁定。如果你是一个资深的淘宝卖家，店铺等级和评分都很高，这相当于你在淘宝上积累了专有无形资产。与此同时，假设你还使用了淘宝基于大数据提供的市场预测或营销服务，那么离开淘宝去其他电商平台开店就意味着你会丧失这一无形资产且无法享受平台提供的定制化服务。在这个例子里，电商平台所建立的评价体系、声誉机制以及各类服务在长期中都可以锁定优质商户。第四，用户行为的自我锁定。当一个用户使用过某一平台，那么过去的使用行为会对其现在的选择产生影响。例如，你经常使用滴滴出行叫车，那么它就知道你常去的地方，在下一次叫车时，就不用再次输入目的地；又如，你经常在某个网站购物，因而你很熟悉该网站的交易流程以及售后服务的规则，并且有经常光顾的店铺，那么你也会产生对这个平台的依赖，而不愿意去不熟悉的平台购物。

如果在位平台对消费者有很强的锁定效应，那么市场的竞争程度就会降低，因为消费者的转换成本很高，所以新进入企业很难从在位企业那里争夺消费者。

【实例分析 2.2】

键盘顺序的锁定与路径依赖

目前，无论是计算机还是手机，人们都使用 QWERTY 键盘，英文字母按照一个特定的顺序排列成三行，这基本是一个全世界通用的排列顺序。但问题是，键盘

① 有些国家（含我国）赋予了消费者携号转网的权利，即电话号码属于个人拥有，可以用同一个号码申请不同电信运营商的服务。

按照这个顺序排列的原因是什么？

人类最早使用键盘，是在机械打字机时代，打字员用手指敲击按键，当按键落下时，其标示的字母就会被印在纸上。为了提高打字机的效率，工程师考虑了字母使用频率、人类手指的力量和灵活度等多种因素，精心设计了打字机的键盘顺序。当手指敲击速度过快时，若机械本身的运行速度跟不上，就容易出现故障。因此，据说工程师需要在键盘设计时考虑如何降低手指的敲击速度。曾经有过不同键盘顺序的打字机在市场出现，但QWERTY键盘顺序因为种种原因，成为机械打字机时代的市场胜利者，并成为使用范围很广的标准键盘。

进入信息技术时代后，计算机和手机成为人们输入文字时使用的工具，但我们神奇地发现，机械打字机时代的QWERTY键盘顺序被保留了下来。虽然在历史上，人们有过很多尝试，想使用效率更高的键盘顺序，但都失败了。20世纪70年代末乔布斯主导推出的苹果Ⅱ计算机就试图从QWERTY转向DSK键盘[①]，并且通过商业广告劝说人们放弃QWERTY键盘，但这种做法没有产生多大效果。

斯坦福大学经济系教授保罗·A. 戴维（Paul A. David）曾就键盘问题在《美国经济评论》上发表了论文《克莱奥和QWERTY经济学》（Clio and the Economics of QWERTY）。他认为：虽然存在效率更高的键盘顺序，但因为硬件、软件等的技术关联性，人们学习QWERTY键盘顺序的投资成本的不可逆性，以及规模经济的存在等原因，再加上路径依赖，所以人类被长久地锁定在了QWERTY键盘顺序上。

（二）路径依赖

在动态的视角下和产品更新换代的过程中，网络产业常常会出现路径依赖[②]（path-dependence）的现象。路径依赖是指人们的选择和习惯、人类社会的技术演进或制度变迁等均有类似于物理学中的惯性，一旦进入某一路径，就会产生自我强化，可能对这种路径产生依赖，也就是过去的选择会决定未来的选择。

苹果公司提供了一个很好的消费者锁定及路径依赖的例子。在购买了苹果手机后，消费者需要开通苹果商店、购买特定的周边硬件，并使用iCloud、苹果照片等应用。因为互动性好、连通性强，消费者也倾向于同时使用苹果电脑。当消费者购买新的硬件时，如果转向新品牌的手机或计算机，现有苹果生态中的信息迁移就比较困难，消费者也不得不付出精力学习新的操作系统，同时以前购买的数据线等也

---

① 1936年，美国人奥古斯特·德沃夏克（August Dvorak）设计了一个键盘顺序，并申请了“Dvorak简化键盘”（Dvorak simplified keyboard，DSK）的专利。他声称这一键盘通过平衡双手以及各手指的工作量，极大地减少了打字时的手指运动，因而这一键盘具有提高速度、减少疲劳且更容易学习的优点。这些看法被许多真正尝试过德沃夏克简化键盘的人们所接受，甚至征服了许多科技界人士。

② 1993年诺贝尔经济学奖获得者道格拉斯·诺思是第一个让路径依赖理论声名远播的经济学家，他在《经济史中的结构与变迁》一文中，用路径依赖理论成功地阐释了经济制度的演进。

不能在新的设备上使用。此时，消费者面对高昂的且不确定的转换成本，那么其理性的选择就是继续购买苹果手机。长此以往，消费者就形成了对苹果生态的依赖。

在一些产业的发展和演变过程中，我们也能看到同样的现象。以支付行业为例，美国和日本等发达国家从 20 世纪 70 年代开始就拥有了完善的信用卡产业，消费者和商家对信用卡的接受度都很高，而中国的信用卡产业起步较晚、普及率有限。进入 21 世纪，电子商务快速发展，在这一线上远程支付场景中，美国和日本市场的信用卡使用率很高，而中国因为缺乏合适的支付工具，以支付宝为代表的第三方支付就成为电子商务领域的主导支付方式。进入 2010 年后，移动支付时代到来。在美国，2014 年苹果支付率先上线，并迅速取得了商业上的成功，非接触支付（NFC 支付）就成为美国市场移动支付的主流方式。在中国，支付宝和微信支付以独特的扫码方式开启了移动支付业务，并依托数字平台的庞大用户数量迅速培养出了全民使用条码支付的习惯，而银联主导的手机 NFC 支付，则因错过了发展的良机，被社会边缘化，由此形成了全球两大移动支付方式的对峙格局。还有一些国家，如德国和日本，因国民常年养成的现金使用习惯，对移动支付的接受程度不高，整体还停留在“现金＋信用卡”的支付时代。

从根本上说，网络产业中路径依赖的形成，是因为消费者从老产品向新产品转换时，需要考虑网络效应的损失和转换成本，并会选择风险低、损失少、难度低的路径，由此导致一次选择会影响到以后的选择。

（三）网络产业中的技术进步

优胜劣汰、新技术替代旧技术似乎是一个理所应当的产业发展规律，但在网络产业中，因为锁定效应、路径依赖和转换成本的存在，导致技术进步呈现出独特的形态。

首先，采用新技术的延迟。在网络产业从采用旧技术转向新技术的过程中，如果相关主体的行为缺乏协同，那么先转移的用户就会面临没有追随者、缺乏网络效应的困境，因而人们往往采取观望的态度。特别地，在市场渗透率已经很高的行业中，庞大的用户网络会形成对用户转移的严重拖累，使新技术替代旧技术更加困难。在 20 世纪 90 年代，家庭 VCD 机被发明了出来。与家庭录像机相比，VCD 机的画面清晰，而且作为存储介质的光碟相比录像带也具有轻巧、容量大的优点。但有趣的是，在录像机普及率很高的发达国家，VCD 机行业迟迟难以发展。其原因是这些国家的录像带租借行业很普及，并且许多家庭也拥有很多录像带，如果为了购买 VCD 机而放弃录像机，意味着要放弃这些现成的资源，同时需要花费更高的价格购买或租用并不常见的光碟。与此相反，在一些发展中国家（如中国），因为录像机本来就没有普及，民众对 VCD 机的接受度很高，再加上没有原有产品网络的拖累，所以 VCD 机作为家用电器很快就得到普及。

下面用图 2－7 来说明这个现象，图中的横轴表示时期、纵轴表示技术水平，向右上方倾斜的虚线表示实验室中研发的新技术，而曲折的实线表示在市场上被成功商业化的技术进步路线。假设新技术的供给是匀速进步的，也就是在每一时期，实验室都会诞生新的技术。然而，研发的新技术可能不被市场采用，此时就会出现图中 $t+1$ 期的情况，即 $t+1$ 期研发的新技术是 $T(t+1)$，但市场仍然停留在上一期的旧技术 $T(t)$ 上。

其次，当技术进步发生时，有可能是跨越式的。如果新技术不断进步，而且持续改善的性能摆脱了旧技术的拖累，那么当技术进步发生时，市场将会采用当期的最新技术，而前几代的新技术就只能留在实验室里。如图中的 $t+2$ 期，由于技术进步发生，因此最新技术 $T(t+2)$ 替代了旧技术 $T(t)$，而技术 $T(t+1)$ 被跨越了。在通信领域，发达国家依次经过了固定电话、寻呼机和手机三个阶段，而一些落后的非洲国家直接进入了手机时代，跨越了此前的两代产品。

技术进步的停滞和跨越式发展的特征，给了一些落后国家或地区实现“弯道超车”的可能性。发达国家可能因为原有产业已经非常普及和完善，所以对采用新技术缺乏动力，而发展中国家因为原有产业发育不完善，反而容易转向新技术和新产品。

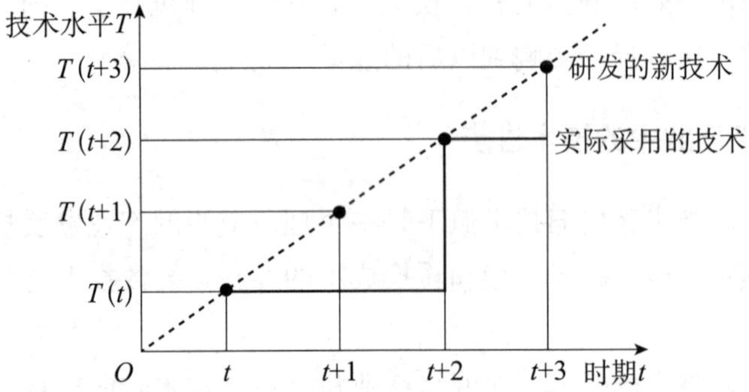

图 2－7　网络产业的技术进步

三、“免费”的商业模式

在商业的世界里，“天下没有免费的午餐”似乎是一个常识，但进入互联网时代后，免费的产品和服务却比比皆是。人们每天免费看新闻、听音乐、打游戏，在免费的社交软件上与朋友打电话。美国《连线》杂志主编克里斯·安德森在他的成名作之一《免费：商业的未来》中写道：“免费”的商业模式是数字化网络时代的商业未来。

微观经济学的厂商理论告诉我们，定价高于边际成本是企业愿意继续生产的前提，因此大于零的定价是传统商业的一个常识，但在网络产业中，零定价甚至补贴却成为很常见的定价模式。关于这个问题，因为我们在后文还会反复提及，所以这里只做一些与网络外部性直接相关的分析。

当消费者消费一个产品的行为具有网络外部性时，意味着该消费行为提高了其他消费者的效用，也意味着网络价值的提升；如果厂商可以因此从其他交易中获益，那么为了鼓励消费者进入该网络消费，就可能不收费甚至给予补贴。

免费定价涉及的常见商业模式包括以下几种：

第一，依靠免费玩家吸引收费玩家。对于这种模式，最典型的例子是在线游戏。大部分游戏玩家是免费玩家，但他们的存在可以让游戏更有趣，让玩家不论何时上线都能找到对手一起玩，这可以看作玩家参与了游戏服务的生产过程。但是，总有一部分玩家会花钱购买道具或其他权利，以提高自身的游戏体验。对于游戏提供商来说，只要付费玩家的收入可以覆盖成本、获得利润，那么这就是一个合理的商业模式。

第二，广告模式。这是最简单、最常见的互联网产业的商业模式。企业通过免费提供新闻、视频、搜索服务等吸引消费者眼球，然后以插入广告的方式获得收入。在这个模式下，流量越多，吸引的眼球越多，企业就可以获得越多的广告收入。从表 2-1 可以看出，广告收入是大型互联网平台的重要收入来源。

表 2-1　2021 年度广告收入占营业收入的比重

	阿里	腾讯	百度	谷歌	脸谱
广告收入占比（%）	44.1	15.8	63.2	81.3	97.5

资料来源：根据各公司年度财务报告数据计算得到。

第三，双边用户间的交叉补贴。在一个双边市场上，平台企业往往对一边用户低价或免费，但对另一边用户高收费。例如，在电子支付行业，服务商对消费者免费提供服务，但对收款端就要按支付金额的一定比例收取手续费。从消费者一边来看，信用卡、花呗等就是免费的支付工具。

第四，不同业务间的交叉补贴。平台企业往往提供多个业务，有些业务是收费的，可以获得现金流收入，但有些业务是免费供给的。例如，微信中的社交服务是免费的，而公众号、微信支付是收费的；在滴滴出行平台上，出租车的叫车服务是免费的，而快车、专车服务是收费的。

第四节　影响网络外部性发挥作用的因素

由于缺乏兼容，消费者被分割在独立的网络中；或者由于技术标准不统一，使网络的各个部分无法连接并共同发挥作用；又或者市场参与主体之间缺乏一致的预期，从而导致协同困难；这些因素都会导致网络扩张的困难，并影响网络外部性发挥作用。

一、兼容

（一）兼容的概念及表现形式

兼容（compatible）是指网络的各个构成部分都能相互连接并共同发挥作用的状态。兼容性问题在具有互补关系的物品之间普遍存在，比如螺丝和螺母的尺寸、形状是否匹配，打印机和墨盒的型号是否匹配等。如果两者匹配，它们就可以结合在一起，产生固定或打印的功能；反之，如果两者不匹配，它们就是不兼容的。在通信行业，兼容性主要是指硬件设备、软件系统之间相互沟通、配合的状态。例如，中国移动和中国联通分别运营各自的通信网络，但中国移动的用户和中国联通的用户可以相互通话或收发短信，他们处在一个共同的通信网络里，我们就说他们是相互兼容的；相反，苹果手机不能安装安卓操作系统，那么它们就是不兼容的。

显而易见，如果存在兼容性，就可以让更多的组件连接在一起，构成更大的网络，从而激发更多的网络外部性，让消费者受益。如果不同网络之间不兼容，消费者就会被分割在不同的网络中，他们只能获得较少的网络效应。

与物理实体的兼容相比，信息技术领域兼容的表现形式更为复杂。下面从不同维度，对兼容性进行分类。

首先，兼容可以分为横向兼容和纵向兼容。横向兼容是指具有相同功能的网络组件之间的兼容，如手机与手机之间、计算机与计算机之间是否可以连接。纵向兼容包括两层含义：一是产业链上下游组件之间的兼容，比如硬件与软件之间的兼容、新能源汽车与充电桩是否兼容等；二是产品在更新换代的过程中，上一代产品与下一代产品之间的兼容，比如新的 Office 软件能够打开在旧 Office 软件上编辑的文件。

其次，在方向上，兼容可以分为单向兼容和双向兼容。单向兼容是一种不对等的兼容。例如，微软的办公软件 Office 全面不兼容金山的办公软件 WPS，Office 不能正常打开 WPS 的文档，但 WPS 全面兼容 Office，可以打开并编辑 Office 的文档。双向兼容是对等的兼容，在市场上是比较常见的。

此外，在兼容的程度上，可以分为兼容、部分兼容和不兼容。信息网络产业的兼容不是“非黑即白”的关系，而是从 0 到 100%的频谱式分布，最典型的例子是网页与浏览器之间的兼容性。一般来说，网页设计者和浏览器开发者都试图提供兼容性更好的产品，但由于种种技术上的原因，如浏览器使用的内核及所支持的 HTML网页语言标准不同等，我们常常会发现：当使用某种浏览器观看一个网页时，有可能出现不能正常显示或者某些功能无法使用的情况。此时，这个浏览器与网页之间既不能说是完全兼容的，又不能说是完全不兼容的，而是处于一种中间状态。

（二）兼容的实现方式

兼容有利于网络外部性的形成，可以提高社会福利，但兼容性的提高对不同企业的影响是不同的。当企业能够进行兼容的选择和决策时，我们常常看到网络产业的兼容程度是偏离最优状态的。从不兼容到兼容，其实现方式有以下几种：

第一，安装适配转换器。例如，新一代的苹果笔记本电脑只有 Type-C 外接口，无法连接普通 USB 接口的设备或 U 盘，此时接口转换器就可以解决这个问题。再如，某设备只能打开 JPEG 格式的图片，但现有图片是 PBG 格式的，那么通过图片格式转换软件改变该图片的格式后，这个设备就可以打开图片了。在这里，接口转换器和图片格式转换软件就是适配转换器。

第二，采用统一的行业标准。这是网络信息产业实现兼容的基础和最重要的手段。只有建立在相同技术标准的基础上，网络的节点才能进行充分的互动。SWIFT（环球同业银行金融电讯协会）是全球最重要的金融通信网络系统，它依托遍布 200 多个国家和地区、连接了 11 000 多家金融机构的金融报文网络，提供跨境的支付清算服务。支撑 SWIFT 高效运营的基础，除了跨国的通信网络体系之外，还有两个重要的标准体系，即统一的身份标识体系和统一的电文语言体系。SWIFT 系统的使用者都对应着由 8 个字母＋3 个数字构成的身份代码，类似中国居民的身份证号码。各成员的业务往来需要使用 SWIFT 提供的与 240 余种金融交易相关的电文标准进行信息交流。

二、标准化

技术标准的统一是不同企业运营的网络之间能够互联互通、相互兼容的前提，而且掌握标准的话语权是网络产业中重要的竞争策略。标准化既可以通过市场竞争和合作自下而上地实现，又可以通过政府部门的强制执行自上而下地进行。

（一）标准的概念及作用

根据国际标准化组织（International Organization for Standardization，ISO）的定义，标准是指为在一定的范围内获得最佳秩序，对活动或其成果规定共同的和重复使用的，经过协商一致制定并经公认机构批准的规则、导则或特性的文件。

根据标准的制定过程，标准可以分为法定标准和事实标准。前者是由权威性部门制定的公共标准，后者是通过市场化力量形成的私人属性的标准。此外，从用途上划分，标准还可以分为信息测度标准、最低质量安全标准和兼容性标准。我们关心的兼容性标准，是指按行业惯例或正式协议规定的，使产品之间能够互相发送和接收信息的产品技术规格。兼容性标准旨在保证不同企业生产的产品协同工作，使用户能最大限度地从产品网络规模的扩张中受益。

在网络产业发展的早期，常常存在着多个标准，而标准不一致就会导致整个行业发展迟缓。早在条码支付出现之前，近场非接触（NFC）移动支付的推广就已在国内市场上展开。然而，当时在市场上存在由银联主导的 13.56MHz 和由中国移动主导的 2.4GHz 两个技术标准。银联的优势在于 POS 端的布局，而中国移动的优势在于掌握了 70%的手机用户，当手机端采用的技术标准与 POS 机具不一样时，两者之间就无法进行信息互换。这两个阵营针锋相对、各自主张的结果，就是它们都没有建立起有效的用户网络，NFC 支付的推广迟缓，错过了发展移动支付市场的最好时机。

从经济学的角度看，一方面，统一标准的存在保证了技术上联通兼容的可能；另一方面，可以形成共同的透明信息，降低不确定性，减少市场参与各方的协同成本。在这种情况下，现有用户可以享受良好的互操作性，潜在用户也会义无反顾地加入这个网络，从而帮助一个行业尽快达到临界规模，进入快速发展阶段。

（二）标准化与网络外部性的实现

统一标准的实现有两种方式：一种是通过政府部门的强制执行自上而下地进行，另一种是通过市场竞争和合作自下而上地实现。

一般来说，由政府部门制定标准，其优势是可以在较快的时间里实现整个行业的标准化，促进兼容性的实现。但是，其劣势是没有经过充分市场竞争和选择的标准不一定是最优的，强制性地执行它可能导致整个行业的创新活力受到影响。

以市场竞争的方式实现标准的统一，其缺点是该行业会经历较长时期的标准不统一，特别是当该市场中存在势均力敌的大型企业时，它们对标准的竞争往往很激烈，消费者和整个市场可能都要为此付出相应的代价。但这种做法的优点是：标准的竞争往往是技术实力的竞争，市场化的标准争夺可以激励企业的研发投入，推动技术进步，提高长期的动态效率。

需要注意的是，统一标准的实现也可能带来负面影响。首先，标准化导致产品及服务多样性的丧失，使异质化的需求无法得到充分的满足。此外，在标准化下形成的网络具有更强大的拖累效应，致使新技术、新标准的转换更加困难，因而长期的优胜劣汰难以实现。

【实例分析 2.3】

互联互通与银行卡产业的快速发展

在 20 世纪 80 年代中期，中国银行珠海分行在国内发行了珠江卡，这是中国最早的银行卡，开启了中国银行卡产业发展的序幕。当时，以四大国有商业银行为主的各发卡银行均以省分行为单位进行行内系统建设、布设受理终端，并以各自行业资源为依托进行银行卡系统和网络的布局。各自独立的“体内循环”发展模式及条块分割，导致行与行之间的卡片和终端标准不统一，受理终端重复布放的“一柜多机”现象严重。由于本行卡无法在他行机具上使用，而同行卡无法跨地区使用，不仅造成了重复建设和资源浪费，而且导致银行卡交易的成功率和受理效率低，消费者对银行卡的接受度低。其结果就是银行卡的普及缓慢，银行卡产业停滞不前。

2002年中国银联股份有限公司（以下简称“银联”）的成立是中国银行卡产业发生根本性变化的重要转折点。作为经中国人民银行批准、由80多家国内金融机构共同发起的银行卡组织，银联在成立之初就确立了银行卡联网通用的“314工作目标”：“3”是各银行系统内的银行卡要在300个以上地级城市实现系统内的银行卡联网运行、跨地区使用；“1”是在100个城市实现各类银行卡的跨行通用；“4”是力争在40个以上城市推广普及全国统一的“银联”标识卡，全面实现跨地区、跨银行的联网通用。[①]

自此，中国银行卡产业迎来了快速发展期，境内银行卡的发行量从2002年的不到3 000万张，增加到2010年的17.9亿张，2021年达到了92.5亿张，人均持卡6.55张。银联也成为全球最大的银行卡组织之一。

三、市场预期及行为协同

（一）市场预期与预期的自我实现

与所有行业类似，消费者预期对市场变化有很重要的影响，而在网络产业中，网络外部性的存在使消费者预期具有很强的自我实现机制，因此对消费者预期的管理显得尤为重要。

在一篇早期讨论电信行业市场需求的著名论文里，杰弗里·罗尔夫斯（Jeffrey Rohlfs）讨论了消费者的悲观预期和乐观预期对电信市场需求的影响。[②] 在起始条件相同的情况下，当消费者具有乐观预期时，最终的均衡是较多的用户数量和较大的网络规模；反之，当消费者具有悲观预期时，最终的均衡是收敛到一个较小的网络上。

在智能手机出现的初期，手机操作系统有四个：谷歌的安卓、苹果的iOS、诺基亚的塞班和微软的Windows Mobile。iOS是一个相对封闭的操作系统，其余三家

---

① 中国银联上海分公司．银联改变生活．北京：中国财政经济出版社，2012.

② Jeffrey Rohlfs, “A Theory of Interdependent Demand for A Communications Service”, *The Bell Journal of Economics and Management Science*, 1974, 5 (1).

都是开放系统，它们形成了直接的竞争关系。在由于种种原因导致安卓领先后，我们看到塞班和微软在很短的时间里就退出了市场，只剩下安卓一家。在这个迅速分化的过程中，消费者和软件开发商的市场预期发挥了很重要的作用。消费者的行为特征以单栖为主，即只使用一部手机，软件开发商出于成本的考虑也不可能同时开发三种版本的应用软件。因此，当消费者预期安卓将会取得市场领导地位时，就会购买安卓手机，而当软件开发商有同样的预期时，就会开发更多与安卓兼容的软件。消费者和开发商的上述行为形成正反馈，两边用户迅速集结在安卓平台上，塞班和Window Mobile的市场份额很快降至个位数，先后退出了这个市场。

因此，对提供网络产品或服务的企业来说，消费者预期管理非常重要。一旦成功让消费者形成有利于自己的预期，认为它的产品会成为主流、它的标准会成为主导性标准，那么就会演变成现实。

（二）参与方的行为协同

如前所述，网络外部性的激发需要平台的开放、标准的统一、新技术的同时采用等参与者行为上的协同，但在现实中，每个参与者追求自身利益最大化的结果，却可能不是最优状态。

假设A和B要举行线上会议，他们可以使用的会议软件有腾讯会议和钉钉。A和B在不知道对方选择的情况下自行选择下载其中的一款软件。腾讯会议和钉钉是不连通的，如果A、B选择下载的会议软件不同，那么他们将无法举行会议。这个博弈可以用表2-2表示。

表2-2　会议软件的选择博弈

		B	
		选择腾讯会议	选择钉钉
A	选择腾讯会议	（1，1）	（0，0）
	选择钉钉	（0，0）	（1，1）

如果A、B选择的软件相同，无论是腾讯会议还是钉钉，那么他们的会议可以正常举行，各自获得正收益；如果他们事先没有沟通，而且选择的软件不同，那么会议就无法正常举行，各自的收益为零。

另外，如果在选择过程中可能发生沉没成本，那么他们没有协同的结果可能会更糟。考虑一个支付工具选择的例子，假设消费者和商家要进行一笔交易，该交易可以现金支付，也可以扫码支付。扫码支付是比现金支付更安全、更方便的支付手段。这笔交易实现扫码支付的前提是，消费者要下载软件并学会使用，而商家要申请一个二维码。消费者和商家在这个支付工具选择的一次性博弈中，他们面临的利得见表2-3。

表 2-3　支付工具选择的博弈

		商家	
		现金	条码支付
消费者	现金	(0, 0)	(0, $-C$)
	条码支付	($-C$, 0)	($R-C$, $R-C$)

为了使用支付软件，消费者需要事先支付一次性成本 C，包括下载、注册及学习使用 App 花费的时间、精力等。商家也需要支付一次性成本 C，包括硬件购买或向支付平台缴纳的费用等。如果消费者和商家同时选择了条码支付，那么与现金支付相比，双方都可以获得一个额外收益 R。对于消费者来说，这个 R 意味着不用带钱包、避免了丢失的可能等，而对于商家来说，意味着降低了处理现金的成本（清点、保存、假钞等）和更加完全。考虑到实现支付的成本 C，他们的收益是$R-C$。在此，假设 R 大于C，因而双方的收益为正。

然而，如果双方没有事先沟通，只有一方选择了转向条码支付，而另一方只接受现金，那么条码支付无法进行，双方只能用现金支付。此时，转向条码支付的一方收益为$-C$，未转移的一方为 0，也就是先转移的一方更不利。

在上述博弈中，有两个纳什均衡，即（现金，现金）和（条码支付、条码支付）。假设起始的均衡使用现金支付，那么我们可以看到：如果没有协同，对双方都有利的纳什均衡就难以实现。

在网络产业的发展及技术进步的过程中，网络的形成和演变既需要消费者的参与，又需要供给方产业链中相关企业的参与，但所有参与方的行为协同往往是困难的。此时，主导性企业的存在、监管机构的引导和干预都是解决方法。

本章小结

网络外部性是指用户从一个产品或服务中得到的效用，随着用户数量的增加而增加的现象，也常被称为网络效应。网络外部性可以分为直接网络外部性、间接网络性、跨边网络外部性等。在一个大型数字平台上，多种网络外部性同时存在和发挥着作用。

在网络外部性显著的市场上，其存在多重均衡。在马太效应的作用下，市场会呈现出集中度较高的状态，垄断或寡头垄断是一种常见的市场结构。此外，路径依赖、技术进步的迟缓或跳跃式演进以及“免费”的商业模式，都是在网络产业发展过程中可能出现的特殊现象。

存在着一些阻碍网络外部性产生的因素，主要包括网络组件的不兼容、技术标准的不统一以及市场参与主体之间缺乏一致的预期及行为协同困难等。

练习题

1. 什么是网络外部性？举例说明什么是直接网络外部性、间接网络外部性和跨边网络外部性。

2. 在网络外部性的作用下，市场的演变会出现哪些特征？

3. 请查找资料、数据，说明梅特卡夫法则和马太效应的含义。

4. 从不兼容到兼容有哪些方法？请举例说明。

5. 在网络产业中，为什么技术标准的统一非常重要？

6. 在数字经济时代，为什么人们经常会说到“弯道超车”的现象？

第三章

平台与双边市场

教学目标

1. 掌握平台和双边市场的内涵与特征
2. 掌握平台和自营模式的优缺点
3. 掌握平台上交叉补贴的产生原因
4. 了解平台生态和高质量发展之间的关系

导入案例

阿里巴巴的淘宝网是一个连接消费者和商家的典型电子商务平台。为了解决平台上买卖双方的信任问题，阿里巴巴于 2003 年 10 月 8 日推出了支付宝服务，而在随后的发展中，为了满足淘宝和支付宝海量交易算力的需求，又构建了阿里云。此后，支付宝独立出来，并逐渐演变成蚂蚁金服，形成了覆盖生活服务、理财、小额贷款、保险、银行和金融云服务的复杂平台生态体系；阿里云也成为提供云计算、存储、安全和大数据云服务产品，以及新零售、能源、制造业、金融、数字政府等各行业的数字化行业解决方案的云平台。阿里巴巴的发展历程展示了一个双边平台是如何演变成平台生态体系的。那么，平台和双边市场的特征是什么？什么是平台生态体系？双边平台向平台生态体系演变的动力和条件是什么？这是本章将要介绍的内容。

第一节　交叉网络外部性与双边市场

一、平台与双边市场的内涵

一般来说，平台具有以下三方面的特征：

（1）平台连接着两类或更多类用户，为他们提供互动的渠道和载体。图 3-1 概括了双边市场的基本结构。其中，平台作为核心主体，连接着两类用户（用户 1 和用户 2），而每类用户构成平台的一个“边”。平台及其两边的用户构成了一个双边市场。

图 3-1　双边市场的结构

不同类型的用户是指他们在互动中处于不同的角色。例如，在淘宝这样的电子商务平台上，个人可以购买产品，同时也可以申请开店。淘宝上消费者和商家的区别并不在于他们是个人还是企业，而在于前者处于买方的角色，后者处于卖方的角色。

用户间的互动是一个抽象的概念，其具体内涵要视场景而定。在淘宝这样的电商平台上，互动主要是买卖；在百度这样的搜索引擎平台上，互动是用户在关键词搜索中点击和浏览广告链接；在智联招聘这样的求职平台上，互动代表着企业阅读求职者递交的简历并决定是否提供面试机会；在鸿蒙的手机操作系统平台上，互动表现为手机用户下载和使用各种 App；在百合佳缘这样的婚恋平台上，互动又表现为男、女双方之间的交流与联络。

（2）平台上的用户之间存在着正向的交叉网络外部性，它是用户之间产生互动的必要途径或载体。一般来说，用户有多种途径可以实现彼此之间的互动。例如，消费者与商家之间的买卖可以通过线下实体店达成，而且消费者与商家通常都会自发选择最便利的方式进行交易，所以淘宝、拼多多这样的电商平台能持续存在的前提是，不存在其他可以完全取代这些平台的用户互动渠道。这意味着平台在实现用户互动上至少需要具备某些方面的效率优势。在产品交易这个例子中，电商平台上聚集了大量的消费者和商家。对消费者来说，数量庞大的商家意味着他们的多样化需求能够更好地被满足，而对商家来说，众多的消费者意味着巨大的潜在销售机会。除了用户聚集外，电商平台还广泛引入搜索引擎和基于大数据与算法的个性化广告，帮助消费者和商家寻找交易对象，提高买卖双方的匹配效率。这些机制对应着平台上的正向交叉网络外部性，它是吸引用户选择平台进行互动的前提。

（3）平台本身并不完全介入用户之间的互动关系。在图 3-1 展示的平台结构中，用户 1 和用户 2 都必须包含独立的市场主体。如果平台完全介入了其中一边，那么双边市场的特征就不复存在了。亚马逊和京东在成立之初都只有自营业务，这种自营模式可以视为平台在商家这一侧实施了完全的纵向一体化，即平台取代了所有独立的商家并直接向消费者出售商品。这样的纯自营电商和线下商超不具备连接两类以上用户的特征，不属于平台的范畴。

现实中，企业的商业模式往往是多样的和动态变化的，大量企业兼具平台和非平台的混合特征。例如，京东自2010年起逐步向第三方商家开放，在电子商务领域演变成平台业务和自营业务并存的混合模式。

二、平台还是自营

与平台和自营相对应的一对概念是开放和封闭。在双边市场的情景下，选择平台模式意味着在两边都要保持一定的开放性；相反，选择自营模式等同于在其中一边完全封闭。平台模式和自营模式各有利弊，并不存在绝对的好坏之分，具体可从以下两个方面来分析。

1. 用户体验与规模扩张

采用自营模式的企业可以直接监督和控制原材料的采购、企业内部的生产经营活动以及产品和服务的销售，对产品和服务的质量有更强的控制力，能够保证较好的用户体验。

但是，自营模式意味着外部的第三方很难参与服务的提供，企业必须主要依靠自身能力。这带来了两个问题，从而限制了企业的规模扩张。第一，在自营模式下，企业不得不以重资产模式在垂直领域进行大量投资。第二，企业能够提供的产品和服务的多样性是有限的。

在平台模式下，各类用户都可以加入平台，为平台贡献多样化的服务。平台和所有参与者都不需要掌握全部的能力及知识，每个用户都可以专注于自己最有效率的领域，形成专业化分工。但是，开放意味着平台控制力的让渡，将引发用户的激励和协调问题。

【实例分析3.1】

安卓和iOS的开放性策略

谷歌的安卓系统一直给人以高开放性的印象。2007年11月，谷歌联合84家硬件制造商、软件开发商和电信运营商组建了开放手持设备联盟（Open Handset Alliance，OHA）。随后，谷歌以Apache开源许可证的授权方式，发布了安卓开源系统（android open source project，AOSP）。任何硬件生产商都可以免费使用AOSP来开发自己的安卓系统，并将其安装在自己生产的手机和平板电脑等设备上。相反，苹果公司的iOS系统在硬件设备这一边是完全封闭的，只能安装在该公司生产的设备上。

安卓系统的开放性使其很容易获得全球硬件生产商的支持。谷歌的全球事务总裁兼首席法律官肯特·沃克（Kent Walker）曾宣称：2016年，全球有1 300多个品牌的 24 000 多种设备在使用安卓系统。对消费者来说，在 iOS 系统下只有型号有限且价格较为昂贵的苹果设备可以选择，而在安卓系统下有大量不同品牌、配置、外观和价位的设备可以选择，这就更好地满足了消费者的多样化需求。但是，开放性导致安卓设备的碎片化问题十分严重，各种尺寸和分辨率的设备种类繁多，这使应用程序开发商在用户界面适配问题上不得不投入大量精力，也影响了安卓用户的体验。

谷歌和苹果在操作系统上的不同策略与它们各自的特点与核心能力是一致的。谷歌公司最早的业务模式是在谷歌搜索引擎上投放广告，而支撑广告业务的关键是流量，这与开放性模式的逻辑是一致的。虽然 AOSP 是免费开源的，但它带来的结果是用户都会自然选择与安卓系统契合度最高的谷歌搜索服务，这为谷歌带来了丰厚的广告收入。苹果公司的前身是苹果电脑公司，自成立以来，一直致力于研发和生产高品质的计算机等设备，而其操作系统的开发主要是服务于自己的设备。根据苹果公司 2021 年第四季度的财报，iPhone、Mac 电脑和 iPad 三种产品的销售是其营收的主要来源，合计 563 亿美元，约占总营收的 68%。

2. 协同成本与运营成本

平台模式与自营模式的第二个差异在于协同成本和运营成本。平台模式的核心特征是正向的交叉网络外部性，这就会导致网络协同问题和相应的协同成本。例如，消费者选择淘宝和拼多多的原因是平台上有大量的卖家，而卖家入驻的原因是平台上有大量的消费者。但是，初创平台可能会陷入另一种困局：平台上没有消费者，所以商家不愿意入驻；由于没有什么产品可选，消费者也不愿意使用该平台。打破这种僵局的一个办法是该平台通过大量补贴来吸引用户，但这个补贴实际反映了网络协同成本的存在。

在自营模式下，网络协同问题就不存在了。电商企业可以直接从商家那里采购产品，并转卖给消费者。因此，对于初创企业来说，采用自营模式可以大幅节约网络协同成本。

但是，自营模式意味着企业必须依赖自身能力，这就要求企业采用重资产模式，并承担相应的运营成本。以电子商务为例，纯平台模式无须负责产品的存储和物流，也不需要承担产品积压和退货等市场风险。但是，在自营模式下，所有这些成本都需要企业自行承担。随着产品交易规模和种类的持续扩大，自营模式最终会面临规模不经济和范围不经济的问题。因此，自营模式在发展到一定规模后，逐渐显现的运营成本劣势会促使这些企业向平台模式转变。亚马逊和京东在成立之初都采用了自营模式，但亚马逊自 1999 年开始逐渐向第三方商家开放，而京东自 2010 年底也采用了同样的策略。

第二节　平台定价中的交叉补贴

一、常见的平台费率形式

现实中，平台所能使用的价格手段在理论研究中通常被概括为使用费（usage fee）和会员费（membership fee）两类。这两类费用分别对应于可变费用和固定费用这两个更具一般性的概念。

1. 使用费

使用费是依据用户对平台产品或服务的使用次数收取，类似于传统单边市场中的产品价格。在给定的使用费率下，用户使用平台的次数越多，需要支付的使用费也越多。

2. 会员费

会员费是平台在一定时期内收取的整笔付清费用（lump-sum fee）。支付这一费用是用户使用平台服务的前提，但该费用的金额是固定的，与用户使用平台服务的次数无关。

3. 两部收费

两部收费（two-part tariff）是使用费与会员费的结合，即在总费用中包含整笔付清的会员费和按次收取的使用费。现实中，很多平台都采用了两部收费的方式。

【实例分析 3.2】

"天猫" 平台的两部收费

"天猫"原名"淘宝商城"，是阿里巴巴旗下的一个综合性电商平台。该平台对消费者这边的用户是免费的。消费者在平台上购物所产生的费用，如支付的产品价格、运费等，都来自他与商家的交易，并不属于平台的收费项目。

而在商家这一边，根据目前天猫平台的规则，入驻天猫平台涉及的费用有三种：保证金、软件服务年费和软件服务费。其中，设立保证金的目的是确保商家按规则进行经营，而其主要作用是在商家有违规行为（如未按约定时间发货等）时向天猫和消费者支付违约金。如果商家退出天猫平台，那么保证金需要退还给商家。因此，保证金并不构成平台所得，不能算平台的收费项目。

由此可知，天猫平台主要的收费项目就是软件服务年费和软件服务费。前者是会员费，后者是使用费，两者合并在一起收取便构成两部收费。

软件服务年费按年收取，具有会员费的属性。根据商家经营的产品类目，分为3万元和6万元两档；若商家经营多个类目，则就高收取。例如，服饰类别中的"配件/皮带/帽子/围巾"按3万元收取年费，而其余服饰类产品的年费为6万元。不过，与一般会员费有所不同的是，天猫为了鼓励优势商家的入驻和激励商家积极开展运营，设置了年费返还规则。例如，对于经营"配件/皮带/帽子/围巾"的店铺，如果它的年销售额达到18万元，就可以享受50%的年费折扣优惠；年销售额达到60万元，则可以全额返还年费。

软件服务费等同于使用费，它根据每次交易的实际发生金额按特定比例收取。与年费类似，天猫的软件服务费按产品类目设置。目前，除数字阅读的费率为10%以外，其他产品类目的费率都不超过5%，但不同类别产品的费率可能会存在较大差异。

二、平台上的交叉补贴及成因

（一）平台上的交叉补贴

平台上的交叉补贴是指平台通过对某些边用户的收费来补偿为其他边用户提供服务所产生的成本。如果反映到平台在各边的定价上，这就表现为某些边的定价小于为用户提供服务的平均成本；为了弥补由此造成的亏损，平台在其他边上的定价要高于相应的平均成本。

现实中，交叉补贴广泛存在于各类平台上。例如，消费者使用微信支付在超市购物时，商家一般需要支付约0.6%的佣金，而消费者除了购买产品的支出外，无须向平台付费。在这个例子中，消费者和商家都享受到了移动支付带来的便利，但平台因为提供这种服务而产生了成本；实际上，商家替消费者支付了本应由他们承担的平台费用，即商家对消费者进行了补贴。

其他领域的交叉补贴也非常普遍。像百度这样的搜索引擎平台会通过关键词竞价的方式来拍卖与关键词对应的付费链接，赢得拍卖的商家或广告商将按照链接的点击量向平台付费，而使用搜索引擎的用户却不需要向平台支付任何费用。交叉补贴广泛存在于各类电商平台上，比如天猫只对商家收取软件服务年费和软件服务费，对消费者则是免费的。

（二）交叉补贴的成因

那么，平台为什么要在用户之间进行交叉补贴？哪些用户应该成为被补贴的对象？这个问题涉及平台调整定价的影响。一般来说，当平台降低某一边用户的费率时，将会产生以下三种效应：

(1) 如果用户数量不变，那么调低费率将导致收入下降。

(2) 费率下降将提高用户使用平台的意愿，这会带来平台上用户人数和使用频次的上升。在给定的平台定价下，这种变化会带来平台收入的上升。

(3) 由降价带来的用户人数上升会通过正向的交叉网络外部性给另一边用户带来额外的收益。在其他条件不变的前提下，这意味着平台可以提高对另一边用户的收费，而不会影响他们加入平台的意愿。这种变化也会带来平台收入的上升。

平台是否要进行交叉补贴，以及对哪些用户进行交叉补贴，主要与上面的后两种效应有关。这可以进一步概括为需求价格弹性和交叉网络外部性两个影响因素。

1. 需求价格弹性

在其他条件相同的情况下，平台应该对需求更富弹性的用户收取更低的价格。

需求价格弹性是指当价格变化1%时，需求会变化百分之几。一般来说，价格和需求之间是负相关关系。需求价格弹性以绝对值的形式来表示。以电商平台为例。平台上的两类用户分别为消费者和商家。一般来说，消费者比商家对价格更敏感。也就是说，在相同的价格水平上，消费者对平台服务的需求价格弹性要大于商家对平台服务的需求价格弹性。

用户间弹性的差异意味着平台降价所带来的需求增长将有所不同。电商平台可以选择降低对消费者的收费，也可以降低对商家的收费。然而，消费者对平台收费一般更敏感。因此，对于相同的降价幅度，在消费者这一边降价能带来更多的新增用户。这些新增用户又会通过正向的交叉网络外部性，使平台对商家的吸引力上升。因此，在其他条件相同的前提下，平台应该优先考虑对需求弹性更高的用户降价。

2. 交叉网络外部性

正向交叉网络外部性的存在会削弱平台定价与平均成本之间的关系。当这种网络外部性很强时，平台对用户的收费甚至会低于平均成本，形成用户间的交叉补贴。

此前列出的平台降价的第三种效应是，由降价带来的用户人数上升会通过正向的交叉网络外部性提高平台在其他边的利润。仍以电商平台为例。消费者对商家的交叉网络外部性表现为，消费者数量的增长为商家带来更多的商机，而这会提高后者加入平台的意愿，或者说，平台可以提高对商家的收费，而不会降低它们使用平台服务的意愿。类似地，商家对消费者的交叉网络外部性表现为，商家数量的增长为消费者带来了更多的购物选择。这会提高消费者加入平台的意愿，而平台也可以借此提高对消费者的收费。

因此，正向网络外部性的存在意味着平台能通过降低某一边用户的费率来提高对其他边用户收费的能力。为了激发这种网络外部性，平台可能会对用户收取低于平均成本的价格，甚至会免费提供服务。

第三节　平台生态系统

一、平台的形态

根据平台上网络外部性发挥作用的不同形式、主营业务的多元化程度、平台的赋能能力，互联网平台的发展可被划分为三种不同的形态：双边平台、多边平台和平台生态圈。

（一）双边平台

双边平台是平台的最简单形态，见图 3－2。此类平台内部化了双边外部性，业务较单一，赋能能力较弱。其中，对双边外部性的内化是此类平台的核心特征。双边平台主要连接了两类用户，并为这两类用户搭建了互动的必要载体。

平台上一类用户数量或活跃度的增加，会提高另一类用户的效用，从而吸引更多的另一类用户，如此循环往复，形成了强烈的交叉网络外部性。双边平台内部化了这种双边外部性，将其转化为促进平台双边用户增长、使平台价值增加的推动力。但我们也应意识到，正是因为这种交叉网络外部性的存在，所以平台上的双边用户同增共减，即双边平台面临着网络协同问题的挑战。

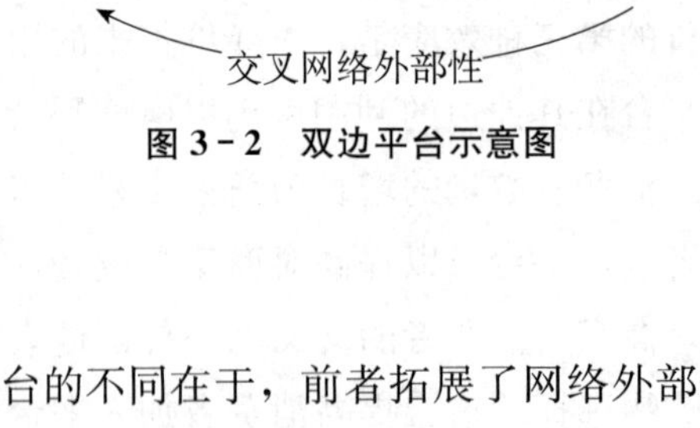

图 3－2　双边平台示意图

（二）多边平台

多边平台与双边平台的不同在于，前者拓展了网络外部性内部化的空间，其业务逐渐多元化，并产生了一定的赋能能力。其中，平台业务的多元化是关键特征。平台一般起步于结构最简单的双边平台，在建立起足够的用户基础后，通过接入多边主体，提供多元化的互补业务，双边平台逐步演变为一个多边平台（见图 3－3）。不过，很多现实中的此类平台只是部分内部化了多边用户间的交叉网络外部性，其不同业务间的协同性还较弱。

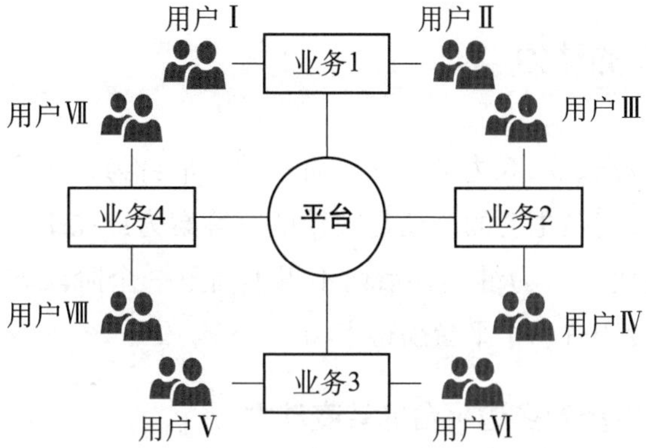

图3-3　多边平台示意图

（三）平台生态圈

平台生态圈是以平台为中心，由各类互补性参与者构成的动态创新联合体，见图3-4。平台通过整合多边平台所积累的多元业务，同时加强各业务间的协同性，妥善处理更复杂的用户间互动，就可以建立平台生态圈。在此阶段，为充分内部化各类用户间的交叉网络外部性，实现平台生态圈内各参与主体的良性竞争与合作，全方位、全产业链地赋能实体经济，平台需要开展全面系统的治理，以平衡好各类用户利益，分配好平台生态圈的内部资源。通过有效治理，促使平台上各业务的协同性提升，确保多边用户间实现网状、多维的交叉锁定效应，而平台生态圈内的交叉网络外部性被平台最大限度地内部化，最终形成以平台为核心的生态系统。在此基础上，平台生态圈可以形成强大的赋能能力，为其他市场主体提供物流、金融、

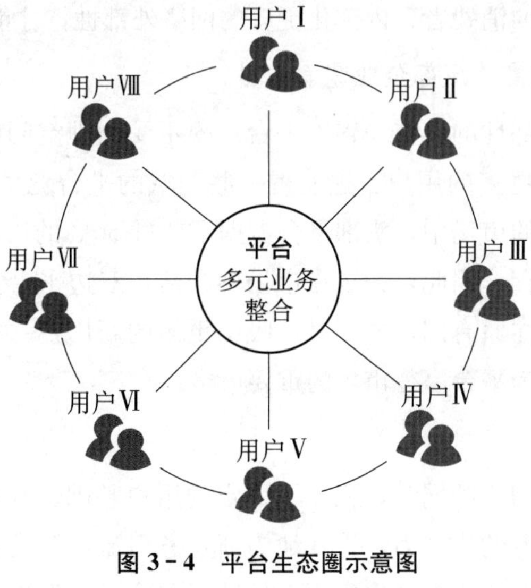

图3-4　平台生态圈示意图

营销、数字化解决方案等服务，推动实体经济数字化转型和产业链协同发展。

二、平台形态转变的动力

大量的多边平台都是从双边平台发展而来的。平台为什么会从一个形态向另一个形态转变？这种转变是主动的，还是被动的？答案为：在平台发展过程中既存在一定的“推力”，迫使平台为继续存活而不得不向下一个阶段转变，又存在一定的“拉力”，使得这种转变有助于平台赢得市场。

（一）从双边平台到多边平台的转变动力

在数字经济领域内的双边市场不再受物理时空限制，实现了更多的用户连接，激发了更广泛的网络效应。较单一的业务模式能在平台发展早期培养出客户群和核心业务，但不具有可持续性，用户黏性较低、市场竞争激烈，因而平台不得不通过业务多元化的策略来应对可能的竞争威胁。

1. 用户多栖、易转换，对平台的依赖度不高

用户是平台的生存之本。数字技术催生了平台企业，但同时也使用户在平台间的转换成本较低，平台上的用户极易被其他平台吸引。在现实生活中，数字平台多以 App 为载体，通过 App 为用户提供服务，用户下载 App 后即可享受平台服务。若用户想接入不同的平台，只需多下载几个 App，该过程简单、易操作。因双边平台的业务较单一，用户转换成本低，所以用户往往同时使用多个存在竞争关系的平台，他们对平台的依赖度和忠诚度不高，这导致服务定位相似的各平台对用户的竞争尤为激烈。为提高用户黏性和活跃度，原先的单一业务已难以为继，平台只有引入新业务、吸引更多的消费者、内部化更多的网络外部性，才能继续发展。

2. 市场集中度较高，尾部企业竞争激烈

由于交叉网络外部性的存在，辅以平台规模不受物理空间的限制，因而平台能在更大的范围内吸引更多的用户。这使得一些领域的平台竞争呈现出“赢者通吃”的现象。在细分领域的市场中，头部平台占据了超过 50%的市场份额，众多尾部企业只能在夹缝中求生存。因此，为了在市场中存活，双边平台需要利用更广阔空间内的网络效应，在留住原有用户的同时，吸引更多的新用户并拓展业务，为用户提供多元化的服务已成为平台赢得市场的重要策略。

3. 范围经济

平台在连接双边用户的同时，积累了一定的用户基础、数据和算法，这些可以直接转化成发展新业务的推动力，更好地为新业务引流，解决新业务面临的网络协同问题。新业务的引入能为平台聚集更多的数据和流量，促进平台中不同业务可共用的资源及基础设施不断得到增长和优化升级。结合平台打破了时空限制的特点，与实体经济相比，平台范围经济的边界更广，新增业务所产生的成本更低，提供多元服务的效率更高。因此，从双边平台发展成多边平台，经营多元化的平台业务，是平台发展的必然结果。

（二）从多边平台到平台生态圈的转变动力

尽管多边平台能为用户提供多元服务，增强其对平台的依赖度和忠诚度，但由于负向网络效应的存在以及平台竞争具有跨界和动态的特征，因而居市场核心地位的多边平台仍然面临市场新兴平台的挑衅。因此，建设赋能开放、多平台相互支撑的良好平台生态圈，已成为许多大型平台的制胜策略。

1. 平台面临跨界竞争威胁

由于受地理区域、差异化偏好的影响，传统企业的竞争被限定在不同的市场中，其竞争的焦点在于特定市场的市场份额。在数字经济时代，平台的覆盖竞争和注意力竞争非常普遍。① 因为竞争超越了地域和行业的界限，而用户差异化的偏好也能更好地被多元化的业务满足，所以市场之间的界线变得模糊。尽管各平台之间的核心业务不尽相同，但平台能通过功能的升级、拓展和迭代，快速实现用户流量、注意力的分流和引流，从而低成本地进入新领域。

在跨界竞争下，竞争对手往往来自不相关的领域，也就是竞争威胁具有不可预测性。因此，平台需要提前部署防线、有策略地开放平台、从事跨界融合、建立多平台相互支持的生态系统，以抵消跨界竞争带来的冲击。

2. 技术的高速迭代引发平台的动态竞争

技术的高速迭代为新兴平台创造了“弯道超车”的机会，因此，即使是处于市场主导地位的多边平台也不能掉以轻心。这种由数字技术快速发展而引发的动态竞争模式，直接导致多边平台不断自我革新、优化整合自身多元业务、提升平台的治理能力、建立多维稳定的交叉网络系统，最终从多边平台过渡到平台生态圈，并以此避免在动态竞争中处于劣势，防止被新兴平台取代。

三、平台治理

在从双边平台向平台生态圈的发展和过渡中，随着用户的规模和类型不断增加，他们之间的关系变得更加复杂。平台生态圈的核心在于整合平台的能力与外部参与

---

① 与“覆盖竞争”相关的概念是 Eisenmann et al.（2011）提出的“平台覆盖”（platform envelopment），后者描述了平台基于现有服务和用户基础向其他领域渗透，并与这些领域的在位厂商竞争的现象。

者的资源，形成平台与第三方参与者的有机协作及动态创新，这就要求平衡平台生态圈中多方参与主体的利益，形成竞争与合作的规则。因此，平台的治理能力是决定其能否演化为平台生态圈的决定性因素。

平台治理的核心是建立一套规则，以规范地解决“谁将参与生态”“怎样分配价值”“如何解决纠纷”等问题（Parker and Alstyne，2014）。平台治理的主要内容包括以下几个方面：

1. 界定平台的边界与开放性程度

平台治理的第一个内容是要明确平台生态圈的哪些互补性因素来自内部，哪些是第三方提供的。与这个问题相关的是平台的开放性和封闭性。前文曾讨论过自营模式和平台模式的优缺点。实际上，自营模式就是完全封闭的模式，其优点是企业通过纵向一体化加强了对产品和服务的控制，但缺点是需要以重资产模式运营。开放的优点是可以充分利用第三方市场主体的专业能力，但这也会引发控制权的让渡问题。

2. 调和内外部关系

平台治理的第二个内容是要调和内外部关系。在很多情况下，平台利益会与第三方利益相冲突。例如，在亚马逊和京东这种既有自营业务，又向第三方开放的混合模式下，自营业务与第三方之间存在竞争关系。在这种情况下，平台应该寻求参与者之间的共识，对参与者做出长期获利的可信承诺。在软件、操作系统和产业互联网平台领域，平台还要为参与者提供一些底层技术支持。这需要平台明确针对参与者的技术和信息的开放度，即哪些技术可以开源使用、哪些技术应该置于平台的掌控之下。

3. 平衡各类参与者的利益

平台治理的第三个内容是要平衡平台上各类参与者的利益。

第一，针对参与者之间的利益冲突和纠纷，平台需要制定合理的纠纷解决规则。例如，在电商平台上，平台需要处理好假冒伪劣产品对品牌商的侵权问题；在软件和操作系统平台上，平台需要处理好第三方之间在知识产权等问题上的纠纷。

第二，平台需要构建与第三方合作的信任机制。例如，电商平台上的店铺信誉机制、好评机制和用户评分机制都是信任机制的典型例子。这些机制有助于第三方确立良好的合作声誉，降低合作中的交易成本。

第三，保持平台生态圈的动态发展活力。这要求平台在新、老参与者之间进行平衡。例如，对电商平台来说，在向消费者进行产品推荐时，应该优先推荐销量突出的明星店铺的产品，还是将流量向新设店铺倾斜？前一种推荐策略的优势在于能更好地确保平台的成交量，但如果平台固化在这种推荐方式上，那么会挫伤新商家加入的积极性。

四、平台的经济影响

1. 搜寻成本大幅降低

搜寻成本的下降源自两个方面：首先，双边平台汇集了大量用户，这就为用户之间的互动和匹配提供了更多的潜在选择。其次，大数据技术的广泛应用使平台有能力通过个性化广告、搜索引擎排序等方式来提高匹配的精度和效果。随着平台规模的不断扩大、用户数据的大量沉淀、算法技术的不断成熟，用户间的匹配效率会进一步提升。

以电商平台为例，目前各电商平台普遍采用多层次的人货（买家和卖家）匹配方式来提高供需匹配效率。典型的模式包括：检索（在客户端的搜索引擎输入文字描述、图片识别、相似商品识别）、类目下查找、卖家自营销（微淘）、直播带货等。除了上述产品展示与消费者搜索的核心功能外，电商平台的主要功能还涉及信息和数据服务，包括搜索比价、筛选排序、个性化推荐、数据存储与云计算服务等。具体说来，电商平台可以对消费者的浏览、收藏、购买等历史数据进行分析，提供个性化的信息解决方案，帮助企业实现精准的市场定位、市场划分、产品设计、广告投放等；电商平台还能采集消费者的浏览、检索、消费数据，通过大数据分析服务，构建“用户画像”，然后针对不同类型的消费者，推荐潜在匹配程度更高的产品；电商平台也能通过数据分析，优化电商零售企业的运作管理，为入驻企业的经营决策提供数据支持，帮助其优化效率。在为交易双方提供交易互动的同时，电商平台可以利用信息数据，帮助买卖双方降低寻找、比较潜在交易的相关信息成本，实现跨时空交易以及社会资源在供给侧与需求侧的有效对接。

具体说来，电商平台对市场交易双方搜寻成本的影响表现在以下两个方面：

（1）电商平台可以显著降低卖家的搜寻成本。从卖家的角度看，电商平台的主要作用是帮助卖家将产品推送给需要它的买家，以及帮助卖家调整生产计划，以更好地满足买家需求。

卖家可以通过多种关键词对产品进行准确描述，最大限度地展示产品个性来吸引买家，同时利用平台的推荐算法、搜索算法和更多的曝光率来满足需要，将自己的产品推送给需要它的买家。比如电商平台的竞价推广是将企业的产品、服务等通过关键词的方式在搜索引擎上做推广，然后企业按推广效果向搜索引擎付费。企业在购买这项服务后，通过设定一定数量的关键词，其推广信息就会率先出现在用户相应的搜索结果中。这种推广方式使企业能够利用少量的投入来获得数量可观的潜在客户，从而有效提升企业的销售额。再如电商平台的自然推广，电商平台会根据产品的好评率、回购率、销量和人气、上下架状态等信息来设置相对合理的产品排序方案，帮助用户更快地寻找获得市场认可的优质产品。

在提供关键词竞价或首页广告等宣传服务的同时，电商平台也为卖家提供了其他寻找潜在买家的功能。目前，淘宝为提高卖家产品的曝光率开发了一个模块——微淘。微淘不仅是卖家的自营销平台，而且是买家的自推广平台。卖家可以在这里推荐自己的产品，买家也可以通过晒出买家秀和使用心得来推广产品。微淘的功能设置已经比较完善，它充分利用了短视频的优势，而且在图文和短视频中都有宝贝链接，可以方便买家查看、提高人货的匹配程度。微淘还利用了网络效应，跳出了时间和空间的限制，可以帮助卖家在更大范围内寻找买家。

传统线下市场的信息不对称和滞后性使得卖家对市场上买家的需求经常存在误解，导致其产品不能很好地满足买家需求，这样的供需不匹配容易造成卖家的滞销。电商平台可以充分发挥数据优势，将搜索数据、购买数据等经过封装和有针对性的简化后为服务相应市场的卖家提供生产信息，帮助卖家制订生产计划，或引导潜在卖家进入需求尚未被很好满足的市场，从上游更好地满足买家的个性化需求。平台经济的技术优势赋予卖家感知功能，有利于卖家的产品与服务创新。在大数据、云计算和区块链等技术的协助下，买家的交易数据具备交互功能，有助于卖家及时获取或感知买家的真实购物需求与体验，其分析结果更接近与买家面对面的沟通。

(2) 平台可以显著降低买家的搜寻成本。电商平台向买家提供的推荐形式主要包括在购物页面上的文本、图片、视频、轮播画面、列表展示以及含有内部或外部链接的视觉信息等，能够帮助买家减少额外的信息搜寻成本，有助于买家更快地做出决定，使买家拥有更好的购物体验。

从买家角度看，使用平台推荐系统的典型场景可分为“有较明确目标的搜寻”和“无较明确目标的搜寻”两种。其中，前者的搜寻方式主要是买家利用平台的搜索引擎自行搜索，而后者主要是通过平台推荐和逛微淘。

在买家进行“有较明确目标的搜寻”时，还可分为以下两种典型场景：第一，当买家可以使用文字准确描述自己想要的商品时，电商平台的搜索引擎可以帮助买家利用多关键词进行精准描述。在买家通过搜索引擎搜寻后，将看到搜索算法基于买家画像（即算法根据买家行为，如历史购买、浏览记录、收藏的商家和产品等得出的画像）呈现的结果，也就是基于买家画像做出相关推荐并显示搜索结果。目前，大部分电商平台都能根据买家的购买和浏览历史记录进行与消费者风格相近的产品信息推荐，并能大致做到实时改变和同步。买家在面对大量产品推荐信息时能够及时反馈，如“不喜欢”、“不感兴趣”和“减少相关推荐”等，而电商推荐系统客服在收到用户的反馈意见后能够做出实时调整，并尽快更换或更新产品推荐信息。与此同时，电商平台还以“找相似”和“找同款”作为补充的搜索方式，从而增加了买家对于算法的自主调整空间，其提供的筛选功能和多种排序方式还可以进一步提高搜寻结果的匹配度。第二，当买家难以使用文字描述自己想要的产品时，电商平台的扫描拍照、图片识别可以部分解决该问题。与此同时，电商平台还提供了论坛、发现、点评区等板块，买家可以通过发帖询问或者查询类似的询问帖搜寻自己想要的产品；此外，电商平台还加入了商家、相似使用群体在推荐过程中的多方互动，比如淘宝平台上诸如“主播优选”“大家帮你挑”的功能模块。为了调动买家参与论坛和回答的积极性，电商平台还提供了积分、金币等奖励制度。

搜寻成本下降的结果是用户间匹配效率的提升，并带来了市场范围的扩大、市场交易效率的提升和资源配置效率的改进。首先，市场广度得以延展。这表现为市场出现了长尾效应，平台用户以前难以得到满足的小众需求也能被满足，进而市场交易效率、资源配置效率也随之提高。其次，市场统一度的提升。这是市场范围扩大的另一种表现，也是市场深度增加的表现。平台打破了时空的限制，弱化了区域间的市场分割，能实现用户的跨时空匹配，扩大了供给端用户的市场，促进了供给端用户的增收，拓展了消费端用户的产品选择，提高了消费端用户的效用。

2. 拓展规模经济的外延

如前所述，双边平台最主要的特征在于交叉网络外部性。假设某平台连接了 A 和 B 两边，当该平台上 A 边用户的数量或活跃度增加时，B 边用户的数量或活跃度也会随之增加，进而吸引更多的 A 边用户聚集到平台上，由此形成正反馈效应。在正向网络外部性的推动下，平台上集聚了大量的双边用户。当用户间的价值交互变得频繁时，平台经营的固定成本等会因用户数增多、交易频繁而被摊薄，而用户扩张的边际成本很低，由此便形成了规模经济。然而，平台较以往的经济形态在规模经济上的表现稍有不同，实体产业欲发挥规模经济的作用会受到产能的限制，而平台上的规模经济主要来源于平台在无限网络空间聚集的用户数量和平台所覆盖的市场范围，平台上的用户越多、涵盖的市场范围越广，其规模经济越凸显。

除了平台本身的规模经济外，平台还可以通过促进用户的专业化分工来增进规模经济。首先，正如第一章所介绍的，平台使用户互动摆脱了时间和空间的限制，降低了搜寻成本，提高了平台的匹配效率。这使得平台上的生产者能够面对更广阔的市场，有助于扩大生产规模，形成传统意义上的规模经济。其次，大量第三方参与者的聚集使平台和参与者都不需要掌握全部的能力和知识，可以更好地专注于自己最有效率的领域，从而促进了专业化分工。

3. 形成范围经济

平台从双边平台过渡到多边平台后，前述的规模经济及其影响仍然存在，但平台上还出现了范围经济。范围经济虽与规模经济相同，都有助于提升企业效率，但范围经济侧重于不同业务间的成本分摊。对于平台企业来说，多元化业务的范围经济主要来自共用的用户基础、技术和基础设施。首先，双边平台可以基于已有的用户基础来拓展自己。例如，淘宝平台上的消费者为支付宝奠定了用户基础，使后者可以进一步向线下业务场景和金融服务领域进行多元化业务的拓展。其次，不同业务之间也可以共用算法和算力基础设施。最后，多元化业务有助于收集更多维的用户数据，用于完善平台的数据能力。

4. 跨界融合与全方位赋能

当平台处于平台生态圈形态时，无论是规模经济、范围经济，还是全面系统的平台治理，都在为平台跨界融合以及全方位赋能奠定基础。一方面，平台通过开放平台生态圈，培育或激励第三方平台参与平台生态圈，可以形成跨界融合；另一方面，平台具有为第三方参与者提供数字化解决方案的全方位服务能力，由此可以实现平台赋能。

平台赋能的经济影响主要表现在以下两个方面：

首先，平台生态圈的构建使平台有能力从生产、研发、金融、物流、管理、营销等各个环节来支持实体经济的发展。例如，我国的电商平台演化出了C2M（customer to manufacturer）的赋能模式。C2M（即消费者直连生产者）将消费者的需求直接反馈给制造商，而制造商可以按照消费者的需求设计和生产产品。一方面，C2M模式改变了传统的商业模式，去掉了经销商、品牌商、零售商，避免其层层加价，可以让消费者获得性价比更高的产品；另一方面，C2M模式也要求对供给侧进行柔性化（小批量、多品种）改造，以满足大规模定制化生产的目的。因此，C2M模式实际上涉及对全产业链的改造，单凭制造业企业自身无法实现，需要电商平台或者工业平台的帮助。电商平台和工业平台具备主导C2M模式的能力。阿里巴巴、京东、拼多多等电商平台利用它们在消费市场积累的多年数据来指导生产，帮助中小制造企业直连消费者。淘工厂是淘宝以产业＋C2M产品为核心的线上工厂供给，该工厂无须自己在线上开店，而是平台通过判断销售趋势，反向指导工厂开发新产品和研究定价策略。浙江一帆日用有限公司（以下简称“一帆公司”）在加入淘工厂直营店前，若按照工厂年产能1亿元左右计算，囿于60～70天的库存周期，每年需要用价值2 000万～2 500万元的库存去撬动这些产能。在加入淘工厂直营店后，根据淘工厂C2M的市场洞察及数据指引，每年只需要500万元的库存，即可撬动此前1亿元左右的产能，其库存周期骤降至15天。此外，一帆公司原先在线下的应收账款周期为100天，这意味着1亿元的生意需要准备2 000万元的应收账款，而且其中还可能有10%的坏账。在通过电商渠道将库存周期降为15天后，其坏账风险几乎降为零。

其次，平台所提供的数字化解决方案有助于推动生产、服务和公共治理领域的数字化转型。根据《腾讯可持续社会价值报告（2021）》，当前腾讯产业互联网已在30多个行业、与9 000多家合作伙伴打造了超过400个行业解决方案。例如，腾讯助力玲珑轮胎打造智慧营销云平台，通过企业微信、小程序等方式连接了300家经销商和1.5万家加盟店，使该企业有能力基于库存、渠道与门店的销售数据，优化排产计划，提升生产效益。

本章小结

平台连接两类以上的用户，为他们提供互动的渠道和载体。平台模式的核心特征是正向的交叉网络外部性。

与自营模式相比，平台模式能够更好地利用各类第三方的专业能力来实现规模扩张，并且带来较低的运营成本和风险，但缺陷是控制权的让渡和网络协同成本。

平台定价普遍具有交叉补贴的特征，这取决于用户之间需求价格弹性的差异和正向的交叉网络外部性。

练习题

一、名词解释

1. 交叉网络外部性

2. 双边市场

3. 平台生态圈

二、案例分析

请搜集腾讯的案例素材，并分析它是如何从双边平台发展为平台生态圈的。

第四章 数字经济下的竞争与市场结构

教学目标

1. 了解数字经济竞争的特点
2. 了解搜寻成本下降对市场结构的影响
3. 掌握“赢者通吃”的形成条件
4. 掌握“竞争性瓶颈”的特点和排他性协议对竞争的影响

导入案例

谷歌（Google）最大的竞争对手是谁？人们可能会认为是必应（Bing），因为它和谷歌一样提供搜索引擎服务。但谷歌自己给出的答案不仅有必应，而且有亚马逊（Amazon）和易贝（eBay）。那么，数字经济下的竞争和市场结构有什么特点？平台竞争是否一定是“赢者通吃”？如何认识平台竞争中的排他性协议？本章将就这些问题进行介绍。

第一节 数字经济下的市场竞争

一、数字经济下的竞争特点

（一）由产品竞争向平台生态竞争转变

在数字经济下，竞争逐渐由过去的产品竞争转变为生态竞争。竞争不再局限于企业对企业或者产品对产品。企业通过平台来连接内部能力、外部参与者和市场的能力决定了它在竞争中的表现。

生态竞争在各个领域都逐渐显现。中国的大型互联网平台大多起源于面向消费者和用户的业务，比如阿里巴巴起步于电子商务、腾讯起步于即时通信和社交服务。但是，这些平台发展至今，都已形成了覆盖电子商务、第三方支付、生活服务、金融、物流、云平台和数字化的行业解决方案等业务的复杂生态网络。以制造业为代表的实体经济也呈现出明显的平台化和网络化趋势。海尔和美的分别创建了工业互联网平台 COSMOPlat 和 M. IoT，旨在构建共创共享的工业新生态。

（二）由单向竞争向跨界竞争转变

传统的竞争一般具有比较明确的边界，通常发生在同一产业链内的企业之间，而它们竞争的目标是为了赢得下游市场。但在数字经济下，企业竞争时的产业界限越来越模糊，跨界竞争的特点日益显现。

平台之间的覆盖竞争是跨界竞争的一个典型例子。平台覆盖是 Eisenmann et al.（2011）所提出的一个概念，它刻画了平台以现有用户为基础，向其他领域进行渗透，并与这些领域的在位厂商相竞争的现象。平台覆盖可能发生于初始业务毫不相干的两个企业之间。例如，抖音和快手原本都只是短视频平台，但目前它们都在积极开拓电商领域的业务。支付宝原本只是附属于淘宝这个电子商务平台的支付工具，旨在解决线上交易中买卖双方的信任问题。但是，从 2004 年起，支付宝以原有的淘宝用户为基础，发展成一个独立的第三方支付和金融平台，对信用卡和商业银行等传统金融机构施加了覆盖竞争。目前，腾讯、阿里巴巴、百度等集团的业务都已远超人们对这些企业的传统印象，它们在云计算和金融、教育、医疗、零售、工业、交通等行业的数字化解决方案等诸多领域展开了跨界竞争。

（三）数据赋能的竞争

数据已成为数字经济中的关键生产要素，也改变了竞争的格局。基于大数据，企业可以针对用户的偏好提供个性化的产品、服务与定价，这在促进产品多样性的同时，也强化了企业的竞争。

此外，数据也改变了网络产业和平台竞争的方式。传统观念认为，网络外部性是决定网络产业和平台竞争结果的关键因素。也就是说，用户规模越大，那么在正向的网络外部性下，企业或平台对新用户的吸引力也越强，这就会形成正反馈效应，并锁定用户的选择。但是，大数据技术的应用改变了网络外部性的作用机制。网络外部性成立的前提是用户之间的连接与互动。以电商平台为例，消费者之所以愿意使用某个平台，通常是因为在该平台上能够比较容易地找到符合自身需求且性价比较高的产品。按照传统的理解方式，商家数量越多，那么消费者找到合意产品的概率越大。但是，这种认识忽略了一个问题：消费者如何在成千上万的产品中找到适合自己的那一款？一般来说，商家数量越多，那么消费者搜寻产品的难度也会越高。此时，电商平台的支持就变得非常关键。如果电商平台能够针对消费者的需求有针对性地进行产品推荐，就可以大大减少消费者的搜寻成本，真正实现商家数量对消费者的正向交叉网络外部性。因此，数据规模越大，平台的数据分析和算法开发能力越强，那么平台就越有能力改善服务质量。这有助于形成更强的正向网络外部性，吸引新用户的加入；新用户的加入在强化网络外部性的同时，也将贡献更多的数据。这样一来，平台上就形成了基于数据赋能的新型正反馈机制。

二、搜寻成本与市场结构

（一）搜寻成本与产品价格

消费者搜寻理论认为，现实中的消费者在购买产品前需要先了解市场中有哪些产品、在哪里可以买到以及产品的价格是多少，而获取这些信息的成本被统称搜寻成本。从厂商的角度来看，由于搜寻成本的存在，如何使消费者了解自己的产品就成为影响销量的一个关键因素，而广告是一种常见的手段。

互联网和移动通信技术的广泛应用大幅降低了很多商业场景中的沟通成本和信息传递成本，而基于大数据和算法的个性化推荐又节约了消费者寻找产品所需投入的时间和精力。这种搜寻成本的下降使数字经济下的市场结构出现了两方面的变化。

1. 由区域市场的竞争转变为统一大市场的竞争

互联网使产品信息的传递超越了地理区域的限制，消费者可以很容易地通过访问各类搜索引擎和平台来获悉全国各类产品的实时销售信息，因而消费者的产品搜寻范围从线下居住地的周边实体店扩大至全国范围。

从供给的角度看，商户借助电商平台、社交平台和直播平台都能向各地区的消费者展示自己的产品。电商平台提供的各种个性化推荐和广告功能进一步提高了供需匹配的效率。农产品是一个非常典型的例子。目前，中国的农业生产长期具有非常明显的小农经济特征，难以形成规模和品牌效应。此外，农户的信息闭塞，农产品销售主要依赖熟人关系，其销售范围局限于本地。这些因素经常导致因供需匹配的结构性失衡而出现农产品滞销问题。电商平台和直播平台为农产品销售开拓了新的信息传播渠道，能够在一定程度上解决这种结构性失衡问题。但是，需要注意的是，生鲜产品的销售对冷链和物流基础设施的依赖性非常强。因此，对很多农产品来说，信息成本和搜寻成本的下降与基础设施之间呈现出很强的互补关系。

2. 价格竞争更加充分

搜寻成本的下降使消费者更容易全面搜集和比对产品价格。首先，网络搜寻只需要点击和浏览产品页面即可完成，单次成本比线下搜寻要低得多。其次，在网络搜索时，消费者可以使用专门的价格筛选和比对工具。例如，各类电商平台在关键词检索结果中基本都会提供价格的排序功能，消费者也可以限定价格区间进行检索。此外，消费者还可以通过专门的比价网站和产品比较网站来搜集信息。这使得市场的价格竞争更加充分。

在理想的竞争环境下，同质产品的卖价应该趋同。然而，现实的情况是，价格离散现象并没有消失，反而普遍存在于各类电商平台上。价格离散是指同一产品在不同卖家那里以不同的价格出售。图 4-1 提供了一个现实的例子：当当网上两家图书专营店对同一版本的《微观经济学：现代观点》教材的定价都不相同。

图 4-1　图书定价中的价格离散

那么，线上的价格离散现象产生的原因是什么？价格离散是否说明线上搜寻仍然存在较高的成本？对于这个问题，目前有不同视角的解释。

（1）产品差异化。第一种解释认为，尽管产品本身是相同的，但不同商家的地理位置、信誉评分和服务质量都可能存在差异。对消费者来说，这意味着选择不同商家所得到的效用水平存在差异，而这导致了价格上的区别。换言之，这种观点认为价格离散并不足以说明搜寻成本的显著存在。

（2）厂商策略性行为导致的搜寻成本。第二种解释认为，厂商不会被动地面对网络搜寻环境，而是会采取策略性行为来干扰消费者搜寻。例如，商家可以隐藏物流快递费用，消费者只有在浏览产品页面，甚至最终下单时才能知道实际的总费用。

（3）平台推荐的影响。第三种解释认为，这是平台的个性化推荐。平台的个性化推荐使得每个消费者在同一产品类别或关键词下所能看到的产品都可能不完全相同。由于消费者只能在平台推荐的范围内进行选择，这就限制了市场竞争的范围。此外，平台除了默认的算法推荐外，一般还提供多种其他的排序方式，如按价格升序或降序排列等。不同消费者可能会选择不同模式的排序方式。从商家的角度看，可能不存在稳定的价格策略。例如，在价格升序下，选择比对手略低的价格更合适，因为这可以让自己在搜索结果中的排序更靠前，但在价格降序下，则应选择比对手略高的价格。

（二）搜寻成本与产品多样性

搜寻成本下降对市场的影响是会改变产品的多样性和各类产品市场份额的分布。但是，搜寻成本降低是否有利于小众产品，其结论是不确定的，主要受到三种因素的影响。

1. 长尾效应

“长尾”这一概念来源于帕累托法则，俗称“二八法则”。帕累托在研究社会财富分配时发现，20%的人口掌握了 80%的社会财富，这便是二八法则的由来。此后，这个概念被引申到各种不平等问题上。在市场结构问题上，二八法则是指少数企业的少数产品占据了市场绝大部分的份额，即绝大部分消费者的需求都集中在少数产品上。其他数量众多的产品只能分享剩余的市场份额，它们面对的是市场中相对小众的需求。就像正态分布存在细长的尾部一样，这些小众需求也是市场的长尾部分。

在传统的市场竞争中，很多企业的注意力都集中在如何占据那 80%的主流市场上，但长尾效应这个概念认为，个性化的小众需求也存在庞大的市场机会。

那么，长尾效应的产生条件是什么？为什么在数字经济的条件下长尾效应更容易出现？其中的一个关键因素是市场的搜寻成本和匹配效率。长尾部分的消费者虽然总量仍较为可观，但他们彼此之间的偏好往往存在较大差异，因而高效的供需匹配是实现长尾效应的前提。对企业来说，实现长尾效应的前提是能够针对小众需求进行产品开发和市场营销，而对长尾部分的消费者来说，他们的问题在于如何找到与自身偏好相吻合的小众产品。信息传递成本的下降、消费者搜寻成本的降低以及各类平台针对用户偏好的个性化广告都有助于提高市场供给方和需求方的匹配效率，这使长尾效应的实现成为可能。

【实例分析 4.1】

网络搜索中的长尾效应

Brynjolfsson et al.（2011）基于一家中等规模、中等价位的女性服装零售公司的销售数据，为搜寻成本和长尾效应之间的关系提供了经验性证据。

该公司有三种销售渠道：第一种是定期向居民的邮箱投放广告单，居民根据广告单里展示的服装款式来挑选，并通过电话或电子邮件的方式订购；第二种是可以通过公司的网站进行订购；第三种是线下实体店。其中，前两种是主要的销售渠道，实体店的销售占比极小。

在前两种渠道中，广告单和公司网站上展示的服装款式完全相同，并且使用相同的产品照片和描述。此外，这两种订货渠道所使用的快递配送方式也一样。这两种订货渠道唯一的重要区别在于，公司网站购物提供了搜索引擎功能，并且每个产品条目附带了5个其他产品的推荐广告，这些功能是通过广告单订购所不具备的。因此，我们可以认为在网络购物渠道中，消费者的搜寻成本更低，而在其他方面与广告单渠道没有差异。

图4-2展示了广告单和公司网站两种订货渠道的销量分布情况。其中，横轴的数值代表按销量升序排列的产品种类的累计百分比。例如，20%表示销量最低的20%的服装款式。纵轴的数值代表产品种类的累计百分比所对应的销量的累计百分比。如果每款服装的销量都完全相同，那么产品种类和销量的累计百分比组合将与45度线重合。现实中的情况是消费者的注意力只会集中在少数款式上。从图中可以看出，在通过广告单订货渠道实现的销售中，80%的服装款式大约只贡献了40%的销量。相比较而言，在公司网站订货渠道中，服装款式的销量分布更接近45度线，反映出小众款式有相对更高的市场份额。这便是长尾效应的直观表现。

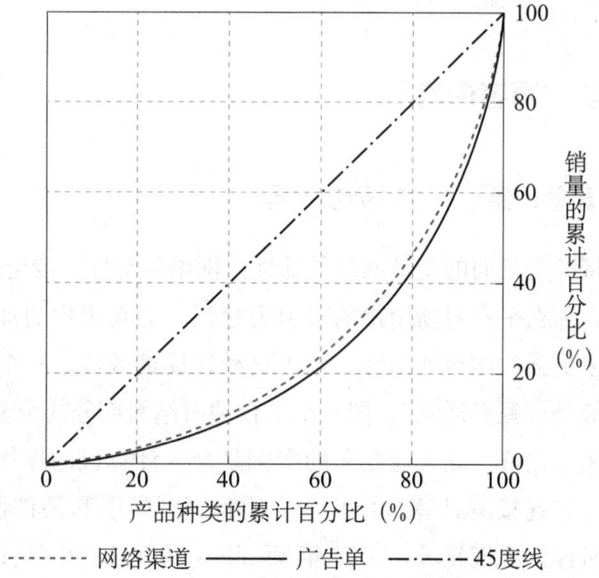

图4-2 网络渠道和广告单渠道的销量分布

---

2. 明星效应

除了长尾效应之外，信息获取成本的下降还可能导致相反的结果——明星效应。明星效应是指消费者的注意力集中在少数几个"明星"产品上。

造成明星效应的原因可能是多方面的。首先，信息传递成本的下降使大企业很容易通过网络渠道向更多消费者投放广告，消费者将使用体验分享到网络上也更易于传播，有可能在短期内形成市场中的"爆款"和网红产品。其次，平台推荐是消费者网络购物的主要渠道。在每一次关键词检索结果的呈现中，平台都会基于一定的算法决定产品呈现的先后顺序。如果平台将店铺信誉、销量和转化率[①]等指标作为优先推荐的依据，那么就会将流量更多地引导向明星产品。

3. 平台基于品牌培育的考虑

在产品推荐排序中，如果平台只是一味优先推荐销量更高或好评数更多的产品，将使平台生态圈失去动态发展的活力，因为新企业很难在平台上获得发展机会。关注长期利益的平台会有意识地鼓励新品牌的进入和培育：首先，从消费者需求和交叉网络外部性的角度来看，由于消费者普遍偏爱产品多样化，所以平台鼓励新企业的持续进入有利于创造更强的正向交叉网络外部性。其次，平台有意识地培养新品牌，也有利于鼓励市场创新。这对于保持平台发展活力、提升平台用户体验、更好地应对其他平台的竞争也是至关重要的。

第二节　平台竞争

一、平台竞争与“赢者通吃”

（一）平台竞争一定“赢者通吃”吗

平台的核心特征是正向的交叉网络外部性。网络外部性一般会带来正反馈效应，即用户规模越大，那么平台对新用户的吸引力越强，而新用户的加入又使用户规模进一步扩大，带来更强的网络外部性。基于这种正反馈效应，一个直观的认识是平台竞争的结果一般是“赢者通吃”，即一个平台独占绝大部分甚至全部市场。

一个经常被用来论证“赢者通吃”的案例是个人计算机的操作系统。操作系统是一个多边平台，它连接着计算机用户、应用程序开发者和硬件设备（如计算机）生产者。在计算机操作系统领域，2009 年 Windows 的市场份额高达 94.73%，几乎占领了整个市场。此后，以 macOS 为代表的其他操作系统逐渐成长起来，但截至 2022 年 6 月，Windows 仍然占据了 76.31%的市场份额。

但是，操作系统只是诸多类型平台中的一种，在其他平台中，也很容易找出不符合“赢者通吃”特征的案例。例如，在网络招聘领域，国内主要的公司包括前程无忧、智联招聘、BOSS 直聘、猎聘以及 58 同城等。这些公司都具有平台特征，可以连接求职者和招聘单位。但是，这个市场中的竞争并没有呈现出“赢者通吃”的

---

① 转化率是指每次点击转化为实际购买的概率。

结果。2020 年，前程无忧、BOSS 直聘和猎聘三个平台的市场份额分别为 34.2%、18%和 17.3%，其他平台合计 30.5%。另一个类似的案例是婚恋交友平台。根据第三方数据公司比达咨询发布的《2021年度中国互联网婚恋交友市场研究报告》，2021 年在婚恋交友平台的应用装机量市场份额中，百合佳缘作为最大的平台，仅占有 31.3%的份额；珍爱网排行第二，市场份额为 19.2%；伊对则以 13.8%的份额排名第三。这些案例表明，正向的网络外部性确实可能使平台的集中度高于传统市场，但平台竞争并不必然出现“赢者通吃”的结果。

实际上，平台领域的动态竞争比人们想象的更激烈。即使一些平台在初期能占尽优势，但其市场地位最终也被其他竞争对手所撼动。例如，在电子商务零售领域，阿里巴巴的淘宝和天猫合计的市场份额最高时曾超过 70%。但是，2021 年按商品交易总额（GMV）计算的市场份额中，阿里巴巴约为 50%，京东和拼多多分别为 20%和 15%，其余的市场主要归属于抖音和快手。在前面提到的操作系统案例中，尽管 Windows 在计算机操作系统领域仍处于主导地位，但如果将范围扩大到所有设备上的操作系统，那么截至 2022 年 6 月，它的市场份额仅为 28.96%，而安卓的市场份额为 44.17%。显然，微软在智能手机和平板电脑这些新领域内没能延续之前的辉煌。

（二）平台竞争的影响因素

此前的案例说明，尽管双（多）边市场的集中度普遍比单边市场要高，但要想达到“赢者通吃”的局面也面临很多限制，诸如用户的多栖倾向、差异化和负向网络外部性都会影响平台竞争的结果。

1. 用户的多栖倾向

多栖（multi-homing）是指同一用户同时加入多个平台。例如，某用户如果同时在淘宝、拼多多和京东开设店铺，那么他就是多栖的。与多栖相对的概念是单栖（single-homing），即用户只加入一个平台。

如果某类用户有很高的多栖倾向，那么各平台之间在其他用户所对应的边上会爆发激烈的价格竞争。设想市场中有两个同质的电商平台，而所有消费者都同时多栖于这两个平台，那么对商家来说，这两个平台没有任何差异：它们没有服务上的差异，所连接的消费者也是完全一样的，因而影响商家选择的因素就集中在平台费率上。在这种情况下，商家会选择费率更低的平台，而平台为了赢得用户，就不得不在商家这一边展开激烈的价格竞争。

相反，如果消费者都单栖于某一个平台，那么该平台在商家那一边就具有了一定的市场势力。假设市场中有两个消费者。消费者 1 只使用平台 A，而消费者 2 只使用平台 B。对商家来说，应该加入哪个平台？选择平台 A，商家就没法向消费者 2

出售产品；选择平台 B，商家就会失去消费者 1 这个潜在顾客；第三种选择是商家同时加入这两个平台，这样它就可以向所有消费者销售产品。如果这两个平台对商家收取的费率不同，那么对商家来说，当然应该优先考虑费率更低的那个平台。但是，商家需不需要再加入另一个平台？此时就出现了一个权衡取舍问题：商家多加入一个平台就会带来更多的交易机会，但需要额外支付一笔更高的平台费用。一般来说，商家的能力不同，它们的选择就会出现分化。对盈利能力较强的商家来说，额外的交易机会所产生的收入将足以补偿额外的平台费用，所以它们会选择多栖于两个平台；反之，盈利能力较差的商家会单栖于费率较低的那个平台。从结果来看，费率较低的平台确实能吸引到更多商家。但是，由于部分商家选择了多栖，另一个平台仍能获得自己的用户群体，因而平台就不必采用竞争到底线的定价策略。

上面的分析假设平台是同质的，而现实中的平台一般有所差异。例如，某些平台的效率会高于其他平台。此前的分析表明，给定其他条件，如果用户的多栖倾向越强，那么平台之间的竞争也会更加激烈。如果某平台的平均成本比其他竞争对手都低，那么在这种价格竞争中，它有能力设置一个比其他平台的平均成本更低的费率水平来赢得全部市场。此时，单个平台能“赢者通吃”的条件不再取决于交叉网络外部性，而是平台之间的效率差异。然而，考虑到新平台进入市场的威胁，胜者要想长期维持“赢者通吃”的局面，就必须持续保持效率上的绝对领先。

由于用户的多栖倾向会激化平台竞争，因而平台就有动力采取各种措施来提高用户黏性，降低他们的多栖倾向。一种常见的策略是拓展平台的边，形成多边平台，通过多维度的交叉网络外部性来锁定用户。例如，支付宝最初只是依附于淘宝的一个支付工具，用来解决线上交易中买卖双方的信任问题。在这个阶段，如果消费者不在淘宝上购物，就不会使用支付宝。但是，自 2004 年起，支付宝从淘宝中独立出来，逐渐发展成涵盖各类生活服务和金融功能的复杂多边平台。消费者在日常生活的各个场景（比如去超市购物、手机充值、水电煤气缴费、查看健康码）都会频繁打开支付宝 App。这不仅满足了用户的多样化需求，减少了他们使用其他类似 App 的倾向，而且可以培养用户习惯，增强用户黏性。另一种策略是与用户达成排他性协议，要求用户不能加入其他平台。这种策略的问题是可能涉嫌滥用市场支配地位来妨碍市场竞争。稍后，我们会对这个问题做进一步的讨论。

2. 差异化

第二个影响平台竞争的因素是差异化。经济学对单边市场的产品差异化问题已有非常成熟的认识。差异化可能来自客观因素，比如产品性能的差异或外观的差异，也可能来自主观因素，如品牌忠诚度。在微观经济学的框架下，效用是消费者决策的基础。因此，凡是能导致消费者效用评价不同的因素都可归属于差异化。产品质量上的差异被称为纵向差异，而产品质量之外的其他差异被称为横向差异。

单边市场的产品差异化理论表明，无论是纵向差异还是横向差异，都会使厂商拥有一定的市场势力，厂商可以通过产品差异化策略来缓解价格竞争。在产品完全同质化的情景中，价格是消费者唯一需要考虑的因素，所以任何一个厂商都试图采用一个比竞争对手更低的价格来抢占全部市场。这导致厂商之间的价格竞争异常激烈。产品差异化使产品之间不再完全可替代。例如，偏爱白色外观的消费者不愿意以同样的价格去购买黑色外观的手机，因为选择一个自己不那么喜欢的配色会带来效用损失。不完全替代意味着竞争对手不能轻易地通过降低价格来争夺消费者。在极端的情况下，比如某些消费者只喜欢某特定品牌的产品，那么这个厂商至少在局部市场上处于垄断地位。

差异化同样会影响平台之间的竞争。如果用户对平台服务的偏好存在非常明显的异质性，那么通过细分市场并聚焦于特定用户的偏好，同样可以在一定程度上规避来自其他平台的竞争威胁。平台差异化可以来自两个方面：一是平台服务的差异化，如京东自建物流与第三方物流在用户体验上的差异。二是平台定位的差异化。例如，视频平台哔哩哔哩在成立之初定位于 ACG 领域的内容创作与分享，这个独特的定位使其很快成为 ACG 爱好者的乐土。[①] 但是，平台定位上的差异化策略所形成的用户黏性可能也会反过来制约平台向更广阔市场的进一步发展。细分市场的用户规模是有限的，小众用户与规模付费之间不可兼得。因此，哔哩哔哩为了实现用户规模的持续增长，不得不花大力气“去 ACG 化”和“出圈”，以吸引更多不同偏好的用户加入。

3. 负向网络外部性

第三个因素是负向网络外部性。“赢者通吃”的核心逻辑在于正向网络外部性所带来的用户聚集趋势，而负向网络外部性的影响与这一机制相反。如果平台上存在明显的负向网络外部性，即用户人数越多，每个人从平台上获得的效用越低，那么平台就很难维持稳定的用户规模。这具体表现在两个方面：

第一，负向直接网络外部性。很多平台上的同边用户内部都存在负向直接网络外部性。例如，在很多场景中，用户之间都存在竞争关系，比如电子商务平台上商家之间的竞争、招聘平台上企业对人才的竞争和求职者对岗位的竞争、操作系统平台上相同领域的应用开发商之间的竞争等。招聘平台之所以很难出现一家独大的局面，其中的一个主要原因是在两边的用户内部都存在竞争所引发的负向直接网络外部性。另一类常见的负向直接网络外部性是用户异质性所导致的逆向选择。例如，在电商平台上，不是所有的商家都能提供物美价廉的服务。新入驻的商家既有可能带来优质产品，又有可能销售的是假冒伪劣产品。如果平台缺乏有效解决产品质量

---

① ACG 就是 animation（动画）、comics（漫画）与 games（游戏）的首字母缩写。

信息不对称的机制，劣质商家的加入会降低消费者的购物体验，严重时会引发“劣币驱逐良币”的逆向选择问题，使其他商家的利益受损。

第二，负向交叉网络外部性。正向交叉网络外部性是平台存在的基本前提，但平台上还可能存在负向交叉网络外部性。例如，在电子商务平台上，正向交叉网络外部性表现为商家数量越多，那么消费者的选择越多。但是，在五花八门的产品和成千上万的商家中，消费者一定能挑选到合意的产品吗？平台的基本功能是促成消费者之间的互动，这需要以消费者匹配为前提。显然，商家数量越多，消费者总的搜寻成本也越高，那么消费者之间的匹配概率就会下降，而消费者数量所能实际带来的正向交叉网络外部性也会被削弱。

负向网络外部性制约着平台的有效规模。但是，平台的治理能力和数据能力决定了这些负外部性的实际影响，并影响着平台竞争的结果。在其他条件相同的前提下，拥有更强治理能力和数据能力的平台在竞争中会更有优势。

二、竞争性瓶颈与排他性协议

此前，我们曾讨论过某类用户多栖时的平台竞争问题，这种情形在理论上被称为“竞争性瓶颈”(competitive bottleneck)。它的特点是，平台某一边的用户多栖，那么平台不会在该类用户这一边进行直接的竞争，通常是通过间接补贴另一边的用户来展开竞争。

如前所述，竞争性瓶颈对平台不利的地方在于，用户的多栖倾向导致平台之间的竞争异常激烈。而排他性协议是平台避免这种问题的有效办法。而排他性协议俗称“二选一”，即平台与用户达成协议，要求用户单栖于该平台，不得再加入其他平台。为了使用户接受排他性协议，平台一般会对签订协议的用户给予一定的补偿，或者对不愿意签订协议的用户进行惩罚。

排他性协议可以扭转平台面对的市场竞争形式。假设一个电商平台与所有的商家签订了排他性协议。在此前的竞争性瓶颈中，商家的多栖会使平台围绕消费者展开激烈的竞争。但在这种假想的“二选一”例子中，由于平台垄断了所有商家，因而消费者只能选择这个平台进行交易，那么平台就可以对消费者采取垄断定价。对比竞争性瓶颈和“二选一”两种情况可以发现，排他性协议最直接的影响是损害了消费者福利：这些消费者原本是平台补贴的对象，但排他性协议的引入却使他们不得不面对垄断定价。当然，现实中的情况不会这么极端，但排他性协议会限制商家在平台间的流动，这可能会限制消费者在平台上所能选择的商家，进而损害消费者福利。

需要注意的是，从社会福利的角度来看，并不是所有的排他性协议都是坏的。排他性协议的一种积极作用是为专用投资提供必要的激励。在劳动力市场中，企业在对员工进行专业技术培训前，经常会要求劳动者签订有关服务期的协议，要求劳动者在服务期内不得跳槽，否则要支付违约金。其实，这就是一种排他性协议，它阻止了劳动者在企业间的自由流动。但是，这样的合约不仅不违法，而且受法律保护。我国《劳动合同法》第二十二条规定："用人单位为劳动者提供专项培训费用，对其进行专业技术培训的，可以与该劳动者订立协议，约定服务期。劳动者违反服务期约定的，应当按照约定向用人单位支付违约金。"当然，为了保障劳动者的权益，法律对服务期和违约金进行了限制。那么，这样的排他性协议为什么是合理的？在这个例子中，企业的培训支出是一种专用性投资，它只在劳动者服务于企业时，对企业才是有价值的。此外，这种投资一旦支出，便无法收回。如果没有服务期的约定，那么劳动者接受培训后一旦跳槽，企业不仅白白支付了培训费用，而且为竞争对手培养了人才。预期到这一结果，企业就没有动力对劳动者进行培训，这对企业和劳动者双方都是一种无效率的结果。因此，虽然排他性协议确实有妨碍竞争和要素流动的弊端，但在某些具体情形中，禁止这种协议可能带来更差的结果，那么只能"两害相权取其轻"。因此，经济行为往往没有绝对的好与坏，其合理性取决于社会角度的成本-收益分析，以及对分配效应和公平的考量。

【实例分析 4.2】

国家市场监督管理总局对阿里巴巴和美团"二选一"的行政处罚

2021 年 4 月和 10 月，国家市场监督管理总局分别针对阿里巴巴和美团的"二选一"行为进行了处罚，对两个公司分别处以 182.28 亿元和 34.42 亿元的罚款。国家市场监督管理总局对阿里巴巴和美团的行政处罚决定书（国市监处〔2021〕28 号和国市监处罚〔2021〕74 号）详细介绍了对阿里巴巴和美团滥用市场支配地位的认定理由。

阿里巴巴的"二选一"涉及国内的网络零售平台服务市场。根据调查，阿里巴巴自 2015 年起开始实施"二选一"行为，具体包括禁止核心商家在其他竞争性平台开店，以及禁止这些商家参加其他竞争性平台的促销活动，如"双十一"和"618"等。为了使商家接受"二选一"协议，对违反协议要求的商家，阿里巴巴采用了多种惩罚措施，具体包括：

(1) 取消促销活动参加资格或取消促销资源支持的处罚手段。阿里巴巴将在其他竞争性平台开店或者参加其他竞争性平台促销活动的商家列入"灰名单"，并取消它们参与"聚划算"和"天天特卖"等日常促销活动的报名资格。此外，国家市场监督管理总局搜集的证据显示，部分平台经营者因参加其他竞争性平台的"双十一"和"618"等促销活动，被阿里巴巴取消了促销会场优先展示位置。

(2) 实施搜索降权。搜索降权将直接导致产品在平台上的排序靠后，甚至无法被搜索到，将会严重影响产品销售。

（3）取消经营者核心商家的资格，甚至终止相关合作。

美团的“二选一”涉及国内的网络餐饮外卖平台服务市场。自 2018 年起，美团全面实施“二选一”，阻碍平台内餐饮经营者与其他竞争性平台合作。为实施“二选一”，美团采取了如下措施：

（1）实施以差别费率为核心的独家合作政策。证据显示，美团对非独家合作经营者设置了普遍高于独家合作经营者 5%～7%的佣金费率，并收取普遍高于独家合作经营者的保底佣金。2018—2020 年与美团签订独家合作协议并缴纳保证金的平台经营者总计 163 万家，保证金合计 12.89 亿元。

（2）对独家合作经营者提供一系列支持，比如额外提供新店流量加权、平台补贴、优先配送、扩大配送范围、降低起送价格等。

（3）通过对非独家合作经营者拖延上线等方式，迫使餐饮经营者签订独家合作协议。

（4）开发大数据系统，对平台经营者加入竞争性平台进行自动监测和处罚。

国家市场监督管理总局认为，两个平台的“二选一”行为排除、限制了相关市场的潜在竞争，限制了平台经营者的经营自主权，损害了消费者福利，并且不利于平台经济的创新发展。

三、竞争中的兼容性策略

兼容性策略与排他性协议有相似之处，企业或平台可以通过不与其他竞争者的产品或服务兼容来达到维持自身市场地位的目的。当两个产品之间无法兼容时，用户就不得不在两者之间“二选一”。不过，兼容性策略的实施往往以技术标准为基础，在硬件设备、操作系统和软件领域较为常见。兼容性是指不同产品或服务一起使用而不产生负面影响的适宜性。兼容性可分为单向兼容和双向兼容。单向兼容是指 A 产品可以兼容 B 产品，但反之不行；双向兼容是指 A 产品和 B 产品相互兼容。作为一个单向兼容的例子，办公软件 WPS 支持读取和编辑所有微软的 Word 软件所生成的文件类型，但 Word 软件并不支持读取后缀为 wps 的文档。

显著的正向网络外部性将引发产品选择上的正反馈效应。正反馈效应的内在机制在于，庞大的用户网络所形成的正向网络外部性将对新用户产生强大的吸引力，而新用户的加入又使用户基数进一步增长，形成更强的网络外部性。由于这一机制的存在，在用户网络上处于优势或劣势的企业在彼此之间的兼容性策略上就会出现分化。

对于具有用户网络优势的企业来说，网络外部性可以用作进入壁垒，以阻止竞争对手进入市场。因此，具有庞大用户基数的在位企业倾向于不兼容其他竞争对手的产品。一些拥有市场支配地位的企业甚至会主动利用不兼容策略来作为激进的竞争手段。相反，不具有用户网络优势的企业一般会采取主动兼容的策略。兼容可以帮助这些企业绕开网络外部性所可能导致的进入障碍。金山公司的办公软件 WPS 1.0 于 1989 年发布，在中国办公软件领域的市场占有率一度达到 90%以上。20 世纪 90 年代微软进入中国市场后不久便寻求与金山的双向兼容，使 WPS 和 Office 可以互相读取对方的文件格式。从单个用户的角度来看，如果两者不兼容，那么转向微软的产品就无法与国内市场绝大部分的用户进行文件交互，但兼容性消除了这一顾虑。即使只有一个用户购买了 Office 软件，他与其他 WPS 用户也可以相互读取彼此编辑的文件。微软的 Office 进入中国后，迅速占领了中国的办公软件市场。此后，正如理论上所预见的那样，WPS 由于在用户规模上处于绝对劣势，不得不放弃了自己的产品系列，转而全面兼容 Office。

【实例分析 4.3】

亚马逊与苹果公司的单向兼容策略

亚马逊的 Kindle 平板设备的最有力竞争者是苹果公司的 iPad。Kindle 于 2007 年进入市场，其功能比较单一，主要用于电子书籍阅读；平板电脑 iPad 首次进入市场是 2010 年，其功能丰富。

尽管两者存在竞争关系，但亚马逊和苹果公司仍然达成了单向兼容。亚马逊推出了适用于 iPad 的应用程序 Kindle Reader，使消费者可以在 iPad 上购买并阅读亚马逊的电子书。作为回应，苹果公司允许用户在自己生产的硬件设备上安装 Kindle Reader，但没有向亚马逊的 Kindle 设备开放自己的电子书资源。

为什么亚马逊会主动向苹果公司开放自己的电子书资源？为什么苹果公司会同意兼容亚马逊的电子书，却不向亚马逊提供自己的电子书资源？答案是：双方的利益诉求存在差异，甚至刚好互补。对苹果公司来说，iPad 的独立价值更高，销售 iPad 产品远比卖电子书赚钱；反之，Kindle 的功能单一，在与苹果公司的竞争中，亚马逊更看重电子书销售的利润。

电子书单向兼容的结果为：对苹果公司来说，iPad 用户在阅读电子书时可以有更多的选择，这提升了 iPad 产品的价值；对亚马逊来说，借助 iPad 设备的销售，也能推动电子书的销售。因此，单向兼容在硬件市场中形成了有利于苹果公司、不利于亚马逊的局面，但在电子书市场中则形成了有利于亚马逊、不利于苹果公司的结果。由于苹果公司更重视 iPad 的销售利润，而亚马逊更看重电子书市场，所以这种单向兼容策略实现了两者对市场的差异化定位，对这两个平台都有利。

那么，双方有没有可能在苹果公司的电子书资源上进行兼容？对苹果公司来说，将电子书开放给亚马逊会提升 Kindle 设备的价值，进而损害 iPad 的市场地位，这就解释了现实中苹果公司的选择。对亚马逊来说，即使苹果公司愿意，它也不会同意，因为接受苹果公司的电子书资源将损害自己电子书的销售。

这个案例给我们的启示为：平台在利润结构上的差异决定了单向兼容的可行性与形式。

本章小结

数字经济竞争的特点表现为平台生态竞争、跨界竞争和数据赋能的竞争三个方面。

在数字经济下搜寻成本的降低强化了市场竞争，但受产品差异化、厂商策略性行为和平台推荐的影响，价格离散仍非常普遍。搜寻成本降低对产品多样性的影响要受长尾效应、明星效应和平台基于品牌培育的考虑的影响。

平台竞争是否呈现出“赢者通吃”，取决于用户的多栖倾向、差异化以及负向网络外部性。

在竞争性瓶颈下，一边用户的多栖会导致平台在另一边用户那里进行激烈的价格竞争。平台与多栖用户签订排他性协议会扭转这种局面，使另一边用户面对垄断定价。

具有用户网络优势的企业倾向于不兼容其他竞争对手的产品，而不具备用户网络优势的企业一般会采取主动兼容的策略。

练习题

在具有正向网络外部性的市场中，在位厂商一般倾向于与新企业不兼容来阻挠其进入市场。金山的 WPS 在 20 世纪 90 年代初期占据了中国办公软件市场 90%以上的市场份额。微软 Office 进入中国市场时寻求与金山 WPS 的合作，实现了双方文件的互相读取，而金山也同意与其达成合作。如何理解金山的行为与理论预测结果相悖这一现象？

要素与技术篇

第五章

数据要素市场

教学目标

1. 掌握数据为何是一种生产要素
2. 了解数据产业链
3. 掌握数据确权的目标
4. 了解支持和反对隐私规制的观点

导入案例

微信读书是腾讯运营的一款手机阅读应用，用户可以使用该软件阅读书籍。用户黄某在使用微信读书时发现，在自己并未授权的情况下，微信将其好友关系数据提供给微信读书，使后者“关注”栏目下出现了该用户的微信好友名单。此外，微信读书未经用户授权，默认向关注用户的好友公开读书想法等信息。2020 年 7 月 30 日，北京互联网法院对该案做出一审判决，认定微信读书构成对个人信息权益的侵犯。如何从经济学的角度认识隐私权和个人信息权？数据要素市场的发展对产权和隐私规制提出了哪些目标？本章将在介绍数据要素市场和数据产业链的基础上，对这些问题进行介绍。

第一节　数据要素与数据市场

一、作为关键要素的数据

数据能够形成交易市场的原因之一，是因为它能作为生产要素，帮助企业与平台在各类生产经营活动中生产产品或提供服务。那么，为什么数据可以成为生产要素？这个问题可以由以下几个具体的原因解释。

（1）以大数据为基础的个性化推荐和精准营销有助于提升市场效率，优化市场供需的匹配效果。大数据技术可以显著降低追踪消费者行为的追踪成本，使平台和企业能够更准确地根据消费者偏好投放广告，进行有针对性的个性化推荐。

（2）大数据有助于推动技术进步和商业模式创新。随着互联网时代的经济发展，越来越多的企业开始将大数据与其商业模式相结合，利用大数据技术进行用户需求的挖掘与分析、新产品的开发与测试以及生产过程和产品的优化与迭代。首先，企业能够通过大数据更高效、更准确地了解用户的需求，更有针对性地进行产品设计与创新，使开发周期有效缩短、生产过程更有效率。其次，借助大数据技术，企业更容易鉴别现有生产流程与产品设计中的问题，这有助于促进产品与服务的改进，也有助于商业模式的创新。

（3）大数据有助于优化企业内部管理，提高管理效率和组织绩效。首先，数据规模越大，其包含的信息量越大，所传达的内容越精确，可以帮助管理者做出更理性的决策。其次，为使组织绩效达到某种特定水平，同时决策任务较复杂，那么决策行为所要依据的信息也越多。以大数据为基础的信息管理系统能够更好地收集信息并促进组织更有效地分发信息，从而帮助管理者降低决策成本、提高管理效率。

（4）大数据有助于促进产业链协同。大数据技术与企业的数字化改革推动了企业之间的信息共享，这将进一步提高企业间的协同创新能力、深化产业分工、帮助产业链上下游整合，进而形成以大数据平台为基础的完整统一的产业生态系统。

二、数据要素市场的内涵

数据要素市场的核心内涵是使市场机制在数据要素的资源配置中起决定性作用。

近年来，数据作为生产要素的经济意义逐渐引起政府的重视。2019 年 10 月 31 日，党的十九届四中全会通过了《中共中央关于坚持和完善中国特色社会主义制度 推进国家治理体系和治理能力现代化若干重大问题的决定》，指出应“健全……数据等生产要素由市场评价贡献、按贡献决定报酬的机制”。[①] 2020 年 4 月 9 日，中共中央、国务院印发《关于构建更加完善的要素市场化配置体制机制的意见》，将数据界定为五大生产要素之一，并提出“加快数据要素市场培育”，“建立健全数据产权交易和行业自律机制”的要求。[②] 2022 年 6 月 22 日，中央全面深化改革委员会第二十六次会议审议通过了《关于构建数据基础制度更好发挥数据要素作用的意见》等议案，进一步明确“要建立数据产权制度，推进公共数据、企业数据、个人数据

① 中共中央关于坚持和完善中国特色社会主义制度 推进国家治理体系和治理能力现代化若干重大问题的决定．人民日报，2019－11－06．

② 中共中央、国务院关于构建更加完善的要素市场化配置体制机制的意见．中国政府网，2020－04－09．

分类分级确权授权使用，建立数据资源持有权、数据加工使用权、数据产品经营权等分置的产权运行机制，健全数据要素权益保护制度”。[①] 这些文件肯定了数据要素配置的市场化机制，点明了市场机制在数据要素市场中的决定性作用，为进一步培育数据要素市场指明了方向。

【资料专栏 5.1】

我国数据要素市场的规模

我国数据要素市场的规模可观。根据前瞻产业研究院的测算结果，2019 年我国的大数据市场规模为 8 000 亿元，并预计在 2020 年达到 10 000 亿元，其规模庞大。大数据市场规模的统计口径为以数据生产、采集、存储、加工、分析、服务为主的相关经济活动，包括数据资源建设、大数据软硬件产品的开发、销售和租赁活动以及相关的信息技术服务。从数据要素市场中的数据采集、数据存储、数据加工、数据流通、数据分析和生态保障六大板块来看，我国的数据要素市场规模在 2020 年为 545 亿元，并预计在 2021 年升至 704 亿元，见表 5－1。[②] 如果仅考虑数据交易的规模，2019 年我国数据交易的规模为 23.93 亿美元，高于英国的 23.55 亿美元，仅次于美国的 152.09 亿美元。[③]

表 5－1　我国数据要素市场的规模

	2019 年	2020 年	2021 年
大数据市场（亿元）	8 000	10 000	—
数据要素市场（部分，亿元）	375	545	704
数据交易（亿美元）	23.93	—	—

资料来源：中国信息通信研究院、国家工业信息安全发展研究中心、前瞻产业研究院的相关研究报告。

第二节　数据要素产业链

一、数据要素产业链的各环节

数据并非天然就是生产要素，而是需要经过若干产业链环节。国家工业信息安全发展研究中心在《中国数据要素市场发展报告（2020—2021）》中指出，数据要素

① 关于构建数据基础制度更好发挥数据要素作用的意见．中国政府网，2022－06－22.

② 国家工业信息安全发展研究中心．中国数据要素市场发展报告（2020—2021），2021－05－07.

③ 中国信息通信研究院．数据价值化与数据要素市场发展报告（2021 年），2021－05－29.

产业链涉及数据采集、数据存储、数据加工、数据流通、数据分析、数据应用、生态保障七个环节。不同的产业链环节都有不可替代性，只有经过数据采集，数据才能被存储、加工，然后进入流通环节，进而被分析、应用；此外，只有让要素产业链具备生态保障功能，数据才能更好地发挥生产要素的作用。

（一）数据采集

数据采集是数据要素市场的根本，也是数据产生的起点。数据采集环节关注数据采集的准确度和全面性。企业在生产经营中，需要在不同的场景下采集不同的数据，其采集的对象主要分为企业内部数据、企业外部数据以及定制化数据，见表 5-2。

表 5-2 数据采集对象及采集目的

采集对象		采集目的
企业内部数据	经营活动数据	实现数字化生产经营，以优化生产经营过程，增强抗风险能力和研判能力
	生产环节数据	
企业外部数据	舆情数据	网络舆情分析、广告投放检测，以调整自身的产品和营销策略
定制化数据	非结构化数据	为了满足对目标领域、场景的特定需求而进行数据采集

资料来源：国家工业信息安全发展研究中心．中国数据要素市场发展报告（2020—2021），2021-05-07.

（二）数据存储

数据存储是在完成数据采集后，对有价值的数据进行有效存储，以便进一步加工处理的环节。该环节关注数据存储的安全性和调用的实时性。在数据存储的过程中，企业会综合考虑数据的敏感度、时效性以及企业的硬件水平等因素，以选择合适的存储服务。在现阶段，我国的数据存储主要有公有云、私有云以及混合云，见表 5-3。

表 5-3 数据的存储方式及优缺点

存储方式	优缺点
公有云	存储能力强，市场成熟度高，技术发展快，但数据安全性低，流量峰值期间的云端访问易出现性能问题（如网络拥堵）
私有云	可保证数据的隐私性，可避免在流量峰值期间云端访问出现性能问题，数据的传输、下载更快，但搭建和维护成本较高，较难通过远程访问，广泛部署存在限制
混合云	分类分级混合采用公有云、私有云，兼具数据存储的安全性与灵活性，降低了存储成本，但提高了数据维护的复杂性，可能面临兼容性问题

资料来源：国家工业信息安全发展研究中心．中国数据要素市场发展报告（2020—2021），2021-05-07.

（三）数据加工

数据加工是对企业采集和存储的数据进行筛选及处理，提高数据可用性的环节，它可以为数据资源的挖掘和分析奠定基础。该环节关注数据的加工精度，主要包括数据清洗、数据标注、数据审核以及数据融合处理等方式，见表 5-4。

表 5-4　数据加工方式及作用

加工方式	作用
数据清洗	对数据进行校验的过程，其目的是删除重复信息、纠正存在的错误，提升数据质量
数据标注	借助特定的软件标注工具，以人工的方式将图片、语音、文本、视频等数据内容打上特征标签，让计算机通过大量学习这些带有特征标签的数据，最终具备自主识别能力的一种行为
数据审核	对非结构化数据进行涉及色情、反动、欺诈之类的非法内容审核
数据融合处理	将多源、多模态（异构）数据互相整合成数据集，以备进一步挖掘和分析

资料来源：国家工业信息安全发展研究中心．中国数据要素市场发展报告（2020—2021），2021-05-07.

（四）数据流通

数据流通是数据要素市场的核心环节，在发挥数据要素作用、提高公共决策效率、扩展商业应用场景等方面起关键作用。根据不同的技术方式，可细分为数据开放共享、数据交易、API 技术服务、“数据可用不可见”模式、“数据可算不可识”模式、数据跨境流动等。其中，数据开放共享主要涉及数据的两大所有权主体——政府、企业，即它们各自以及它们之间的数据共享。

（五）数据分析

数据分析是开发数据的功能，发挥数据的要素作用。该环节关注数据的深度分析挖掘。根据不同的分析对象，数据分析可分为企业内部数据分析和企业外部数据分析，见表 5-5。

表 5-5　数据分析对象及目的

分析对象	分析目的
企业内部数据	主要针对企业内部生产经营数据，进行检测预警，以落实企业内部数据采集的目的
企业外部数据	主要针对企业外部数据，进行同业竞争分析、营销投放检测等

资料来源：国家工业信息安全发展研究中心．中国数据要素市场发展报告（2020—2021），2021-05-07.

（六）数据应用

数据应用是将数据作为生产要素，以便在合理的应用中创造出价值，降低传统生产要素（资本、劳动、土地等）的获取成本、使用效率，并赋能企业的各项业务运营。例如，在娱乐场景中，应用软件根据用户点赞收藏的歌曲、视频等信息做进一步的精准推送。购物平台通过统计分析用户浏览过、购买过的产品，进行产品推荐和有针对性的广告投放。

（七）生态保障

生态保障强调为数据要素市场的运转保驾护航、构建良好的数据要素市场生态，以搞活、融通数据要素，主要包括数据资产评估、登记结算、交易撮合、争议仲裁及跨境流动监管等环节，见表 5-6。

表 5-6　数据要素生态保障

保障环节	措施
数据资产评估	通过第三方评估机构或企业对数据所有者在生产运营过程中所产生的数据进行内在价值和使用价值的评估，为数据要素流通交易提供基础性参考
登记结算	在数据作为资产的前提下，为数据所有者及采购方提供名册建立与维护、数据交易结算等服务
交易撮合	给数据交易双方提供交易信息查询、信息匹配、供需对接及交易竞价等第三方服务
争议仲裁	当数据交易双方针对数据交易过程及结果产生民事争议时，对数据交易争议进行裁决并协调双方矛盾
跨境流动监管	对跨越国界或产生第三国访问的数据传输、处理及存储过程进行监督管控，以维护本国数据安全

资料来源：国家工业信息安全发展研究中心．中国数据要素市场发展报告（2020—2021），2021-05-07.

数据要素产业链涵盖的以上七个环节缺一不可。数据只有在数据要素产业链的上下游间能够自由、灵活流动，各种数据才能成为生产要素并发挥其作用。因此，打通数据要素产业链上下游的信息流通，消除信息孤岛，持续提供高质量的数据就显得尤为重要。

二、数据要素产业链所需的技术

数据要素产业链上的每一个环节从数据采集、数据存储到数据加工、数据流通、数据分析均需借助一定的技术手段。每个环节所需的技术见表 5-7。

表 5-7　数据要素产业链上的各环节及所需技术

产业链环节			所需技术
数据采集	企业内部数据	经营活动数据	Excel、数据仓库、数据库、ETL（extract-transform-load）技术
		生产环节数据	软件：如 MES 等 硬件：物联网设备，如温度传感器、PLC 传感器等
	企业外部数据	舆情数据	软件：爬虫、埋点检测技术等 其他：用户调研等
	定制化数据	非结构化数据	摄像头、麦克风、激光雷达等
数据存储	公有云		软件：云服务，如分布式数据库 硬件：中心机架等
	私有云		
	混合云		
数据加工	数据清洗		大数据平台提供自动化的数据清洗功能，简化数据加工过程
	数据标注		人工标注
	数据审核		自然语言处理（natural language processing，NLP）、计算机视觉等技术
	数据融合处理		数据库技术
数据流通	数据开放共享		数据共享平台
	数据交易		数字交易平台
	API 技术服务		利用 API 接口技术，通过程序对元数据进行隔离，在用户发出数据使用请求后，由程序从元数据中抽取、调用数据反馈给用户
	“数据可用不可见”模式		隐私计算技术（安全多方计算、联邦学习、可信计算环境、数据沙箱技术）
	“数据可算不可识”模式		数据可证去标识
数据分析	企业内部数据		离线：云计算平台（HDFS 文件系统、MapReduce 运算框架）、Excel、Oracle 以及 Yonghong Z-Suite BI 套件等国产专业软件 在线：一般构建在云计算平台的 NoSQL 系统上
	企业外部数据		爬虫技术

资料来源：根据《中国数据要素市场发展报告（2020—2021）》整理。

针对每个环节所需要的服务，企业既可以建立内部数据管理平台，即一体化经营，又可以通过外包、购买等方式实现。具体说来，每个环节应采取何种技术以及方式，取决于数据的所有权主体以及成本-收益分析。

【资料专栏 5.2】

中国数据交易中心的发展情况

数据流通是数据要素市场的根本和基石地，也是实现数据要素价值的必要途径。大数据交易平台/中心作为数据交易的场所、提供生态保障的重镇，为数据要素提供了流通、共享的场所，是融通数据要素的关键。表 5-8 显示了我国早期由地方政府发起、指导或批准设立的数据交易机构的网站运营状况。我们可以看出，大部分交易所的网站已经停止运行，这在一定程度上反映了此类机构的运转情况其实并不乐观。根据中国信息产业部发布的 2021 年《大数据白皮书》，大多数此类机构已经停业或转向，它们的服务范围局限于中介撮合，而定价估值、交付清算、数据资产管理等相关保障业务并未落地，所以市场成交量较低、市场能力不足。

表 5-8 地方政府发起、指导或批准成立的数据交易机构成立时间及网站现状

数据交易机构	成立时间	网站现状
中关村数海大数据交易平台	2014 年 1 月	×
贵阳大数据交易所	2015 年 4 月	×
武汉长江大数据交易中心	2015 年 7 月	×
武汉东湖大数据交易中心	2015 年 7 月	√
陕西西咸新区大数据交易所	2015 年 8 月	×
重庆大数据交易市场	2015 年 1 月	×
华东江苏大数据交易中心	2015 年 11 月	×
华中大数据交易平台	2015 年 11 月	×
哈尔滨数据交易中心	2016 年 1 月	×
上海数据交易中心	2016 年 4 月	√
钱塘大数据交易中心	2015 年 12 月	×
浙江大数据交易中心	2016 年 9 月	√
中原大数据交易中心	2017 年 2 月	×
青岛大数据交易中心	2017 年 4 月	√
吉林省东北亚大数据交易服务中心	2018 年 1 月	×
山东数据交易有限公司	2019 年 12 月	√
山西数据交易服务平台	2020 年 7 月	√

续表

数据交易机构	成立时间	网站现状
北京国际大数据交易所	2021 年 3 月	√
上海数据交易所	2021 年 11 月	√

资料来源：根据网络检索整理。

注："√"表示网站仍正常运转，"×"表示网站已停止更新、页面不存在或网址转卖。

第三节　数据确权

一、数据要素的特征

作为互联网时代出现的新型生产要素，数据与传统的劳动和资本等生产资料在多个维度上存在差异。具体来看，数据要素具有非竞争性、衍生性、隐私负外部性等特征。如果要对数据确权进行讨论，首先需要认识这些特征。

（一）非竞争性

数据的本质是一种信息的载体和表现形式，其本身具有可复制、可无限分享的特性，也就是使用者的增多并不影响数据资产的本身价值。这就使得数据以及依赖于数据的数字经济模式具有了非竞争性的特点，即可以被多个市场主体同时重复使用，而且不会在此过程中被消耗，这将打破传统要素有限供给对增长的制约。

此外，具有非竞争性的数据要素还具有"质变"的特征。与技术和制度等非竞争性要素相似，数据对生产活动的影响不具有明确的投入/产出比，不会像资本、人力等传统竞争性要素那样随投入规模变化，其对产出的影响往往会经历一段漫长平缓的积累期，随后迎来生产效率的指数级增长。

（二）衍生性

数据的衍生性特征包含两个层次的含义：

第一个层次是指数据之间的相互关联可以产生更多的价值。这里涉及单个数据和多维度海量数据之间的关系。例如，对于淘宝商家来说，要想分析哪种产品更加畅销，单单观察某一个消费者的消费历史是无法进行推断的，只有把足够多的消费者数据汇聚在一起，进行大数据分析，才能产生可用于生产经营决策的有价值信息。

第二个层次是指在加工处理原始数据后能够分析出更有价值的信息。原始数据的价值其实是非常低的，其价值只有在采集、加工、分析后才能充分显现，即加工处理是使数据真正成为生产要素的重要前提。例如，一份自动记录的账表往往不能直接作为数据指导生产经营，而对其进行挖掘、清洗、处理、整合、转换，乃至一定的分析，使其符合分析要求后，就可能成为数据资本，这些操作就是数据和信息的生产要素化（徐翔和赵墨非，2020）。

（三）隐私负外部性

在现实生活中，看似分散独立的信息之间普遍存在相关性，一个消费者的几条消费数据就可能透漏出该消费者的消费习惯以及与该消费者有关联的其他用户的信息，这给消费者带来了一系列负面效应，由此带来了隐私负外部性。从数据安全和隐私保护的角度看，频繁的数据流转和交换将使数据泄露不再是一次性事件，众多非敏感数据通过大数据的聚合与分析可以形成敏感数据和有价值的衍生信息。因此，任何消费者的“用隐私换便利”的交易行为都可能带来隐私负外部性的问题。

二、数据确权的目标

数据要素不同于传统生产要素的三大特征导致数据要素确权时需要采取新思路。在进行数据要素确权时需要考虑：①数据有非竞争性，同样的数据可以多方访问；②数据有衍生性，原始数据需要经过一定的整合处理才能更好地发挥其价值；③数据可能涉及隐私方面的负外部性。由于个人数据往往涉及个人隐私，因而数据流转会导致社会层面的隐私成本。数据确权应该兼顾这三个方面的平衡，由此分别引申出数据确权的三重目标：数据的充分流通和使用、数据生产过程的激励、消费者隐私的保护。

（一）数据的充分流通和使用

数据的非竞争性意味着同一数据所蕴含的知识和信息可以同时被多人使用。此外，数据对于提高生产效率具有乘数作用。由此可见，从社会效率最大化的角度出发，数据要素就应被市场上所有的相关主体充分获取与使用。因此，非竞争性在效率上的引申含义是：数据应该得到充分的流通和共享。

在现实中，数据是数字经济时代最重要的生产要素，只有广泛地交易、流通才能充分发掘数据要素的价值。然而，数据处理主体与数据要素的需求方存在竞争关系，因此它就会缺乏数据流通的动力。例如，假设存在两个相互竞争的平台 A 和平台 B，平台 A 通过数据采集和处理获得了 1 单位的数据要素，而该数据要素的作用是可以帮助平台改进用户体验。如果平台 A 将数据要素提供给平台 B，就会提高后者的服务质量，强化其市场竞争力，而这对平台 A 是不利的。因此，若将数据产权配置给数据处理主体，那么出于竞争的考虑，它们将缺乏促使数据流转和共享的动力，这会导致数据的非充分使用；若将数据产权配置给消费者，消费者可以对每个需要数据的企业进行授权，这有利于实现数据要素的充分流转。

（二）数据生产过程的激励

数据的衍生性意味着，数据要素的形成需要经过采集、加工、分析等一系列过程，而每个过程都需要数据处理主体投入大量的资本、技术等。为了使数据处理主体有动力进行相关的投入，就需要对它们的数据权益进行肯定和保护。因此，衍生性的引申含义是：数据产权的配置应当为数据处理主体提供激励。

为了进一步激励参与者对数据进行开发处理，需要奖励投入和鼓励创新。其中，投入是指对数据的收集和存储，创新是指对数据开发和使用过程的优化改进。在奖励投入方面，数据处理主体需要产权激励才有动力生产足够多的数据，而不合理的产权配置可能导致“搭便车”行为；在鼓励创新方面，数据产业链包含收集、存储、管理、处理、挖掘、分析、展现、评价、交易等多个环节，每个环节都有创新优化的空间，而创新优化离不开参与者的投资。与平台相比，个人更有能力进行相关投资，但需要有足够的激励，保证他们有权通过投入来获取相应的收益。

（三）消费者隐私的保护

消费者个人数据交易带来的隐私负外部性是消费者对隐私保护问题的主要担忧。具体说来，隐私负外部性问题表现在三个方面：

第一，个人天然有对隐私的偏好，一旦隐私被侵犯将出现效用损失。

第二，个人数据被厂商利用而导致的经济损失，比如厂商基于消费者个人信息对其进行价格歧视。

第三，个人信息滥用的风险，如垃圾短信、骚扰电话和诈骗等。

三、数据确权中的权衡取舍

数据确权的三重目标（即数据使用效率、对数据处理主体的激励和隐私保护）之间往往难以兼顾，构成了数据要素市场中的一个“不可能三角”。在数据确权时，我们需要考虑三重目标之间的平衡。

第一，若考虑到效率最大化目标，那么数据在充分流通使用的过程中，消费者隐私泄露的风险必然增加。若想实现效率最大化，使所有需要使用数据的人均能获得数据，就意味着一旦消费者数据被一家企业获得，全社会都能使用这一数据，因而消费者需要承担极高的隐私成本。

第二，若考虑到激励目标而将数据产权分配给数据处理主体，又会产生两个问题。首先，出于竞争的考虑，数据处理主体可能不愿意把数据提供给市场中的其他竞争对手，反而会策略性地阻碍数据的流通，不利于效率最大化。其次，若将数据产权全部归属于数据处理主体，那么它在数据处理过程中将不会考虑隐私保护问题。

第三，若考虑到隐私保护目标而将数据产权全部归属于个人，那么数据处理主体的权益就很难获得保障，而这会抑制后者进行数据投资的动力。

上述权衡取舍问题意味着数据确权的多重目标之间是相互冲突的，而这就引申出了数据产权的界定和配置问题。一种观点是，在单一的数据产权结构下，问题的焦点是如何进行数据产权的配置，以便兼顾多重目标。例如，Dosis and Sand-Zantman（2019）主张，数据产权到底属于消费者还是厂商，应取决于数据的价值。该理论的特点是强调了数据使用上的不可验证性，即消费者和第三方都无法验证厂商的数据使用情况，其结论来自两方面因素的权衡取舍。产权归属于厂商将导致数据的过度使用和对隐私的过度侵害，而归属于消费者将使厂商缺乏在数据处理上进行投入的动力。对于价值相对较低的数据，数据处理不足的效率损失被隐私成本所抵销，所以产权配置给消费者是合意的；高价值数据的情形则相反。

另一种观点是，多重目标需要多重的数据产权体系。例如，申卫星（2020）认为：应当区分数据的所有权和用益权。其中，所有权归属于数据原发者，而用益权可以归属于数据处理者。数据用益权既可以基于数据所有权人授权和数据采集、加工等事实行为取得，又可以通过共享、交易等方式取得，以保障数据处理者通过数据获取收益的权利。

第四节　隐私与安全规制

在数据确权的基础上，一个引申问题为：是否还有必要在数据要素市场中实施规制？目前，支持规制和反对规制的观点都十分普遍。

一、支持规制的观点

目前，提倡隐私规制的原因主要来自两个方面：数据确权对隐私保障的无效性，以及隐私可能带来的外部性问题。

（1）在厂商市场势力的影响下，个人数据产权的界定无法形成对隐私的有效保护。个人数据商品化将会动摇个人对隐私的控制。在个人数据市场上，市场结构能够显著影响数据确权的效果和福利。例如，有足够市场势力的厂商能够以拒绝提供产品的方式强迫消费者提供与自己偏好相关的信息，导致隐私权不能为消费者带来任何额外的信息租金。有学者通过一个包含基于行为的价格歧视的垄断模型得出了类似结论（Acquisti et al.，2016）。其逻辑是在消费者保留个人数据的情况下，垄断厂商就不能对其进行价格歧视，而只能统一定价。此时，在统一定价市场上，边际消费者并未因此获得正的剩余，所以一个很小的正向报价就能使该边际消费者卖出数据。按照这个逻辑，在均衡时厂商就会无成本地获得全部消费者的隐私数据。由此，我们得出的结论为：即使界定了清晰的个人数据产权，也无法有效保护个人隐私。

综上所述，其政策含义为：仅靠数据确权不能防止个人数据被过度收集，也不能改善消费者福利，所以保护隐私需要施加规制。

(2) 由于信息的外部性，仅靠数据确权不能实现有效率的数据搜集。虽然有些消费者会隐藏个人信息，但大数据分析技术的发展让企业能够利用其他消费者提供的信息推测出这些消费者的类型。考虑到这一点，即便每一位消费者对其个人信息的公开所能导致的后果都有充分的认识，数据搜集总量也会偏离社会最优水平。此外，消费者也会对此做出策略性反应。既然个人信息可能因其他消费者的数据交易或许可而泄露，每个消费者都会缺少足够的动机来保护自己的隐私，这会导致过低的数据采集成本以及过度的数据搜集。

(3) 在个人的隐私权问题上，如果策略性的行为会引起新的外部性问题，则需要对其进行恰当的隐私规制。例如，就某些敏感医疗记录（如戒毒治疗或艾滋病治疗）而言，如果没有良好的隐私保护措施，那么预期到信息泄露所可能导致的社会歧视，人们就可能缺乏接受治疗的动力，从而危害私人和公众的利益。此外，不同消费者之间也存在外部性问题。例如，低支付意愿消费者的信息隐瞒行为将导致企业将营销努力更多地转向高支付意愿的消费者，导致他们遭受额外的隐私侵害 (Hann and Katz，2008)。这种外部性问题很难单纯通过基于产权的市场交易来内部化，从而加强了隐私规制的必要性。

二、反对规制的观点

关于隐私规制的反对意见也是由来已久，主要包括四种观点：

(1) 隐私规制会阻断对市场有益的信号传递机制。芝加哥学派从 20 世纪 70—80 年代早期就基于此原因来反对隐私规制，因为隐私保护而产生的信息隐藏会造成负外部性问题。举例来说，求职者可能会隐藏一些对自己不利的个人信息，而隐私保护会让企业不能对应聘者进行全方位的审查。因此，保护应聘者的隐私是以牺牲企业的盈利能力为代价的，并最终将负面信息的成本转移到其他市场参与者身上。

(2) 隐私规制会对商业模式的创新造成负面影响。例如，电子商务对网络广告和个性化推送的依赖性很大，而严格的隐私规制可能会阻碍平台在个性化广告上的商业模式创新。

(3) 隐私规制会加强垄断企业的市场势力。如果隐私监管主要依靠强制要求消费者的知情和同意，那么用户通常不会选择不成熟厂商或新厂商提供的服务，从而使隐私规制成为一种事实上的进入壁垒。

（4）企业的策略性行为会导致隐私规制无法达到预期，甚至会产生新的问题。以“知情同意”这一关键原则为例，企业可以通过“包装”隐私权协定来引诱用户接受侵犯隐私的条款。此外，隐私规制也可能带来新的外部性问题。Aridoret et al.（2020）以欧盟的《通用数据保护条例》为例进行了探讨，他们发现：《通用数据保护条例》的执行使消费者可以通过直接拒绝提供数据的方式来取代以往不完美的信息隐藏措施（如删除网络痕迹）。不完美的隐私保护手段会在厂商搜集的数据中制造噪音，使其更难精确地追踪用户的行为，而《通用数据保护条例》所引致的替代行为使得厂商能够得到更加“干净”的数据环境，从而使用户更容易被追踪和识别。

本章小结

数据能成为生产要素主要是因为其有助于提升市场效率、推动技术进步和商业模式创新、优化企业内部管理、提高管理效率和组织绩效、促进产业链协同。数据要素市场的核心是使市场机制在资源配置中起决定性作用。

数据从产生到发生要素作用涉及数据采集、数据存储、数据加工、数据流通、数据分析、数据应用、生态保障七大环节。

数据要素具有非竞争性、衍生性、隐私负外部性等特征。这三个特征分别引申出了数据确权的三重目标：数据的充分流通和使用、数据生产过程的激励、消费者隐私的保护。在现实中，这三重目标往往难以兼顾，形成了数据确权的不可能三角。

关于对数据的安全规制，提倡规制的原因主要来自数据确权对隐私保障的无效性，以及隐私可能带来的外部性问题；反对规制的观点则认为规制往往无法达到预期，甚至会产生新的问题。

练习题

一、名词解释

1. 数据要素市场

2. 数据要素的非竞争性

3. 数据要素的衍生性

二、单选题

1. 相比较而言，数据产权分配给平台会更有利于（　　）。

A. 数据的充分流通和使用

B. 数据生产过程的激励

C. 消费者隐私的保护

D. 以上全部

2. 在下列关于数据要素的表述中，错误的是（　　）。

A. 数据是互联网时代重要的生产要素之一，其对生产活动的影响具有明确的投入/产出比

B. 数据要素可以帮助企业以更小的成本达成更精准的供需匹配

C. 数据要素的使用使企业有动力为降低信息获取成本而进行企业组织结构的变革

D. 大数据技术有助于产业链整合，并形成以大数据平台为基础的完整统一的产业生态圈

3. 在下列数据加工方式及作用中，表述错误的是（　　）。

A. 数据清洗是对数据进行校验的过程，目的在于删除重复信息、纠正存在的错误、提升数据质量

B. 数据标注只能凭借人工的方式将图片、语音、文本、视频等数据内容打上特征标签

C. 数据审核是对非结构化数据进行涉及色情、反动、欺诈之类的非法内容审核

D. 数据融合处理将多源、多模态（异构）数据互相整合成数据集，以备进一步挖掘分析

4. 在下列关于数据确权的表述中，错误的是（　　）。

A. 数据确权的效率最大化目标与消费者隐私保护目标存在冲突

B. 数据要素的衍生性引申出了数据确权的数据处理激励目标

C. 若考虑到隐私保护目标而让数据产权属于消费者，可能带来“搭便车”问题

D. 数据的衍生性意味着某消费者个人数据的泄露可能引起与该消费者相关的其他消费者隐私的暴露

三、论述题

1. 简述数据确权的不可能三角。

2. 你是否支持隐私规制？并论述相关依据。

第六章 大数据与企业策略

教学目标

1. 直观地感受和了解大数据在企业策略中发挥的重要作用，对大数据的价值形成基本认知

2. 从经济学角度掌握个性化定价、精准营销的运行机制及对效率和各方福利的影响

3. 了解企业在生产活动中，如何通过大数据预测市场需求，动态地开展供应链管理以实现优化生产活动的目的

导入案例

美国第三大零售商塔吉特（Target）通过分析所有女性客户的购买记录，“猜出”哪些是孕妇。例如，女性客户通常会在怀孕四个月左右，大量购买无香味乳液。塔吉特通过挖掘与怀孕高度相关的产品，制作出“怀孕预测”指数，从而抢先推荐婴儿床、孕妇装等孕期对应的优惠券，以刺激消费。一个有趣的故事是，塔吉特有一次被一个中年男人投诉了，原因是塔吉特邮寄婴儿服和婴儿床的优惠券给他还是高中生的女儿。几天后，塔吉特商店的经理打电话给这个男人道歉，但这个男人却感到很抱歉，因为他与女儿谈过以后，发现女儿真的怀孕了，而他完全没有发现。这个故事说明，大数据有可能比你父母更了解你，知道你喜欢什么款式的衣服，喜欢什么食物，喜欢追什么剧……

毋庸置疑，对于单个企业来说，大数据有很高的经济价值。那么，大数据将如何改变企业的策略行为？企业对大数据的使用，能否从整体上改善社会福利，特别是消费者福利？下面先总体介绍传统经济与数字经济的核心区别，即对大数据的使用，然后从定价、营销和生产三个方面详细介绍大数据如何改变企业决策，并将侧重于社会福利方面的分析。

第一节　大数据：数字经济区别于传统经济的核心要素

与传统经济相比，数字经济最大的特点是对大数据的高效和广泛使用，数字经济的关键就在于活动数据化以及数据信息化。经济学家保罗·萨缪尔森提出了著名的显示性偏好理论，他认为消费者的行为揭示了其内在偏好。不只是消费者，对于任何一个经济主体来说，其行为都能揭示出独有的私人信息，并且这些行为创造了大量的数据。如果有足够多的关于经济主体行为的数据，就能更精准地推断经济主体的私人信息。在过去，这些行为和交易的数据往往没有被记录，即使被记录，也存在于非电子化的载体，因而难以被批量整理，也无法从中挖掘出有价值的信息。在数字经济中，各种数字技术可以存储和整理这些数据，并形成了一个数据池，从而给各种智能算法提供了基础。随着统计学和信息科学等学科的飞速发展，企事业单位也有了处理海量数据的智能算法工具，并通过这些智能算法实现了各种目标，比如匹配算法、用户画像、优化生产等。

近年来，大数据技术与应用得以迅速发展主要有以下三个原因：

第一，人们的活动日趋虚拟化。互联网技术，特别是移动互联网技术，让人们在网络虚拟空间花费了大量时间。《2019 中国社交零售白皮书》指出，中国消费者平均每天在手机上花费近 4 个小时。可以说，人们原来在线下进行的购物、社交、娱乐等活动，已基本转移到了网络虚拟空间，这就给记录这些行为并形成大数据库带来了可能。此外，物联网的发展也将物与物之间的连接和活动全部转换为海量数据。

第二，大数据技术的突飞猛进。英特尔创始人戈登·摩尔曾经提出了著名的摩尔定律，他认为集成电路上可以容纳的晶体管数目大约每隔 18 个月到 24 个月便会增加一倍，硬盘、芯片、5G 通信技术的快速发展提供了应用大数据技术所需要的存储能力、计算能力、传输能力，而能够从海量大数据的统计、计算、分析、整合中获得有价值的新信息，则得益于云计算与人工智能技术的发展。其中，云计算提供了足够的算力，而人工智能提供了先进的算法。与此同时，大数据还面临着隐私数据如何保护、数据信任如何建立、信息壁垒如何打破、数据应用障碍如何解除等数据管理方面的问题，而这些问题可由迅速发展起来的区块链技术来解决。

第三，大数据技术的使用可以极大地提高效率，让企业在市场中拥有竞争优势，这使企业有发展大数据技术的巨大激励。大数据可以帮助企业更好地估计消费者的支付意愿，从而帮助企业对消费者进行个性化定价；大数据可以更好地将产品匹配到适合的消费者人群，从而实现精准营销；大数据可以更好地帮助企业了解消费者的产品偏好，从而进行产品创新，也可以更精准地预测未来需求，从而优化企业的存货管理；等等。

第二节 个性化定价

一、个性化定价的定义及其运作机制

（一）个性化定价的定义

近年来，关于“大数据杀熟”的一些报道引起了社会的广泛关注，比如一些消费者曝出某些网约车、旅游平台、视频网站等根据消费者不同的消费记录、搜索历史甚至手机型号而对同种产品差别定价，也就是不同消费者在同一平台上购买同种产品或服务时，实际支付的价格存在差异等。① 2022 年北京市消费者协会发布的互联网消费“大数据杀熟”问题调查数据也显示，82.37%的受访者认为“大数据杀熟”现象非常普遍，86.91%的受访者表示有被“大数据杀熟”的经历，主要集中在网络购物中心、在线旅游消费、网络外卖、网络打车等消费领域，比例分别高达 82.44%、76.85%、66.96%、63.00%。

【实例分析 6.1】

亚马逊关于 DVD 光盘的差别定价

电商巨头亚马逊是首个进行“大数据杀熟”的企业，早在 20 多年前，亚马逊便针对 DVD 光盘进行了一次“差别价格实验”。2000 年 9 月，亚马逊选择了 68 种畅销 DVD 光盘进行定价试验，即根据潜在用户的人口统计资料、购物历史、上网行为等数据，对这些 DVD 光盘进行差别定价。其中，亚马逊将名为《泰特斯》的 DVD 光盘对新用户的售价定为 22.74 美元，而对老用户的售价定为 26.24 美元。通过这一定价策略，这些 DVD 光盘的销售毛利率得到了有效提升。然而，在该实验进行了一个月左右的时候，一名亚马逊老用户在 DVDTalk 社区和网友讨论发现，他买到《泰特斯》光盘的价格比其他新用户高了近 4 美元。随后，越来越多的老用户发现了这一情况，并表示了不满，而亚马逊的差别定价实验也以失败告终。但这一机智的个性化定价策略却被其他电商争相效仿，并延续至今。

上述“大数据杀熟”行为属于企业个性化定价的一种特殊形式。个性化定价是

① 例如，有过购买记录的老消费者在购买同一产品或服务时，面对的价格较第一次购买的消费者更高。比如有消费者在购买机票时发现，在消除浏览器的浏览记录后，机票价格变得更低。老会员在飞猪 App 上定房比新会员高 14 元，老会员在 App 上购买电影票比新会员贵 4 元，等等。

企业的一种营销手段，即企业利用用户数据，对不同类别的消费者收取不同的价格，以获得更高的利润。从经济学角度看，个性化定价又属于价格歧视的某些类别。价格歧视是指对相同的产品索取不同的价格。在现实中，价格歧视的形式很多，经济学中一般将其分为三类：

（1）一级价格歧视。企业对每个消费者设定单独的价格，在这种情况下，企业可以获得所有消费者的全部消费者剩余。但是，这类价格歧视需要企业能够完美掌握所有消费者的个人信息（对产品的支付意愿），并以每个消费者为单位实施价格歧视。因此，一级价格歧视在现实中较难实现，有关一级价格歧视的讨论大多存在于理论层面。

（2）二级价格歧视。企业对消费者推出特定的组合，比如将价格与销量绑定或将价格与质量绑定等，然后让消费者自行挑选购买。在这类价格歧视中，企业无须掌握消费者支付意愿的准确信息，只需设计好方案，通过消费者自发的购买选择来区分不同类型的消费者，特别是通过某种形式的让利来吸引高支付意愿的消费者。例如，“量大从优”就是二级价格歧视的典型操作。

（3）三级价格歧视。三级价格歧视又称群体定价（group pricing），企业通过消费者的行为或特征对其进行分类，即把消费者先分成不同的群体，再对不同群体收取不同的价格。比如凭学生证购买电影票享受学生价优惠、凭老年证购买公园联票享受优惠价格等，都是三级价格歧视的表现。在大数据时代，在线卖家拥有消费者的大量数据，包括过去的购物数据、在线社交数据、个人特征数据（如年龄、性别、受教育程度等），通过大数据技术对消费者数据进行分析，给不同消费者打上不同的标签，并对不同标签的消费者收取不同价格，也属于三级价格歧视。显然，如果消费者被划分得足够细，每个消费者群体只包含一个消费者，则三级价格歧视就是一级价格歧视。因此，一级价格歧视是一种特殊形式的三级价格歧视。

（二）个性化定价的运作机制

从个性化定价的运行机制来看，个性化定价的实行涉及三个决定因素：

（1）厂商要能获取与消费者行为或特征相关的数据信息，比如关于消费者的年龄、地区、收入、在线购物的历史数据，或者其他在线活动数据等。厂商可以通过这些数据去推断消费者的支付意愿，并针对消费者不同的支付意愿提供不同的价格。

（2）厂商要具备一定的市场力量，即拥有一定的定价能力，在垄断情况下的定价逻辑与在寡头竞争或完全竞争情况下的定价逻辑是完全不同的，对福利水平的评判也有明显的不同。

（3）厂商可以针对不同支付意愿的消费者制定不同的价格。厂商要拥有相对精确的消费者信息结构。“大数据杀熟”的精确程度与信息结构紧密相关，厂商能够在多大程度上精确估计消费者的支付意愿，决定了其进行价格歧视的能力。

二、个性化定价带来的主要效应

对于个性化定价的福利后果，经济学研究一般从两个维度判断：社会总福利和消费者福利。

（一）社会总福利维度

从社会总福利维度来看，一般认为个性化定价对于社会总福利的影响是正面的，主要源于以下两个效应：

（1）产出扩张效应。当垄断厂商定价时，出于利润最大化的考虑，如果厂商不能进行价格歧视，只能实施统一定价，那么为了利润最大化，垄断厂商会通过限产的方式将价格维持在一定的高水平上，从而获得超额利润。这带来了一种产量的扭曲，使得支付意愿相对较低的消费者无法购买这种产品，这是厂商不能进行个性化定价时的负面效应。如果允许厂商因人定价，那么低支付意愿的消费者也会得到供给，这将实现社会总福利的改善。

（2）有效分配效应。根据消费者的支付意愿提供个性化定价，有助于实现社会最优分配，其他定价方式总会扭曲消费者的购买决策，从而偏离社会最优分配的结果。因此，从社会总福利的角度来说，我们一般不会认为个性化定价是非常负面的。

（二）消费者福利维度

从消费者福利维度来看，部分观点认为要禁止和监管“大数据杀熟”，是因为“大数据杀熟”侵害了消费者剩余。但从经济学的研究来看，这一结论不是必然成立的。这是因为“大数据杀熟”的结果在不同的市场结构和不同的信息结构下是完全不同的，需要分类讨论。

第一，一般来说，在垄断市场结构下的价格歧视更有可能损害消费者，而在竞争市场结构下，价格歧视不太可能对消费者构成损害。为此，下面考虑一级价格歧视。在一级价格歧视下，厂商拥有消费者偏好的完全信息。如果市场结构是垄断的，则厂商会将价格恰好定在消费者的支付意愿上，从而榨取所有消费者剩余。此外，如果在竞争的市场结构下，一级价格歧视反而有可能使所有的消费者福利都得到提升。这是因为在竞争压力下，如果企业能够准确知道每一个人的支付意愿，厂商间的竞争会变得更激烈，因为此时它们争夺的不再是整个市场，而是针对每一个消费者展开竞争，导致竞争变得更激烈。与没有价格歧视或个性化定价的情况相比，总体定价是会降低的，而消费者剩余是会提升的。

第二，即使在垄断的市场结构下，个性化定价也不必然损害消费者福利。在垄断的市场结构下，“大数据杀熟”的结果主要体现为以下两个效应：一是剩余榨取效应。一般来说，人们普遍认为在垄断的市场结构下，厂商进行个性化定价是榨取了消费者剩余，让消费者的境况变得更糟糕。一种极端情况是当垄断厂商掌握了消费者所有的信息，即知道每一个消费者精确的支付意愿时，垄断厂商就会把价格定在恰好等于每一个消费者的支付意愿上，将所有消费者剩余完全榨取，即消费者剩余变成零。这是一般的看法，也是很多人在讲价格歧视时都支持的一个观点，因而站在消费者的角度就会反对"大数据杀熟"。

事实上，即使在垄断的市场结构下，个性化定价也不必然降低消费者剩余。这是因为还存在第二个效应，即剩余再分配效应。例如，将消费者分为高支付意愿和低支付意愿两类，如果实行统一定价，厂商将把价格定在中间；如果实行个性化定价，价格就会变动。对于高支付意愿的消费者而言，价格的确会上升，但对于低支付意愿的消费者而言，其支付的价格也会下降。也就是说，低支付意愿消费者的境况会有所改善，这就是消费者剩余在消费者内部再分配的效应。换言之，个性化定价能够使得一部分消费者剩余从高支付意愿的消费者转移到低支付意愿的消费者。由于我们一般认为富人的支付意愿比较高，而穷人的支付意愿比较低，因此，个性化定价完成了由富人向穷人的转移支付。需要注意的是，只有价格变高的消费者会抱怨，而价格变低的消费者并不会发声，因此舆论对价格歧视的抱怨带有样本偏差，忽视了沉默消费者的权益。

从理论上说，以上两个效应同时存在，消费者的福利并不必然变差，也不必然变得更好。那么，其结果取决于什么？其中，非常关键的就是厂商对消费者个人信息结构的掌握程度，即厂商能否精确地掌握消费者的个人信息结构以及能否精确地推断出消费者的个人支付意愿。

图 6-1 是 Bergemann, Brooks and Morris（2015）在《美国经济评论》上发表的文章截图，他们研究了在垄断的市场结构下进行价格歧视的情况。图 6-1 中的横轴是消费者剩余，纵轴是生产者剩余，A 点是没有价格歧视（即提供统一定价）的情况。在这种情况下，厂商获得垄断利润，消费者获得一定的消费者剩余，但这种情况不是最优的，因为垄断会带来效率的扭曲。

社会最优的分配在 BC 线上，当厂商能够非常精确地估算出每个人的支付意愿并进行完全价格歧视时，它能达到的最优点就是 B 点。在这种情况下，消费者剩余为零，厂商利润达到最大。

随着垄断厂商掌握的信息结构变化，整个 $\triangle BDC$ 中的任一点都是可以达到的。由于 $\triangle BDC$ 中 A 点右上方的任一点都是可以达到的，这意味着在垄断的市场结构下实现了一个帕累托改进，也就是消费者和厂商的效用能够同时变得更好。换言之，即使在垄断的市场条件下进行个性化定价，也不必然会降低消费者剩余。一般来说，消费者福利是厂商掌握信息精确度的非单调函数，厂商掌握既不高也不低的信息精确度会给消费者带来最高剩余。

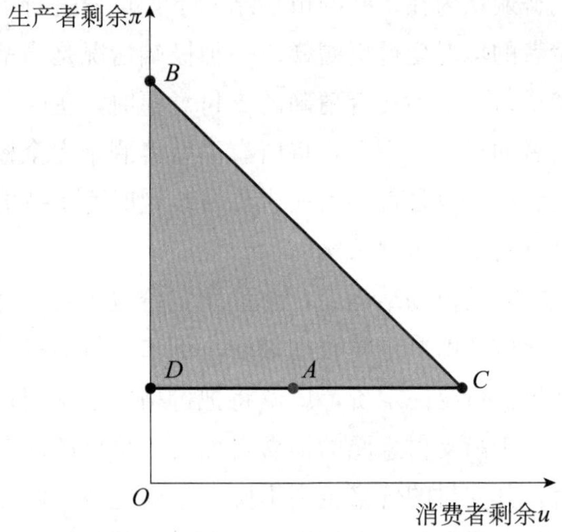

图 6-1 “大数据杀熟”中的剩余分配

三、主要国家和地区对个性化定价的规制思路及做法

（一）美国

在美国的法律中，《罗宾逊-帕特曼法》对价格歧视进行了规定。该法案侧重于监管市场参与者，并未提及消费者福利的问题。美国对消费者福利采取的是间接保护的方式，即通过对市场参与者自由竞争权益的保护，令竞争在整个市场中充分发挥作用，进而实现对消费者福利的保护。美国的立法思路是判断个性化定价行为是否损害竞争。如果个性化定价行为并未损害竞争，就不能认为它是违法行为。例如，平台在收集用户数据后，对支付意愿高的用户收取高价格，对支付意愿低的用户收取低价格，甚至进行补贴，并不会导致滥用市场地位，甚至有可能加剧竞争。因此，在垄断的市场结构下也应分情况判断企业的个性化定价行为，考虑消费者剩余在消费者内部再分配的效应。

（二）欧盟

从整体上说，欧盟对于与数据相关的规制非常严格，主要是从数据保护和消费者保护方面展开监管的，欧盟颁布了《通用数据保护条例》，其对个人信息的保护目前在全球最严。该法案对平台等企业的限制尤为严格，企业若无特定的、明确的、合法的目的而收集了用户的数据，或是虽然用户同意但企业在搜集并达成目的后未立即删除的，均属于违法行为，最高或将面临年收入 4%的处罚。在这种约束下，企业无法利用消费者数据，“大数据杀熟”等个性化定价行为更不会发生。由于个性化定价非常依赖企业对消费者信息结构的掌握，而欧盟对数据的保护十分严格，因此欧盟企业要进行非常精确的个性化定价是比较困难的。

（三）OECD 成员

OECD 成员也提出了反垄断规制框架：第一，要确认价格差异并不是源自成本，即并非因为成本不同而导致价格差异；第二，要判断企业有没有市场支配地位，是不是垄断的；第三，要分析消费者的福利和效率，考察其对于消费者福利的影响，以及对效率有没有提升；第四，分析效应的持续性。垄断是分析价格歧视的起点，但价格歧视到底是源自算法优势还是数据垄断等问题，则需进一步研究。

（四）中国

目前，我国对“大数据杀熟”的规制措施以禁止为主。例如，2021 年 4 月发布的《平台企业维护公平竞争市场秩序承诺书》的第 5 点就承诺不非法收集、使用消费者个人信息，不利用数据优势“杀熟”。2021 年 7 月，国家市场监督管理总局发布了《价格违法行为行政处罚规定》（修订征求意见稿），在第十三条对“大数据杀熟”进行了禁止。《关于平台经济领域的反垄断指南》第十七条禁止经营者在其具有市场支配地位的平台经济领域滥用市场支配地位，无正当理由地对条件相同的交易相对人实施差别待遇。目前，法律是从下述角度界定“大数据杀熟”的：第一，认定市场支配地位；第二，认定其无正当理由实施差别待遇，利用大数据和算法的优势排除、限制市场竞争。

第三节　精准营销

一、精准营销的主要形式及案例

在线广告是最有效的广告形式之一，它结合厂商出价和广告相关性对广告进行排名，向用户推荐其需要的相关产品。搜索引擎、社交媒体和电子商务市场等在线公司成功地从在线广告中获得了可观的收入。根据财务报告，谷歌、脸谱和亚马逊在 2021 年的广告收入分别为 2 094.9 亿美元、1 150 亿美元和 311.6 亿美元。

与传统广告不同，在线广告能够充分利用大数据进行精准营销。平台拥有用户在互联网活动的众多数据，比如消费者的浏览行为以及他们在公司网站上的个人资料、购物习惯和其他基本人口统计信息。利用这些数据，平台可以进行用户特征分析、行为特征分析、个性化关联分析等；或者先对单个消费者进行画像，再根据消费者画像推荐相关产品，实现千人千面的个性化广告与精准营销。例如，谷歌允许所有广告客户在其展示广告的网络上投放基于兴趣的广告。脸谱的广告商可以使用消费者的人口统计信息、平台上的社交活动以及社交网络来定位其潜在客户群。亚马逊的搜索广告可以针对单个产品、产品类别或买家兴趣进行定位。

【实例分析 6.2】

网易云个人专属年度歌单

网易云收集用户的听歌信息和数据，为每个用户生成其专属的年度歌单。其中，哪首歌听得最多、发表了什么评论、听歌时间、听歌习惯等，都会在歌单中明确列出来。随后，网易云会根据每个用户的听歌喜好，对其进行性格和心情分析，以便对用户进行更准确的画像和打标签，并据此加入更多个人情感化内容。由此，用户会感受到定制歌单的细致与走心。年度歌单的特殊性与专属性让用户有了独一无二的优越感，借助年度歌单回顾一年来的心情也触动了很多用户的情感，从而增加了他们对网易云音乐的好感，并愿意进一步分享和传播。

二、精准营销带来的主要效应

精准营销要有效运行，必须要大规模收集消费者的数据。随着消费者线上活动的增加与大数据技术的发展，收集消费者数据的行为越来越普遍，但同时逐渐受到公众质疑。欧盟的政策制定者通过《通用数据保护条例》、中国的政策制定者通过《中华人民共和国个人信息保护法》来回应广泛的消费者隐私问题。一个很自然的问题是：如果限制企业收集个人数据用于精准营销，会带来什么福利后果？为此，我们首先需要回答：精准营销带来了什么？它的福利后果是什么？

（一）社会总福利维度

精准营销可以提高社会总福利的最主要机制在于其能够提高产品匹配度与降低搜寻成本。消费者需要花费时间和精力来搜寻性价比与产品特征符合其偏好的产品。如果没有精准营销，消费者只能在浩瀚的“产品池”中费时费力地进行搜寻，而且搜到的产品有可能并非其喜欢的产品。大数据技术可以追踪消费者在网上的每一次活动，使得企业可以对消费者进行精准画像，更准确地了解消费者需求，从而进行精准营销。当然，这会提高供需匹配精准度，从而大大提升需求。罗汉堂在2021年出版的《理解大数据：数字时代的数据和隐私》中提到，罗汉堂进行了一个大规模随机实验——关闭了基于个人大数据的推荐系统。其结果发现：缺乏精准推送的一般化推送使交易量降低了86%，并且对无知名度的小微企业更为不利。这一实验结果充分说明了大数据精准营销对效率的提升何其之大。

搜寻成本的降低与产品匹配度的提高还会导致“长尾”市场的产生，可以满足许多消费者的小众产品偏好，提高社会福利与消费者福利。以唐装为例，每个地方都有唐装爱好者，但唐装爱好者在人群中的比例很小。在过去，唐装的搜寻成本很大，厂商如果生产售卖唐装，其销量将会非常小，不足以支撑开店成本。但是，有了精准营销/精准搜索后，全国的唐装爱好者都可以用很低的成本找到这个店，虽然每个地方的唐装爱好者不多，但全国唐装爱好者汇聚起来的数量还是可观的，足以支撑开店成本。因此，唐装这种小众产品就能生存下来。

更精准的广告推送会导致在市场均衡时厂商只需投入更少的广告数量，这会让厂商在不相关的消费者群体身上支付更少的广告费用，从而降低了厂商的广告推送成本。如果市场环境是充分竞争的，这些节省下来的广告费用会通过产品降价的方式让消费者受益。此外，对消费者来说，观看广告（特别是与自己兴趣不匹配的广告）会带来不小的负效应，因而更精准的广告推送通过降低消费者观看的不相关广告数量提升了社会总福利与消费者剩余。然而，平台广告企业也会因为提供了更好的精准营销服务而对相应厂商收取更高的广告费用，导致在市场均衡时厂商所需支付的广告费用上升，而这些费用有可能最终转移到消费者身上，并损害消费者福利。

（二）消费者福利维度

精准营销影响消费者福利的一个重要渠道是精准营销会改变厂商的均衡定价。当厂商是垄断厂商时，如果它能够采取精准营销，则它肯定知道消费者群体对其产品的估值更高，从而可以提高定价。当市场中有多家企业竞争时，另一种形式的市场细分就有可能发生。假设有多家公司销售差异化的竞争性产品。如果不能进行精准的广告推送，厂商就会随机打广告。如果厂商可以进行精准的广告推送，则它们可能会将广告集中在特定产品上，从而分裂了原市场；在每个细分的小市场中，每个厂商成为一个小垄断者，同时价格竞争下降、消费者需要支付更高的价格。换言之，精准的广告推送可能会被竞争性厂商选作市场差异化的工具，并缓解价格竞争，但这会降低消费者福利。后文将会提供案例对此做更详细的说明。最后，精准营销通常还伴随着个性化定价，厂商会通过个性化优惠券等方式对不同的消费者收取不同的价格。个性化定价的福利效应在前文已进行讨论，在此不再赘述。

精准营销对消费者福利的另一个影响是对消费者隐私的侵犯。精准营销对消费者隐私的侵犯有两个主要渠道：第一，当网站收集了消费者数据后，有可能发生数据泄露事故，而在消费者个人数据被泄露后，非常可能被不良分子滥用，从而给消费者带来物质或者精神上的损失。第二，许多消费者对网站收集个人数据这种行为非常反感。Goldfarb and Tucker（2011）的一项实验表明，消费者在浏览了某个网站后，如果广告商针对消费者浏览的内容投放相关广告，消费者会非常反感，因为他们觉得这种有针对性的广告具有很强的操纵性。[①]

三、不同市场结构下的精准营销案例

下面用简单的案例说明在不同市场结构下精准营销带来的福利后果。一般来说，精准营销能够提升企业利润和社会总福利，但有可能损害消费者福利，其原因是精准营销通常伴随着产品价格的提升。

（一）垄断市场中的精准营销

下面考虑一家垄断企业，该垄断企业售卖两种产品，即白色产品和黑色产品，产品生产成本假设为 0。消费者群体有两类，即白色偏好者和黑色偏好者，各占人群的 50%。两种产品对消费者的价值见表 6－1。

表 6－1　两种产品对消费者的价值（两类消费者）

	白色产品	黑色产品
白色偏好者（50%）	80	50
黑色偏好者（50%）	50	80

消费者具有单位需求，即消费者仅购买一件产品。假设厂商只能向消费者推荐一种产品，而消费者只考虑是否购买厂商推销的产品。如果没有精准营销，企业随机推荐一个产品给某个消费者。消费者会有 50%的概率收到与其偏好匹配的产品，此时产品给他带来的价值为 80；消费者会有 50%的概率收到与其偏好不匹配的产品，此时产品给他带来的价值为 50。厂商的最优定价是 50，消费者一定购买，厂商的利润为 50。此时，对一个消费者来说，他有 50%的概率购买到价值为 50 的产品，他获得的消费者剩余为 0；他还有 50%的概率购买到价值为 80 的产品，他获得的消费者剩余为 30，因而消费者获得的期望剩余为 15。从社会总福利角度来看，消费者会有 50%的概率购买到与其偏好匹配的产品，此时的社会总剩余增加了 80；消费者会有 50%的概率购买到与其偏好不匹配的产品，此时的社会总剩余增加了 50，故期望社会总福利为 65。

假设现在采用了精准营销，也就是厂商可以精确区分消费者类型，并定向售卖相应产品。此时，厂商将向白色偏好者推销白色产品，向黑色偏好者推销黑色产品。由于每个消费者收到的广告都是与其偏好相匹配的产品，因而产品给他带来的价值为 80。若厂商在采用精准营销后并不提价，即对产品的定价仍为 50，则厂商的利润

① Goldfarb，Avi and Catherine E. Tucker，“Online Display Advertising：Targeting and Obtrusiveness”，*Marketing Science*，2011，30（3）.

不变，消费者剩余增加30。然而，厂商知道，在采用精准营销后，消费者剩余会提升，因而厂商的最优定价也将上升为80。此时，厂商的利润上升为80，消费者剩余变为0，社会总福利也上升为80。

从以上案例可以看到，精准营销总能提升垄断企业的利润。这是因为，如果精准营销不能提升其利润，企业总可以选择不进行精准营销。因此，若企业采用了精准营销，说明其利润一定会上升。精准营销也会提升社会总剩余，这是因为精准营销会让消费者更精准地买到与其偏好相匹配的产品。但是，精准营销不一定能够提升消费者剩余。其原因在于，企业在实施精准营销时，也会相应提高产品的定价。虽然消费者能够以更大的概率买到自己喜欢的产品，但付出的价格也会相应提高。

那么，精准营销是否一定会损害消费者福利？其结果为不一定。事实上，精准营销有可能提升消费者福利。为了具体说明，将上面的案例做一些改变。假设白色偏好者分为强白色偏好者和弱白色偏好者，黑色偏好者分为强黑色偏好者和弱黑色偏好者，他们各占25%。两种产品对消费者的价值见表6-2。

表6-2 两种产品对消费者的价值（四类消费者）

	白色产品	黑色产品
强白色偏好者（25%）	80	50
弱白色偏好者（25%）	55	50
强黑色偏好者（25%）	50	80
弱黑色偏好者（25%）	50	55

我们很容易验证，若不采用精准营销，而是采用随机推销，则厂商的最优定价为50，此时期望消费者剩余为8.75［$=0.5\times(50-50)+0.25\times(55-50)+0.25\times(80-50)$］。假设企业采用精准营销，即企业可以区分白色偏好者和黑色偏好者，但不能区分强偏好者和弱偏好者，则企业将给白色偏好者推销白色产品，给黑色偏好者推销黑色产品，同时将产品的价格提升为55。此时，消费者剩余变为12.5［$=0.5\times(80-55)+0.5\times(55-55)$］。尽管消费者在企业采用精准营销时支付的价格变高，但因为精准营销也提高了产品匹配率，所以消费者剩余相比没有采用精准营销时仍然得到了提高。

总体而言，精准营销对社会福利的影响与个性化定价类似。在一个垄断的市场中，精准营销总会提升企业利润和社会总福利，但对消费者剩余的影响是不确定的。一方面，精准营销提高了产品与消费者偏好的匹配程度；另一方面，它也提高了市场中的产品定价，从而给消费者带来了不确定的影响。

（二）竞争市场中的精准营销

下面考虑当市场存在竞争时企业的精准营销策略。为了简化分析，我们把前文中的案例做一些改变，假设白色产品和黑色产品分属白企业和黑企业，而这两个企业需要分别决定向谁打广告以及如何给产品定价。对消费者的假设与前文相同，而产品对消费者的价值由表 6－1 给定，除了数据上有一点变动，即将 80 换为 75。假设每个企业的广告恰好能够发给一半消费者，而消费者只能在自己收到广告的产品中做出购买决策。

首先，考虑没有采用精准营销的情况。此时，两个企业均随机进行广告。在整个消费者中，有 1/4 的消费者不会接触到任何广告，从而不会购买；有 1/2 的消费者会接触到一个企业的广告，只需决定是否购买该产品；有 1/4 的消费者会接触到两个产品，从而可以在两个产品中做比较，并购买给自己带来更高效用的产品。不难验证，在这种情况下，两个企业均把价格定成 50，以构成一个纳什均衡，每个企业的利润为 18.75（＝0.25×50＋0.125×50）。对消费者来说，若没有接到广告，其效用为 0；若接到一个广告，则有 50％的概率产品与偏好相匹配，消费者获得的效用为 25，有 50％的概率产品与偏好不匹配，消费者获得的效用为 0；若接到两个广告，则消费者一定可以选择与偏好匹配的产品，消费者获得的效用为 25。因此，消费者剩余为 12.5。社会总福利为 50（＝18.75×2＋12.5）。

现在考虑采用精准营销的情况。此时，两个企业均会选择只对偏好自身产品的消费者投放广告，即白企业给白色偏好者投放广告、黑企业给黑色偏好者投放广告。此时，每个消费者只收到与自己偏好相匹配的广告。如果每个企业都定价为 75，则其利润为 37.5，而消费者剩余为 0，社会总福利为 75。

经对比可发现，精准营销提高了企业的利润。在竞争的环境下，竞争营销不仅提高了企业所面对消费者群体的支付意愿，而且给企业提供了一种差异化工具：每个企业只向喜欢自己产品的消费者投放广告，从而缓解了企业之间的竞争。从某个意义上说，精准营销给企业提供了一种划分市场的横向协议工具，从而能使企业获得更高的利润。精准营销也提高了社会总福利：一方面，在精准营销下，消费者购买的均是与自身偏好匹配的产品；另一方面，精准营销触达的消费者群体更广（在非精准营销中，有 1/4 的消费者群体没有被广告触达，而精准营销则触达了所有消费者），从而扩大了交易量。与垄断情形下相同，精准营销降低了消费者剩余，主要原因是厂商的均衡价格被提高了。

第四节　优化生产

一、大数据优化企业生产运行的机制和案例

随着数字技术的快速发展与广泛应用，越来越多的企业开始应用大数据技术指

导并优化生产环节，典型代表便是制造业企业的数字化转型。大数据技术在企业生产运行环节的应用可以通过多种途径提升企业竞争力：第一，大数据分析可以使企业更好地理解消费者需求，从而改善产品设计和产品创新，进而扩大销量、增加利润。第二，人工智能、自动化等技术的采用，可以直接提升企业的生产效率。第三，大数据技术能够对未来市场的趋势进行分析和预测，并通过预测生产的方式节约成本。

（一）推动产品创新

大数据与人工智能等数字技术使得消费者在企业产品研发过程中能够主动参与，并使企业推出的创新型产品更加注重用户导向，企业与消费者互动更是产生了成长品这种新的产品形态。① 在工业互联网的背景下，C2M（customer-to-manufactory）模式（即用户直连制造商、消费者直达工厂的模式）开始出现。该模式强调了制造业与消费者的衔接，是由用户驱动生产的反向生产模式。② 与此同时，企业还可以通过定制化生产的方式，面向不同客户的个性化需求提供定制化服务。具体来看，制造业企业可以通过工业互联网等平台收集客户对产品颜色、外观、结构、功能等产品参数的需求，并将这些需求转换为数据指标后上传至产品设计平台，而设计工程师根据客户需求形成产品设计图纸、工艺要求、生产要求等，进一步下发至生产车间，然后通过柔性制造生产线将客户的个性化定制需求转换成最终产品，实现客户需求驱动的定制化生产。例如，智能家居在研发环节利用传感器数据和 App 场景交互数据，智能挑选合适的家居材料，预测用户的智能体验感，减少不必要设计材料的筛选、模拟和预测。此外，企业在研发过程中失败的尝试性数据，也有助于提高创新投入，并能显著提高创新活动的效率。

【实例分析 6.3】

柔性制造的发展

一般来说，柔性制造是指以消费者为导向的、以需定产的方式。随着网络的日益发达，人们的个性化需求日益增加，为了满足差异化消费需求，能够生产产品族的柔性制造逐步成为众多企业尝试的生产方式。在电子商务领域兴起的“C2B”“C2P2B”等模式体现的正是柔性制造的精髓所在。其小批量、多品种的特点，可以更好地伴随消费结构升级，满足买方市场和消费者的个性化需求，倒逼厂商和企业转变传统生产方式，开始致力于柔性制造。因此，具有个性、多元等特点，并能根据需求做出迅速反应的柔性制造渐成趋势。

---

① 肖静华，胡杨颂，吴瑶．成长品：数据驱动的企业与用户互动创新案例研究．管理世界，2020（3）：183－204.

② 2015 年 7 月，全球首家 C2M 电子商务平台必要商城上线，这是 C2M 模式首次应用在互联网电子商务中。以必要商城为代表的 C2M 电子商务平台带动汽车、家居、箱包、服装、眼镜等行业的一批企业向 C2M 模式转型。

（二）提高生产效率

在大数据技术的支持下，企业的生产效率得到了全方位的提升。随着以机器换人为主要方式的智能化生产技术改造的加速普及，从事程式化工作的中低技能劳动力已被部分代替。与传统的以生产员工为基础的生产模式相比，大数据技术的应用不再依赖员工的经验或熟练程度，可以通过直接调整设备数据来优化生产和工艺流程。此外，应用大数据技术还能方便、快捷地了解各生产环节的动态信息，帮助实现与采购、销售等各环节的无缝衔接，从而有效缓解了由于企业内部信息不对称引起的产品过度生产或不足等问题。

（三）预测指导生产

企业的生产活动具有预测性和计划性。在传统经济时代，由于企业缺少与产品销量等相关的经营数据，因而对消费者的购买反馈无法及时做出反应，企业很难准确预测市场和消费情况，所以其生产具有盲目性。在大数据技术的支撑下，企业可以更容易地了解市场及消费者的个性化需求，以进行精准预测，同时根据消费者的偏好变化实时调整，进而根据市场需求进行计划生产。企业根据生产计划进行生产将大幅降低在生产过程中需要承担的风险与不确定性，并能进一步压缩物料投入、生产、仓储等成本。

【实例分析 6.4】

智能化工业生产线

目前，越来越多的制造业企业引入了智能化工业生产线等数字化设备，也就是在生产管理的过程中，依靠安装在工业生产线上的小型传感器，实时采集设备的振动、声音、变形、位移、裂纹、磨损、温度、压力、流量、电流、转速、转矩、功率等数据，然后对采集到的数据进行加工处理，并进一步对用电量、能耗、质量事故等参数进行分析，再基于设备诊断结果进行及时的预测性维护；通过对生产过程中的原材料、中间产品数据进行采集和实时上传，进而考虑产能约束、人员技能约束、物料可用约束等，并借助智能的优化算法，可以制订生产计划并安排生产，然后监控计划与实际的偏差，再动态地调整生产计划。通过预测性维护和动态排产，企业可以实现对工业生产线的智能化管理。

二、大数据应用带来的主要效应

大数据技术不仅优化了企业的生产经营、提高了生产者福利，而且提升了社会总福利和消费者福利。

（一）社会总福利维度

企业运用大数据技术指导生产主要是通过优化资源配置和降低社会成本来提升社会总福利。

从优化资源配置的角度看，企业在产业链各环节借助大数据技术能够更好地降低信息摩擦，从而有效地配置资源投入和产品分配。在配置资源投入方面，随着大数据技术的普及，敏捷生产与敏捷供应链管理开始被制造业企业广泛采用。敏捷生产强调供应链的"灵敏性"和"反应性"，即应需而变，要求供应链能够在最短的时间内对市场的变化和消费者的需求做出反应。在大数据技术的加持下，企业能够动态、快速地调整产业链中各生产环节的投入，更高效地分配资源。在产品分配方面，依照消费者的需求生产或提供产品能够有效减少供需匹配摩擦，帮助厂商更有效地将产品分配给更有需要的消费者，进而实现社会最优分配。

从降低社会成本的角度看，在大数据技术被广泛应用的背景下，精益生产与精益供应链管理这种生产模式也应运而生。该模式把降低成本作为首要目标，强调消除浪费，可以最少的投入创造最多的产出。通过大数据技术预测或计划生产能够形成有效产出，并降低企业的生产成本。此外，制造业企业还可以通过大数据技术实现对生产设备的预测性维护，避免由于发生故障导致工业生产线停滞，从而降低企业的运维成本。

（二）消费者福利维度

从消费者福利角度看，大数据技术在企业生产环节的广泛应用促使生产方式由供给推动模式转向需求拉动模式。企业的生产方式从传统的供给推动消费增长转为根据消费者需求进行定向生产，以满足消费者差异化、个性化的需求，也就是以消费者为中心，同时对渠道、营销、供应链等全部环节，整个产业链和企业进行数字化改造。产业价值创造由传统的生产者导向转为突出终端消费者需求导向，拥有高素质和高技能的消费者可以参与生产的各个环节，这有助于创造新的需求，进一步提高消费者购买产品能够获得的效用水平。

目前，越来越多的企业开始采取以用户为主导的数据驱动型研发创新模式，即利用用户反馈的数据，优化产品研发环节。通过人工智能技术，在数据采集和数据处理的基础上，将海量数据与分析模型相结合。例如，小米让用户充分讨论新发布版本，使用户成为研发过程的参与者；又如，西门子为发电厂提供发电机设备，并通过采集和分析发电机运行数据来提供维修服务。与第三方维修机构相比，基于大数据的监测分析能够在第一时间找到设备存在的问题并提供更高质量的维修，这将大幅提高用户的使用效率，同时提高用户购买产品或服务能够获得的实际效用。

【实例分析 6.5】

智能化售后服务

在售后服务的过程中，应用大数据可以实现对产品运行状态的监控和对客户意见的及时反馈。其中，对产品运行状态的监控主要应用在大型机组和重大设备等不宜解体检查的高精度设备上，通过采集设备运行中的各种状态信息数据，对产品运行状态进行实时监控并及时发现产品存在的问题，以便有针对性地提出解决方案；对客户意见的及时反馈主要表现为智能云客服交互平台，通过将客户电话语音咨询、多媒体语音文字咨询等转化为数据，再基于数据挖掘、神经网络等技术进行关键信息提炼和关联性分析，自动生成解决方案并实时反馈给客户，实现产品售后服务的智能化。

三、主要国家关于智能制造的战略部署

工业大数据在人与人、人与物、物与物之间的信息交互中逐步出现，并且贯穿了整个产品的生命周期。随着技术的不断完善优化，工业大数据已成为推动智能制造革新的核心技术力量，对于制造业核心竞争力的提升具有重要价值。在此背景下，各主要国家高度重视智能制造，并出台了一系列政策进行规划。

（一）德国：首先提出“工业 4.0”概念

“工业 4.0”是由德国政府提出的十大未来项目之一。德国于 2013 年在《德国高技术战略 2020》中提出了“工业 4.0”的国家发展战略，即“第四次工业革命”，其核心是智能生产技术和智能生产模式。德国提出的“工业 4.0”计划是指利用物联信息系统把产品、机器、资源、人有机联系在一起，将生产中的供应、制造、销售信息数据化和智慧化，推动各环节数据共享，从而实现快速、有效、个性化的产品供应。与此相关的新生产理念有“工业互联网”“工业云”等。目前，制造业互联网化呈现出众包设计、协同制造、在线服务等几大鲜明特征。以大数据为代表的信息网络技术与传统制造业相互渗透、深度融合，正在深刻改变产业组织方式，加速形成新的企业与用户关系，呈现出由大规模批量生产向大规模定制生产转变，由集中生产向网络化异地协同生产转变，由传统制造企业向跨界融合企业转变三大特点。

（二）日本：以人工智能和工业机器人为突破口，打造“工业 4.0”

日本的机器人产业领先全球，对于人工智能的探索是日本工业 4.0 发展的一大特色。日本以机器人产业的优势为基础，从人工智能出发，不断突破高精尖技

术领域，如3D打印技术等，未来旨在抢占尖端制造市场。日本希望通过这种方式，实现日式工业4.0转型之路，并完成未来制造业布局。

（三）美国：提出“再工业化”和“先进制造业发展规划”

美国高度重视其对全球先进制造业的领导力和对供应链的控制能力。美国工业战略的总体目标是实现美国在全球先进制造业中的领导地位，确保美国制造业供应链的安全。在奥巴马时期，美国提出“再工业化”战略，其长远目标是通过新一轮技术革命，发展高端化、清洁化、智能化的现代制造业，占据全球制造业的制高点。2018年10月，美国白宫发布《先进制造业美国领导力战略》，提出“实现美国在各工业行业保持先进制造业的领导力，以确保国家安全和经济繁荣”的总目标，并提出智能与数字制造、先进工业机器人、人工智能基础设施、高性能材料、半导体设计供给和制造等十三个优先支持领域。

（四）中国：全面推进实施制造强国站略

我国实施制造强国战略的主体是促进制造业创新发展，特别是提高制造业发展的质量和效率，主攻方向是推进智能制造，具体措施是加快新一代信息技术与制造业的深度融合，推进信息化与工业化的深度融合，着力发展智能装备和智能产品，推进生产过程智能化，培育新型生产方式，全面提升企业研发、生产、管理和服务的智能化水平。

本章小结

大数据能够帮助企业进行个性化定价、精准营销、优化生产。

个性化定价并不必然降低消费者福利。

精准营销并不必然增加消费者福利。

在生产环节中应用大数据技术，能够帮助企业通过多种途径提升竞争力。

练习题

一、名词解释

1. 价格歧视
2. 精准营销
3. 福利分析

二、案例分析

想象在购物页面上的同一款计算机，买家 A 看到的价格为 5 000 元，而买家 B 看到的价格为 3 000 元，这是很容易被发现且引起消费者不满的。为此，有些商家开始对不同用户发放不同种类的消费券，通过提供不同的折扣来吸引不同支付意愿的消费者购买。请搜集相关的案例，并分析其背后的企业营销及定价策略。

第七章
区块链经济学

教学目标

1. 重点掌握区块链的经济学特征与应用逻辑
2. 了解区块链运行的经济学原理
3. 了解区块链的发展历程
4. 了解区块链的局限
5. 了解区块链的规制困境

导入案例

根据《2021年中国区块链年度发展白皮书》的有关数据，2021年我国区块链的产业规模为65亿元，较2019年的10.7亿元增加了5倍左右，区块链应用的落地项目具体包括政务服务、金融、数据共享和隐私计算领域。以区块链技术为基础的经济模式的迅速发展要求我们思考并回答如下问题：区块链技术是什么？区块链为何能够在经济活动中得到广泛应用？区块链产业发展背后的风险是什么？要理解这三个问题，不仅需要了解区块链技术本身，而且需要从经济学理论出发对区块链及其应用展开分析。

第一节　区块链简介

传统互联网贸易都不可避免地需要借助第三方金融机构作为中介来促成交易，而这类基于第三方信用的中心化机制（centralization）往往存在诸多弊端。例如，交易中介的存在增加了交易成本，也对实际可行的最小交易规模产生了限制。此外，在中心化交易机制下，任何交易行为都以双方对中介机构的信任为基本前提，而中介机构本身也存在道德风险和效率问题。例如，随着部分电商平台刷好评、卖假货及无良网贷机构“卷钱跑路”现象的涌现，中心化机制所面临的信任危机问题愈发凸显。

2008年，中本聪首次提出了比特币的概念，并构造了一种通过“点对点”交易的电子现金系统，实现了互联网支付的去中心化（decentralization）机制，使得支付可以直接在交易双方间进行，进而摆脱了第三方金融机构可能带来的限制。比特币的底层技术就是区块链（blockchain）。

一、区块链与交易

区块链是一种基于互联网的、加密的分布式记账技术，它通过特定的共识与认证机制将一系列数据区块（block）按照时间戳（timestamp）依次相连，从而构成完整的链式数据结构。以比特币为例，每个区块通常包含交易记录等若干信息，以及代表该区块和前一个区块的哈希值[①]（hash value），见图7-1。因此，如果单独修改链上的某个区块，那么该区块的哈希值自然会发生改变，这就与后续区块中保存的哈希值不一致，从而自被篡改区块开始的所有区块均无效，这使得篡改区块链的可行性极低。实际上，由于将一个区块放入区块链中需要耗用非常多的资源（如算力、时间、权益等），随着区块链的长度不断增加，想要单独地改动某个区块里面的数据而保持不被察觉几乎是不可能的。与此同时，区块链的链式数据结构使得账户上的每一笔收入和支出都可以很容易地追溯到其来源，甚至可以一直追溯下去，直到其参与流通的开始。

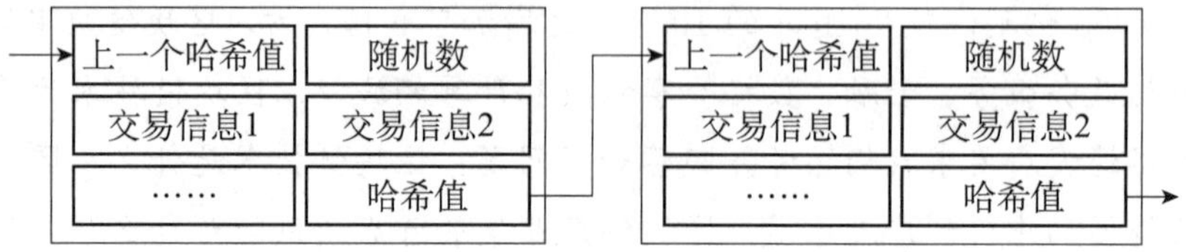

图7-1　比特币的区块结构

区块链上的比特币交易采用非对称密码学[②]（asymmetric cryptography）方法来

---

① 哈希值又称散列函数（hash function），它可以将消息或数据进行压缩，从而重新创建一个叫作散列值（hash code）的随机字符串。简单来说，就是为数据创建一个独一无二的身份信息，方便我们对数据信息的真实性进行验证。

② 非对称密码学又称公钥密码学（public key cryptography），它需要两个密钥：一个是公开密钥（以下简称“公钥”），另一个是私有密钥（以下简称“私钥”）。公钥和私钥是成对出现的，公钥被用于广泛分享，而私钥由用户自行严密保管，且使用公钥无法推导出对应的私钥。用公钥加密的信息只能由拥有相应私钥的人解密，这使得任何人都可以加密一个只有指定收件人才能阅读的信息。同样，用私钥加密的信息只能用相应的公钥解读，允许指定的发件人创建一个可以被确认为真实的信息。例如，假设比特币网络中存在交易者A、B，他们各自生成一对属于自己的密钥。当A向B发送信息时，A用自己的私钥A对信息进行签名，B接收到加密信息后，使用网络中公开的公钥A对其进行验证即可；反之，若B向A发送信息，则B用公开的公钥A加密信息，A接收到信息后使用私钥A解密即可。

保证交易信息的安全性。下面以比特币为例，数据的记录过程是这样的：每一笔新发布到比特币网络的加密交易首先被加入结算池，其要成功记录在区块链上（即“上链”），还需要经过记账人的审核与结算。每隔一段时间（在比特币区块链中，该时段平均时长为十分钟），一个被选中的记账人从结算池中选取若干交易记录打包形成区块，并向全网络公布。在其他记账人验证该区块并达成共识后，此区块便成功上链，也就是加入被全体用户认可的公共账本。

二、区块链运行的经济学原理

（一）分布式共识机制与博弈论分析

区块链作为一种分布式记账技术，存在多个用户节点对区块交易信息共同进行记录。根据记账人组织结构与服务对象的不同，区块链主要分为公有链（public blockchain）、私有链（private blockchain）、联盟链（consortium blockchain）三种形式。公有链是指全网络所有人都有权限读取、参与交易并参与记账与共识过程的区块链，其特点是访问门槛低、用户节点免受开发者影响、交易数据公开透明、去中心化程度高，如比特币、以太坊（ethereum）等。私有链是指由中心组织或机构控制记账权，仅对授权的节点开放的区块链，其特点是交易速度快、交易成本低、中心化程度高，主要应用场景包括大型企业内部的办公审批、财务审计等。联盟链是指由联盟成员共同维护、只针对联盟成员开放部分功能的区块链，其性质介于公有链与私有链之间，由多个组织或机构共同管理链条，具有部分去中心化的特点。①

在区块链运行的过程中，有两个问题需要重点关注：一是如何确定新的记账人来打包区块并完成上链过程；二是如何保证全网络各个节点记录的账本信息是一致的。这也是共识的形成和同步的过程。在私有链中，由于记账权由某个中心化节点控制且参与节点是有限、可控的，因而不存在上述两个问题。但在公有链与联盟链中，记账权难以直接决定，往往分散在多个记账人手里，需要通过竞争机制来确定。这些记账人通常被称为“矿工”（miner）。一方面，为了保证全网络的账本信息是一致的，区块链需要采用某种共识机制以确定新的记账人，并使全体矿工就记账结果达成一致；另一方面，为了保持区块链的运行和更新，该共识机制也需要包含合理的内置激励机制。在激励下，矿工之间争夺记账权的过程被称为“挖矿”（mining）。

① 目前，我国比较知名的联盟链有“蚂蚁开放联盟链”和“京东智臻链”等。蚂蚁开放联盟链是蚂蚁金服自主研发并于2020年正式发布的区块链服务网络，通过速搭平台、多个合约开发模板、按需计价等实现用户低成本低门槛上链，全力构建区块链产业生态；“京东智臻链”是京东于2018年正式发布的区块链服务平台，致力于打造全方位、全生命周期的企业级区块链应用解决方案，可以降低区块链技术应用成本，共享区块链可信价值，提供值得信赖的企业级区块链服务。

区块链通过采取分布式共识机制（distributed consensus mechanism），明确各方的经济利益，充分调动节点参与记账的积极性，从而解决了以上两个难题。

1. 区块链的内置激励机制

区块链采取的激励模式主要包括新区块奖励与交易费。对于挖矿成功的矿工，除了可以收获该区块中买卖双方所支付的交易费外，系统还可以直接给予其一定的代币作为奖励。在比特币区块链中，为了限制比特币的扩张速度与发行数量，中本聪将最初的新区块奖励设定为50个比特币，该数目每四年减半一次，并且在挖矿产生2 100万枚比特币后，新区块奖励将降为零，不再创造新的比特币。当新区块奖励降为零后，矿工激励将完全来自交易者所提交的交易费用。

目前，大多数区块链项目往往与比特币一样，都是采取这两种激励模式相结合的方式。在比特币运营早期，更高的新区块奖励鼓励更多的用户加入节点成为矿工，而后随着新区块奖励的下降及挖矿成本的上升，交易费激励就成为更核心的激励机制。①

2. 区块链的主要共识机制

(1) 工作量证明（PoW）机制。工作量证明机制将节点的挖矿能力与计算能力相结合，通过让矿工进行一些复杂计算来寻找区块链所需的答案，首位找到答案的矿工即可获得新区块的打包与记账权。PoW对于工作量内容的定义十分宽泛，但无论具有怎样的形式，其核心目标都是确保矿工在挖矿过程中需要消耗一定的算力。

在采用PoW机制的区块链网络中，比特币是最具代表性的。具体说来，在比特币的挖矿过程中，区块链系统将区块的哈希值预先取定在某个范围内，矿工需要不断尝试输入随机数进行计算，直至找到某个随机数，使得哈希值符合前述条件。另外，在比特币区块链网络中，哈希值谜题的难度是根据矿工的整体算力动态调整的，因而区块生成和记录的速度是有限的，平均每10分钟生成一个新的区块。

PoW机制的合理性在于，首先，其多劳多得、按劳分配的特点确保了区块链记账权分派的公平性，从而有利于维持系统的去中心化水平。其次，在PoW机制下破坏系统需要投入极大的成本，因而系统的安全性较高。然而，PoW机制也存在诸多缺陷。例如，其运行过程实质上更像一场“军备竞赛”：矿工们源源不断地投入更多的资源以提高计算能力，从而提高其获取记账权的能力。我们可以通过一个简单的博弈来说明这一点。假设区块链网络中存在两位矿工A和B同时进行挖矿，且A和B的算力大小一开始是相同的。在新一轮挖矿中，A和B可以分别选择升级或不升级算力。假设挖矿成功的收益是8，升级算力的成本是3，则博弈结果见表7-1。

① 2014年，97%的比特币交易都包含了交易费，但交易费通常不到总交易金额的0.1%（Möser et al., 2014）。

该博弈实质上是一个囚徒困境，其纳什均衡出现在（升级算力，升级算力）。两位矿工本来都可以选择不升级算力以共同获得更高的利益 4，但博弈中个人的理性导致了集体的非理性，使得两人都选择升级算力，最终得到更低的利益 1。因此，在 PoW 机制下，矿工的竞争过程并没有增加任何社会剩余，同时还造成了电力及算力资源的大量耗费。

表 7-1　矿工的算力升级博弈

		矿工B 升级算力	矿工B 不升级算力
矿工A	升级算力	(1, 1)	(5, 0)
	不升级算力	(0, 5)	(4, 4)

需要注意的是，由于在大部分 PoW 机制中，区块的生成速度受到限制，因而系统的吞吐量有限，这样就会造成交易记录上链的拥堵问题，进而对区块链网络产生正反两方面影响：一方面，拥堵促使交易者提供更高额的交易费，从而激励更多的矿工加入网络挖矿，有利于提高区块链系统的可信度；另一方面，拥堵也带来了交易效率较低的问题。

（2）权益证明（proof-of-stake，PoS）机制。PoW 机制存在达成共识时间长、交易效率低、资源浪费严重等问题。因此，作为替代方案，部分区块链系统转而采用权益证明（PoS）机制。PoS 机制类似于现实世界中的股份制，其节点权益主要由持币数量、持币时长等因素决定。例如，在某些特定的 PoS 机制下，持币数量越多、持币时长越久，则节点权益越大。在 PoS 机制下，区块链系统按照“权益越大，获得记账权概率越大”的分配原则，每隔一段时间随机选择一名记账人。

PoS 机制的合理性在于，权益越大的实体越乐意维护系统的安全性与一致性。与此同时，由于记账权由系统随机指定，因而矿工不需要通过算力竞争来争夺记账权，因而 PoS 消耗的能源大幅降低，交易效率也更快。然而，PoS 机制以权益多寡分配记账权的方式容易造成寡头优势，且时间越长，马太效应越明显。若最终产生权益超过 50%的节点，则区块链将被动演化为非预期的中心化结果。

（3）其他证明机制。除 PoW 机制、PoS 机制外，还存在许多不同的证明机制。例如，股份授权证明（delegated-proof-of-stake，DPoS）机制也是一种较为常见的共识机制。

股份授权证明（DPoS）机制在 PoS 机制的基础上进行改进，解决了 PoS 机制中可能的记账权寡头问题。DPoS 机制类似于董事会选举制度，持币人将其持有的代币权益作为选票，投票选取一定数量的节点作为代表，对区块链网络的运行及新区块的验证、记账负责。如果某代表节点未能履行职责，比如未在规定的时间内生产新区块，那么该节点将被除名，并被新选举的节点代替。

DPoS 机制延续了 PoS 机制效率高、能耗低的优点，同时其更为去中心化的运作方式在一定程度上削减了寡头优势产生的负面效应，使得记账权分配更加民主。但是，DPoS机制仍然存在中心化风险，而且在运行过程中，大多数普通投资者节点的投票积极性往往不高。

总而言之，无论区块链采用何种证明机制，Proof-of-*X* 中的 *X* 变量都必须具备可由系统自我验证的特点，以确保节点无法针对 *X* 作假；否则，我们将难以构建一个可信的区块链系统。例如，PoW 机制下节点算力的多寡和 PoS 机制下节点权益的大小都是由系统自我验证的。

3. 区块链运行的博弈论分析

(1) 挖矿策略博弈。前述关于区块链运行机制的讨论主要是基于系统设计者的角度进行的，但在区块链实际运作的过程中，矿工可以选择不遵守上述机制，而是采取策略性行为以实现个体效用最大化。因此，矿工间的博弈问题对于区块链协议的正确执行具有重大意义。

为了规避可能存在的恶意挖矿行为，中本聪在设计比特币时提出了最长链规则（longest chain rule），即节点总是认为最长的链是正确的并致力于延长它。在此规则下，若某时点两位矿工同时挖出区块并将其传播到网络中，由于邻近节点优先收到信息，因而区块链出现分叉，产生了主链和备用链。随后，各节点分别沿着主链和备用链继续挖矿，直至新的区块诞生，此时新区块所在的链条成为最长链，因而成为新的主链。

然而，在最长链规则下，矿工仍然存在偏离策略。例如，Eyal and Sirer（2018）提出了一种 PoW 机制下的自私挖矿策略（selfish-mining strategy）。在该策略下，矿工挖到新区块后选择不对外公布，而是使用该区块继续寻找下一个区块。例如，假设存在 A、B、C 三位矿工，A、B 均为诚实参与者，而 C 为自私挖矿者。假设已存在 100 个区块，三人同时尝试挖第 101 个区块，而 C 率先找到了新区块，但其选择不向区块链网络中公布。此时，网络中同时存在公链和 C 较长的私链，A、B 仍在挖第 101 个区块，而 C 已经开始尝试第 102 个区块。如果 C 再次率先挖到新区块，那么 C 的私链与公链的差距将进一步变大。这样的过程将一直持续下去，直到公链追赶上来，与 C 的私链仅差一个区块时，C 便可以公布自己的私链。此时，依据最长链规则，C 的私链成为主链，而其他诚实参与者的努力前功尽弃。自私挖矿策略可以使挖矿者获得的记账次数更多，从而增加了挖矿奖励，同时浪费了竞争矿工的时间与算力，但利用该策略在现实中能否受益，实际上受到多方面因素的影响，如矿工算力情况、区块大小等。[①]

矿池（mining pool）是 PoW 机制下的另一种常见博弈策略。近年来，随着比

---

① Eyal and Sirer（2018）指出，当算力比例达到 1/3 时，采取自私挖矿策略便是有利可图的。因此，他们建议在 PoW 机制下的区块链协议中对算力比例设置 1/4 的最高阈值，以规避上述策略的实际发生。

特币对算力要求的不断提升，单个设备或个体很难在比特币网络中获取挖矿奖励，而矿池正是针对这一形势应运而生的。矿池通过聚合大量用户节点的算力，大幅提升了奖励概率，而参与矿池的矿工个体无论算力水平如何，都可以根据他对矿池算力的贡献获得少量比特币奖励。与此同时，矿池作为整体代表全体参与矿工进行决策，有利于各节点达成一致共识。因此，一方面，矿池降低了矿工的收益风险；另一方面，矿池有利于整合大量节点，以形成最长链共识。另外，在矿池中，矿工可以选择攻击其他个体以增加自己的收益，但如果所有矿工都攻击其他个体，则每个人的收益都将低于他们互不攻击时获得的收益。矿池中矿工所面临的这种挖矿博弈实际上对应于博弈论中经典的囚徒困境问题。

（2）攻击策略博弈。比特币在发展的过程中曾遭受多次攻击。近年来，区块链的攻击策略博弈问题也越来越多地受到学者的关注。

比特币网络的最长链规则有利于防止区块链信息篡改、保证交易信息可信，因为攻击方若想篡改某一区块的信息，就需要将该区块及此后的所有区块一同篡改，并使其成为最长链，但该改动成本在 PoW 机制下是极其昂贵的。然而，最长链规则仍然存在部分局限。例如，其在理论上无法抵御“51%攻击”（51% attack）。51%攻击是指攻击者利用区块链共识机制的特点，使用超过 50%的算力优势完全控制区块链交易信息的行为。例如，在 PoW 机制下，如果有个体或组织掌握了 50%以上的算力，那么其就可发动 51%攻击，并以比其他人更快的速度找到 PoW 要求的解，从而获取区块链的控制权。此时，攻击者可以故意制造分叉来抹除自己过去的交易记录，使已经支付的货币回到自己的账户中，从而逆转交易。这种类型的攻击又称双花攻击（double-spending attack）。为了降低潜在的双花攻击可能带来的损失，部分交易所规定交易完成后需要等待一定数量新区块的产生才能确认。

算力成本是攻击者考虑是否实施 51%攻击时的核心关注点。[①] 若攻击者耗费的算力成本过高，最终他很有可能得不偿失，这也是现实生活中 51%攻击较少出现的主要原因。

（二）区块链运行的市场均衡分析

区块链作为一项分布式共享记账技术，主要利用共识机制激励节点参与打包交易记录并形成区块，从而满足交易者“点对点”交易的需求。实际上，这构成了一个区块链系统下的内部市场。因此，我们可以应用市场经济的基本理论对其进行分析，并探讨其竞争均衡状态。例如，在区块链系统中，生产端仍然满足边际成本等

---

① 2020 年 1 月 23 日，比特币黄金（bitcoin gold，BTG）区块链在短短 6 小时内遭受了两次 51%攻击，共计 29 个原有区块被删除，并增加了 29 个新区块，导致价值超过 7 万美元的 BTG 被双花。据估计，对单个区块的重组攻击成本约为 1 700 美元，而攻击者将获得大约相同的区块奖励价值，这意味着对区块的重组攻击至少是收支平衡的。如果能够从系统中成功提取双花，则此次 51%攻击是有利可图的。

于边际收益等一般规律：在 PoW 机制的竞争均衡下，矿工打包区块获得的收益应等于其耗费的算力、电力、设备等成本费用；在 PoS 机制的竞争均衡下，矿工打包区块获得的收益应等于其将与代币等价的资产投入其他资本市场的利息收益。

在消费端，交易者的消费动机主要来自记账服务的稀缺性。一方面，由于区块的大小是有限的，每次写入的交易信息有限，因而无法第一时间将所有新交易记录到新区块中；另一方面，区块服务的提供者——矿工为了最大化挖矿收益，会优先选择将结算池中交易费更高的交易记录打包记入区块。因此，具有不同等待成本的交易者自愿支付交易费，以获得打包服务的优先权。当交易数量足够多时，可能的结果是所有仍希望交易信息上链的交易者都需要支付一笔最低限度的交易费，而那些认为得不偿失的交易者将退出该市场。

在生产端，生产者的生产动机主要来自各类共识机制及交易费的激励。下面考虑市场自由竞争情形下的均衡变动：随着科技水平的提升，矿工的算力成本下降，此时的边际收益大于边际成本，而有利可图的市场吸引了更多矿工加入网络，从而使得算力竞争更为严重，因此矿工需要投入更多的成本以争夺记账权。在此情形下，区块链网络的总算力水平将随着科技的快速发展而不断增长，从而带来大量的算力及电力资源浪费。然而，在有许可管制（也就是矿工数量存在限制）的情况下，类似于寡头竞争市场，矿工的收益提高，但网络消耗的总算力大幅减少。与此同时，区块链的设计机制确保了产品供给不会因矿工数量受到限制而减少，但网络的去中心化水平将受到影响。

在生产者与消费者的竞争均衡问题上，矿池以及其他类似的集中化力量的崛起，引发了人们对区块链系统能否在长期保持去中心化的担忧。Cong et al.（2021）认为，占主导地位的矿池对新矿工的加入往往收取更多费用，从而吸引的矿工数量更少，增长速度更为缓慢，因此矿池的总量增长并不会伴随着矿池的过度集中，这与比特币网络的实际情况相一致。而 Huberman et al.（2021）对区块链中的寡头势力展开了研究，他们认为：虽然大型矿商可以影响交易者对交易费的选择，但交易费的增加会吸引新矿工加入，从而导致网络竞争加剧，这反过来降低了大型矿商试图通过提高交易费带来的利润。因此，矿池等大型矿商无法通过控制交易费产生显著的盈利。

（三）区块链网络的扩散与分叉

代币对区块链网络的扩散起着至关重要的作用。在区块链网络建立初期，网络通过发放代币作为激励即可快速吸引矿工加入网络，从而促进网络扩散。与此同时，新加入的矿工还可以使用挖矿奖励的代币参与交易，从而为网络的发展进一步提供资源。在网络不断扩散的过程中，随着使用者的增多，代币的价值逐渐提高，进而吸引更多的使用者与矿工加入，最终实现网络发展的良性循环。

但与此同时，区块链网络在扩散的过程中也面临着分裂的阻力。在区块链网络的发展过程中，如果遇到超出既定规则解释范围的冲突，使用者的分歧很难达成一致；此时，网络可能因无法达成共识而产生永久性分叉。若分叉后区块链仍能向前兼容，且旧节点能够就新区块达成共识，则称其为软分叉（soft fork）；反之，若分叉后区块链不再向前兼容，且旧节点不再接受新区块，则称其为硬分叉（hard fork），见图 7-2。①

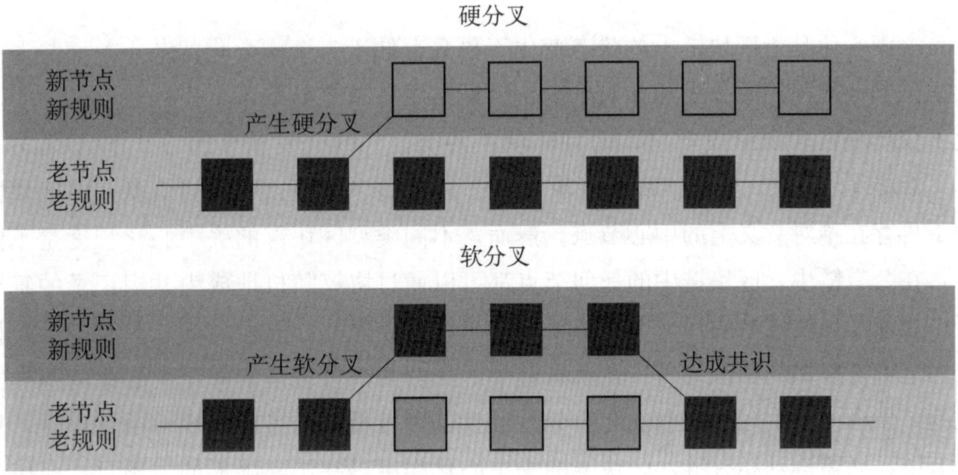

图 7-2　软分叉与硬分叉

第二节　区块链的应用

除了在区块链的运行机制中体现出的经济学原理外，区块链对于现实经济的影响也是区块链经济学分析的一个重要方面。本节分为四个部分来介绍区块链对于现实经济的影响：一是区块链的重要特征；二是区块链的应用；三是代币的应用；四是区块链的发展及展望。

一、区块链的重要特征

区块链的重要特征是分析区块链对于现实经济影响的重要抓手，排除区块链的基本技术细节影响后抽象地提炼出区块链的重要特征，是利用经济学来解释区块链

① 例如，在 2016 年以太坊著名的 The DAO 事件中，以太坊因黑客攻击损失了价值超过 6 000 万美元的 ETH，而以太坊管理者团队采用链条回滚的方式追回被盗资产。当时，以太坊许多网络成员认为此举违背了区块链不可篡改的基本精神，仍然维护旧链，由此导致了以太坊（ETH）和以太经典（ETC）两个区块链项目的分叉独立。

现实应用的一个基础步骤。区块链的特征可以分为核心特征和衍生特征两个部分：核心特征是指由区块链的基本机制产生的、所有区块链都具备的特征；衍生特征是指由个别区块链在基本机制的基础上施加额外设定产生的、不是所有区块链都具备的特征。去中心化、不可篡改和可追溯性是区块链的核心特征，而区块链的衍生特征主要包括去信任化、信息透明、可匿名性和可编程性。

（一）区块链的核心特征

去中心化是指区块链上的状态变化不再只存储于一个中心化的节点，而是通过共识机制形成共识后分发和存储到区块链网络中各节点的账本上，区块链的去中心化不仅体现在共识形成本身，而且体现在共识信息的分发和存储方式上（Chen et al.，2020）。因此，各节点都有区块链状态的完整、准确、可信的信息，即区块链中不再存在绝对意义上的中心节点。然而，不同类型区块链的去中心化程度是不同的：在公有链中，区块链中的任何节点都可以通过协议随机地成为共识记录的管理者，也就是区块链中的任何节点都可以记录账本信息；在联盟链中，只有被预先指定的节点可以参与共识管理；在私有链中，虽然共识管理是由一个中心化的节点完成的，但形成共识后的信息仍会被分发和存储到被授权的各节点中。由此可见，从公有链、联盟链到私有链，区块链的去中心化程度是在不断降低的。不过，即使是私有链也会将形成共识后的信息分发和存储到被授权的各节点中，与传统的中心化管理相比，仍然具有显著的去中心化特征。

不可篡改是指区块链上的共识信息难以被篡改。一方面，区块链的去中心化特征意味着区块链没有一个中心化的结构有能力修改共识信息；另一方面，区块链的去中心化共识机制也保证了上链信息不可篡改。

可追溯性是指能够观察到区块链从开始到最后的所有状态数据，从而能够对链上信息实现追溯。区块链采用了带有时间戳的链式区块结构来存储数据，这就为数据增加了时间维度，从而使得区块链数据具有很强的可验证性和可追溯性。

（二）区块链的衍生特征

去信任化是指区块链的共识机制能够保证参与人对信息的客观信任，而不需要由信任实体背书。一方面，当区块链中的共识是由公有链上的去中心化结构形成时，在区块链系统正常运行的情况下，区块链中记录的信息能够保证准确、可信，因而保证了用户对区块链的信任；另一方面，区块链的可追溯性使得虚假信息容易被证伪，从而保证了用户对链上信息的信任。

信息透明是指区块链中的用户能够获得区块链上的信息，也就是数据信息和数据操作行为高度透明，这主要是由区块链的去中心化特征和可追溯性导致的。然而，信息透明并不是所有区块链都具备的特征：一方面，联盟链和私有链能够授权部分节点获取信息，而其他节点无法获得信息，从而导致信息并不完全透明；另一方面，部分个人具有的匿名交易需求导致产生了多种隐藏交易信息的方法，比如部分个体匿名交易的需求使得部分机构充当“混合器”（mixers）来混合实现多笔交易，从而进一步导致了信息不透明（Böhme et al.，2015）。

信息保护是指区块链不要求交易主体之间公开真实身份，从而让用户的信息得到良好的保证，也就是匿名性。但是，该性质也不是区块链必备的：一方面，区块链本身可能迫于监管压力而对区块链做出非匿名的设计，比如对区块链的账户身份进行审核；另一方面，就算不对区块链的账户身份进行审核，通过将大量的现实信息与交易记录相匹配也能识别出用户的真实身份，从而失去了区块链的可匿名性特征（Yermack，2015）。

二、区块链的应用

区块链的重要特征能够使影响经济运行的部分关键因素产生改变，从而为区块链在经济中的实际应用提供了可能。具体说来，区块链会从如下方面产生作用：一是去中心化；二是信息透明；三是智能合约。

（一）提高信息质量

去中心化的特点使得区块链中能够有多个节点拥有区块链状态的完整、准确、可信的信息，部分去中心化程度较高的企业还允许区块链中的各节点拥有并记录节点信息。此外，区块链上共识信息不可篡改的特点进一步提高了信息质量。具体说来，区块链能够通过提高信息质量而被应用于司法、公共管理和实时会计等方面。在司法方面，区块链能够通过提高信息质量，满足信任构建、信息共享、多主体协作的需求。在公共管理方面，区块链上的高质量信息能够协助完成公共预警、身份认证、政务处理、电子证照等任务。在实时会计方面，确保信息质量意味着可以将公司的日常会计数据永久地、不可更改地记录在区块链上，并且整个记录可以被任何股东、客户、贷款人、债权人或其他利益相关方获取，从而形成实时会计。实时会计不仅加强了股东对公司的信任，而且降低了雇用审计师的直接成本和审计师的腐败风险。[①]

【资料专栏 7.1】

区块链在司法、公共管理和实时会计方面的应用

在司法存证方面，杭州互联网法院于 2018 年 6 月 28 日支持了原告采用区块链

① 中国信息通信研究院．区块链白皮书（2021 年），2021-12-22.

作为存证方式并认定了对应的侵权事实，成为全国首例区块链存证在司法领域的落地实践。杭州互联网法院于 2018 年 9 月 18 日上线了区块链司法系统，成为国内首家将区块链技术用于司法案件定纷止争的互联网法院。截至目前，杭州互联网法院已采集 20.19 亿条数据，为网上购物、网络服务、金融借款等引发的诉讼案件提供了重要支撑。随后，北京互联网法院和广州互联网法院的区块链系统先后上线。区块链与司法的结合，强化了司法体系对电子证据存证、固证的能力，简化了取证、认证与质证过程，优化了线上诉讼处理流程。2018 年 9 月 3 日，最高人民法院审判委员会第 1747 次会议审议通过了《最高人民法院关于互联网法院审理案件若干问题的规定》，首次认定链上数据可以作为司法采信的依据。2021 年 5 月 18 日，最高人民法院审判委员会第 1838 次会议审议通过了《人民法院在线诉讼规则》，进一步明确了基于区块链平台存储的电子证据的有效性判定规则。最高人民法院牵头搭建了“人民法院司法区块链统一平台”，以期实现电子数据全节点共识可见证、全链路安全可信、全流程留痕记录、数据难以篡改。目前，该平台已被江苏、浙江、天津、河南等地的高级人民法院、中级人民法院、互联网法院等 30 余家司法单位采用，在线采集数据超过 1.8 亿条，处理存证业务 4 300 万次。

在公共预警方面，将疫情数据实时上链，能够让各节点快速掌握疫情动态，打通数据孤岛，实现医疗信息数据共享，提升疫情信息的传达效率，山大地纬和链飞科技分别基于区块链技术构建了“济南疫情防控平台”和“区块链疫情监测平台”。在身份互认方面，区块链能够通过分布式身份标识和零知识证明等技术提供高质量的信息，构建可信身份信息管理系统，在确保身份信息可信的同时避免了数据泄露。目前，微众银行和纸贵科技已经分别开发了“粤康码”和“个人健康信息状态登记平台”。在政务处理方面，“泉城链”实现了“一窗受理、一网通办、一次办成”政务服务，累计开办企业 17 076 家，实现企业开办最短用时 35 分钟记录，平均开办时长为 114 分钟，比承诺时间压缩了 75%以上；群众提交材料的数量平均减少了 61%，从而大幅压缩了业务办理时间。在电子证照应用方面，“赣服通”实现了全国首批电子证照上链运行，确保了授权记录随时可查、用证记录全程可追溯，对于户政、交管、卫健、医疗、社保等 56 项全省性服务可实现“区块链+电子证照+无证办理”，对于建筑工程、交通运输、户政交管、农林牧渔、卫生医疗等领域 116 个省级事项实现了不见面审批。①

在区块链支持下的实时会计能被应用到两个方面。第一，是代替会计和金融中介，此举可使财务报表信息的需求者不再依赖审计师的判断和管理者的诚信，而是直接利用区块链上的数据做出判断。第二，规范盈余管理：①实时会计的透明性减

---

① 中国信息通信研究院．区块链白皮书（2021 年），2021－12－22；赛迪（青岛）区块链研究院．2021 年中国区块链年度发展白皮书，2022－06－24.

少了企业通过调整现金流等会计手段来操纵财务报告的可能性；②当信息不透明时，部分公司会为了塑造更好的报告数据而以长期利益为代价追求短期的高收入，但区块链实时会计的记录能够通过提高透明性而克服这个问题；③有助于监督资产转移和其他关联交易，这有助于克服披露规则不完善的问题，能够限制内部人员转移资产，债权人也能及时观察到公司的不当行为。然而，区块链实时会计需要企业对大量的私人交易行为做出解释，从而提高了企业成本（Yermack，2015）。

（二）减少信息不对称

区块链信息透明的特征使其能够减少信息不对称，从而能够增强公司所有权的透明度，进而克服企业股票交易的信息不对称问题。

区块链带来的所有权透明度提升会产生以下影响：

（1）促进企业信息披露，提高企业的透明度和治理水平。由于公有链的非中心化程度极高，因而在公有链上的企业的所有权透明度较高，股东和其他利益相关方能够随时观察企业所有权的变动情况并及时调整策略，从而能够提高投资积极性。此外，对于投资者的策略调整来说，企业所有权变动情况的透明度具有重要意义，因为透明度高的企业对于外部投资者有更强的吸引力，从而不同企业之间会形成信息披露的竞争，有助于整体提高企业的透明度和治理水平。

（2）透明度更高的区块链能够降低公司被恶意收购的概率。这是因为隐藏持有的股票头寸是投资者减少收购成本的一个重要方法，但透明度高的区块链削弱了积极投资者和蓄意收购者的交易活动的私密性，从而提升了收购公司的难度。

（3）股票在区块链上交易能够提高对管理者相对绩效评估的有效性。此前，管理者能够通过持有竞争对手头寸的方式与相对绩效评估进行对冲，然而区块链增强公司所有权透明度的功能将使管理者持有竞争对手头寸的行为更容易被观察到，从而降低了管理者利用该方法进行对冲的可能，并提高了相对绩效评估的有效性。[①]

（4）所有权透明度的提升也会进一步影响市场价格的传播机制。第一，在所有权透明的情况下，知情者的身份更容易被识别出来，从而判断知情抛售行为更加简单，这使得股价能更快地反映出不利消息。[②] 第二，所有权透明使得股票出售方对其他股票的持有情况能够被观察到，从而更加准确地识别出这笔交易是由流动性冲击还是由不利信息引起的，也就是提高了价格的有效性。第三，在区块链上交易的内部交易价格较低，这使得外部交易者有更大的激励去获取关于企业的信息，从而

① 当竞争对手表现好时，管理者从相对绩效评估获得的收益低，但他持有的对手股票能够带来更高收益，反之亦然，从而形成了对冲。

② 抛售行为可能是由流动性冲击和不利信息引起的，但在所有权不透明的情况下，人们难以识别具体的原因。

能够优化资源配置（Yermack，2015）。

（三）避免集中化的结构

区块链的去中心化和信息透明等特征使得基于区块链技术构建的系统可以不依赖于某些中心节点运行，从而能够避免中心化节点带来的集中化结构并提高效率。

区块链的去中心化和信息透明等特征能够影响公司选举，避免权力集中。第一，基于区块链的选举投票速度快、透明度高，有助于在投票中避免不清晰的结果，进而降低了管理层操纵结果的能力。第二，区块链的使用能够有效防止空投票权（empty voting）。空投票权是指投资者在没有购买股票的情况下通过借入股份或一定的衍生证券组合暂时获得投票权。由于观察和管理困难，空投票权即使不合法，也时有发生。区块链提供的信息能够清晰显示投票前转移，并能针对空投票权提供预警（Yermack，2015）。

此外，区块链避免集中化结构并提高效率的作用在公司治理上也有所体现。大卫·耶马克（David Yermack）认为：区块链能减少证券交易的成本和时间，从而显著提高证券的流动性，并扩大了对证券的需求。当通过区块链进行证券交易时，证券交易的速度只取决于添加新区块需要花费的时间，因而快于通过中间商完成交易的速度。此外，因为不需要经过中间商就能完成交易，所以也能减少佣金和价格磋商带来的成本。

（四）支持价值交换

基于去信任化、不可篡改、可追溯的技术特性，区块链能够有效支撑碳足迹全生命周期的可信记录和碳排放全要素的可信流转，从而提供了更安全、高效、经济的碳交易市场环境，以及可视、可信、可靠的监管环境，为碳排放领域的价值交换提供了技术支持。

【资料专栏 7.2】

区块链在碳排放领域的作用

碳数据上链管理能够实现碳足迹可信追溯、可靠监管。唯链推出的区块链碳足迹追溯平台能快速实现碳足迹精准追溯，为企业积淀碳相关数据，以及优化自身碳足迹从追溯到终端呈现的全过程。蚂蚁集团提出的蚂蚁链企业碳中和管理 SaaS 产品——碳矩阵，基于区块链技术实现了碳排放、碳减排、清（结）算、监管、审计等过程的公开透明，而且相关记录可随时追溯查证，并实现了用统一平台管理企业的碳中和数据以及数据可视化。此外，碳数据上链可以在政府监管部门、控排企业、第三方核查机构、碳排放权交易机构、其他社会机构之间形成真实可信数据的共享交换。

区块链为碳排放权交易提供了技术支持，协助构建了高效的碳交易市场。基于区块链技术，我们能够打造多方共建、灵活互动的碳资产交易模式，实现碳交易从排放权获取、交易、流通，到交易核销、统计的全流程数据上链存储与可信共享应用。国家电网积极探索“区块链+碳交易”模式，以期建成可信区块链碳排放权管控及交易支撑平台，旨在实现碳交易全生命周期溯源管理，解决碳交易多主体身份认证效率低、数据确权难等问题，并保障碳交易数据可信共享。

资料来源：中国信息通信研究院．区块链白皮书（2021年），2021-12-22.

（五）智能合约

智能合约是指“一套以数字形式表示的承诺，包括合约参与方执行这些承诺的协议”。[①] 简而言之，智能合约可用来向区块链中的一方保证其交易对象将履行承诺，从而可以克服策略性违约[②]等道德风险问题，并且可以大幅降低验证和执行成本等代理成本（Yermack，2015）。智能合约的上述作用意味着其可以在以下方面得到充分利用：

（1）在公司财务和治理方面，企业可以将智能合约用于金融衍生证券和其他或有债权的期权行使、在违约情况下及时转移抵押品、当业绩目标实现时支付员工薪酬等。智能合约的采用可以保证合约顺利实施，加强了企业的事前承诺在未来不采取机会主义行为的可信度，在一定程度上避免了借贷者受到债务人的欺诈。

（2）降低了防范债务人进行风险转移和采取欺诈策略等的债务代理成本，并减少了信贷市场的逆向选择问题，同时降低了市场的借贷成本。债务合同可能只有较少的契约条款，因而信用评级机构的作用可能被大大削弱。

三、代币的应用

（一）代币融资

代币融资（initial coin offerings，ICO）是指企业通过出售加密代币，并保证未来产品仅能使用该代币进行交易的方式来实现融资。对于传统的股权融资来说，企业的股票价格取决于企业未来利润的贴现总和，而企业出售的代币在未来的货币价格更多地由未来的企业收入流决定。

---

① 陈永伟．区块链通识：关于区块链的111个问题．上海：格致出版社，2020.

② 也就是说，在有能力履行合约的情况下选择违约。

作为一种新的融资手段，代币融资主要存在以下问题：第一，代币融资存在较大的道德风险问题。当前的 ICO 项目不仅具有初创企业投资的固有风险，而且具有信息不对称和对消费者保护不足导致的信用风险，比如项目透明度不高、项目的资金运用情况鲜有披露、内部人员容易通过代码漏洞操控市场等问题是其主要表现。此外，目前的 ICO 投资人并没有很好的制约项目团队行为的手段，容易出现大规模卷款跑路的现象，从而威胁了投资者的利益。这可能是我国禁止 ICO 的首要原因。第二，在 ICO 结束后，企业以代币计价的均衡价格等于消费者在没有代币的情况下支付的货币计价价格，也就是企业在事前并没有承诺特定的价格激励，从而难以吸引融资。第三，企业需要在代币标价的稳定性和能够通过 ICO 筹集到的金额之间进行权衡。为了筹集到更多的前期资金，企业需要通过未来升值来鼓励持有，但这就使代币作为交易媒介的稳定性有所降低。第四，在部分情况下，企业需要保留部分代币，用来减轻未来可能存在的以代币计价的价格上涨和产品供应不足的风险。此外，限制代币供应并强制将代币作为唯一媒介来交易产品是成功实现代币融资的两个重要承诺。第五，通过 ICO 的企业的后续融资面临着约束，部分原本可以通过传统渠道筹集到足够资金的企业却可能无法通过 ICO 筹集到足够资金（Catalini et al.，2018）。

虽然代币融资存在上述缺点，但区块链能够降低交易成本、便利经济活动的特点能够显著减少企业融资的摩擦（Catalini et al.，2018）。此外，由于 ICO 的投资者是从项目的销售收入获得收益的，而不是从利润获得收益的，这会促使企业管理者努力降低成本，从而使得 ICO 能够产生比传统融资方式更高的净现值（Garratt et al.，2022）。因此，ICO 方式在未来有可能成为企业融资的一种补充手段。

【资料专栏 7.3】

代币融资情况概览

2017 年，区块链创业公司通过 ICO 筹集了超过 70 亿美元，而该领域通过传统方式的融资仅有 10 亿美元（Catalini et al.，2017）。约 1/3 的 ICO 资金投向了美国团队，超过 200 家 ICO 募集的资金超过了 1 000 万美元。在 2018 年，超过 900 家企业通过 ICO 筹集了约 217 亿美元的资金（Malinova et al.，2018）。

（二） 区块链数字货币

以区块链为基础构建的数字货币不仅具有交易媒介、记账单位和价值贮藏的三个传统货币职能，而且能用于跨境支付，并能促进金融领域的快速发展。

1. 传统货币的职能

交易媒介职能是指货币在市场交易中被作为流通工具来购买和出售产品及服务。

比特币的交易功能是比特币作为一种货币形式的重要体现。在比特币发展的早期，比特币的使用者通常是希望利用比特币较强的匿名性和没有限制的特点来支付特殊产品和服务的交易以及赌博。

【资料专栏 7.4】

比特币作为交易媒介的案例

"丝绸之路"（Silk Road）是第一个专门支持比特币交易的匿名在线交易市场，在运营一年后的交易额达到了每年 1 500 万美元（Christin et al.，2013），且毒品和其他违禁品在该网站的销售品类中占据了主导地位。不过，"丝绸之路"上也可以交易其他合法物品。随后，由于商家使用比特币交易被收取的费用远低于使用信用卡等其他方式被收取的费用，因而 Overstock 等多个销售商引入比特币作为支付方式。自此以后，比特币被更广泛地应用到在线零售、旅行、电子设备、餐厅配送和外卖等领域。[1]

然而，大规模利用比特币交易也面临以下困难：第一，将比特币用于零售交易，一方面会导致较长的确认时间，另一方面会造成每个分布式节点存储的数据量迅速扩大，从而阻碍了比特币作为支付手段的进一步发展。第二，比特币可能存在参与方风险，由于比特币的管理相对复杂，部分比特币持有者会通过交易所交易，但交易所存在着停止经营风险和安全漏洞风险。然而，如果不通过交易所交易，则持有的比特币更有可能被盗取。第三，比特币交易的不可篡改性质使得错误转账和诈骗更难被追回，从而加强了交易风险。第四，在采用比特币交易时，可能面临分叉、双花等技术性问题，从而会带来风险。

记账单位是指比特币能够作为经济社会中价值衡量的手段，但比特币价格的波动性意味着比特币的记账单位功能具有新的表现形式。然而，一方面，比特币是依赖美元作为中介实现计价；另一方面，比特币需要持续更新价格，因而其记账单位功能并不完善，而这主要是由比特币的币值不够稳定、接受范围不够广泛导致的（郭广珍，2022）。

【资料专栏 7.5】

特斯拉将比特币作为记账单位

以特斯拉为例，在用比特币对特斯拉产品记账时需要先将特斯拉产品以美元计

① 除 Overstock 以外，Expedia、Newegg、Foodler、Gyft、TigerDirect 等销售商也引入比特币作为支付方式。

价，而用美元计价的价格基本不变。如果用户选择用比特币支付，则需要支付与美元购买同等价值的比特币。此外，考虑到比特币的价格波动性，特斯拉会在提供比特币价格时给定一个支付时间的窗口期，在窗口期结束后价格失效并提供新的价格。上述过程实现了用比特币来标记特斯拉产品的价格，从而实现了比特币记账单位的功能。

价值贮藏是指对购买力跨越时间段的贮藏，即可以把购买力以货币形式从获得收入之日储蓄到支出之日。由于比特币的发行数目是固定的，因而作为货币的比特币能够发挥价值贮藏的职能，而不用担心货币政策导致的信用货币价值波动。事实上，大部分的比特币持有者并不是以交易为直接目的，而是希望能够通过持有比特币实现增值。从现实来看，Meiklejohn，Pomarole，Jordan，Levchenko，McCoy，Voelker and Savage（2013）发现：在 2009—2010 年开采的比特币中，60％以上的比特币超过一年没有使用。然而，比特币价格的较大波动性加大了持有者的市场风险，从而对其价值贮藏职能产生了负面影响，见图 7－3。此外，比特币较低的交易量也意味着比特币存在着浅市场问题（shallow markets problem），即当某个持有者想交易大量比特币时，通常无法在不影响市场价格的情况下实现迅速交易。

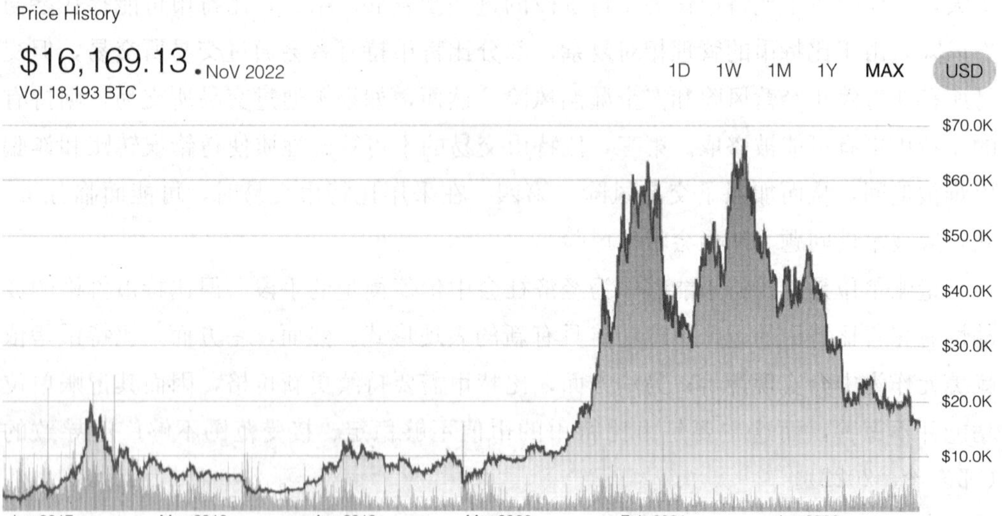

图 7－3　近年来比特币价格的变化趋势

2. 区块链数字货币的新影响

与传统货币相比，区块链数字货币在跨境支付方面有极大的优势。第一，区块链数字货币能够显著提高交易速度，从而提高资金流动性。传统的跨境支付需要大量的人工对账操作，而且银行只在日终批量处理相关交易，从而每一笔交易都需要较长的时间才能完成。区块链数字货币一方面能够减少人工处理环节，另一方面还能不间断地提供服务，因此使用区块链数字货币可以使跨境支付速度得到显著提升。第二，区块链数字货币可有效降低交易成本，使小额跨境支付业务成为现实。通过区块链数字货币进行跨境交易可以节省传统跨境支付模式中存在的支付处理、接收、财务运营和对账等成本，有效降低了各环节中的直接成本和间接成本。

此外，区块链数字货币还能促进金融领域发展，助力形成更透明、更高效的金融体系。

【资料专栏 7.6】

去中心化金融介绍

去中心化金融（decentralized finance，DeFi）是区块链数字货币促进金融领域发展的一个重要例子。DeFi 是基于区块链构建的金融服务体系，其利用基于区块链技术和智能合约的金融体系替代了中心化金融体系，并用算法产生的信任替换了用户与金融体系之间的信任。在该体系中，用户的协议由各类智能合约保证实现，因而用户可以在这套体系中完全控制自己的资产，并使用相关的金融服务。在传统的金融体系中，为了获取金融服务，用户往往是将资金存放在第三方金融机构中，并不能完全控制自己的资产。因此，合理使用 DeFi，发挥其节约交易成本、提高效率的特点，有助于形成更透明、更高效、更便宜的金融体系（郭广珍，2022）。

（三）央行数字货币

虽然央行数字货币（central bank digital currency，CBDC）并不一定要以区块链技术作为基础，但 CBDC 的迅速发展也是伴随着区块链加密货币的广泛发展而出现的一个重要现象。其原因在于，以区块链技术为基础的数字货币的广泛发展存在着大量缺陷，而 CBDC 是克服区块链数字货币无序发展的重要方式。

在过去，私人发行货币的主要问题是币值不稳定，其币值在很大程度上由使用者的预期决定。与政府发行的法定货币可以通过收税能力来保证货币价值不同，对于私人发行的货币来说，一旦使用者对其失去信心，即使用者认为其他人在未来不会接受该货币时，其币值就会大幅下跌。然而，对于利用区块链等技术加持的数字货币来说，由于其能够进行大规模国际交易、躲避资本控制、支持智能合约的特点，使得政府发行的法定货币难以对其产生替代作用，这些特定的需求能够对私人货币的稳定性起到支撑作用，从而使得现代数字货币能够获得更好的发展。此外，基于区块链技术的数字货币并没有一个中心化的货币发行主体，从而避免了货币发行主体做出有利于其自身但不利于公众福利的货币政策，这也是区块链数字货币能够迅速发展的重要原因。私人数字货币的迅速发展使得大量交易可以脱离法定货币而实现，这带来了两方面的担忧。一方面，虽然部分私人货币之间能够相互兑换，但由于它们缺乏币值稳定、流通性强的数字资产作为货币锚，因而不同私人货币之间的相互兑换存在障碍；另一方面，由于私人数字货币的大量发行使得交易可以脱离法定货币和中央银行进行，因而交易双方签订合约的记账单位更多地基于私人数字货币而不是法定货币，从而损害了央行通过货币政策来调整经济的能力。

CBDC 能够从两方面克服私人数字货币带来的种种担忧，从而为各国中央银行开发 CBDC 提供了必要条件。一方面，CBDC 为各种私人数字货币提供了货币锚，从而有助于维持数字经济中货币的统一性，并有利于消除由于不同私人数字货币之间存在的信息不对称导致的效率低下；另一方面，CBDC 开辟了货币政策向公众传导的直接渠道，并使央行提供的记账单位能够与数字经济保持良好的相关性。无论是否有私人数字货币存在，只要公众在某些情况下习惯使用 CBDC，CBDC 就能作为记账单位与数字经济活动产生联系，因而传统货币政策渠道仍会保持有效。此外，CBDC 与大型数字平台之间的互操作性是确保两者成功的关键。如果公开发行的 CBDC 不能在大众平台上使用，则可能没有足够的吸引力使公众将其作为记账单位，因而互操作性对于联系 CBDC 与公众行为至关重要；对于平台来说，如果用户可以在该平台上同时使用 CBDC 和私人数字货币，则该平台对用户有更大的吸引力（Brunnermeier et al.，2019）。

四、区块链的发展及展望

（一）区块链的历史发展阶段

美国区块链科学研究所创始人梅兰妮·斯万（Melanie Swan）在《区块链：新经济蓝图及导读》中率先提出区块链 1.0、区块链 2.0 和区块链 3.0 的概念来形容区块链技术应用的三个阶段。在不同阶段，区块链的技术突破和应用场景都有所不同。[①]

1. 区块链 1.0：数字货币

区块链 1.0 主要是指区块链作为数字货币的应用，这一阶段构建了去中心化的数字支付体系，并支持快捷的跨国货币交易。比特币、莱特币等数字货币都是区块链 1.0 的重要代表。

---

① 陈永伟．区块链通识：关于区块链的 111 个问题．上海：格致出版社，2020.

【资料专栏 7.7】

比特币简介

2008 年，中本聪[1]发布的《比特币：一种点对点的电子现金系统》描述了比特币这种全新的数字货币系统。2009 年 1 月，比特币作为第一种数字货币问世。与传统货币不同，比特币不通过中心化的权威机构和规则来分发或记录货币，而是通过一套去中心化的发行机制来对节点上的私人个体形成激励，从而实现货币分发和交易的有效记录。此外，比特币的交易信息还会记录在所有参与者的计算机中，从而实现了同步的分布式记录。

去中心化为比特币带来了以下优势：第一，避免了权力集中导致的绝对控制，比如防止了中央银行通过征收铸币税来掠夺货币持有者的财富；第二，能够避免单个节点失误带来的严重影响，比如能够避免央行的经济决策失误；第三，有助于隐私保护。这主要是因为与中心化结构相比，比特币的交易信息无法通过跟踪单个节点获取。然而，去中心化也给比特币的使用带来了三个问题：第一，缺乏中心化机构对比特币使用者的身份进行审核；第二，对于交易对象没有限制；第三，交易是不可逆的。比特币不仅具有传统货币的交易媒介、记账单位和价值贮藏职能，而且能够降低对法定货币的依赖，有助于建立数字信贷系统并拓宽跨境汇款渠道（郭广珍，2022）。

2. 区块链 2.0：智能合约

区块链 2.0 引入了智能合约的应用。智能合约允许用户不借助中介机构即可自动触发支付和执行的条款程序，从而使得区块链在股票、证券、期货、贷款、清算、结算等商业应用方面得到了进一步发展。智能合约使得区块链的主要应用领域由此前的货币金融支付扩展到了货币之外的数字金融资产转移和交易，也就是使区块链的应用场景更加广泛。以太坊被视为区块链 2.0 的标志。

【资料专栏 7.8】

区块链 2.0 简介

区块链 2.0 是一个可编程的开发平台，用户可以在其基础上自定义交易所需的智能合约。具体说来，区块链 2.0 有两个主要特点：第一，区块链 2.0 提供了合约编程环境，用户可以在其中发布强制执行的、不可篡改的智能合约，从而将区块链技术从“货币交易”这个单一领域延伸到更广泛的应用领域。第二，区块链 2.0 采

① 一般认为，中本聪的具体身份并不清楚，甚至可能不是一个自然人。

用了 PBFT、PoS 等新的共识算法，使其交易速度得到了极大提高，能够满足大部分金融应用场景。此外，共识算法的更新使得区块链 2.0 能够不再依靠电能和算力资源的大量消耗来实现网络共识，这使得共识过程更加节约和环保。

3. 区块链 3.0：可编程社会

区块链 3.0 有望进一步全面拓宽区块链的应用。处于这一阶段的区块链将超越数字货币和数字金融等只能在网络上实现的经济行为，而是直接赋能实体经济。区块链技术有望成为“万物互联”的一种最底层协议，并逐渐应用于身份认证、公证、仲裁、审计、域名、物流、医疗、邮件、签证、投票等多个领域，也就是将其应用范围扩大到整个社会。EOS、Cosmos 等是区块链 3.0 的代表项目。

区块链技术能够改变中心化的组织形式和作用机制，将其从集中的组织转变为分散的组织，并将更多的权力分配给个人，从而使得各主体处于相对平等的地位，呈现出分布式、开放性的特征。区块链塑造出的分布式网络特征，能够减少工业社会中强结构、强标准、强控制的中心化社会结构的控制手段和塑造不同群体的活动能力，从而将其转变为弱控制、扁平化、网络化的多中心社会结构，并促进更加民主的参与式决策的新型治理系统的发展。

（二）区块链的发展现状

针对区块链的应用正在全球范围内飞速发展。截至目前，区块链技术在金融、工业、农业、政府管理、公共治理等领域已有众多应用落地，并直接或间接地创造了巨大的经济价值。

【资料专栏 7.9】

区块链的产业规模

国际数据公司（International Data Corporation，IDC）的统计数据显示，2020 年用于全球区块链解决方案的花费达到 42 亿美元，预计到 2024 年该数值将增长至 190 亿美元。其中，加密货币是现阶段区块链技术最重要的应用领域。CoinMarket-Cap 网站的数据显示，截至 2022 年 7 月 19 日，全球加密货币的种类超过 2 万种，包括稳定币和代币在内的加密货币总市值超过 1 万亿美元，日成交量达到 1 056 亿美元；其中，比特币的市值占比超过 40%，以太币的市值占比约为 20%。加密货币的繁荣推动了主权数字货币（central bank digital currency，CBDC）的发展。根据国际清算银行发布的调查报告，在 65 个国家或经济体的中央银行中已有约 86%开展了数字货币研究，正在进行实验或概念验证的央行占比从 2019 年的 42%增加到 2020 年的 60%，包括美国、英国、法国、加拿大、瑞典、日本、俄罗斯、韩国、新加坡在内的国家及欧央行近年来均已公布了对于主权数字货币的考虑及计划，我国的数字人民币也开展了试点。[①]

（三）我国区块链产业的未来展望

1. 标准和监管更加完善

进一步完善区块链产业的标准，并实现对区块链产业的更合理监管是未来我国区块链产业发展的一个重要趋势。随着区块链产业的不断发展，当前开发区块链的主要国家都开始针对区块链产业制定相关的标准，中国早在 2016 年 10 月就开启了区块链和分布式记账技术领域的标准化工作。然而，当前我国对区块链技术标准的研究主要集中在基础设施方面，亟须开展针对区块链应用和服务标准的研究。[②] 在区块链产业的监管方面，随着区块链的应用不断向更多领域扩展和延伸，针对区块链应用的监管不能局限于金融领域，而是要在各个领域都逐步完善监管体系，以避免隐私泄露、安全性不足等问题。

2. 成为国际竞争新赛道

越来越多的国家将区块链产业上升到国家战略层面，并出台措施鼓励区块链产业的发展，表明区块链逐渐成为国际竞争的新赛道。德国于 2019 年 9 月发布了德国区块链战略，明确了它对于区块链的国家战略；澳大利亚于 2020 年 2 月发布国家区块链路线图，强调了区块链技术的潜力；新加坡于 2020 年 12 月投资 1 200 万美元，以鼓励区块链的创新和应用[③]；美国于 2020 年 10 月将区块链纳入管制技术，以保护国家基础设施的安全。[④]

3. 可信数字化进程加速

可信数字化是指利用区块链等信息技术手段在多方主体之间建立和维护信任，从而为企业带来巨大的竞争优势。由于区块链具有去信任化的特点，能够将契约机制转化为由参与者共同维护的共识机制，因而区块链技术在可信数字化发展的过程中扮演着极为重要的角色，加速可信数字化进程也是区块链产业的未来重点发展方向。

4. 开启共享经济新时代

区块链技术与共享经济有着内在的一致性，区块链能够满足共享经济逐渐由实体形式演变为非实体形式的需求，并体现出共享经济去中心化的特点。第一，

---

① 中国人民银行．中国数字人民币的研发进展白皮书，2021－07－16．

②③ 零壹智库 01 区块链．中国区块链产业全景报告（2021）．腾讯网，2022－03－07．

④ 清华大学社会治理与发展研究院，中关村大数据产业联盟．中国区块链产业生态地图报告（2021），2021－12－10．

从构建信任机制角度来看，随着共享经济模式的发展，共享目标开始从实体物品向非实体物品转变。在以非实体物品为目标的共享经济中，私人资源的出借或受让难以监管，从而难以实现有效的信任机制，而区块链具有的去信任化的特点有助于保证数据的准确记录并实现全链可信，从而构建出适合非实体共享经济的信任机制。第二，共享经济强调所有参与者都能平等、高效地使用系统内的资源，而不存在一个绝对的权力主体，这与区块链的分布式系统结构的去中心化特点相一致。①

5. 助力数字中国的全面建设

助力全面建设数字中国是区块链的未来发展趋势之一。区块链技术作为赋能产业数字化转型的关键技术之一，具有去中心化、去信任化和可编程等关键特征，能够构建互通互信的新型互联网生态系统，促进人、机、物的安全协作。区块链的特点使得其能够与金融、工业、农业、司法、政府管理等领域相结合，构建出广泛的"区块链＋社会"的形式，不断拓宽区块链在经济社会各领域的发展边界，进一步推动各行业实现数字化转型，助力数字中国的建设。

第三节　区块链的局限性和规制困境

近年来，区块链受到世界各国的广泛关注与认可，其发展已成为一种必然趋势。然而，作为一项新生技术，一方面，区块链本身不可避免地存在部分局限；另一方面，技术变革必将带来法律变革，区块链技术在被用于社会各行业的同时，也会给传统社会的法律风险与规制等方面带来新挑战。本节分为两部分对上述内容进行介绍：第一部分介绍区块链技术存在的主要局限；第二部分介绍区块链面临的法律风险与规制困境。

一、区块链技术存在的主要局限

（一）不可能三角

区块链技术的一个核心目标是实现更高程度的去中心化，但要想让区块链技术真正得到广泛的接受与应用，还必须确保其形成共识的准确性与技术服务的可拓展性。实际上，区块链机制和传统的中心化机制都会面对图 7－4 所示的不可能三角[impossibility triangle（Chen et al.，2020)]。例如，比特币这类使用 PoW 机制的

① 斐讯．斐讯提"新共享"，区块链＋共享经济能碰撞出什么火花？，2018－03－09.

区块链可以同时实现较高的去中心化程度与较准确的网络节点共识，但其受资源耗费量大、交易效率低下等因素的限制，难以实现可拓展性。然而，传统的中心化金融支付技术（如银联、Visa 和 Mastercard 等）可以依靠中心机构背书来实现准确的共识与较强的可拓展性，但它们缺乏去中心化。最后，以太坊这类使用 PoS 机制的区块链具有低能耗、效率快的特点，同时具有较强的可拓展性，而且可以实现去中心化，但它们难以达成准确共识。具体说来，PoS 机制下的记账权由系统指定，不需要像 PoW 机制一样在付出大量的算力成本后才能生成区块，而且新区块的生成不需要遵循最长链规则，因此记账者可以选择在所有分叉上都产生新的区块，这使得在 PoS 机制下难以准确形成全节点的共识。

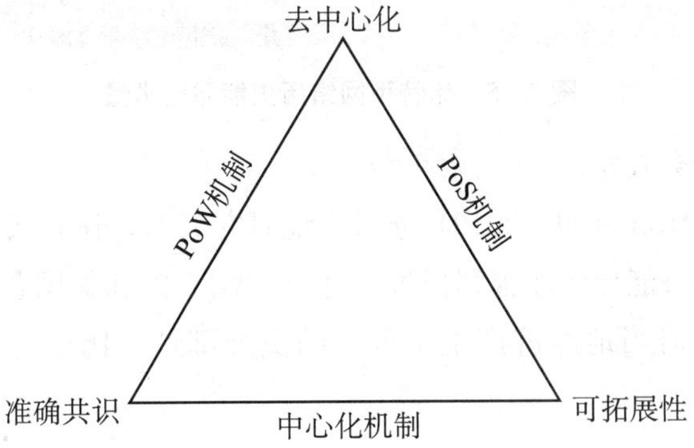

图 7-4 不可能三角

（二） PoW 机制下的能源消耗与低效率

在区块链系统中，由 PoW 机制所引发的能源消耗问题是另一个广受关注的缺陷。我们在前面介绍分布式共识机制时已经谈到，在 PoW 机制下的矿工竞争及挖矿行为实质上是一场军备竞赛，而算力竞争的博弈结果是所有矿工都在为争夺记账权而不断提升自身的算力，但这并不会导致更多的代币被开采并分配给矿工。与此同时，全体矿工算力的不断升级意味着为开采一个新区块所耗费资源的不断增加，见图 7-5。根据剑桥大学替代金融中心（Cambridge Centre for Alternative Finance，CCAF）的估算，目前比特币挖矿的年均耗电量已达 90TWh，该数值超过了芬兰、希腊等国在 2020 年的总耗电量。

此外，在 PoW 机制下的拥堵所引发的低效率问题也引起了人们的关注。因为 PoW 机制针对全体矿工设定了一个相对固定的时间段用于寻找新区块，所以网络生成新区块的速度受到了限制，而在出现交易拥堵时，相关的交易信息难以第一时间上链，从而引发了效率低下的问题。尽管交易拥堵带来的等待成本能产生更高的交易费用，从而激励更多的矿工加入网络，并增强了网络的安全性与可信度。但是，O'Dwyer and Malone（2014）的研究表明，若将所使用的能源分配到其他地方，可

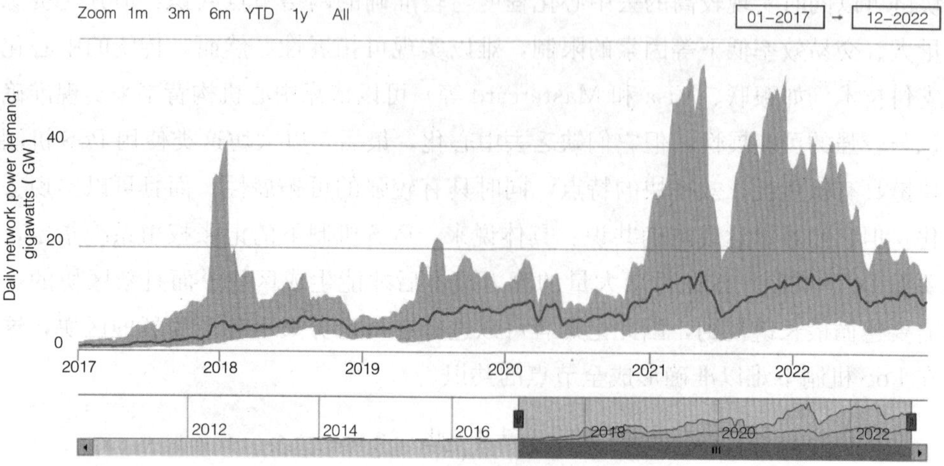

图 7－5 比特币网络历史能源需求量

能会产生更大的社会效益。

特别地，Benetton et al.（2019）通过实证研究表明，比特币的开采活动挤占了其他经济活动，并可能导致净福利损失。通过使用中国和美国各个城市的数据，作者发现：挖矿行为对当地经济产生了很大的负外部性，比如对当地工资和电价的扭曲。

（三）在 PoS 机制下的攻击与分叉

区块链的任一分布式共识机制都无法做到十全十美。与 PoW 机制相比，PoS 机制的主要缺陷是它更容易受到攻击，并伴有较高的分叉风险。

例如，无利害关系（nothing at stake）攻击是 PoS 机制经常要面对的安全隐患。简单说来，当攻击者恶意发起攻击并制造分叉时，对于各节点来说，无须判断哪个分支最终会胜出，最佳的策略是在多个分叉上同时进行挖矿。如此一来，持币节点最终都能获益，但这也大幅增加了恶意分叉主链的成功可能性。因此，若有攻击者在 PoS 链中恶意制造新的分叉，那么拥有记账权的节点出于利益的考虑，将同时在多条链上制造区块以支持分叉的产生。一旦攻击成功，随着时间的推移，系统中链条的分叉将越来越多并会造成混乱，而且全体节点要达成一致共识将面临困难。无利害关系攻击在 PoS 机制下成功概率较大的原因是各节点制造新区块不需要付出任何多余成本，因而在面临分叉攻击时，记账节点总可以在不受多余损失的情况下同时为多条链制造区块，并有可能获得全部收益。

（四）过度集中

在区块链的运行过程中，分布式共识机制的激励措施可能导致产生具有明显集中趋势的节点组织，并会引发有限的去中心化问题，如 PoW 机制下的矿池。事实上，随着时间的推移，一些矿池取得了全球哈希值[①]的重要份额。比如在 2014 年 7 月，矿池 GHash. IO 曾短暂达到全球哈希值的 51%以上。然而，矿池的兴起和节点的过度集中与区块链的去中心化目标似乎是相悖的，由此引发了人们对区块链系统运行稳定性和可行性的怀疑。

然而，Cong et al.（2018）表明，不同矿池的多样性和矿池的产业组织形态自然缓和了采矿力量的过度集中。直观地说，较大的矿池拥有更多的市场力量，因为它提供的风险分担程度更大。因此，这类矿池的所有者将收取更高的费用，而这将导致矿池规模的增长速度减慢。最终，没有任何矿池能够发展到拥有挖矿的绝对控制权，这与现实情况一致。因此，尽管在 PoW 机制下产生的过度集中现象会在一定程度上削弱系统的去中心化程度，但它无法使区块链彻底沦为中心化系统。

在 PoS 机制下，由于区块链系统主要通过权益多寡对记账权进行分配，因而记账权容易被少数几个大节点掌握，进而产生寡头优势，并带来马太效应。但是，与 PoW 机制不同的是，由于在 PoS 机制下的大节点必然代表系统中的绝大多数利益，因而即便我们假设最终演化出了中心节点，它也没有必要作恶，因为这是与其利益相悖的，在这种情况下，PoS 机制不存在中心化安全问题；相反，过度集中引发的马太效应更值得我们关注。目前，已有部分区块链提出用降低大节点收益的方式来应对该问题。

（五）无法替代现实治理

尽管区块链可以采用多种分布式共识机制解决交易信息的信任问题，但其无法确保从信息数据到对应实体的安全性，所以用区块链无法完全替代现实治理。

例如，在物流业的供应链管理中，往往涉及诸多实体的流通及实体之间的沟通、协作，此时可以利用区块链分布式账本信息透明、不可篡改的特点来对各个实体的交互进行记录，从而大幅减少供应链各环节涉及的信息成本，并有效提高供应链的可追溯性与透明度。但是，即使采用区块链技术，企业也无法避免货物在运输途中被调包的问题。[②] 因此，仅依靠区块链无法完全替代现实治理，而且对区块链技术的应用需要许多外界因素的支撑。例如，在上述供应链的货物调包问题中，区块链技术需要依靠法律法规及相关部门的监管才能发挥最大效用。

---

① 哈希值是衡量矿工挖掘和处理交易能力的总量指标。

② 例如，2018 年 5 月多位消费者称在京东自营渠道上买到了假茅台酒。经过平台调查，4 月 22 日至 5 月 9 日期间，山东德州仓售出的“43 度飞天茅台 500ml”部分批次商品，被怀疑在由第三方物流公司送往京东仓库的运输途中被调包。

二、区块链面临的法律风险及规制困境

（一）区块链面临的法律风险

近年来，由区块链的匿名性、去中心化等特性及数字货币所引发的法律风险层出不穷，下面将对这些风险逐一进行介绍。

1. 区块链的匿名性引发的法律风险

在区块链网络（如比特币）中，各节点用户只通过特定的地址传递信息。在中心化账本中，只有这些地址与对应的比特币数量等交易信息得以记录，但从这些信息无法直接得到用户的真实信息，因而用户依赖区块链获得了匿名性。正因为如此，交易参与者的真实身份往往被人们忽视，这给不法分子冒用他人身份或使用虚假身份进行违法交易提供了可乘之机，如地下交易、贩卖毒品、非法洗钱、勒索财产等。

不过，匿名性在现实中往往难以得到保证。用户一旦将比特币与现实生活建立联系，那么其使用的地址将会被关联上用户的相关信息。例如，某用户使用比特币购买网上的某产品，那么该产品最终需要寄往该用户的实际住处，而这个地址信息便会与该用户的比特币账户地址产生关联。一旦检测到违法交易行为的出现，监管机构可以通过这些关联信息顺藤摸瓜，从而排查交易者的真实身份。与此同时，部分国家为规避比特币匿名性带来的风险，其法律规定：从事比特币等区块链代币业务的机构需要了解用户的真实身份信息，以符合反洗钱（anti-money laundering）等金融监管规定。

2. 区块链的去中心化引发的法律风险

区块链巧妙地利用各类分布式共识机制构建全节点信任与共识，从而实现了较好的去中心化水平。在公有链中，交易者可以利用区块链机制自证，不需要第三方中心机构的信任背书便可直接参与交易。然而，在区块链技术的去中心化推动下，许多现存的法律法规似乎已经失去必要，而且这种去中心化的机制一旦得到大规模应用，将对当前政府相关管理部门的职权和地位造成巨大挑战，其引发的私权自治与公权力之间的抗衡是目前无法回避的重要问题。

3. 区块链的数字货币引发的法律风险

随着区块链的快速发展，以比特币、以太币等为首的数字货币占据的市场份额逐步扩大，其引发的法律风险愈发凸显。数字货币运行的底层逻辑依托于区块链技术，同样具有去中心化和匿名性等特点，因而许多犯罪组织将其作为黑市交易、逃税、洗钱等犯罪行为的中介，大肆开展非法投机行为，构成严重的法律风险。与此同时，利用数字货币开展的犯罪行为将大幅增加相关监管部门维护法律的成本，给

国内相关消费者造成经济损失，还可能影响公众对金融与法律的信心。例如，许多不法分子以发行 ICO 的方式开展新型诈骗，打着科技创新的幌子进行虚假宣传融资，欺诈公众财产。许多投资者可能根本不了解 ICO 项目的详细信息，只因其打着区块链与数字货币的幌子，便盲目投入资金。因此，2017 年 9 月中国人民银行等七部门联合发布《关于防范代币发行融资风险的公告》，提醒公众应当高度警惕 ICO 与交易的风险隐患，并全面叫停 ICO。

针对 ICO 的风险问题，Bourveau et al.（2022）表明，由于新生的 ICO 市场缺少传统机构的监管（如银行、审计公司），公众对其自愿披露但无法核实的筹集资金用途的可信度往往存在较大质疑；然而，即使在信息披露可验证性有限的情况下，信息披露水平较高的企业仍然拥有更强的融资能力；与此同时，来自信息中介机构（如信用评级平台）的外部审查能够加强信息披露水平和融资能力之间的正相关关系。

（二）区块链面临的规制困境

目前，区块链技术仍处于快速发展阶段，其应用领域与法律边界仍在不断变化中。因此，在我国现行法律法规体系下，如何有效治理区块链引发的各种法律风险是一个重大考验，相关监管机构任重而道远。下面将对我国的部分区块链规制困境进行举例介绍。

首先，区块链的去中心化与匿名性等特性使得有关犯罪非常隐蔽，因而监管难度较高。由于区块链犯罪涉及的电子数据往往较为复杂，而且系统中的账户均为匿名，因而即便依靠大数据分析技术，相关部门也很难从海量的信息中调查出交易关联人员的真实身份、交易信息与涉案资金流向，同时需要耗费大量的人力、物力与时间成本。区块链系统较低的准入门槛与较大的监管与侦查难度为不法分子实施违法犯罪行为提供了便利，因而需要有关部门积极推动相关立法，逐渐搭建起完整的法律与监管框架。

其次，区块链的部分拓展内容（如智能合约）也存在法律困境，具体问题包括：如何确定智能合约与《中华人民共和国民法典》的关系？智能合约是否属于《中华人民共和国民法典》的规制对象？如果智能合约的内容违法，应当如何进行有效监管与控制？等等。这一系列问题在传统的法律上仍是一片空白，相关部门应尽快完善法律法规，以加强现实监管。

最后，目前区块链仍然缺乏国际统一的安全技术标准，而且存在较大的跨境金融法律风险。大部分国家（包括我国在内）对于比特币等数字货币缺少明确的法律定位，而一些国家用于现场购买或兑换数字货币的硬件设施（如加拿大的比特币 ATM、日本的比特币取款机等），也没有统一的技术标准。对于这些内容可能引发的法律纠纷，目前监管层仍没有明确的答案。与此同时，传统的金融跨境业务通常由银行完成，因而它们要受到国家监管部门的监察与管理，但区块链资产的跨境转移没有这一特性，任何交易者不需要通过银行等第三方机构便可以参与境外数字货币的交易，如境外 ICO、境外支付等。这一现象自然引发了以下问题：如果某境外金融活动违反我国的法律法规，但它在境外却属于合法行为，那么它利用区块链技术向我国境内居民提供的服务是否因违反我国相关法规而需要被追究法律责任？这给我国现行的法律法规与行政监管带来了巨大的挑战。

本章小结

区块链是一项基于互联网加密的分布式记账技术，它通过特定的共识与认证机制将一系列存储数据的区块按照时间戳依次相连。

区块链的核心分布式共识机制包括工作量证明机制、权益证明机制、股份授权证明机制。

区块链的核心特征包括去中心化、不可篡改和可追溯性；其衍生特征包括去信任化、信息透明、可匿名性和可编程性。

区块链中链的应用包括提高信息质量、减少信息不对称、避免集中化的结构、支持价值交换和智能合约；代币的应用包括代币融资和数字货币。

区块链的迅速发展已成为必然趋势，但它仍面临不可能三角、过度集中和无法替代现实治理等机制缺陷；由区块链的可匿名性、去中心化等特性及数字货币所引发的法律风险，给我国现行的法律法规体系带来了巨大挑战。

练习题

一、名词解释

1. 区块链
2. 工作量证明机制
3. 去中心化
4. 智能合约
5. ICO
6. 区块链的不可能三角
7. CBDC

二、思考题

1. 在工作量证明机制下，矿池的兴起是否会使区块链最终沦为中心化系统？
2. 区块链的发展包括哪些阶段？简述对我国区块链产业的未来展望。

数字化转型篇

第八章

数字经济的新业态与新模式

教学目标

1. 了解数字经济的新业态与新模式的发展背景

2. 重点掌握数字经济的新业态与新模式的表现形式、制约因素与发展趋势

3. 掌握数字经济的新业态与新模式在经济发展中的作用

4. 掌握数字经济的新业态与新模式在发展中的制约因素、推进政策与未来趋势

导入案例

随着数字经济的发展，在线教育、“虚拟”产业园、新个体经济、共享生产等新业态与新模式接连涌现。2020 年 7 月 14 日，国家发展改革委等 13 个部门公布的《关于支持新业态新模式健康发展，激活消费市场带动扩大就业的意见》明确提出：支持 15 个新业态与新模式的发展，为中国经济注入新动能。例如，北京蓝杞数据科技有限公司在 2020 年成为乌镇无界数字产业园的“云端”企业。在“虚拟”产业园中，北京蓝杞数据科技有限公司可以与诸多高新企业一起享受在线政策宣导、融资融智、企业间线上合作共享等服务。“虚拟”产业园这一新业态极大地提升了企业效率。那么，这 15 个新业态与新模式有哪些特点？又将给我们的工作、生活带来哪些变化？目前，这些新业态与新模式存在哪些制约因素？如何认识数字经济的新业态与新模式的推进政策与未来趋势？本章将就这些问题进行介绍。

第一节 数字经济的新业态与新模式的背景及内涵

一、数字经济的新业态与新模式的发展背景

（一）国际背景

当前，数字经济已成为各国应对疫情冲击、加快经济社会转型的重要选择。世界各国均加速了数字经济发展战略的政策出台与落地实施，互联网、大数据、人工智能与实体经济的融合日益深入，并推动了世界范围内数字经济的新业态与新模式的产生和发展。

完善数字经济的顶层设计、助力数字经济的新业态与新模式的发展已成为各国激发经济增长活力的重要手段。2022 年，英国发布了新版的《英国数字战略》，旨在在完善数字基础设施、发展创意和知识产权、提升数字技能与培养人才、畅通融资渠道、改善经济与社会服务能力、提升国际地位六大领域，为保护和推动英国数字经济的新业态与新模式提供指导；澳大利亚发布了《2022 年数字经济战略更新》，制定了实现 2030 年愿景的框架和方向，并确定了在技术投资促进计划、量子商业化中心、5G 创新、改革支付系统等方面的新行动；德国发布了“数字战略（2025）”，涵盖数字技能、基础设施及设备、创新和数字化转型、人才培养等内容，以提升德国的数字化发展能力。[①]

美国、欧盟、日本等主要经济体通过不断加大对龙头企业的引领和投入力度，同时从创新体系、产业生态等维度不断完善发展环境，形成了各自的数字经济新模式。一方面，在医疗、交通和教育等领域，通过引入机器学习、虚拟现实等新技术形成了智能终端，用以满足居民的需求。例如，在新型冠状病毒疫情蔓延的背景下，美国利用机器学习筛选出约 2 亿种化学物质，成功发现了数百种治疗新型冠状病毒的候选药物；德国在环境和气候领域启动“灯塔应用”示范项目，从市场、技术、系统层面全方位地探索了 ICT 技术应如何帮助能源系统实现转型，并描绘了不同能源系统之间耦合、互联、交易的潜力。另一方面，在制造、能源及科研等领域，通过加强数字技术领域的“产学研”跨组织国际合作，鼓励开展全球数字技术合作交流和数据共享，促进全球价值链升级。例如，欧盟在制造业或能源等重点领域创建欧洲数据空间，以促进欧盟内部人工智能研发和应用的协同；德国构建了全国创新

① 中国信息通信研究院．全球数字经济白皮书（2022 年），2022 - 07 - 29.

网络，为企业提供数字技术支持、商业模式咨询等服务。

（二）国内背景

在新型冠状病毒疫情肆虐、大国间科技博弈愈发激烈的背景下，我国数字经济展现出强大的活力，大量新业态与新模式快速涌现，在助力疫情防控、对冲行业压力、带动经济复苏、支撑稳定就业等方面发挥了不可替代的作用。

我国高度重视数字经济总体战略，鼓励新业态与新模式的健康发展。党中央、国务院先后出台实施了《数字经济发展战略纲要》《国务院关于积极推进“互联网＋”行动的指导意见》《促进大数据发展行动纲要》等一系列重大政策文件，大量新业态与新模式的快速涌现，成为推动我国经济社会发展的新引擎。2020 年，国家发展改革委、中央网信办、工业和信息化部等 13 个部门联合印发《关于支持新业态新模式健康发展，激活消费市场带动扩大就业的意见》（以下简称《意见》），首次明确提出了 15 个新业态与新模式，并就支持和鼓励上述新业态与新模式的健康发展、打造数字经济新优势进行了全面部署。《意见》在总体要求中提出，把支持线上线下融合的新业态与新模式作为经济转型和促进改革创新的重要突破口，更好地释放数字化在经济各领域的创新效能，促进经济快速恢复并实现高质量发展。

在党中央的坚强领导和全社会的共同努力下，截至 2021 年，我国数字经济产业不断壮大，新业态与新模式的发展韧性显著增强、应用场景不断深化，已成为我国经济社会发展的新引擎。中国信息通信研究院发布的《中国数字经济发展报告（2022 年）》显示，2021 年我国数字经济发展取得新的突破，数字经济规模达到 45.5 万亿元，同比名义增长 16.2%，高于 GDP 名义增速 3.4 个百分点，占 GDP 的比重达到 39.8%。2021 年全国软件信息技术服务业的业务收入增长了 17.7%，线上线下融合的新模式与新业态展现出了强大活力和发展潜力。制造业的数字化步伐正在加快，智能制造装备产业开始提速，2021 年国内工业机器人同比增长达到 30.8%，3D 打印装备同比增长 27.7%。此外，有全国影响力的工业互联网平台已经超过 150 个，这些平台服务的工业企业超过了 160 万家，“5G＋工业互联网”在建项目超过 2 000 个，已形成了 20 个典型应用场景和 10 个重点行业领域的实践活动，5G 移动通信技术、设备和应用、大数据、云计算、区块链等技术水平居于全球领先地位。[①]

二、内涵

新业态与新模式根植于数字经济发展土壤，它是以数字技术创新应用为牵引，

---

① 中国信息通信研究院．中国数字经济发展报告（2022 年），2022-07-08.

以数据要素价值转化为核心，以多元化、多样化、个性化为方向，经产业要素重构融合而形成的商业新形态、业务新环节、产业新组织、价值新链条，是关系数字经济高质量发展的活力因子，具有强大的成长潜力。①

在新型冠状病毒流行期间，我国的数字经济展现出了极强的生命力，众多领域成为数字新技术的“试验场”、新模式的“练兵场”、新业态的“培育场”。例如，以在线办公、在线教育、互联网医疗为代表的新业态与新模式持续迭代、加速成熟，“无接触”“宅生活”“云消费”成为数字生存新常态，正在适应、引领、创造我国经济转型发展的新需求，为现代化经济体系建设注入了新活力。

随着新业态与新模式的发展、完善，人们的生活方式与就业形态正在发生相应的改变，主要表现出以下几方面特征：

第一，创新先行。“共享生产资料”“虚拟产业园和产业集群”“新个体经济”“副业创新”“微经济”都是市场主体创新的成果。要充分调动市场主体的创新积极性，激活要素资源，激发市场活力，更好地释放数字化在实体经济各领域的创新效能。

第二，去中心化。信息技术的发展促成了开放式、扁平化、平等性的新型社会关系形态，带来了去中心化的新型生产过程。特别地，互联网平台的去中心化推动了知识型、创意型零工经济的发展，创造了大量的新型就业岗位和新型职业种类。

第三，协同推进。互联网与实体经济的深度融合产生了大量新业态与新模式，涉及的行业众多，覆盖面较广，同时各个新业态与新模式之间并非完全独立，而是以数字技术为基础相互联系的，但在现实应用与监管中需要各部门统筹推进。

第二节　数字经济的新业态与新模式的表现形式

目前，根据重点作用领域的不同，数字经济的新业态与新模式可以分为 4 大类 15 个小类。其中，第一类侧重激活消费新市场，包括在线教育、互联网医疗、线上办公、数字化治理等；第二类聚焦为壮大实体经济带来新动能，包括产业平台化、数字化转型、虚拟产业集群、无人经济等；第三类关注开辟消费就业新空间，包括自主就业、微经济、多点执业等；第四类着眼于创造生产要素供给新方式，包括共享生活、共享生产、共享生产资料、数据要素流通等。②

本节将重点介绍与数字经济密切相关的八种典型的新业态与新模式，具体包括：大力发展融合化在线教育；积极发展互联网医疗；鼓励发展便捷化线上办公；不断提升数字化治理水平；培育产业平台化发展生态；加快传统企业数字化转型步伐；

---

①② 中国电子信息产业发展研究院．数字经济新业态新模式发展白皮书（2020 年），2020－08－01.

打造跨越物理边界的虚拟产业园和产业集群；发展基于新技术的无人经济。

一、大力发展融合化在线教育

《意见》指出："构建线上线下教育常态化融合发展机制，形成良性互动格局。允许购买并适当使用符合条件的社会化、市场化优秀在线课程资源，探索纳入部分教育阶段的日常教学体系，并在部分学校先行先试。鼓励加大投入和教师培训力度，试点开展基于线上智能环境的课堂教学、深化普及'三个课堂'应用等。完善在线教育知识产权保护、内容监管、市场准入等制度规范，形成高质量线上教育资源供给。"

在数字经济时代，大众学习的个性化需求不断增强，这就为在线教育提供了广阔的发展空间。第一，互联网技术具有能够有效突破时空限制的特点，可以推动各类教育资源在线上实现开放共享。第二，2020年初暴发的新型冠状病毒疫情（以下简称"新冠疫情"）导致学校教育进入"停滞期"，大多数教培机构无法正常开课，在教育部"停课不停教，停课不停学"倡议的引导下，在线教育迎来了新一轮发展契机。

（一）发展现状

近年来，得益于AI技术、区块链等人工智能技术的推动，教育信息化和教育现代化水平不断提升，在线教育也进入了高效、智能的发展阶段。当前，我国的在线教育呈现以下特点：

（1）在线教育的政策红利持续释放。近年来，国家高度重视教育现代化建设，不断通过政策文件积极引导在线教育发展，先后印发了《教育信息化十年发展规划（2011—2020年）》《关于促进在线教育健康发展的指导意见》等文件，并明确指出：要充分运用现代信息技术手段，丰富现代学习方式，加快建设学习型社会。

（2）在线教育企业的数量呈现井喷式增长。在阿里、腾讯等互联网龙头企业的引领带动下，各地围绕职业培训、高等教育等细分领域积极探索在线教育新模式，学而思网校、华图教育等内容服务型，腾讯课堂、慕课等平台服务型，小猿搜题、扇贝等服务型线上教育培训企业不断涌现，在政策利好、资本助力、需求释放的环境下，市场上催生了作业帮、沪江网校、直播优选等一大批"独角兽"企业。

（二）制约因素与发展趋势

1. 制约因素

（1）教育产品缺乏知识产权保护。当前，网络上存在着对在线教育产品的诸多盗版、侵权行为，盗版者会采用分享网盘链接等形式对在线教育企业的产品进行不同程度的侵权。

（2）线上教育产品与线下教育依旧存在显著的差异。线上教育无法像线下教育一样，能够让老师和学生通过面对面的方式感知到情绪、认知和态度的变化，因而教育效率有一定程度的下滑。

2. 发展趋势

（1）增强产权保护，确保线上产品权益。提高全社会保护教育知识产权的意识，完善在线教育知识产权保护的相关法律法规，健全侵权查处机制，确保相关方的合法权益。

（2）深化技术应用，增强线上学习体验。充分挖掘数字经济时代的教育新需求，积极探索 3D 等智能环境课堂教学新模式，提升学生与教师的线上体验，缩小在线教育与线下教育的差异。

（3）强化教育监管，保证线上师资质量。政府有关部门除了需要加大对线上教育资源的经费支持外，还应要求相关部门进一步规范教育市场，制定出相应的政策和标准，提高该市场的准入门槛。与此同时，对从事在线教育的教师实行高质量资格认证，打消用户的顾虑，促进在线教育产业持续健康发展。

二、积极发展互联网医疗

《意见》指出："以互联网优化就医体验，打造健康消费新生态。进一步加强智慧医院建设，推进线上预约检查检验。探索检查结果、线上处方信息等互认制度，探索建立健全患者主导的医疗数据共享方式和制度。探索完善线上医疗纠纷处理办法。将符合条件的'互联网＋'医疗服务费用纳入医保支付范围。规范推广慢性病互联网复诊、远程医疗、互联网健康咨询等模式。支持平台在就医、健康管理、养老养生等领域协同发展，培养健康消费习惯。"

互联网医疗作为一种新型的医疗健康服务业态，它以互联网为载体，以医疗资源汇聚为手段，以医疗服务在线化、便捷化为特色，代表了医疗行业发展新方向。在新冠疫情暴发的影响下，互联网医疗实现了规模化增长，并与大数据、人工智能等新一代信息技术深度融合，呈现出"智能＋"的新特征，极大地便利了人们的生活。

（一）发展现状

随着"互联网＋"行动计划的推进以及深化医疗改革政策意见的密集出台，互联网医疗已成为我国医疗领域的一个新发展方向，并呈现出以下特点：

（1）在线服务手段不断丰富。近年来，受我国人口老龄化进程加速与慢性疾病比例居高不下的影响，医疗行业的刚性需求激增。各地区为缓解线下医院压力，积极推进信息技术在医疗行业的应用，在线挂号、在线问诊、远程会诊、电子处方等互联网医疗服务新模式不断涌现。

（2）市场规模增长迅速。艾瑞咨询的数据显示，2021 年中国互联网医疗行业的市场规模达 2 230 亿元，同比增长 43.87%，预计 2022 年中国互联网医疗行业的市场规模将达到 3 099 亿元。特别是新冠疫情的突发更是提升了居民对互联网医疗的认知度与认可度，带动了互联网平台的快速增长。相关数据显示，在疫情暴发前期，平安好医生平台新注册用户增长了 10 倍，阿里健康平台日访问量提升了 5 倍，百度“问医生”页面的访问量接近 2 亿人次。[①]

（二）制约因素与发展趋势

1. 制约因素

（1）技术融合应用仍在初期，需求分析与场景体验有待优化。大数据、人工智能等新技术在医疗领域的应用和创新仍处于探索阶段，健康管理、智能辅助诊疗、基因诊断等新兴的商业模式尚未成熟。此外，针对不同用户群体的需求挖掘有待加强，线上就诊的时效性、交互性、操作性等场景体验亟待改善。以中老年群体为例，作为常见病、慢性病复诊等线上诊疗方的核心用户群，同时他们也是对智能终端最陌生的群体，如何最大限度地降低操作门槛，是互联网医疗企业产品和服务创新亟待突破的重要问题。

（2）服务的职责界限有待明晰，医疗保障体系尚未覆盖。首先，互联网医院的服务项目、诊疗范围尚未明确，一些医疗资源丰富的公立实体医院对互联网医疗业态的进一步发展持观望态度。其次，医疗事故责任主体的界定不清晰、纷争处理流程不明、健康医疗信息的事前监管制度不健全等机制问题，从不同角度阻碍了互联网医疗生态的形成。最后，现阶段的大多数医疗机构只解决了线上挂号、诊疗，但线上就医尚无法享受医保开药、保险等服务，亟待搭建医疗、医药、医保联动的线上就医环境，构建以个人健康为中心的医疗服务体系。

2. 发展趋势

（1）加速推动医保融入互联网医疗，完善医疗服务结算体系。推动线下实体医院与线上互联网医院共同参与医疗保障体系建设，推进医保在线支付，建立医保支付与商保支付并行的机制，加快互联网医疗与多样化医保支付相结合的配套政策落地，形成多层次、多类型的医疗服务体系和医保结算支付体系，切实解决群众挂号

---

① 中国电子信息产业发展研究院．数字经济新业态新模式发展白皮书（2020 年），2020-08-01.

难、看病难、买药贵等问题。

（2）加强行业监管力度，保障医疗信息安全。推动建立跨领域融合的协调监管机制，明确互联网医疗服务模式的监管权责。建立医疗责任分担机制，推行在线知情同意告知机制，有效防范和化解医疗风险。加快个人健康医疗信息保护立法进程，制定与个人健康医疗数据隐私安全保护相关的法律法规。

三、鼓励发展便捷化线上办公

《意见》指出："打造'随时随地'的在线办公环境，在部分行业领域形成对线下模式的常态化补充。支持远程办公应用推广和安全可靠的线上办公工具研发，满足日常性多方协同工作、异地协同办公需求，有效支撑工作效率提升、业务协同模式创新和业务组织方式变革。推动完善电子合同、电子发票、电子印章、电子签名、电子认证等数字应用的基础设施，为在线办公提供有效支撑。"

随着数字经济的发展，"线上办公"也成为当前部分行业的办公方式之一。一方面，平台经济孕育出了很多新兴职业，如视频制作、网络写手、网络主播等职业，这些职业通过网络就能达到工作的目的，无须使用线下的工作场地来实现。另一方面，受到新冠疫情的影响，线上办公不仅能有效阻断疫情传播，而且能提供节约通勤时间、增加与家人相处等优点，同时各种信息设备也能支撑线上办公的需求，如远程签署文件、远程会议等技术。因此，当前大部分公司都出台了灵活的线上办公政策。

（一）发展现状

为顺应线上办公的发展趋势和不断增长的用户需求，一批功能强大、可靠性较好的线上办公工具的应用规模迅速壮大，而智能化、便捷化办公工具的应用让多方协同工作、异地协同办公变得越来越简单，并呈现出以下特点：

（1）刚需市场不断扩大。自新冠疫情暴发以来，对大批潜在客户的逐步挖掘，使远程办公软件的需求量激增。华为远程办公平台 WeLink 的数据显示，自新冠疫情暴发后，该平台每日新增的企业用户数在 1.5 万家以上，承接的会议场次高达 12 万次，日均增加 50%。

（2）市场规模增长迅速。截至 2022 年 6 月，中国在线办公的用户规模达 4.61 亿，占网民整体的 43.8%。2022 年上半年，在线视频、电话会议的用户规模较 2021 年 12 月增长 5.9%①，线上办公成为社会的新刚需。

---

① 中国互联网络信息中心(CNNIC)．中国互联网络发展状况统计报告，2022-08-31.

（二）制约因素与发展趋势

1. 制约因素

（1）产品的稳定性和实用性面临挑战。在远程办公门户方面，由于用户操作不熟练，部分产品存在使用者找不到功能选项、对远程办公界面不适应、UI 设计不实用的问题；面临需求激增，部分远程办公软件出现了无法登录、应用卡顿、无法收发消息、视频会议中断等问题。此外，由于各企业之间的组织文化、管理模式、协作流程的不同，远程办公软件的针对性与实用性亦是痛点。

（2）数据安全问题突出。企业办公涉及大量文档、数据的共享与交换，由于加密手段、保密方式等数据安全保护手段不足，以及企业办公安全防护意识不足，导致企业在通过网络使用企业网盘、协同文档处理软件等情况下，容易发生远程控制、文件窃取、病毒入侵等现象，导致企业隐私数据以及资产安全遭受严重威胁。

2. 发展趋势

（1）完善产品功能，提升稳定性、实用性和友好性。建议以实际需求为导向，持续完善即时沟通、日历、音视频会议、在线文档、云盘、工作台、移动办公平台等主要功能模块，不断丰富在线办公、诊断、教育等应用场景；做好产品容量规划，提升产品承载能力，保障产品使用的稳定性；搭建友好的用户界面，不断提升用户渗透率。

（2）加强数据保护，为远程协作提供安全保障。建议远程办公产品与国产密码进行深度融合和整体应用，打造包括登录、强身份认证、链路传输、数据存储等全流程端到端的加密移动工作平台。

【资料专栏 8.1】

便捷化线上办公——“云签约”

新冠疫情的蔓延阻断了现场签约活动，使纸质合同的痛点暴露无遗，但它刺激了电子合同市场。在现实生活中，云签约主要有三种应用场景：云签约招聘、云签约招商及云签约购房。

第一，云签约招聘。为了进一步促进和保障电子合同的健康发展，人力资源和社会保障部于 2020 年 3 月 4 日印发的《人力资源社会保障部办公厅关于订立电子劳动合同有关问题的函》（人社厅函〔2020〕33 号）明确规定：用人单位与劳动者协商一致，可以采用电子形式订立书面劳动合同。用人单位应保证电子劳动合同的生成、传递、储存等满足电子签名法等法律法规规定的要求，确保其完整、准确、不被篡改。符合劳动合同法规定和上述要求的电子劳动合同一经订立即具有法律效力，用人单位与劳动者应当按照电子劳动合同的约定，全面履行各自的义务。

第二，云签约招商。受到新冠疫情的影响，云签约也成为商务合作的一种重要形式。2020 年 2 月 21 日，南京市重点招商项目以视频连线的形式完成了云签约招商仪式，此次共签订 67 个项目，涉及高端装备制造、生物医药、新能源汽车、人工智能等多个产业领域，投资总额达 1 039 亿元人民币。除了南京外，天津、上海、成都、无锡等地也相继进行了云签约招商。

第三，云签约购房。2020 年 2 月 13 日，恒大集团全面启动网上购房，三天内全国认购 4.75 万套，总价值 580 亿元。富力、世茂、禹洲等房企也相继开始实行，而且越来越多的房企加入网上售房的队伍中。网上购房告别了原先售楼部的沙盘和样板间，通过 AR/VR 技术或在线直播，消费者可以更清晰地体验到房子的质量。

四、不断提升数字化治理水平

《意见》指出："促进形成政企多方参与、高效联动、信息共享的现代化治理体系和治理能力。结合国家智慧城市试点建设，健全政府社会协同共治机制，构建政企数字供应链，以数据流引领带动物资流、技术流、人才流、资金流，有力支撑城市应急、治理和服务。支持民间资本参与水电路网等城市设施智慧化改造。结合国家区域发展战略及生产力布局，加快推进 5G、数据中心、工业互联网等新型基础设施建设。探索完善智慧城市联网应用标准，推进京津冀、长三角、粤港澳大湾区、成渝等区域一体化数字治理和服务。"

数字经济通过数字化治理手段可以促进经济发展和社会进步。数字经济具有数据依赖性、快捷高效性、高度流动性、交互渗透性、网络外部性和虚拟隐匿性的特点。在"云＋网＋端"的基础上，可以使人、网络和云计算能力相互连接，并使数字化治理水平得以提高（杨佩卿，2020）。

（一）发展现状

在数字时代，基于数据、面向数据和经由数据的数字治理正成为政府治理改革的最强引擎。为提高数字政府建设水平，营造良好数字生态，实现建设数字中国的发展目标，当前我国的数字化水平呈现以下特点：

（1）应用场景不断丰富。在新冠疫情的应急管理中，多地政府深化与市场的合作，将大数据、人工智能等数字技术应用于抗疫当中，从而有效地提升了社会治理和资源调配的反馈效率。与此同时，各地各部门积极推进基于数据资源融通的"互联网＋政务"服务，助力企业复工复产。例如，旅游业在新冠疫情时期的复工复产中，借助数字技术，打造"数字景区"，通过景区游前、游中、游后服务全面数字化，解决了既怕没游客，又怕游客太多的难题，提高了旅游等行业的活力，为刺激消费、对冲新冠疫情影响贡献了强大的数字力量。杭州千岛湖便是当时全国首个“无接触”数字景区的成功试点。

（2）数据融通共享的步伐加快。政务数据蕴含巨大的经济和社会价值，数字社会的健康发展有赖于政务数据的有序开放共享和有效开发利用。在“新基建”浪潮的背景下，5G、城市物联网、人工智能基础设施将加速部署升级，线上认证、不见面审批的方式将更为普及，“一网通办”“一码通行”或将成为社会治理的“新标配”，进而以需求为导向刺激各部门的数据加速融通共享。

（二）制约因素与发展趋势

1. 制约因素

（1）将数字技术应用到社会治理的普惠性尚面临数字鸿沟。数字化治理的红利在数字转型先行省市和后发省市之间存在推广差距，在数字化程度较高的行业领域和其他行业领域间也存在应用壁垒。与政府部门相比，社区基层组织的数字化治理存在覆盖盲区。

（2）数据孤岛、隐私保护、数据安全等数据共享“顽疾”依旧严峻。跨系统、跨组织、跨业务、跨应用、跨层级、跨地域的数据协同管理和共享共用机制尚未建立，数据共享的基础薄弱掣肘社会治理服务的优化和应急公共事件的处置。

2. 发展趋势

（1）畅通治理体系的基层应用。建设全要素、立体式的政府数字化服务联动机制，推进政务服务平台的全覆盖，将数字化治理体系下探到组织最基层和区域最末梢，确保政令流转通畅有效。推进智慧社区建设，发挥群众的主体作用，推进社区治理共建、共治、共享，加速基层治理的数字化转型。

（2）打通政务数据的流通闭环。各地政府要将“治理”和“服务”作为数字化治理的两条主线，加快推进政务数据汇聚，完善政务数据共享交换机制，推动数据资源的规范化流通，打通政府部门的数据流通闭环。

五、培育产业平台化发展生态

《意见》指出：“着力发挥互联网平台对传统产业的赋能和效益倍增作用，打造形成数字经济新实体。开展重大工程布局，支持传统龙头企业、互联网企业打造平台生态，提供信息撮合、交易服务和物流配送等综合服务。鼓励金融机构在有效防范风险的前提下，依法依规为平台提供金融服务。建设跨产业的信息融通平台，促进农业全流程、全产业链线上一体化发展。支持工业互联网平台建设推广，发挥已建平台作用，为企业提供数字化转型支撑、产品全生命周期管理等服务。发展服务衍生制造，鼓励电子商务、转型服务等行业企业向制造环节拓展业务。大力发展众包、云外包、平台分包等新模式。”

产业平台化能够实现不同部门之间的互联互通。运用数字技术，构建相互连接的产业网，通过产业内外部要素的结合，与客户企业、关联企业和竞争企业构成相互连接、相互依靠的产业网络，由政府部门、高校与科研机构及金融机构构成支持网络，促成彼此的发展，从而依托政策和技术，帮助企业在产业集群中实现自我定位，并为政府规划产业生态发展提供依据。

（一）发展现状

数字平台包括技术赋能、信息撮合、交易结算、物流配送、融资服务等多种类型的平台，具有广阔的市场空间，能够为经济增长和产业发展注入活力，并呈现出以下特点：

（1）从应用推广来看，数字平台在各行业的应用正逐步走深向实。随着数字孪生、边缘计算等新兴技术的应用深化，数字平台作为物理世界与数字孪生世界的桥梁，其作用日益凸显，而且变得更加务实。例如，聚焦行业痛点问题，将技术突破、模式创新与产业实际需求相结合，面向特定场景、具有更大价值的行业解决方案以及针对第一、二、三产业融通领域的系统解决方案正在不断涌现。

（2）从区域发展来看，发达城市的数字平台建设领先全国。北京、杭州、南京、上海、青岛、深圳等地方的数字平台建设依然领先全国，正逐步带动环渤海、长三角、珠三角等地产业的整体提升，为区域内资源优化配置、供需精准对接、线上线下高效互动等加速赋能。

（二）制约因素与发展趋势

1. 制约因素

（1）数字平台的治理与监管有待加强。在新冠疫情期间，数字平台成为人们生产生活的重要工具；与此同时，由于平台监管与治理滞后的问题，平台乱象也集中暴露，比如假冒伪劣产品流转于各大平台、虚假发货等诈骗行为频频发生、售后服务问题较为严重。

（2）数字平台的应用有待丰富和深化。当前的数字平台虽然在应用场景开发方面取得了突破性进展，但就其应用的广度和深度来说，当前的平台应用仍处于初级阶段，面临着描述性应用多、预测性和决策指导性应用少，单点应用多、协同应用少等问题。

2. 发展趋势

（1）挖掘培育应用场景。对数字平台应用的拓展和深化是未来数字平台发展的重中之重。结合“平台+5G”“平台+区块链”等新技术融合趋势，积极培育数字平台的应用解决方案。打通消费与生产、供应与制造、产品与服务间的数据流和业务流，探索协同办公、协同生产、在线服务等新模式。

（2）加强数字平台的治理与监管，优化数字平台的发展环境。在深刻把握数字经济、平台经济发展规律的基础上，厘清数字平台的责任与义务以及数字平台的履责范围，进一步明确面向数字平台的监管原则和执法标准。针对不同类型的数字平台，实行差别化监管、精准施策。

六、加快传统企业数字化转型步伐

《意见》指出：“助力降低数字化转型难度，发展线上线下融合的业务发展模式，提升企业发展活力。组织数字化转型伙伴行动，建立政府-金融机构-平台-中小微企业联动机制，发展普惠性‘上云用数赋智’。鼓励各类平台、机构对中小微企业实行一定的服务费用减免。培育一批数字化服务企业和创新应用企业，发挥引领带动作用。组织面向数字化转型基础软件、技术、算法等联合攻关。鼓励发展开源社区，支持开放软件源代码、硬件设计和应用服务。”

企业数字化转型是指企业综合运用互联网、大数据、人工智能等数字技术，全方位重塑战略思维、业务流程、组织架构和商业模式，构建以数据作为核心驱动要素的价值创造体系，实现与客户、员工、供应商、合作伙伴等利益相关者紧密关联、价值共创的过程，从而确保在日益激烈的市场竞争环境中获得核心竞争力和可持续增长。

（一）发展现状

在数字化对社会经济的冲击和颠覆中，互联网企业独占鳌头，而传统企业的总体表现还不够理想。基于此，传统企业必须评估自身的数字化成熟度，明确所处发展阶段并科学开展数字化转型。从整体上说，当前我国传统企业的数字化转型呈现以下特点：

（1）传统企业的数字化应用从管理、服务等共性环节向全流程深度渗透。在新冠疫情期间，受获客渠道锐减、供应链运转难、传统产品无法满足新兴需求等短板的影响，传统企业特别是中小企业的生存困境加剧，转而依托数字平台，从终端服务环节入手推动线上“数字化突围”。例如，一些企业利用电子商务平台拓展线上经营、精准营销、O2O 服务，一些企业基于移动办公平台开展协同办公、移动商务等远程业务。

（2）传统企业的数字化业务重心从“提质增效”向“开放共享”升级。数字化转型打通了企业全要素、全环节、全流程数据链，推动了产品与服务、硬件与软件、应用与平台趋向交融，促进了产业链各环节及不同产业链的跨界融合，最终形成开放合作的价值共创生态圈。

（二）制约因素与发展趋势

1. 制约因素

（1）转型路径不清晰。大部分传统企业对数字技术的了解不充分，不仅缺乏清晰的数字化战略和转型实施路线图，而且缺乏足够的数据平台或数字业务运营经验。

（2）转型资金缺乏。数字化转型是一项系统工程，其资金投入大、持续时间长，在短期内难以见效。对于计划转型的中小企业来说，它们面临着极大的资金缺口与不确定性。

2. 发展趋势

（1）完善要素保障，构建产业生态。整合“政产研用金”资源，依托联盟枢纽平台，为传统企业送技术、送市场、送智力、送资源，切实解决传统企业发展“痛点”。推动传统企业与金融机构、数据公司、评级机构等开展广泛合作，畅通融资渠道，创新融资产品，确保企业数字化转型的长期持续投入。

（2）加强顶层设计，优化政策环境。把握新一代信息技术在不同行业、环节、领域的扩散规律，针对不同领域企业的基础、阶段和水平的差异性，形成方法科学、机制灵活、政策精准的推进体系。针对传统企业数字化转型发展诉求，有针对性地实施奖励补贴、财政优惠、首台（套）采购等激励政策，提升传统企业数字化转型的积极性。

七、打造跨越物理边界的虚拟产业园和产业集群

《意见》指出：“实现产业供需调配和精准对接，推进产业基础高级化和产业链现代化。实施数字经济新业态培育行动，支持建设数字供应链，推动订单、产能、渠道等信息共享。支持具有产业链、供应链带动能力的核心企业打造产业‘数据中台’，以信息流促进上下游、产供销协同联动，保产业链供应链稳定，发展产业服务化新生态。支持出口园区和基地创新数字服务出口新业态新模式，大力发展数字贸易。”

产业集群是我国现代化经济发展的重要支柱。当前，我国的重点产业集群呈现聚集态势，形成了以新一代信息技术、高端制造、生物产业、新能源、新材料等为重点的产业集群（左文明和丘心心，2022），规模效应初步显现。产业集群是战略性产业链上下游企业及其要素配套的集合，涵盖了产业链、创新链、要素保障等系统集成。通过构建虚拟产业园，能够有效促进产业的上下游共享，运用数字技术支持产业的资金流通、物流流转和人员分配等（黄勇，2021）。

（一）发展现状

近年来，虚拟产业园的开发成为各地政府及企业追逐的“新宠”，在推动传统产业转型升级、激发区域经济发展活力等方面发挥了重要的作用。当前，我国的虚拟产业园发展呈现以下特点：

（1）发展方式从“虚拟为主”向“虚实融合”转变。越来越多的线下实体集群（园区）正通过建设支撑实体产业与虚拟产业融合发展的多样化数字平台，促进虚拟产业集群（园区）资源要素数字化、产业数据共享化、产业分工专业化、创新服务集约化、平台治理协同化，通过构建数字产业链，使更广范围的优势产业资源集聚。例如，京东陆续在山西、湖北、云南、江西等地落户新经济产业园，通过搭建线上产业创新平台，为平台用户提供统一的技术、物流、市场、运营、信息等产业资源，带动用户集聚线下实体园区，实现线上线下产业协同发展。

（2）发展重心从“要素服务”向“协同创新”升级。特定区域范围内的产业集群建设，主要面向集群内的企业提供土地、资金、厂房、设施等基本要素服务。当前，随着互联网平台的发展，虚拟产业集群（园区）在技术、人才、资本、市场、信息等产业创新要素集聚上取得明显突破，在产业链、供应链、创新链和价值链方面形成高度专业化分工，将逐步实现从基础性服务增值向跨主体、跨区域、协同化创新生态建设升级。

（二）制约因素与发展趋势

1. 制约因素

（1）集群的治理手段尚不成熟。虚拟产业集群（园区）是基于一定的产业关联和社会网络关系而形成的企业虚拟化集聚，建立在相互信任和互动的基础上，其内生协调机制较为松散，亟须在政府及部门的促进沟通、集群内领导企业各层级间的协调管理、集群创新资源的开放性交流以及集群行业的自律、监督、激励等方面加强建立配套治理机制。

（2）集群的运营能力有待提升。大多数虚拟产业集群（园区）仍处于规模化发展的初级阶段，创新链、服务链与产业链之间并未形成有机衔接，基于数据流打通的“虚”“实”集群建设进展缓慢，虽然初步形成了企业在线规模化集聚，但企业间通过“结网和互动”、以数据为驱动的网络化协同机制并未充分发挥作用。

2. 发展趋势

（1）提升网络化协同创新能力。引导集群内的企业形成学习交流、信息共享等机制，促进创新要素的自由流动，加快集群内部的知识扩散和技术外溢，推动产业发展从单一线性的个体创新向网络化的集群创新转变。

（2）促进虚拟集群与实体集群互动融合。突破网络边界限制，推动地理位置、产业特色相近的虚拟集群与实体集群开展合作，促进产业、科技、创新、管理、运营等方面的资源对接，通过线上业务实地落地等方式提升产业互联、业务互通、资源互助、信息互用，提升集群发展能级。

八、发展基于新技术的无人经济

《意见》指出："充分发挥智能应用的作用，促进生产、流通、服务降本增效。支持建设智能工厂，实现生产过程透明化、生产现场智能化、工厂运营管理现代化。发展智慧农业，支持适应不同作物和环境的智能农机研发应用。支持建设自动驾驶、自动装卸堆存、无人配送等技术应用基础设施。发展危险作业机器人，满足恶劣条件应用需求。试点探索完善智能公共服务新业态涉及的交通、食品等领域安全发展政策标准。"

无人经济以互联网络为基础，借助大数据、人工智能、物联网等传感技术，可以减少劳动力的耗费，同时降低成本、提高效率。随着我国人口红利的逐渐消失，无人经济及其相关技术的发展有利于我国应对劳动力结构的变化。

（一）发展现状

在中国经济进入高质量发展阶段的当下，无人经济已成为产业发展的关键创新点，对于推动行业的创造力发展十分有益。在 2015 年后，随着物联网、人工智能等技术的全面发展和普及，我国进入了一个新的无人经济时代。目前，我国的无人经济呈现出以下特征：

（1）应用内涵和场景日益丰富。无人经济先后经历了以自动售货机为主要形态的前无人经济时代、引入移动支付手段的网络无人经济时代。当前，无人经济发展呈现百花齐放的局面，新的技术手段、新的商业模式、新的参与主体加速涌现，我国正处于新无人经济时代。当前，无人经济主要包括无人生产、无人服务两大类别。无人生产面向生产领域，包括无人工厂、无人车间、无人仓库等模式；无人服务面向消费领域，涉及零售、生活、娱乐、健康等领域。

（2）区域布局正逐步从一二线城市向三四线城市拓展。在新冠疫情期间，无人零售、无人物流等新业态与新模式逐步被更多用户接受。随着三四线城市用户红利的逐步释放，无人经济的新业态与新模式正逐步从一二线城市向三四线城市拓展。

（二）制约因素与发展趋势

1. 制约因素

（1）市场监管机制仍不完善。现行法律和市场监管还不健全，无人经济的范围边界、业态性质、准入条件等标准还不明确，监管部门的职责也不明确，经营者、消费者的权利与义务等问题仍处于模糊甚至空白地带。

（2）使用群体受到一定限制。所有的无人服务都需要使用者对 App 软件、移动支付、智能手机等有一定的了解和操作能力，在大多数情况下，只适用于青年人或有一定文化基础且愿意接受新鲜事物的人群，对于老年人以及文化层次较低的消费人群，他们在短时间内无法融入无人经济。

2. 发展趋势

（1）加强监管与治理，优化发展环境。我国应加强无人经济的基础理论研究，明确无人经济的范围边界、业态性质、标准规范等；加快制定完善无人经济的相关法律法规，明确监管责任部门和准入条件，规范经营者、消费者的权利与义务。

（2）加强宣传引导，提升全社会的数字素养。新闻、广播、影视、文化等机构和团体应发挥各自优势，加速推动无人经济的科普工作。

第三节　数字经济的新业态与新模式在经济发展中的作用

随着数字技术不断深入购物、教育、医疗等领域，各种新业态与新模式接连涌现，从而转变了人们原有的生产模式和生活方式，也改进了企业的要素配置方式，还提高了总体的经济运行效率。

第一，拓宽产业发展空间，提高产业发展效益。新业态与新模式推动了产业跨界融合、升级换代，并直接生成新产业，衍生出传统产业发展的新方向，促使现有领域衍生出新环节、新活动，并使产业发展空间得到拓展；新业态与新模式多元化、多样化、个性化的特点进一步拓展了需求新空间、激发了消费新潜力，促使消费市场的规模扩大，进而带来了产业规模经济的快速实现。

第二，推动产业组织方式变革，提升产业发展效率。新业态与新模式通过生产、流通和交换变革，形成了数字化、网络化的供应链平台，从而引导企业改进原有的生产方式和业务发展模式，有效驱动各要素的快速配置、网络共享、集约整合、协作开发和高效利用，实现了产业链分工的高效协同与沟通。

第三，创新驱动发展，培育产业发展新动能。新业态与新模式推动新型创新要素不断涌现，催生新的资源要素和组合模式，创建出巨大的新价值链，加速了产业要素的裂变、融合、重构，形成了产业发展的新动能和新增长点。

第四，绿色开放共享，实现产业生态化升级。新业态与新模式充分发挥了数据要素具有的可复制、可共享、无限增长和供给的禀赋，打破了传统生产要素有限供给对产业发展的制约，能够为可持续发展赋能。与传统产业相比，新业态与新模式具有数字化程度高、生产周期短、消费门槛低的特点，不会出现明显的边际成本递增，甚至还可能随着产值规模的扩大，使生产成本增加的幅度越来越小。这将大大缓解能源资源和环境约束的压力，也不容易导致供给过剩。此外，新业态与新模式还有助于社会闲余资源以集约共享的方式统一调配，通过柔性生产、个性定制等生产环节重塑，实现投入与产出的精准控制，最终实现清洁生产。

第四节　数字经济的新业态与新模式发展存在的制约因素

从总体上看，虽然数字经济的新业态与新模式为我国经济的高质量发展赋予了新动能，但由于数字经济尚处于初级发展阶段，因而在现实应用中，依旧存在一些制约因素与困境。

(1) 复合型人才储备不足。数字技术的不断更新迭代和新产业模式的不断融合发展，对服务企业数字化转型的高端人才提出了更高的要求。然而，当前我国高校、科研院所等培养的复合型数字人才的数量与质量均不能满足企业数字化转型的用人需求，高端复合型数字人才的匮乏已成为制约企业数字化转型的关键短板。与此同时，高端人才的培养体系不完善，使得新兴技术人才和创新型人才的发展受限。此外，随着数字化转型的逐步深入，除去基本的计算机编程能力，企业还需充分发挥人才在技术创新、管理运营、战略规划等方面的综合能力，这使得复合型人才在数字化转型中的作用尤为重要。

(2) 关键核心技术的有效供给不足。近年来，中国数字科创的创新能力显著增强，不少前沿领域开始进入并跑、领跑阶段，但芯片、操作系统、核心算法等关键核心技术仍存在受制于人的情况。比如就操作系统来说，尽管近年来国产桌面操作系统取得了较大发展，但谷歌的安卓系统、苹果的 iOS 系统、微软的 Windows 系统仍处于垄断地位。其他诸如芯片、核心工业软件等与欧美发达经济体相比，也均有明显差距。关键核心技术受制于人，不仅影响了数字经济的新业态发展及其赋能产业融合的安全性、稳定性，而且增加了被外部因素制约、冲击的风险。

(3) 网络基础设施建设存在地区差异。近年来，中国信息网络基础设施建设取得了重大成就，网络供给和服务能力显著增强，但区域发展不平衡的问题仍然存在。与社会经济发展的实际需要相比，一些地区的网络基础设施相对薄弱，网络供给和服务不易获得，而且稳定性较低，因而使用成本较高。网络基础设施需要与传统基础设施协同推进、共同发力才能有效发挥载体的赋能作用，与此同时，网络基础设施建设需要政府部门的资金和政策支持，但一些地区由于财政短缺、对数字化建设的重要性认识不足，导致网络基础设施建设较为落后，并且与传统基础设施不配套或不匹配，因而网络基础设施闲置与供给不足有时会同时存在。此外，由于网络技术的更新迭代较快，因而在建设过程中可能存在设施落后于需求的情况，也会导致在这方面支出较大的成本。

（4）新业态与新模式的监管制度不健全。新兴领域是创新、资本、人才最活跃的地方，但往往也是现行法规制度未能有效覆盖的“法外之地”，而制度滞后于市场发展的空白期就是行业乱象爆发的高峰期。在新个体经济方面，直播带货是当下的现象级风口，面对不断刷新的销售纪录以及动辄破亿元的销量榜单，网红主播、企业大佬、文娱明星纷纷加入直播卖货的行列，而产品质量差、无售后服务、不正当竞争等行业乱象层出不穷，将消费者权益立于危墙之下，导致行业的长远发展面临巨大考验。

第五节　数字经济的新业态与新模式的推进政策及发展趋势

当前，数字经济的新业态与新模式正处于“新旧交织、破立并存”阶段，对政策制度和监管方式提出了更多新要求。为进一步推动数字经济的新业态与新模式的高质量发展，我国应在数字领域的制度创新上大胆探索，努力破解在新生产生活场景中存在的制度瓶颈。与此同时，我们应坚守安全和质量底线，同步创新监管模式，及时引导和处置出现的问题，辩证地借鉴国外的相关经验，保障数字经济的新业态与新模式的健康发展。

一、推进政策

（1）政策出台要因地制宜，对不同地区应实施不同的政策。政策应该有计划、有次序地推进数字经济新业态发展。经济较为落后的地区因存在高端人才流失严重，基础设施建设薄弱，数字经济新业态发展的资金压力大、融资成本高等问题，政府可以通过设立专项资金，在资金和技术上给予相关地区更多的支持，采取试点的方式，引导更多企业参与数字经济的发展，从而帮助数字经济在该地区逐步推进。对于东部经济较为发达的地区，因其数字经济企业的占比较高，对政策的需求也较多，应该在技术研发、人才培养、数据保护方面给予较大力度的政策支持。

（2）优化业态治理方式，进一步激发市场创新能力。新业态与新模式的发展往往会对传统业态的运行模式、流程等进行深层次变革，不可避免地要对监管政策提出新要求。传统业态“按行划片”管理方式对线上线下融合的新业态与新模式发展形成了制约，需要探索完善的管理政策，以促进新业态与新模式的健康发展。

（3）加强新基础设施建设和数字技术人才培养。一方面，我国应加快部署新一代信息基础设施，提高大数据、5G、人工智能、智慧城市、工业互联网、区块链、北斗导航等应用型数字基础设施的普惠服务能力，推动无人化、协同化、公用化、智能化数字基础设施的统筹规划和共建共用。另一方面，积极推进数字技术人才的培养。我们应该强化企业的数字化思维，加强对企业管理决策层和普通员工的数字管理能力、数字技能的培训等，同时构建完备的高端数字人才培养体系与激励机制，保障数字经济新业态的发展有充足的人才储备。

二、发展趋势

1. 国外数字经济新业态的发展趋势

全球主要国家都在加快政策调整，它们的战略布局与落地实施也在同步推进，为数字经济的发展营造了良好环境。从整体上看，全球数字经济战略的动向呈现出以下特点：数字经济发展战略的层级不断提升，诸多领域的政策以顶层设计的形式陆续出台；数字经济发展战略的焦点更加集中，数字技术、数据要素、融合发展等成为战略重点；数字经济发展战略加快落地，各国以多部门协作机制、发布指南与路线图等方式推动数字经济实施见效；数字经济发展战略的主体日渐丰富，除发达国家外，新兴经济体也在加快相关的战略布局。①

从发达国家的数字经济发展战略具体布局来看，美国的数字经济将继续以高科技和研发能力为主要导向，致力于发展人工智能、云计算、物联网等前沿领域的数字经济。近年来，美国持续关注新一代信息技术的发展，并分步骤颁布了《联邦大数据研发战略计划》《国家人工智能研究和发展战略计划》《为人工智能的未来做好准备》《美国机器智能国家战略》等政策，有效促进了数字经济的发展进程。欧盟将数字经济的发展方向放在打通各成员的数字壁垒、实现地区内整体数字经济发展之上。自 2015 年以来，欧盟陆续发布《数字化单一市场战略》《塑造欧洲的数字未来》《欧洲数据战略》等文件，旨在从制度和技术上实现欧盟内部统一的数字经济发展框架。与此同时，其发展目的是为了构建一个公平竞争、开放民主、造福人民的数字经济社会（董超，2021）。未来，德国预计依旧以工业发展为核心，并逐步完善数字经济发展。2016 年，德国联邦政府发布“数字化战略 2025”，强调通过企业数字化来促进传统产业的转型，提倡不同部门和不同行业的智能智联，形成开放的创新平台，同时积极促进企业与政府的协同合作，增加对中小企业的补贴和扶持，从而能够更好地利用信息技术。2018 年，德国政府详细划分了以工业发展为核心的五个数字经济行动领域，即数字技能、信息基础设施、创新和数字化转型、数字化变革中的社会和现代国家，从而推进了数字化的发展。

与发达国家不同，新兴经济体是针对具体领域制定专项发展政策。印度凭借区

① 中国信息通信研究院．全球数字经济白皮书（2022 年），2022-07-29.

位优势发展数字海事。印度背靠欧亚板块又深嵌印度洋，拥有东西两侧长达 7 000 多公里的海岸线，但港口物流面临效率低下等问题，基于此，印度发布了《印度海事 2030 年愿景》，将使用人工智能、机器学习等技术，简化主要港口流程，提高港口物流效率。印度尼西亚依托金融科技发展潜力加速金融领域数字化转型。自 2016 年起，印度尼西亚开始发展金融科技，而 2020 年新冠疫情的暴发加速了居民和企业对金融科技的接受程度，印度尼西亚发布了《银行业数字化转型蓝图》，旨在加快金融领域的数字化发展。

2. 我国数字经济新业态的发展趋势

我国的数字经济发展正转向深化应用、规范发展、普惠共享的新阶段。面对新时期、新形势和新挑战，数字经济的新业态与新模式将在培育发展新动能、提升经济质量效益方面大有可为。

（1）数字经济的基础设施建设进一步加强。数字经济的基础设施建设是数字经济新业态的发展基础。从未来的发展趋势来看，我国要加强数字经济基础设施在软件设施、云计算能力、网络新型基础设施部署、区块链和元宇宙等方面的能力，不断夯实移动化、平台化、智能化的基础支撑架构；从软件设施来看，我国应提倡数字经济在国产基础软件上的发展，从而强化我国软件操控的安全性，比如在操作系统、数据库等软件上增强自主研发能力；从云计算能力来看，我国要增强算法算力等能力，构筑人工智能、计算机视觉、自然语言处理、智能语音等方面的自有算法模型；从网络新型基础设施部署和区块链方面来看，我国应进一步部署分布式数据存储、增强 Web 3.0 技术，推进“区块链＋”的技术研发和应用落地，推进以 NFT 等技术为支撑的商业模式的开展；在元宇宙方面，要发展人机交互、虚拟数字人等核心技术，致力于打造具有影响力的元宇宙应用。

（2）数字经济的产业发展应进一步提升。数字经济新业态的发展离不开各个产业的支撑，在数字健康、智能制造、数字零售、数字金融等产业中，数字经济仍会迸发出较强活力。在数字健康领域，我国应继续加强数字经济对医疗健康等领域的支撑，以 5G、人工智能、大数据为基础，做到精准治疗、健康疗养；在智能制造方面，我国应实现制造业的数字化转型，利用数字经济的相关技术，将互联网平台应用到制造业中，打造制造业在研发、生产、销售各个环节的精细化操控和柔性制造，从而推进上下游制造产业链的协同；在数字零售方面，我国应促进商业和数字经济新业态的结合，实现营销精准化、运营精细化、管理智能化，通过打造线上线下一体化模式，推进服务朝着多样化和个性化方向发展，促进零售新业态的发展；在数字金融领域，我国应推进人工智能、大数据、区块链等技术赋能金融科技应用，创新金融服务模式，推进金融服务在交易、风控、支付、清算等各个环节中有序发展。

（3）数字经济的多要素发展应进一步拓展。数字经济新业态的发展必然会催生数据产品、数字内容、数字贸易等多要素发展方向，培育和健全这些要素发展，是数字经济新业态的重要步骤。从数据产品的发展方向来说，我国要统筹协调数据产业各个环节的布局，健全数据要素的产业生态，支持从事数据采集、清洗、标注、交付、咨询的相关企业；从数字内容来看，我国应推进数字内容产业的发展，加快推进图形引擎、裸眼3D、虚拟数字人等技术的发展，支持基于新交互体验的用户创造内容（UGC）和多频道网络（MCN）的发展，打造具备竞争力的数字IP；从数字贸易来看，我国要推进云服务、跨境电子商务等数字贸易行业的发展，强化知识产权、文化服务、语言服务等业务的国际化能力，培育具备国际竞争力的国际化数字贸易企业。

本章小结

新业态与新模式根植于数字经济发展的土壤，它是以数字技术创新应用为牵引，以数据要素价值转化为核心，以多元化、多样化、个性化为方向，经产业要素重构、融合而形成的商业新形态、业务新环节、产业新组织、价值新链条，是关系数字经济高质量发展的活力因子，具有强大的成长潜力。

从总体上看，虽然数字经济的新业态与新模式为我国经济的高质量发展赋予了新动能，但它尚处于初级阶段，在现实应用中，依旧存在一些制约因素与困境。对于我国数字经济的新业态与新模式的未来治理，应聚焦于分层分类治理政策、优化业态治理方式、加强新基础设施建设和培养数字技术人才等方面。

全球数字经济的战略动向呈现出新特点，国内外数字经济的新业态与新模式的发展阶段和侧重点存在一定的差异。

练习题

1. 数字经济的新业态与新模式有哪些方面？你能举出现实中的例子吗？
2. 数字经济的新业态与新模式有哪些制约因素？
3. 你认为应如何推动数字经济的新业态与新模式的发展？
4. 国内外数字经济的新业态与新模式的发展趋势有何差异？

第九章
企业数字化转型

教学目标

1. 掌握企业数字化转型的概念
2. 了解企业进行数字化转型的驱动因素
3. 了解企业数字化转型的重点任务和面临的挑战
4. 了解企业数字化转型进程中组织变革的现状和方向

导入案例

《"十四五"数字经济发展规划》明确提出：要加快企业数字化转型升级，引导企业强化数字化思维，提升员工数字技能和数据管理能力，全面系统地推动企业研发设计、生产加工、经营管理、销售服务等业务的数字化转型。在商业实践中，数字化转型同样如火如荼。2020 年，美的集团确定的核心战略就是全面数字化和全面智能化，要把全部产品用软件来定义，用内容来增强用户的服务，借以改变美的集团的交互方式。目前，数字经济蓬勃发展，企业作为社会经济体系中的重要微观主体，它需要做出何种改变？这些改变如何实现？这些改变又会对企业产生何种影响？为了了解企业在数字经济时代中的变化，就需要学习本章关于企业数字化转型的内容。

企业是市场经济中的重要主体。企业的生存发展与整体经济发展密切相关。企业有活力，整个宏观经济就会充满活力。在数字经济快速发展的背景下，推动企业进行数字化转型，让企业的生产、经营和管理与数字经济深度结合，提高企业的生产效率，就构成了发展数字经济的重要微观基础。

自 2020 年以来，受新冠疫情的冲击，全球各类企业的数字化转型进程大大加快，无论是大型企业还是中小企业，无论是国有企业还是民营企业，都在努力尝试数字化转型。本章尝试讨论企业数字化转型的含义和主要内容，驱动企业进行数字化转型的主要力量，企业数字化转型的现状和挑战，并从组织视角分析企业数字化转型与组织变革的关系，最后总结中国和其他主要国家推动企业数字化转型的政策与举措。

第一节　企业数字化转型的含义

一、企业数字化转型的内涵

（一）数字化和企业转型

中文概念的“数字化”在英语语境下有两种定义，分别是 digitization 和 digitalization。其中，digitization 是狭义的、纯技术上的数字化，而 digitalization 是广义的数字化，强调的是数字技术对商业模式的重塑，从信息技术发展而来的数字技术，不再只是单纯地解决企业的降本增效问题，而成为赋能企业商业模式创新和突破的核心力量。

企业数字化转型的内涵由两部分组成，即“数字化”和“企业转型”。其中，数字化是信息化的升级和迭代，是运用数字技术将企业内外部的信息转化为数字、数据的过程，也是 IT（information technology，信息科技）向 DT（data technology，数据科技）转化的过程。落实到企业运营管理上，企业数字化就是将企业运营管理的全过程在计算机世界中进行全方位模拟，再将数据反馈到现实世界，用以指导企业的决策、影响企业的行为并推动企业的业务增长。

企业数字化转型强调企业在数字化转换、数字化升级的基础上，进一步触及企业核心业务，以新建一种商业模式为目标的高层次转型。企业将数字科技与生产发展深度融合，实现人、物、场景、流程、数据的数字化，提高企业数据存储和分析的能力，通过数字平台对所有参与主体和流程进行集中管控及连接，然后在持续积累和高效利用数据的基础上，实现企业流程、企业组织、企业研发生产以及商业模式革新的微观转变过程（肖静华，2020；吴非等，2021）。我们可以发现，“数字化”注重提升企业的运营效率，它是手段和路径，而“转型”注重企业商业模式的转变，用以在未来赢得商业竞争，它是目标和导向。

（二）如何理解企业数字化转型

自 2015 年企业数字化转型开始走入人们的视野，那时的我们尚未到达“数字化”阶段，而是将其理解为“企业信息化”。近年来，随着我们对数字化形态变化和数字化商业价值的认识越来越深入，传统行业纷纷开始数字化转型升级。与此同时，作为以数字为核心的互联网企业，它们也在进一步发展。就如平台经济已由最初的常规发展开始向普惠性、共融性、共赢性、秩序性转变。此外，很多传统企业也在互联网企业的带动下开始了数字化转型发展。随着数字化转型实践的不断深入，人们对企业数字化转型也产生了不同的理解。有人认为，企业数字化转型的本质是以数据要素驱动企业高质量发展（何帆和刘红霞，2019）；也有学者指出，数字化转型要求企业实现从工业化到数字化的系统性转变（肖静华，2020）；还有学者认为，企业数字化是指在构建数字系统的基础上将企业的运营架构、组织管理以及生产过程等纳入其中，并形成新的价值创造（裘莹和郭周明，2019），驱使企业跳出传统的工业化逻辑，实现企业管理趋向网络化、商业模式趋向精准化、运营模式趋向高效化的转型升级（刘淑春，等，2021）。

由此可见，现有研究对于数字化转型的阐释角度较多。这是因为企业数字化转型是一个正在发生并不断深化的过程，对于其内涵的理解与阐释也会不断变化和更新。通常说来，对于企业数字化概念的理解可以分为以下三个层次：一是管控数字化，即企业以现有信息化系统为基础，结合所在行业的特点，实现内部经营管理的数字化。然后，企业通过对管理模式、业务流程以及组织结构的调整和优化，实现管控数字化。二是业务数字化，即实现企业生产业务及相关领域的数字化。业务数字化的具体方式应根据行业特点确定。例如，机械装备制造业或化工行业需要优先考虑智能制造、工业互联网等生产端的数字化技术；面向大众消费的行业要优先考虑零售终端和客户管理的数字化升级；投资类企业需要优先考虑大数据分析、云计算等技术。三是数字产业化，即在前两者的基础上，企业充分利用自身在行业内的优势，通过数字技术对外赋能，借助自身数字化转型的成功经验，为同行业其他企业提供数字化转型咨询服务，即为该产业的数字化发展提供数字技术、产品、服务、基础设施和解决方案。

二、数字化转型的四种实践方式

（一）数字化营销

数字化营销是使用数字传播渠道来推广产品和服务的实践活动，因而它能以一种及时、相关、定制化和节省成本的方式与消费者进行沟通。从企业的角度来说，消费者流量运营将成为数字经济时代营销管理的核心内容。首先，利用大数据技术，企业需要将各个渠道的数据进行匹配，从而识别出潜在用户，然后将各个渠道的消费者流量转化为用户。其次，针对每一个用户或者每一类有着共同特性的用户，进行精准营销，从而让用户的生命周期价值最大化。最后，企业需要社交互动三大能力。数字化营销是更为重视消费者互动和消费者自发性的一种营销理念。虚拟现实（virtual reality，VR）和增强现实（augmented reality，AR）等技术结合智能终端的应用，可以让用户实现沉浸式的情绪体验，从而在社交互动中充分挖掘用户需求。比如车企推出的3D线上展销，就利用了VR、Web全景和3D技术，打造了永不落幕的汽车线上展厅，为汽车线上营销开辟了新的道路。

（二）数字化制造

数字化制造是企业通过消费者的反馈，及时收集各种信息，然后对产品信息、工艺信息和资源信息进行分析、规划及重组，借助融合了数字化技术和制造技术的手段，在虚拟现实、计算机网络、数据库和多媒体等技术的支持下，实现对产品设计和功能的仿真以及原型制造，进而快速生产出满足用户需求的产品的整个制造过程。

数字化制造是企业对生产制造流程进行数字化转型的目标，它是制造技术、计算机技术、网络技术与管理科学交叉融合的结果，也是制造系统与生产系统不断实现数字化的未来趋势。例如，美的集团从2015年开始在内部全面推行C2M模式，从传统的“以产定销”转型为“以销定产”，让消费者数据驱动企业的经营生产。这种以客户为导向的产销模式在美的集团内部被称为“T＋3”模式，即把产品从下单到交付分为4个阶段——下单、备料、生产和发运。“T＋3”模式的所有订单均来自一线，在接收到订单后，工厂才组织备料、生产和发运。标准化、通用化、柔性制造的产品生产流程既缩短了交货周期，又降低了企业库存成本。

（三）数字化管理

数字化管理是利用工业互联网打通内部各管理环节，旨在打造数据驱动、敏捷高效的经营管理体系，同时推进可视化管理模式的普及，并开展动态市场响应、资源配置优化、智能战略决策等新模式应用探索。例如，阿里巴巴的钉钉和腾讯的企业微信等软件，能够实现企业内部的各种功能和企业之间的互联互通，从而推动企业实施数字化管理。利用企业微信的功能，中国电信也建立了企业内部通讯录，将全体员工纳入系统化、标准化的管理流程中，高效解决了居家办公的“数据断连”问题，全面提升了企业协同能力。通过企业微信的OA应用（如工作群、音视频会议沟通、打卡、审批等日常办公功能转移），企业实现了移动办公，优化了工作流程，并让管理层的决策更高效。

（四）数字化创新

数字化创新是企业利用数字化基础设施，依托产品平台，与外部开发者、用户等形成创新生态系统，通过整合及利用不同层级的数据资源形成独特的价值路径，企业与开发者、用户共同开展创新产品设计和改进产品技术等活动，也就是各方共同创造价值，进而增强企业的持续竞争优势。数字化创新是不同主体对数字化资源进行重新组合的活动，其目的是产生新的产品、服务、流程或商业模式。

便利蜂是近年来发展速度极快的一家便利店品牌，截至 2021 年底已在全国开设了 3 000 多家门店。2020 年，便利蜂在北京的 500 家便利店整体盈利，而全时便利店在北京有 300 家店永久倒闭，这无疑形成了鲜明的对比。两者商业模式的关键差异在于，便利蜂将门店每天要做的近千个决策全部交由计算机通过人工智能技术、大数据、物联网技术等数字技术来完成，而原来负责决策的店长和店员全部转为执行者，当计算机决策错误时就对计算机进行惩罚，让计算机在商业实践中不断学习。通过这些数字化手段，便利蜂极大地缩短了店长的培养时间，也把固定成本降到非常低，从而在商业实践中获得了成功。

第二节　企业数字化转型的驱动力量

一、驱动数字化转型的技术条件

（一）物联网技术与设备数据采集

在工业 4.0 被提出后，越来越多的企业开始关注空间和设备的智能化，从而有了智能工厂、智能车间和智能生产线的重构设计及应用。智能空间和智能设备离不开物理层的数据采集。如果真正按照智能工厂的概念设计，除物理层的数据采集外，还需要智能伺服系统，就是当空间或者设备的运营指令传达给智能控制器时，操控物理层的设备做出相应的调整，实现无人干预的智能控制。这种反向控制设备的系统被称为“反向伺服”，它根据智能分析得到的指令对设备的运行进行实时调控。

目前，有关备数据采集的技术相对成熟，能够针对设备的各种运行状况进行高效的实时数据采集，包括对设备或者装置运行中的温度、压力、流量、频率、转速、磨损等指标进行实时采集，从而分析和判断机器设备或者装置的运行情况。但在智能反向伺服方面，智能化的实现程度有待进一步提高，未来会有越来越多实现数据闭环的设备。

（二）大数据分析和挖掘技术

数字技术的核心是从数据中分析和挖掘出信息、规律，形成对现实世界的感知和认知，然后通过数据分析和挖掘做出判断，并形成行动方案，指挥相关的业务部门或者业务活动，从而做出更有效的行动，再借助数据采集对采取的行动进行检测，形成反馈机制，而后不断优化感知、认知和判断，优化行动方案，最终更有效地对外部世界做出响应。因此，数据分析和挖掘技术是数字技术的核心，没有对数据的分析和挖掘，就不会有数据价值的产生。

目前，大数据算法主要是基于数学、统计学、运筹学、计量经济学等学科沉淀的数据分析方法。随着大数据技术的发展，新的算法将被开发出来，而且会有越来越多的算法被应用。目前，大多数算法是分类算法和关联算法，还有少数算法是基于数学的预测算法。例如，客户画像就是一种分类算法，它根据客户的各种典型特征来匹配产品和服务的典型特征，从而能够形成更精准的产品或者服务推荐，其目的是更好地匹配客户需求，以便更好地撮合交易。

（三）区块链技术

区块链技术的核心机制为分布式记账机制和智能合约机制。分布式记账机制可以在区块链上一台记账机失效后让其他机器自动填补，从而确保账面数据一致，不会丢失数据。分布式记账可以采用公开、透明的方式，也可以采用加密的方式。在分布式记账机制下，虽然账本记录在服务器上，但其他人没有办法解密，只有在需要证伪时才可以用区块链技术的解密算法进行验证。不能事后人为干预的智能合约机制能够确保一旦签署智能合约后，系统就会自动执行，无法人为干预。利用区块链技术的上述优势便可构建出虚拟数字世界中的一种去中心化的信誉约束机制和信用保全机制。现实生活中，在中心化的信用保全机制下，一旦中心化记账者违约，则无法保证相关者利益，而区块链技术可以有效避免这种情况。

目前，区块链技术可以采用公有链、私有链和混合链。区块链技术已经在社会上被普遍采用，并起到了非常好的效果。未来，区块链技术会越来越普及，特别是在算力提升后，区块链会有更多的发展空间，比如在多方参与的产业链大数据项目上。

（四）云计算技术

云计算技术是未来三大核心竞争力之一，强大的算力能够支撑规模化企业的数字化转型。借助强大的算力，云计算技术能够实现每秒亿级数据的处理。阿里巴巴和腾讯在超算方面拥有领先技术。在每年的“双十一”期间，每秒上亿元订单的处理能力是阿里巴巴的技术优势，而在春节期间，人们相互问候发微信，腾讯能够在服务全球近十亿用户时游刃有余，这些都是强大的算力在发挥作用。

云计算是最先普及的一种服务，现在各种云计算市场得到了快速发展，从最早开发出来的 AWS，再到中国的阿里云、腾讯云、浪潮云、华为云、联通云、电信云、移动云、百度云等，这些服务为企业的算力需求提供了强大的保障，而不需要它们部署大量的服务器并增加运维成本，企业只需要根据需求，在虚拟技术的支持下不断扩展即可。

二、驱动数字化转型的宏观经济环境

（一）顺应国际经济发展的趋势

近年来，国际环境发生了复杂而深刻的变化，一场始于数字化信息科技革命的时代变革正从技术领域拓展到经济、社会、文化等领域，成为重塑经济模式、社会治理模式，甚至国际竞争格局的结构性力量。数字经济逐渐成为全球经济发展中必不可少的助推力和新引擎。新一轮全球科技革命和产业变革正蓄势待发，从欧美等工业发达国家率先发起的第四次工业革命以新一代信息化技术为引领，正在全球范围内蓬勃兴起，这个历史机遇前所未有、稍纵即逝，国内企业应顺应国际发展趋势，乘势而上、顺势而为、应势而动、因势而谋。在数字化转型大潮中，企业如逆水行舟，不进则退。如果不进行数字化转型，那么企业将会被用户抛弃、被竞争对手超越、被市场边缘化，以致最终出局。

（二）紧跟国家发展战略的需要

随着我国经济的发展，数字经济已深刻融入国民经济的各个领域，在优化经济结构、合理配置资源、促进产业转型升级等方面的作用日益凸显，中国即将全面迈入数字经济时代。党中央、国务院高度重视数字经济与实体经济的融合发展，多次做出重要指示，强调要大力推进互联网、大数据、人工智能等新兴技术和实体经济的深度融合，发展数字经济、共享经济，培育新的经济增长点，形成新的发展动能。党的十九届五中全会审议通过了《中共中央关于制定国民经济和社会发展第十四个五年规划和二〇三五年远景目标的建议》，其中数字经济核心产业增加值占 GDP 的比重指标要从“十三五”期末的 7.8%增长到 10%，增长率达 28%，这体现了我国坚定发展数字经济的决心。

（三）经济下行和市场竞争加剧的压力

2021 年的中央经济工作会议首次提出我国经济发展面临“需求收缩、供给冲击、预期转弱三重压力”。从短期来看，“三重压力”表现为消费与投资需求恢复偏缓、企业生产成本上升以及居民与企业的预期指标下滑。从中长期来看，“三重压力”实际上源于中国经济近年来在经济稳定、经济结构转型与长期经济增长三个层面所面临的持续压力。中国整体经济面临的压力对所有行业都产生了较大的影响。此外，中国市场的竞争日趋激烈。中国市场上的企业大多通过价格战的形式进行竞争，这种竞争形式导致市场竞争异常激烈，而近年来数字技术的应用对于市场份额有显著的提升。例如，在空调行业，美的集团运用数字化营销的手段实现了市场份额的提升，超越了更注重线下门店营销的格力。数字化转型可以帮助企业提高生产效率，有效应对企业面临的竞争压力。

三、驱动数字化转型的企业内在动因

（一）数字化转型是实现提质增效的重要手段

有关数字化转型的新一轮科技革命和产业变革引发了企业技术范式的重大转变，以云计算、大数据、物联网、人工智能为代表的新一代信息技术正在向各行业和各领域广泛渗透，成为企业转变生产方式、提高质量效益的强大动能。运用数字技术对企业进行全方位、多角度、全链条的改造，促进企业生产要素数字化、生产过程柔性化、系统服务集成化，是推动企业实现质量变革、效率变革、动力变革的重要途径，对提升企业核心竞争力、实现高质量发展具有至关重要的作用。

《2021年度中国企业人力资源数字化成熟度调研报告》显示：目前已有约55%的企业至少在流程上进行了数字化转型，更有7%的企业已开始熟练运用人工智能等技术，基于数据分析指导决策。掌握数据分析能力的HR数量，在5年内增长了242%，特别是从2019年开始突飞猛进。人力资源数字化成熟度的提升，为企业决策提供了科学依据，可以帮助企业节约成本、提高业绩。

（二）数字化转型推动模式创新和业态创新

数字化转型是工业经济向数字经济的转变，它释放了企业内生发展的动能，有助于催生新技术、新业态、新模式。将数字技术引入企业的生产运营体系，可以推动企业的业态模式、管理模式、商业模式等发生系统性重塑，为企业的高质量发展开辟了新的空间。越来越多的企业探索利用大数据、工业互联网、物联网、云计算、人工智能等数字技术进行智能制造、在线监测、远程运维，建立了“无人车间”“智能工厂”“黑灯工厂”等数字化生产模式，推动了平台经济、共享经济、无人经济等新业态不断涌现。

例如，便利蜂就将门店的经营决策交由计算机通过人工智能、大数据、物联网等数字技术来完成，将原来负责决策的店长和店员全部转为执行者，从而缩短了店长的培养时间并减少了门店的维护、装修等固定成本。通过这些数字化手段，便利蜂在新冠疫情期间仍然获得了整体盈利，并在商业实践中获得了成功。

（三）数字化转型释放了企业的数据要素红利

数据既是企业内生发展的重要生产要素，又是驱动企业高质量发展的“助燃剂”。《中共中央、国务院关于构建更加完善的要素市场化配置体制机制的意见》明确提出，加快培育数据要素市场。数据要素作为一种新型生产要素，打破了土地、资本、劳动力等传统要素的有限供给约束，具有规模经济和范围经济效应，能够全面提升企业要素资源的配置效率和水平，已成为企业创造新价值的重要驱动力。要推动企业高质量发展，就必须发挥数据要素的重要作用，促进数据要素市场化，推动数字经济与实体经济的深度融合。

力维智联是将大数据技术与实体经济相融合的代表企业之一，其开发的 Sentosa 零代码数据建模与分析平台，向下封装了人工智能、大数据、知识图谱、数理统计、数学优化等近 200 种算子，大大压缩了大数据的开发周期。该平台不仅能够加速企业数据智能产品和服务的开发迭代，而且能够助力传统企业开展数据分析与决策，还能够提升企业的经营效率。目前，该平台已在南方电网电力系统仿真模拟科研云平台、中兴新云智慧财务数据资产治理平台、水务集团智能巡检系统等项目中落地应用。

【资料专栏 9.1】

美的集团的数字化转型

美的集团成立于 1968 年，1980 年进入家电行业，现已成长为一家涵盖消费电器、空调、机器人及工业自动化系统等板块的科技集团。美的集团在全球拥有约 200 家子公司、60 多个海外分支机构及 10 个战略业务单位，可以提供多元化的产品和服务，包括以厨房家电、冰箱、洗衣机及各类小家电为核心的消费电器业务，以家用空调、中央空调、供暖及通风系统为核心的暖空业务，以德国库卡集团、安川机器人合资公司等为核心的机器人及工业自动化系统业务及以安得智联为核心的智能供应业务。

美的集团在启动智能制造的变革战略前，一直是采用大规模制造，其在国内家电市场的占有率从 20 世纪 90 年代的 5%增长到 2010 年的近 30%。然而，随着消费升级和市场需求的快速变化，以规模和价格为核心优势的粗放拓展战略已经日益式微，同时库存积压、产品滞销逐渐成为问题，而移动互联网、大数据、物联网、人工智能的发展为美的集团的转型提供了契机。

美的集团从 2011 年开始启动智能制造的变革战略：首先，它通过信息系统的集成提升了数据质量，打通了运营流程，提升了业务管理能力和生产运营效率。2016 年，美的集团成立了美云智数科技有限公司，它通过大数据、云计算、物联网等技术，为企业提供面向智能制造的服务，并在 2018 年初步实现了从大规模制造到智能制造的跨越式变革。

美的集团在智能系统的资源和流程等层面，重构了组织的试错学习、数据利用和交互学习的方式。在试错学习方面：一方面，在虚拟环境中进行决策、研发、生产等环节，借以发现存在的问题，进而降低现实的失败率；另一方面，通过大量的测试，为创新提供更多可以选择的思路和方案。在数字利用方面，美的集团利用大数据和云计算等技术对市场环境、竞争者和消费者的数据进行综合的处理与洞察，刻画出了实际用户和潜在用户的画像，积累了市场、竞品和消费者的动态信息，从而为公司构建了反映外部形态的方法。在企业交互学习方面，美的集团架构了数据层、算法层、模型层和应用层，通过引入智能系统，逐步建立起可以实现快速交互的智能技术架构，从而形成了快速的反馈和迭代，并加快了创新的步伐。

与此同时，在体系上，美的集团也实现了从工业化向智能化的跨越。在智能制造方面，美的集团通过数字化进行内部建设，通过智能模型和数据分析加强了管理人员对问题的识别和分析，也促进了设备和智能系统的自行决策、自行诊断环节，从而节省了人力成本。在服务层面，美的集团构建了智能化的产品售后、物流、客服体系，使得人与智能系统协同为客户提供服务。

总之，美的集团的数字化转型大大节省了美的集团的成本，拓展了美的集团的价值创造空间，也实现了美的集团市场份额的战略性扩大。

第三节　企业数字化转型的现实挑战与实现路径

一、企业数字化转型面临的挑战

（一）数字化观念难转变、不统一

数字化转型是一把手工程，它本质上不是一个纯技术问题，而是公司的战略业务和价值创造问题。但在现实中，企业管理者、各级员工对数字化不理解、不认同，难以从工业时代的硬件思维转变成数字化时代的软件思维是数字化转型面临的一大挑战。特别是传统行业的企业往往会有排斥心理，部分企业的一把手、高层管理者习惯于固守传统的思维模式、管理理念，也就是“路径依赖”比较严重，难以脱离“舒适区”，不愿意做出改变。与此同时，不同部门对数字化有不同的认知和理解，也有不同的利益诉求，从而使得各部门之间难以达成一致的目标，采取统一的行动。例如，不同的部门都希望获得其他部门的数据，以维护自己的核心利益。

（二）数字化人才的缺口大、成本高

随着数字技术的日益普及和重要性的提高，企业对数字化人才的需求呈现爆发式增长，数字化人才缺口的挑战巨大。数字化人才的短缺是企业数字化转型中面临的一大短板，由于数字化时代对人才提出了更高的要求，因而只掌握信息技术的专

才将不再适用，企业需要的是横跨多领域、学习能力更强、懂得数字化交付的复合型人才。也就是说，既懂数字化技术，又懂业务的“桥梁型”人才极度紧缺。与此同时，数字化人才的收入待遇较高。显然，自身利润微薄、实力较弱的传统企业在与资金雄厚的互联网企业、高科技企业的人才竞争中处于下风。

（三）前期资金投入大，效果不确定

数字化转型是一项庞大、复杂的工程，特别是与传统企业相比，新型互联网企业的资金投入需求更大：从软硬件购买到系统运维，从基础设备更新到组织人力的培训，覆盖企业生产、运营、营销、人力资源等各个方面，需要持续不断的资金投入，而且很多投入是无形的，无法预知成效，并且回报周期长，使得管理者很容易产生焦虑与迷茫。现实中，面对生存压力，许多企业的数字化转型不得不让位于企业的日常经营，导致数字化转型的投入远远不足。《中国产业数字化报告 2020》表明，我国企业的数字化实际投入金额处在低位，近 70%的企业的数字化转型投入低于年销售额的 3%，42%的企业的数字化转型投入低于年销售额的 1%，仅有 14%的企业的数字化转型投入超过年销售额的 5%。众多企业缺乏投入数字化转型的足够资金储备，特别是中小企业难以承担高额的投入，它们面对高昂的数字化转型成本想转而不敢转，处于“转型找死，不转等死”的两难困境中。

（四）数据治理亟待完善

数据是驱动企业数字化转型的最核心生产要素，大数据的治理面临着诸多重要的问题亟待解决：第一，大数据共享及融合应用问题。企业各部门之间、企业与企业之间、企业与政府之间的数据共享及融合应用存在较大的壁垒，这使得数据的流通及利用受阻。与此同时，激励机制、利益分配机制的缺失也使得各方不愿意共享自己的数据。第二，大数据的所有权与使用权问题。大数据归谁所有？大数据使用的边界在哪里？如何在保护用户隐私安全的同时高效地使用大数据？目前，这些问题仍处于灰色地带，给企业的数据管理带来了一定的挑战。第三，相关政策及法律问题。目前，针对大数据使用过程中出现的诸如数据产权归属、数据安全保护、非法数据交易、数据共享与融合等问题，还没有完善的政策与法律法规。随着大数据安全立法进程的加快，国家对大数据安全的监管惩戒力度将进一步加强，企业将面临政策、法律层面的风险与挑战。

二、企业数字化转型的实现路径

（一）明确企业发展战略

企业发展战略在数字化转型中起到方向引领和把握企业发展趋势的作用，是企

业为应对未来的行业及市场变化而做出的重大筹划和策略，也是企业对内部控制与管理设定的阶段性最高目标。企业数字化转型能够考验企业决策层的战略布局、顶层规划、领导能力和执行能力。

在现阶段，企业发展战略的制定要紧密围绕国家提出的“十四五”规划、“数字中国”和“双碳”目标等具有划时代意义的决策稳步开展。首先，企业决策层应结合企业内部情况、外部竞争环境和技术发展方向明确企业发展战略，提出数字化主张。企业发展战略是在相对完善的信息化基础上（如网络、软硬件、数据标准、数据质量等），围绕核心业务进行数字化层级迭代的建设，而且相关的实施步骤和阶段目标要与数字化主张相互协同、阶梯式发展。其次，在制定企业发展战略后，企业的相关组织机构调整也要随之开展，同时还要强化风险管控，建立健全企业管理和内控体系，保障企业发展战略和数字化主张的实施。

（二）提升企业的数字化能力

数字化能力是指企业的数字化生存和发展能力。新型数字化能力通常要求企业具备应用新型技术，赋能业务加速创新转型，构建竞争新势能，不断创造新价值，实现企业新发展的能力。企业数字化转型是一个与时俱进、持续推进的动态过程，而数字化能力是贯穿企业数字化转型全过程的重要因素，提升企业的新型数字化能力、支持企业数字化创新是推进企业数字化转型的重点任务之一。对企业的新型数字化能力的提升，可以通过以下几方面实现：首先，要搭建企业的数字化能力体系及数字化转型架构，用于统筹企业数字化转型全过程的能力要求，促进企业的数字化能力体系与转型架构融合，更好地为企业数字化创新服务；其次，要求企业具备创新性战略规划能力，能够了解前沿新型技术与社会战略规划，既要适应信息技术的变革创新要求，又要适应社会的整体战略变革；最后，企业数字化转型构建于现有技术能力之上，这就要求企业具备应用新型技术的能力，赋能业务加速创新转型，构建竞争新势能。

（三）重视人才培养

具备数字化技能的专业领域人才是拥有数据化思维，有能力对多样化的海量数据进行管理和使用，进而在特定领域将其转化成有价值的信息和知识，实现数据资产价值的跨领域专业人才。他们决定了数字化技术在企业的生产过程中能否实现数据资产的衍生价值，也保障了数字化战略、数字化组织的实施和管理，是企业实现数字化能力的关键。

面对数字化转型带来的人才需求，企业需要考虑打造高素质的数字化团队，从传统形式向数字化转型的变革升级，需要进行数字化转型人才培养：一是以目标为导向，有针对性地培养人才，形成基于职业发展的数字化转型培养体系。二是参与全流程实践，打造融合型团队，将数字技能融入业务运营、技术创新、数据管理、资源保障等。三是利用多种学习方式激发学习兴趣，进行快速体验式、开放共享式的培训学习。四是绩效驱动，提升学习效果的量化和快速反馈。五是通过校企合作，持续培养数字化人才，打造数字化新学科。

（四）打造数据治理体系

随着企业业务的增长，海量、多源、异构数据给数据存储、管理和应用提出了新的要求。构建完整的数据治理体系（即提供从数据集成到数据清洗，再到数据融合，最后实现数据资产化的全面数据治理体系），可以更好地保障企业的数字化转型工作，从而充分发挥数据资产的价值，这已成为企业数字化转型的关注点。

建设企业的数据治理体系：一是需要对企业的数据资源进行总体规划，盘点企业的数据资产，形成企业的数据资源目录；二是统筹制定企业元数据、主数据、参考数据、业务数据、指标数据等的数据标准，奠定数字化建设的基础；三是基于统一的数据标准，开展企业数据治理工作，构建数据驱动业务的能力，这是数据驱动业务应用及创新的关键环节；四是建立企业的数据治理组织及制度规范，明确数据治理的组织机制、角色设置、权责划分，并依据企业实际的信息化和业务情况制定符合自身建设需要的制度、规范、流程体系等，为企业数字化转型提供保障。

第四节　数字化转型与企业组织变革

数字经济的发展势必改变传统的组织结构。诺贝尔经济学奖得主诺思曾指出："组织是一种有目的的实体，创新者用它来使由社会制度结构赋予的机会所确定的财富、收入或其他目标最大化。在追逐这些目标的过程中，组织会逐渐改变其结构。"与传统制造追求规模生产下的科层制组织不同，数字经济的核心是围绕数字创造价值，数字价值分散在经济中的不同主体之内，而不同主体之间还结成了非常复杂的网络关系。本节将从数字经济时代下复杂网络组织的发展现状、发展趋势以及推动新型组织发展的建议三个方面展开介绍。

一、复杂网络组织的发展现状

（一）企业互联与信息共享

围绕平台企业实现的企业互联和信息分享是当前网络组织的主要特征。一方面，在数字经济时代，互联网与制造业的融合为制造业的技术创新、产品创新、模式创新、业态创新、管理创新等提供了巨大的变革原动力，不同产品和技术的互动需要一个大数据平台支撑。另一方面，在企业跨界融合的过程中，企业的资源配置方式和组织流程加速，从以生产者为中心向以消费者为中心转变，也倒逼传统企业根据市场需求，加快构建全面创新体系，加强创新活力，提高创新速度，从而实现了企业与消费者之间的关系重构。一批以经营平台为特征的巨型企业迅速发展。平台将相互依赖的不同群体集合在一起，通过信息共享、协同合作的方式形成低成本、高效率的“点对点”联结。

（二）刚性科层制到柔性扁平制

传统的企业组织多为科层制，由基于专业分工的“科”和不同能力水平的“层”组成，但科层制缺乏灵活应变的管理机制，同时过度依赖上级的决策方式制约了决策的及时性，禁锢了组织的敏捷性。在数字经济时代，随着社交化技术在企业组织沟通中的应用不断深化，企业内部的信息交流成本和部门间的任务协调成本大幅下降，这使得业务部门的决策逐渐分权化，而科层制的组织架构正在逐步向扁平化转变。扁平化的组织结构精简了管理流程，而且组织中的各单元更有可能是协同式的并列关系，而非汇报式的层级关系。基于小型团队进行分散化决策，可以加快资源的交互与整合，使得供给侧的分工得到深化，而小型团队将致力于持续强化在用户价值创造方面的核心能力。

（三）企业边界日益开放

企业数字化转型除了要优化企业组织内部的层级结构和决策机制外，还需要广泛利用外部生态系统提供的机会，共建互利共赢的开放价值生态。随着互联网创新应用和数字技术的崛起，外部环境的变化越来越快，这就要求敏态化的组织不仅要打破层级结构，而且要打破组织的边界。传统的中国消费市场的商业价值链是以产品为中心进行的单向传导，而在数字经济时代，这种传统价值链正在演变成以消费者为中心的价值网，一切产业板块与企业管理都围绕着消费者展开。开放式的松散耦合的组织模式使得企业组织的边界被打破，组织内外的关系开始模糊，每个实体都是一个价值网中的一员，都在为整个价值网的发展贡献自己的力量。

二、复杂网络组织的发展趋势

（一）平台型企业进一步发展

平台模式促进了市场开发，使生态系统走向竞合和共赢。在传统的产销关系中，平台的概念和商业模式就已出现，只不过没有大规模普及。随着信息经济、数字经济时代的到来，基于信息共享和开放合作的经济模式得到了企业认可，而用户需求的多元化使得用户很难被任何企业所独有。此外，随着社会化分工越来越细化，一个企业无法包揽整个产业链。在这种趋势下，企业面临着越来越严峻的市场竞争，而传统的产业链走向平台和生态化就成了必然。

（二）从生产驱动向消费驱动转变

与传统经济形态相比，数字经济的市场条件发生了较大变化。在大多数产品供过于求的市场环境下，传统的产业价值链中以供给为导向的商业模式逐渐式微，以消费者需求为中心的价值创造逻辑日益显现。在数字经济时代，随着互联网技术向制造业各领域、各环节的逐步渗透，供需信息不对称的问题得到极大缓解，制造业正在经历由“生产导向”到“客户导向”、由“大规模生产”到“小规模定制”、由“标准化”到“个性化”的转变。企业为应对终端消费者个性化需求的不断升级，基于互联网直接采集用户需求，引导消费者深度参与产品研发、生产制造、营销及服务等产品全生命周期的各个环节，在解决成本、质量、效率等基本问题的基础上，快速满足消费者个性化、柔性化、动态化的生产和服务需求，加快形成基于个性化生产和服务的生产经营模式与商业模式，最终实现可持续发展。

（三）无边界企业组织形态

传统企业的科层制组织结构已经难以满足数字经济时代企业对跨界融合、市场驱动、信息共享及业务协同等方面的要求，无边界是未来企业组织形态变革的思维基点。未来的企业面临如何匹配企业发展的需求，调整、优化或重构传统的组织形态，合理定位企业员工、客户、供应商等之间的关系，以激发企业全员的创新活力和发展潜力的重大挑战。未来互联网商业模式的思维基点就是无边界。在新的环境下，企业必须审慎考虑组织形态的重构问题，同时亟须引入新的信息技术手段，并以各种经济性联结为纽带进行组织形态优化，然后基于新型分工协作进行跨企业边界的资源整合，构建以激发人的创造性为导向的无边界组织，使企业的组织形态呈现出组织功能单元虚拟化、组织要素分散化、组织形态弹性化和网络化、企业之间以及企业与消费者之间的边界模糊化等特征，从而有效应对新挑战。

（四）自组织的价值网络

网状自组织是扁平化组织的进一步深化，它突破了组织结构的有形界限，推动高度集中的决策中心组织转变为分散的多中心决策组织，既有利于企业内部的分工合作，又有利于借用外力和整合外部资源，从而快速响应市场的动态变化，最大限度地满足用户需求，更好地为用户创造价值，提高企业的可持续发展能力。近年来，围绕自组织的实践和探索层出不穷，比如海尔的员工创客、华为的“三人战斗小组”、百度的小团队制、韩都衣舍的“产品小组”等，这些通过激发员工的活力和自主经营能力，促使企业全员成为面向客户的价值创造中心的积极探索，代表了未来企业组织形态的重要发展方向。

三、推动新型组织发展的建议

（一）围绕企业组织变革开展系统性研究

我国应围绕企业组织变革开展系统性研究，明确数字经济时代价值创造、价值分配、市场规律等的变化特征，深化对组织变革的影响因素等各方面的认识；要制定出台推动企业加快组织变革的政策指导，支持国有大中型企业组织主动转型，引导中小企业构建适应自身特点的新型组织模式，通过建立“以人为本”的新型组织模式，充分激发企业的创造力、竞争力和发展活力，在现代化经济体系建设中做出贡献。

（二）增加对中小企业数字化转型的支持

数字经济的组织发展存在应用成本问题，这个问题主要发生在中小企业。由于中小企业的利润率较低、融资成本较高，而企业数字化转型需要较大的前期投资且难以预估投资回报，因而很多中小企业进行数字化转型的积极性不高。这可能导致数字化转型的范围有一定的局限性，也可能促使规模较大的企业形成市场垄断。针对应用成本高的问题，政府实施有针对性的政策和补贴可以帮助缓解数字化转型前期投资大、中小企业融资成本高的问题。

（三）加快数字化人才队伍建设

我国应加大对企业家改革及管理理念创新的支持力度。在企业转型发展的阶段，管理数字化、层级扁平化、协作网络化、生产智造化等步伐都需要通过数字化人才带动完成。因此，加快企业数字化人才队伍建设必然是企业长久发展的战略选择。与此同时，企业家是企业发展的“掌舵人”，其在推动企业组织变革中能否保持理念先进、组织有序、手段有力，将深刻影响变革的成功与否。为此，我们应当对企业家干事、创业和改革给予更多支持，同时加强专业化服务，针对企业家的需求提供政策、市场和服务等方面的定向信息支持，为其拓展国际视野、提高战略思维、增强创新精神提供帮助，全面增强其发现机会、整合资源、创造价值、回馈社会的能力。

（四）引导企业“双创”，助力组织变革

“双创”通过互联网平台等新兴技术手段，汇聚了知识、技术、人才等各类要素

资源，能够不断激发全社会的创新潜能和创业活力，从而培育和催生了经济社会发展的新动力。我国应进一步加强“双创”对企业的引领带动作用：一是依托国内先进企业的聚集区，围绕构建开放创新的组织模式，探索建立企业组织变革的推进机制、创新性引导政策、平台化服务体系以及多元化的投融资环境，形成可复制、可推广的新型企业组织模式。二是围绕企业成长动力不足的问题，研究设立企业组织变革创新示范专项，探索有利于激发企业员工工作意愿和创新潜力的典型实践及先进经验。三是在互联网、云计算、大数据、人工智能等带动数字经济发展的主要领域，选择若干管理先进、前景广阔、示范带动作用强的企业开展试点示范，探索企业组织变革新路径。

（五）营造良性的信任文化

数字经济产生的不确定性较高，对合作互信的要求也较高，我们应努力营造更高水平的社会信任。与此同时，在成长的过程中，企业的内部组织需要开放自己，打破组织的边界，才能融入变化之中。从社会和组织来看，信任作为一种核心能力，决定和影响着组织面向未来以及与环境共处的能力。由于外部环境具有太多的不确定性，因此组织成员个体的价值崛起、外部系统的开放以及组织自身的开放性等因素，都需要组织重视文化建设，培养和强化基于认同的信任。

第五节 企业数字化转型的政策分析

企业进行数字化转型存在应用成本问题，特别是对于利润率较低、融资成本较高的中小企业。由于企业数字化转型需要较大的前期投资且难以预估投资回报，因而中小企业进行数字化转型的积极性不高。这可能导致数字化转型的范围有一定的局限性，也可能促使规模较大的企业形成市场垄断。针对应用成本高的问题，政府实施有针对性的政策和补贴可以帮助企业缓解前期投资大、投融资成本高的问题。本节将回顾近年来在国家层面、地区层面以及主要国家出台的重要政策，梳理企业数字化转型的政策举措。

一、中国推进数字化转型的政策

（一）国家政策

随着工业互联网、云计算、大数据等新一代信息技术的应用，我国的数字经济发展已进入快车道。近年来，我国政府将“数字化转型”直接写入政策，旨在推进企业数字化转型不断深化落地。此类政策大致分为两个阶段。

1. 大力推进企业上云、上平台

随着云计算的蓬勃发展，上云成为驱动各行业数字化转型的新引擎，可以有效促进互联网、大数据、人工智能等技术与传统行业的实体经济深度融合，而且政府已同步开展系列工作来推进企业上云。2018 年 7 月 23 日，工业和信息化部出台《推动企业上云实施指南（2018—2020 年）》，用于指导传统企业系统上云迁移，同时推动企业利用云计算加快数字化、网络化、智能化转型。

2. 推动企业“上云用数赋智”

“上云用数赋智”实质上是企业数字化转型的三个必然阶段。“上云”是指政府机构探索推行普惠性的云服务支持政策；“用数”是指在更深层次推进大数据的融合运用；“赋智”是指要加大对企业智能化改造的支持力度，特别是要推进人工智能与实体经济的深度融合。2020 年，在新冠疫情暴发后，新一代信息通信技术在新冠疫情防控中发挥了重要作用，“云办公”“智能化制造”“无接触生产”已成为企业生产经营常态，因而加速释放数字要素价值的紧迫性与战略重要性日益凸显。在新冠疫情倒逼下，我国颁布了相关政策为企业纾困赋能，并助力中小企业“上云用数赋智”，见图 9-1。

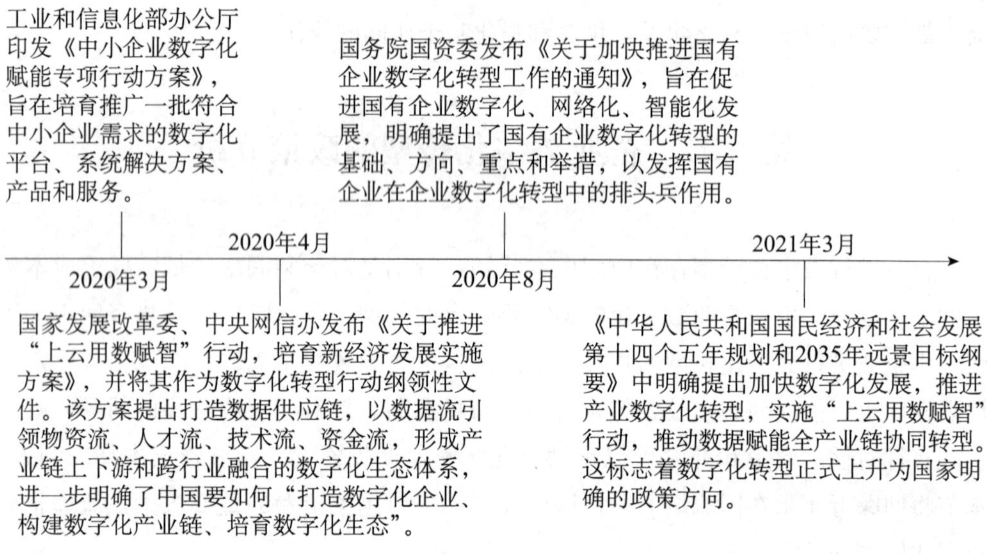

图 9-1　国家推动企业“上云用数赋智”

（二）地区政策

在中央政策的指引下，陕西、甘肃两省积极展开部署，将“上云用数赋智”作为提升企业竞争力的重要发力点。北京、上海更是对国有企业明确提出加快数字化发展改革的指导方针。其余省市均出台了大量数字化的相关政策，主要集中在数据管理、数字政府以及制造、交通、商贸等细分行业的数字化，见表 9-1。

表 9-1　代表性省市的数字化转型政策

时间	地区	政策
2020 年 8 月	陕西	《陕西省推进“上云用数赋智”行动培育新经济发展实施方案（2020—2022 年）》
2020 年 9 月	甘肃	《甘肃省“上云用数赋智”行动方案（2020—2025 年）》
2020 年 10 月	安徽	《安徽省“数字政府”建设规划（2020—2025 年）》
2021 年 3 月		《安徽省大数据发展条例》
2020 年 11 月	浙江	《浙江省数字赋能促进新业态新模式发展行动计划（2020—2022 年）》
2021 年 3 月		《浙江省数字化改革总体方案》
2022 年 1 月		《浙江省公共数据条例》
2021 年 4 月	上海	《上海市交通行业数字化转型实施意见（2021—2023 年）》
2021 年 9 月		《关于推进本市国资国企数字化转型的实施意见》
2021 年 10 月		《上海市全面推进城市数字化转型“十四五”规划》
2021 年 8 月	江苏	《江苏省“十四五”数字政府建设规划》
2021 年 9 月		《江苏省“十四五”智慧交通发展规划》
2021 年 12 月		《江苏省公共数据管理办法》
2021 年 12 月		《江苏省制造业智能化改造和数字化转型三年行动计划（2022—2024 年）》
2021 年 9 月	北京	《关于市管企业加快数字化转型的实施意见》
2021 年 12 月	天津	《天津市商贸数字化发展三年行动方案（2021—2023 年）》
2021 年 12 月		《天津市制造业数字化转型三年行动方案（2021—2023 年）》
2021 年 6 月	广东	《广东省制造业数字化转型实施方案及若干政策措施》
2021 年 10 月		《广东省公共数据管理办法》
2021 年 11 月		《广东省数字交通“十四五”发展规划》

二、各国推进企业数字化转型的政策

（一）德国：设立 27 家中小企业 4.0 卓越中心

德国政府推出了“数字中心倡议”“中小企业数字化”等项目，为中小企业和初创企业提供数字化所需的专家支持及建议。

“中小企业数字化”项目由德国联邦经济和气候保护部发起。在该项目的框架下，全国设立了 27 家中小企业 4.0 卓越中心，与来自各地、各领域的约 1 000 名专家合作，通过研讨会、培训课程、实践测试等方式，免费为中小企业提供数字化咨询服务，制定适合其自身发展的数字化战略。该项目还陆续设立了数字化手工业、电子化标准、通信、纺织品网络等不同主题的中心，用于满足不同的需求。据不完全统计，该项目已对约 6.5 万家德国中小企业的数字化转型提供了支持。

为进一步推动中小企业的数字化转型，德国政府于 2020 年启动了“digital now”项目，向拥有 3～50 名员工、规模较小的中小企业提供最高 5 万欧元的资金支持，帮助其进行数字化转型以及提升员工的数字化技能。2021 年，德国大幅增加了该项目投入，从 2020 年的 5 700 万欧元增至 1.14 亿欧元。预计到 2024 年，该项目的扶持资金将达到 2.5 亿欧元。

（二）韩国：孵化中心助力初创企业发展

为扶持初创企业，韩国成立了许多创业孵化中心。韩国政府还设立了技术革新型中小企业认证制度，获得认证的中小企业可享受在融资、税务、研发、人才培养、销售等 6 个方面的 40 余项具体扶持政策。

2019 年，韩国科技部发布大数据平台和大数据中心建设项目招标，计划用 3 年时间建成 85 个大数据中心，总预算达 1 516 亿韩元。最终中标的不仅有电信公司等大企业，而且有很多初创的中小企业。

为扶持中小企业进行技术革新，韩国政府还出台了《中小企业技术革新促进法》，并将中小企业厅和科技部主管风险投资企业的部门合并，组建中小企业风险部，主管创业企业和中小企业的扶持工作。

（三）西班牙：“数据工具包” 提供支持服务

为帮助中小企业和个体经营者获得数字化服务及解决方案，西班牙政府于 2021 年 11 月启动了“数字工具包”计划，涉及资金总额达 30 亿欧元。该计划支持对象既包括中小企业，又包括为企业提供数字化转型支持的服务商。预计将有 120 万～135 万家中小企业和个体经营者受益。首批资金 5 亿欧元于 2022 年 2 月到位，将重点扶持规模在 10～49 人的中小企业。

受益企业可根据规模大小获得不同额度的补贴。拥有 10～49 名员工的企业有望获得 1.2 万欧元的“数字奖金”，3～9 名员工的企业可申领 6 000 欧元，3 名以下员工的企业可申领 2 000 欧元。该资金可用于企业的网站建设和互联网营销，包括域名托管、网站设计、电子商务和社交网络管理等。

在实施“数字工具包”计划的过程中，西班牙政府重视发挥成熟的基础服务提供商的带动作用。西班牙电信为中小企业“量身定制”了超过 40 种数字解决方案，包括针对中小企业的云服务和网络安全系统，以及为中小企业相关员工进行培训等。

本章小结

企业数字化转型强调企业在数字化转换、数字化升级的基础上，实现企业流程、企业组织、企业研发生产以及商业模式革新的微观转变过程，在实践中包括数字化营销、数字化制造、数字化管理和数字化创新四种方式。

企业数字化转型受到技术进步、宏观经济环境和企业内在动因等综合因素的驱动，在转型过程中需要重点解决数字化战略、数字化观念、数字化人才和数据治理等方面的问题。

随着数字经济的发展，组织结构扁平化、组织边界开放化、以消费者为中心的复杂网络组织形态成为数字经济时代下企业组织的发展方向。

练习题

1. 企业数字化转型的内在原因有哪些?

2. 数字化转型能够提高企业经营效率，为何现实中有些企业不进行数字化转型?

3. 企业数字化转型的宏观背景是什么?

4. 你认为企业数字化转型会塑造具有何种特征的组织模式?

第十章
产业数字化转型

教学目标

1. 了解产业数字化的背景和内涵
2. 重点掌握产业数字化的路径及效应
3. 掌握产业数字化的争论及治理
4. 掌握产业数字化的治理及推进政策

导入案例

数字经济的主要构成包括数字产业化和产业数字化两部分。产业数字化又称数字经济融合部分，包括传统产业由于应用数字技术所带来的生产数量和生产效率提升。中国信息通信研究院发布的《中国数字经济发展白皮书（2022 年）》显示，2021 年产业数字化的规模达到 37.18 万亿元，同比增长 17.2%，占数字经济的比重为 81.7%，占 GDP 的比重为 32.5%。那么，产业数字化与生产率究竟有什么关系？产业数字化有何特点？不同行业实现产业数字化的路径是什么？如何认识产业数字化的治理及推进政策？本章将就这些问题进行介绍。

第一节　产业数字化的背景与内涵

一、产业数字化发展的背景

（一）国内背景

在中国经济步入高质量发展阶段之际，推动传统产业与数字技术深度融合转型，成为我国构筑竞争新优势、增强产业链韧性、实现高质量发展的重要途径。2022 年

1月12日，《国务院关于印发"十四五"数字经济发展规划的通知》单独用一个篇章来重点阐述发展数字经济、建设数字中国，并将其提到了国家战略高度①，其中明确提出要大力推进产业数字化转型。

产业数字化转型一般是指运用大数据、人工智能、区块链、数据中心和新一代数字技术、通信技术，对传统产业进行全方位、全角度、全链条改造和数字化升级、转型、再造的过程。在数字科技加速迭代、国家战略措施升级和新冠疫情等多重因素的影响下，我国大力推动产业数字化转型发展。网络强国、大数据、数字中国、智慧社会发展等国家战略的提出，为产业数字化的发展营造了良好的发展环境，越来越多的行业创新者涌入了产业数字化发展的快车道，催生出更多的经济形式和多产业融合的业态，使数字经济迸发出新的发展前景。《中国数字经济发展白皮书(2022年)》显示，2021年我国产业数字化的规模达到37.2万亿元，同比名义增长为17.2%，占数字经济的比重为81.7%，占GDP的比重为32.5%，工业、农业和服务业三大产业数字化转型持续向纵深发展，数字经济与实体经济深度融合的趋势不可逆转。

（二）国际背景

随着大国竞争背景下第四次工业革命的加速演进，数字化程度已成为各国产业竞争的关键之一。从新一轮科技革命和产业变革的角度看，全球主要经济体均在产业数字化领域加强了战略部署，特别是制造业的数字化转型受到了高度关注。在未来的5～10年内，制造业转型仍是全球的重要议题，各国将通过政策引领、科技创新、人才培养等措施持续推动传统产业数字化转型，以期实现产业升级。目前，世界主要国家和联盟的产业数字化转型存在两种政策规划：以美国、德国、日本等为代表的工业大国强调国家自身技术发展和数字建设的重要性；以欧盟、东盟为代表的联盟更为强调数字合作和技术共享，见表10-1。

表10-1 世界主要国家和联盟关于制造业数字化转型的主要政策

美国	《美国先进制造业国家战略计划》：提出要发展包括先进技术平台、先进制造工艺及设计与数据基础设施等先进数字化制造技术。
德国	《德国高科技战略2025》：到2025年将研发投资成本扩大到GDP的3.5%，并将数字化转型作为科技创新发展战略的核心。
欧盟	《2030数字化指南：实现数字十年的欧洲路径》：围绕企业数字化、数字化教育与人才建设等方面提出了具体目标——到2030年，75%的欧盟企业应使用云计算、大数据和人工智能。

① 想了解相关内容的学生可以参考《中华人民共和国国民经济和社会发展第十四个五年规划和2035年远景目标纲要》，该纲要对认识中国的未来发展前景大有裨益。

续表

日本	“数字新政”（2020 年）：主要提出四项内容，分别是加强“后 5G”时代信息通信基础设施投入；实现信息和通信技术（ICT）在学校的普及应用；提高中小企业信息化水平；为 ICT 领域提供研发支持。
东盟	《东盟数字总体规划 2025》：用于指引东盟 2021—2025 年的数字合作，旨在将东盟建成一个由安全的数字服务、技术和生态系统所驱动的领先的数字社区和经济体。

资料来源：艾瑞咨询．中国制造业数字化转型研究报告（2022 年），2022-08-25.

二、产业数字化的内涵

随着大数据、云计算、人工智能等数字技术的迅猛发展，人们在实践中发现：应用数字技术和数据资源可以为传统产业带来产出增加与效率的提升。例如，文化和旅游部借助与高德地图、小猪民宿等市场平台的合作，颁布了全国乡村旅游精品线路，有力地促进了线路周边特色村落景区、乡村民宿等的推广，增加了当地农民的收入。TCL 王牌电器（惠州）有限公司基于人工智能与 5G 网络的融合，开发出 5G 智能物流车，有效实现了“人、机、料、车、场”智能协同一键驱动，从而极大地提高了生产效率。

由此可见，数字技术在增加产出和提升效率方面发挥了重要作用。因此，为了深刻理解产业数字化，首先需要明确数字技术的真正内涵，即必须解构“数字化”的真实含义。数字化是指利用数字技术，把社会治理、城市运转、企业运营、基础设施运转等整个业务流程数字化，于云端建立一个对应模型，在进行分析、推测后，再来指导物理世界如何运转。具体说来，数字技术可以用“IMABCDE”概括：“I”是 IoT，即物联网技术；“M”是 mobile communication，即移动通信技术，主要是指 5G 通信协议；A 是 AI，即人工智能；B 是 blockchain，即区块链；C 是 cloud computing，即云计算；D 是 big data，即大数据；E 是 edge computing，即边缘计算①。

随着国内外研究的进一步深入，学者对产业数字化的内涵有了更明晰的认知。2020 年 6 月 30 日，国家信息中心信息化和产业发展部与京东数字科技研究院在京联袂发布《携手跨越重塑增长——中国产业数字化报告 2020》。该报告对产业数字化的新内涵给出了明确阐释，认为产业数字化是指在新一代数字技术的支撑和引领下，以数据为关键要素，以价值释放为核心，以数据赋能为主线，对产业链上下游的全要素进行数字化升级、转型和再造的过程。《工业互联网：打破智慧与机器的边界》对产业数字化的应用与未来做出了推断，并指出：随着企业逐步将互联网技术应用到工业生产，一场全新的工业互联网革命已经开启。

---

① 边缘计算是指在靠近物或数据源头的一侧，采用融网络、计算、存储、应用等核心能力于一体的开放平台，就近提供最近端服务。

因此，产业数字化可以被简单地理解为运用数字技术去改变原有产业的运转。从整体模式上看，一方面，传统产业通过生产要素重组、生产环节重构打破了旧的边界。通过推动研发设计、生产制造、经营管理、市场服务等全生命周期数字化转型，改变了传统产业的商业模式及租金获取方式，从而实现了全新的价值增值和价值创造；另一方面，数字技术的发展削弱了企业之间以空间关系为联系纽带的作用。在数字时代，以物联网为载体的产业数字化转型加强了产业协同效应，企业与企业之间很有可能会从原先的地理空间集聚模式转变为以数据和信息实时交换为核心的跨越物理边界的“虚拟”产业园区和产业集群，并通过产业资源虚拟化集聚、平台化运营和网络化协同，实现虚实结合的产业数字化新生态（罗珉和李亮宇，2015；Brown and Lockett，2001）。

第二节　数字产业化与产业数字化

一、数字产业化与产业数字化的关系

数字经济的发展核心是数字产业化和产业数字化。《数字经济及其核心产业统计分类（2021）》[①] 从数字产业化和产业数字化两个方面，确定了数字经济的基本范围。数字经济具体分为数字产品制造业、数字产品服务业、数字技术应用业、数字要素驱动业、数字化效率提升业 5 大类。前 4 大类为数字产业化部分（即数字经济的核心产业），是指为产业数字化的发展提供数字技术、产品、服务、基础设施和解决方案，以及完全依赖于数字技术、数据要素的各类经济活动，对应于《国民经济行业分类》中的 26 个大类、68 个中类、126 个小类，是数字经济的发展基础。例如，电子信息制造业、信息通信业、软件服务业、互联网业等。我们现在使用的各类云相册、云盘、电子锁等，就是将信息、大数据等数字技术产业化而做成的产品。第 5 大类（即产业数字化部分）是指应用数字技术和数据资源为传统产业带来的产出增加与效率提升，是数字技术与实体经济的融合。该部分涵盖智慧农业、智能制造、智能交通、智慧物流、数字金融、数字商贸、数字社会、数字政府等数字化应用场景，对应于《国民经济行业分类》中的 91 个大类、431 个中类、1 256 个小类，体现了数字技术必将与国民经济各行业发生深度渗透和广泛融合。

数字产业化与产业数字化相互补充、协同互促。数字产业化是数字技术的商业化应用、产业化扩展以及由此形成的新兴产业，其目的是将数字技术转化为生产要素，并通过商业化与产业化，最终形成数字产业链和产业集群。产业数字化是数字

---

① 国家统计局．数字经济及其核心产业统计分类（2021）．国家统计局网站，2021－06－17．

经济发展的主阵地，为数字经济发展提供了广阔空间。传统产业由于应用数字技术所带来的生产数量和生产效率提升，其新增产出构成数字经济的重要组成部分。数字产业化为数字经济的发展提供了一个广阔的空间，传统产业可以应用数字技术所带来的生产数量和生产效率的提升，推动数字经济的发展。

数字产业化和产业数字化的协同发展一般需要关注三个方面：①加强关键数字技术的创新应用；②数字产业助力产业数字化；③推进产业数字化转型。

在加强关键数字技术的创新应用方面，比如一些工业企业在原先缺乏数字技术的情况下，通过在设备上添加二维码，能够对工业流程进行及时跟进，并提高了工业产品的售后服务效率；一些征信系统也是通过融合数字技术，从而加强了对个人征信的管控和监督。农业电商是一个很好的例子。首先，大数据技术的发展使得生产者可以多方位检测农产品的生产、预防气候变化带来的风险。其次，数据的采集和挖掘能够辅助农业生产者进行种植生产、销售定价和营销等方面的科学决策，也能指导县级政府调整农业的生产结构；与此同时，冷链、供应链能够保障农产品在物流过程中的产品质量不受损。最后，直播电商的发展使得农产品从生产阶段就能直接面向消费者，从而使得消费者更加信赖农产品的品质。总之，关键的数字技术突破助力了农业电商的发展，为农业创造了新的价值。

在数字产业化助力产业数字化方面，数字产业化表现为数据资源的聚集，对产业数字化的发展起到了基础支撑的作用。一方面，数据作为关键要素，对现有生产要素进行了重新组合，催生出更多新业态，形成了产业集群，进而助力了数字技术创新能力的提升；另一方面，传统产业依托数字技术赋能，加速了数字技术与投入、生产、销售、服务等环节的融合，推动了供应链、价值链的数字化，进而推动了现有的经济模式。以美团外卖为例，数字技术推动了平台配送技术的优化，随着外卖产业规模的逐年上升，即时配送市场的增长速度快、运力短缺已成共识；此外，消费者日益增长的服务体验需求，需要美团在时效、价格、品质等方面提供更好的服务。因此，美团于 2016 年开始研究无人配送，2017 年正式成立无人配送部，2018 年自研无人车“小袋”产生了第一个真实订单。2019 年，美团在龙华建设无人机基地，产生了第一个美团无人机配送订单，大大提高了配送速度。

在推进产业数字化转型方面，企业需要借助上云技术等，推进工业互联网的发展，通过建立互联互通的云服务，使得生产的各个产业链都能共享信息，从而最终优化制造。例如，实施“上云用数赋智”行动，推动数据赋能全产业链协同转型。在重点行业和区域建设若干个国际水准的工业互联网平台和数字化转型促进中心，深化研发设计、生产制造、经营管理、市场服务等环节的数字化应用，培育发展个性定制、柔性制造等新模式，加快产业园区数字化改造。以我国内燃机制造企业——中国常柴为例，在贸易摩擦不断、经济下行等多种不利因素下，中国常柴可以不受转型困扰，积极地做出了改变。中国常柴通过建设信息一体化，采用大数据的方式来让自己的信息管理更加方便从容；与此同时，中国常柴通过最新的技术对客户进行区分，建立以客户为中心的管理理念，在将所有客户的信息进行整合后，再散发到各个部门中。关于客户的售后服务，中国常柴通过建立网站、微信公众号、小程序等多种方式来满足客户的售后要求。

二、产业数字化的度量指标

诚然，产业数字化为我国高质量发展注入了新动能。然而，因属性或特征相异，各产业数字化的发展程度和速度存在差异，这在一定程度上会制约数字化转型的进程。因此，度量我国的产业数字化程度，对于补齐数字化短板、协同推进产业数字化转型具有十分重要的意义。表 10－2 是衡量数字经济产业发展的指标体系，我们可以据此了解在现实生活中用于度量产业数字化的相关指标。通过对这些指标打分，我们能够衡量一个产业的数字化发展程度。不难发现，很多产业数字化的度量指标与数字产业密切相关，这也进一步佐证了前面数字产业化与产业数字化的互补关系。

表 10－2 数字经济产业发展的指标体系

一级指标	二级指标	三级指标
数字经济政策与环境	政策环境	出台数字经济政策数
		国家大数据综合试验区布局情况
	支撑服务	数据管理机构设置情况
		数字经济产业相关联盟、协会及研究机构
数字经济规模与质量	产业规模	该地区数字经济企业的数量
	企业质量	总注册资本
		网站建设情况
头部企业情况	上市企业	上市企业数量
		总市值
		净利润
		企业所得税
		平均技术人员的占比情况
		每年新增岗位情况
	独角兽企业	独角兽企业的数量
		独角兽企业的总估值
	瞪羚企业	瞪羚企业的数量
	高新技术企业	高新技术企业的数量

续表

一级指标	二级指标	三级指标
产业创新能力	研发投入	研发经费占 GDP 的比重
	知识产权	软件著作权的数量
		专利的数量
		商标的数量
		学术会议的数量
产业投资热度	融资情况	总融资额
		总融资轮数

资料来源：北京大数据研究院．2021 中国数字经济产业发展指数报告，2021－10－27．

三、产业数字化影响经济发展的理论机制

产业数字化代表了未来经济的发展趋势，在传统要素驱动乏力的背景下，促进数字技术与实体经济的融合发展，可以有效释放数字技术对传统经济发展的叠加、倍增作用。产业数字化推动经济发展的具体路径，体现在驱动产业效率提升、推动产业跨界融合、重构产业组织的竞争模式以及赋能产业升级等方面（肖旭和戚聿东，2019）。

从具体产业来看，现有文献重点探讨了我国出版业、文化创意产业和制造业等传统产业数字化转型的路径，它立足不同产业的特点和差异化需求，旨在推动传统产业全方位、全链条的数字化转型，并提高全要素生产率（祝合良和王春娟，2021）。在出版业领域，陈星和潘勤毅（2016）指出，在数字时代，民族地区能够利用信息技术，塑造一批版权产业数字化优质品牌；在文化创意产业领域，张大鹏（2017）基于纪录片产业的痛点和难点，提出可以采用众筹模式拓宽投融资渠道、借助 PGC＋UGC 多元协同创作、以 IP 运营为核心、用大数据重构纪录片产业链四个方面实现数字化转型；在制造业领域，焦勇（2020）认为，制造业正从规模化生产向个性化定制转型，数字经济赋能制造业转型的路径应坚持数据驱动、创新驱动、需求驱动和供给驱动，引导制造业与数字技术的深度融合。

第三节　产业数字化的路径及效应

一、不同行业数字化转型的路径

数字化转型是全球经济增长的重要引擎，也是后疫情时代重塑全球价值链的变

革性力量。我国依托大规模的数据、人口和丰富的数字技术应用场景，在产业数字化转型方面存在一定的优势。下面将从农业数字化、工业数字化及服务业数字化三方面讨论不同行业数字化转型的路径。

（一）农业数字化

农业数字化是将信息作为农业生产要素，用现代信息技术对农业对象、环境和全过程进行可视化表达、数字化设计、信息化管理的过程。农业数字化使信息技术与农业各个环节实现了有效融合，对于改造传统农业、转变农业生产方式具有重要意义。

1. 物联网技术

物联网技术在现代农业生产设施和设备领域中的应用极大地提高了现代农业生产设施和设备的数字及智能化水平，使管理信息系统的数据由人工采集、输入，变为传感器采集、实时传送到系统，真正实现了整个农业生产过程的数字化控制和智能化生产管理。

2. 农业大数据

农业大数据是在开放系统中收集、鉴别、标识数据，并建立数据库，然后通过参数、模型和算法来组合及优化海量数据，为生产操作和经营决策提供依据。大数据主要应用于大田作物，通过计算机运算进行，海量的基因信息流可以在云端被创造和分析，同时进行假设验证、试验规划、定义和开发，有利于育种专家高效确定各品种的适宜区域和抗性表现。

3. 精准农业

精准农业包括施肥、植物保护、精量播种等领域。通过及时对农作物进行管理，并对作物苗情、病虫害等发生的趋势进行分析和模拟，为资源有效利用提供必要的空间信息。在获取上述信息的基础上，利用智能化系统，准确地进行灌溉、施肥、喷洒农药。

4. 智慧农业

智慧农业强调智能化的决策系统，再配以专业的硬件设施。智慧农业的决策模型及系统可以在农业物联网和农业大数据领域得到广泛应用。智慧农业依托现代科学技术为现代农业提供一整套解决方案，同时可以按照某区块的发展需要进行拆分。

（二）工业数字化

工业作为经济发展的主导力量，其数字化转型过程受到多方关注。从发展路径来看，工业数字化可以分为 4 个阶段，即精益化、自动化、互联互通及智能化。

1. 精益化

工业企业通过引入5S现场管理法/精益物流、流程设计（design for flow）、制造质量、六西格玛等具体的精益管理方法和工具，指导企业改善管理状态，打好数字管理的基础。与此同时，数字化也是突破精益管理瓶颈的有效工具，企业可以精益改善为抓手，通过指标驱动实现自主管理，让数字化转型落地。

2. 自动化

在精益化的基础上，从IT与OT两方面开始部署：一是升级自动化设备，实现面向库存（build to stock，BTS）和面向订单（build to order，BTO）的大规模标准化生产；二是开始部署工业软件，如MES（manufacturing execution system，制造执行系统）、PLM（product lifecycle management，产品生命周期管理）、ERP（enterprise resource planning，企业资源计划）等，实现业务信息的数字化管理。对于高能耗企业，可利用传感器、测量仪表等获取能耗数据，再建立能源管理解决方案。

3. 互联互通

在精益化和自动化的基础上，强调互联互通，通过IT与OT融合，实现信息流、物流和生产设备的互联互通，如实现MES与WMS（warehouse management system，仓库管理系统）之间的集成，逐步从大规模生产演变为大规模定制，实现按单生产（build to order，BTO）和按单配置（configure to order，CTO）。

4. 智能化

在精益化、自动化、互联互通的基础上，通过工业互联网、云计算等技术，实现业务的智能化升级。制造模式也从大规模定制演变为柔性协同制造，利用机器对话机器（machine to machine，M2M），实现生产的自组织，并对生产设备实现预测性主动维护，同时将集成供应链（integrated supply chain，ISC）的管理拓展至工厂外部生态链上，形成智能工厂生态链。

【资料专栏 10.1】

工业互联网成推动产业数字化转型的关键支撑

数字化转型是企业提升自身竞争力的必然选择。对企业来说，找准切入口和发力点至关重要。近年来，我国工业互联网平台发展迅速，多层次、系统化的平台体系基本形成，为承接产业转移、加快企业数字化转型提供了有力支撑。发展工业互联网平台已成为企业进行数字化转型的破题之举和重要抓手。

在工业互联网平台发展的大潮中，各类企业主体逐渐找到了适合自身的发展路径，并形成了不同的发展特色。主要体现在以下三个方面：一是大企业建平台。大企业具备较好的数字化基础，可以立足行业优势和上下游配套资源，建设跨行业、跨领域以及特定行业工业互联网平台，而后借助平台提升其数字化分析和决策能力。二是中小企业上平台。中小企业的信息化基础薄弱，借助平台上云化部署的工业App和解决方案，可以低成本、高效率地开展转型。三是园区和集群用平台。园区和集群是数字化转型的“主战场”，也是工业互联网平台落地“最后一公里”的关键力量。园区内企业具有共性需求强、应用场景丰富等特点，已成为工业互联网应用推广的重要突破口。

下一步，针对不同类型的企业主体，国家应分类分级推动工业互联网的应用。对于大企业，鼓励它建设跨行业、跨领域和特定行业的工业互联网平台，并基于平台开展产业链、供应链风险预警与供需匹配服务，推动工业互联网平台服务能力向行业内延伸。对于中小企业，推动发布中小企业数字化转型指南等引导性政策文件，指导中小企业分阶段开展数字化转型，鼓励各地以“上云券”等方式支持中小企业上云、用云。对于园区和集群企业，深入推进“平台＋园区”“平台＋基地”试点应用，遴选一批标杆示范项目，持续推进“平台＋园区”深度行等活动。

（三）服务业数字化

5G、云计算、大数据、物联网与人工智能等技术逐渐成熟，在各行各业加速落地与应用，不断催生出新业态、新模式、新产品与新服务，成为传统服务业企业数字化转型的重要推手。人脸识别、智能客服、大数据精准推荐等数字技术的成熟和应用也将为传统服务业企业注入新活力，助推服务业数字化的进程。

1. 数字技术丰富了服务业新场景

随着数字技术的发展，生活性服务业正驶入数字化转型的快车道。何为生活性服务业？简言之，就是指满足居民最终消费需求的服务活动，涉及文化、旅游、体育、健康、养老、教育等诸多领域。服务业各领域以技术变革和新基建为契机，创新网络消费方式，提升网络消费体验，不断拓宽新服务场景，丰富线上生活服务新供给，满足线下生活服务新需求。

2. 数字化转型推动服务业向纵深发展

《中国数字经济发展白皮书（2021）》显示，2020年中国数字经济的规模达到39.2万亿元，占GDP的比重为38.6%。在三大产业中，服务业的数字化水平最高，数字经济的比重达40.7%，高于工业（21.0%）和农业（8.9%）。生活性服务业消费已成为中国消费增长的重要驱动之一，在超过10亿网民巨大流量需求的支撑下，生活性服务业具有可观的市场规模预期。

3. 服务业数字化转型的新业态

数字经济使服务业产生了互联网医疗、线上办公、数字化治理等基于线上服务的新业态。互联网医疗的发展先后经历了在线问诊、远程会诊、智能诊断等阶段，有效缓解了我国医疗资源不平衡、不充足的问题。当前，新个体、微经济、多点执业等服务业的个体新业态成为许多年轻人新的就业选择。这三种业态是伴随移动互联网的发展和人们的个性化需求而产生的，包括社交电商、网络直播等多样化的自主就业新个体，依托于各类众包平台进行副业创新的微经济，进行跨企业、多雇主、灵活用工的多点执业。

【资料专栏 10.2】

阿里健康：疫情期间 3 000 位医生线上义诊

2022 年 3 月，上海的新冠疫情暴发。阿里健康发起抗疫义诊，超过 3 000 位医生主动加入，在特殊时期为有需要的患者提供复诊、健康咨询等服务。

资料显示，自义诊上线以来，日均问诊量呈上升趋势，儿科、妇产科以及一些慢性病科室成了需求最集中的科室。事实上，大部分婴儿的常见病都有一个自然病程，往往需要专业的家庭护理，不能只强调药物治疗。如果婴儿的病情紧急，确实需要第一时间到线下医院就诊，而线上问诊能让医生在一定程度上帮助家长判断宝宝病情的轻重缓急，给出专业指导意见，同时能更好地缓解孩子父母的紧张、焦虑情绪。特别是很多宝宝其实并不是生病，只是因为喂养不到位，而导致哭闹多、落地醒、体重增长不理想等现象。其实，这种情况并不需要宝宝去医院面诊，而是新手爸妈们需要更多学习专业的哺喂知识和技巧。除了母婴人群外，慢性病患者的健康管理需求在新冠疫情中也十分突出。为此，阿里健康开通了在线复诊购药服务，患者可通过支付宝医疗健康频道，点击“在线问诊”，找到“开药门诊”复诊开方，购买需要的药品。

二、产业数字化转型的效应

（一）微观层面

产业数字化可以驱动企业效率提升、推动企业跨界融合并重构企业组织的竞争模式。自 Coase（1937）的开拓性文章发表以来，围绕企业边界的讨论就成为一个十分重要的话题。交易成本经济学认为，市场和企业作为两种治理模式有着不同的治理成本，一项交易安排在企业内部还是市场上，取决于两者交易成本的比较。肖旭和戚聿东（2019）提出，数字技术的应用显著降低了企业的交易成本，为企业从组织外部获得要素资源创造了条件，进而有效地拓展了企业的边界。具体说来，数字技术对交易成本的降低体现在三个方面：①数字技术激活了闲置资产。例如，美国Airbnb公司在有闲置资源的房主和租房者之间建立起数字化连接，提高了房屋租赁供求的匹配效率。②数字技术的运用进一步减少了企业间的信息不对称。信息化增加了企业之间的信息连接，但线下资产的信息仍属于网络盲区，AR/VR等数字技术的应用，将线下资产进行数字化处理以达到线上呈现。③数字技术实现了信息的实时获取，有助于降低产业发展所面临的不确定性。企业利用数字技术可以实时获得用户信息，及时了解用户需求的变化，实行柔性生产与销售，同时确保物流、信息流和价值流之间的协同，也就是基于数字技术构建起全生命周期的服务体系，而后通过监测、整理和分析产品使用中的数据来提高企业服务的附加值。

因此，从微观上看，产业数字化有助于降低企业的交易成本，为企业获取外部资源创造条件，进而使企业效率提升。随着数字经济的进一步发展，甚至会引起企业的组织结构变革。

（二）中观层面

以大数据、云计算及人工智能为代表的数字技术打破了行业壁垒、模糊了产业边界、加速了产业融合并促进了产业升级。第一，从产业效率上看，越来越多传统行业中的企业运用数字技术对其生产、经营、管理和服务等各个方面进行数字化改造，推动传统产业向数字化、智能化、网络化发展，从而实现了产业结构转型升级与生产率提高。例如，江小涓（2018）以体育服务业和文化服务业为研究对象，发现长期具有低效率特征的服务行业在借助网络技术后，其生产效率大大提高。第二，从产业结构上看，在数字经济下消费者个性化、智能化、多样化的产品需求要求企业的生产和分工模式都要随之升级，企业应基于智能制造推动制造业变革，并以柔性生产有效满足消费者的个性化需求。消费结构的升级与变迁反映在产业结构上就是由基础物质性价值消费转向精神性价值消费，也就是提高第二产业和第三产业在经济总量中的比重及整体水平。第三，从不同产业的关系上看，随着新产品以及新服务的规模逐步增大，还将推动新部门的产生和发展，并会通过改变不同产业间的结构比例带动产业结构的优化升级，进一步提高资源配置效率。

因此，从中观上看，产业数字化有助于产业效率的提高和产业结构的优化。随着新产品以及新服务的规模增大，还将进一步改变不同产业间的结构，以提高资源配置效率。

（三）宏观层面

数字技术的广泛应用和消费需求的深刻变革催生了共享经济、平台经济等新模式，这在一定程度上推动了共享式发展，主要表现为缩小区域差距、城乡差距、人群差距以及推动产业协同发展。第一，产业数字化可以通过改善传统的资源配置方式以及运用现代数字工具（如数字金融）来缩小区域、城乡差距。第二，产业数字化对我国就业规模、结构和质量产生了积极影响，既可以创造新的职业种类和岗位，推动就业总量增长，又可以赋予女性更多的就业机会，改善就业性别结构。第三，产业数字化转型存在产业链协同效应，上游数字化水平较强的企业对下游企业存在明显的正向外溢效应。

因此，从宏观上看，产业数字化通过运用现代化数字工具，对缩小区域、城乡、人群差距及产业链协同发展能够产生积极效应，有助于社会实现共同富裕与高质量发展。

第四节　产业数字化的争论与治理

一、产业数字化与“鲍莫尔病”

（一）产业数字化产生的“鲍莫尔病”

数字经济是否会带来“鲍莫尔病”？为了回答这一问题，我们先来介绍什么是“鲍莫尔病”？“鲍莫尔病”源于美国经济学家鲍莫尔（Baumol）与他的同事维尔·鲍恩（Will Bowen）进行的一项关于“为什么专注艺术的文化组织总是财务吃紧？”的研究。[①] 如果谋求长期发展，企业就会雇佣工人，因而艺术部门也会雇佣工人，但由于艺术部门的成本较高且并未带来生产率的提升，因此艺术部门在一定程度上也会对制造业形成限制，所以最后整个经济的增长速度就会放缓。该现象又称“鲍莫尔成本病与增长病”，简称“鲍莫尔病”。

目前，学界对中国是否存在“鲍莫尔病”这一问题展开了热烈的讨论，多数实证研究结果均表明，中国的经济增长与结构变迁过程中均存在一定程度的“鲍莫尔病”。在当前数字经济的背景下，由于数字经济的发展不平衡，这使得数字产业的劳动生产率高于其他产业，而生产率和劳动力在中国的数字产业及其他产业间的错配就可能导致“鲍莫尔病”。

但是，数字经济的发展也可能会克服“鲍莫尔病”。具体说来，在当前的数字化浪潮中，以大数据、云计算及人工智能等为代表的通用数字技术，主要诞生在从属于服务业部门的软件与互联网行业中，这将会改变导致部门生产率差异的技术结构。

---

① 该研究团队发现：艺术工作者实际上与工厂里的工人是在同一个劳动力市场竞争的。随着技术的不断进步，制造业的生产率不断提升，工人的工资水平也随之上涨；与此同时，艺术工作者的工资也应随之上涨，如若不然，他们就会选择辞职去做工人。但是，艺术工作者工资的上涨并未带来生产率的相应提升。由于工资上涨、生产率并未提升，就会造成艺术部门较高的成本。

通用数字技术以产业互联网为主要形态，将首先在服务业中进行扩散，然后逐渐扩散到工业部门，这有望推动服务业生产率的高速增长，并逐步赶超工业部门的生产率。

而克服“鲍莫尔病”的关键就是提高停滞部门和宏观经济的劳动生产率与全要素生产率。因此，数字经济的发展为克服“鲍莫尔病”提供了契机。

（二）应对数字经济中的“鲍莫尔病”

在当前数字经济的背景下，如何利用数字技术应对“鲍莫尔病”可以从以下几个方面考虑：

（1）结构红利效应。数字产业中的数字产品服务业与数字技术应用业均属于服务业部门中的生产性服务业，它们均有较高的劳动生产率，能有效克服传统服务业中生产率较低的不足。

（2）就业替代效应。人工智能等数字技术通过对具有高度重复性的任务进行编程，使得智能机器与应用程序就能胜任此前必须由劳动力完成的常规工作内容，从而对服务业中的就业岗位（如司机、质检员等）产生替代作用，有助于降低服务业部门的就业份额并提高其劳动生产率。

（3）数字转型效应。从理论上说，数字转型效应主要是通过利用数字技术优化升级服务业的生产与供给模式，并依靠极低的边际成本使得服务业部门也能获得规模经济效应，从而降低服务成本与价格，并提高服务业的劳动生产率。

二、产业数字化与索洛悖论

（一）索洛悖论及其原因

产业数字化很容易让人联想到索洛悖论（又称生产率悖论），即产业数字化能否真的提高相应产业的生产率水平？20 世纪 80 年代末，美国学者斯特拉斯曼（Strassman）调查了 292 个企业，最终发现了一个奇怪的现象：这些企业的 IT 投资和投资回报率（ROI）之间没有明显的关联。诺贝尔经济学奖得主罗伯特·索洛（Robert Solow）将这种现象称为生产率悖论（productivity paradox）：“我们到处都看得见计算机，就是在生产率统计方面却看不见计算机（Computers everywhere except in the productivity statistics）。”换言之，虽然企业在 IT 方面投入了大量的资源，但从生产率的角度看，收效甚微。此后，又有许多学者相继投入了有关生产率悖论的研究，并受到各方面的密切关注。

如何解释索洛悖论的原因？有学者将其整理为以下七点：第一，计算机产业的市场份额仍然较小；第二，计算机产业的真实产出可能被高估，并不如想象中的那么普及；第三，计算机在金融和保险行业的运用较多，但对这些行业的产出衡量并不准确，因此存在生产率统计偏差；第四，信息技术带来了更好的用户体验、增加了工作的便捷性，但这些并未在生产率的统计中得以体现；第五，计算机技术的进步对生产率的影响具有滞后效应；第六，信息技术存在一定的试错成本，对正面事例的过度宣传造成了印象偏差；第七，随着生产率水平的提升，维持同样生产率增速所需的技术创新数目也会增多。

（二）产业数字化是否提高了生产效率

迄今为止，由索洛悖论引出的产业数字化到底有没有提高效率这个问题，学界仍然没有结论，依旧有大量的学者在不断探索理论支撑与经济证据。从经济学视角上看，我们不仅需要关注产业数字化究竟有没有提高生产效率，而且应关注，若产业数字化提高了生产效率，那么它通过何种途径或者机制提高了生产效率？

为了回答这个问题，下面引入斯坦福大学的一项关于人工智能与生产效率的研究。

最初，该研究团队提出了一些可能的假设：第一，人工智能可能并没有影响生产效率，只是一种虚假的希望（false hope），技术的实际表现可能根本不会达到人们对它的预期，所以造成了技术泡沫。第二，存在测量误差，现行的统计口径和指标没有把技术真正的潜力及效果考虑进去。第三，存在租金消散（rent dissipation），即新技术与传统技术是一种零和博弈，新技术的作用被淹没在了旧技术的统计中。第四，存在滞后效应，一方面，技术采纳需要一定的时间周期；另一方面，新技术的部署需要各种配套的基础设施与创新支持。

通过一系列的实验与验证，该研究团队认为第四种假设更符合他们的预期，即认为数字技术确实推动了产业效率的提高，只是存在一定的滞后效应。此后，他们提出要有各种配套创新和基础设施，数字化转型的影响才能更好地体现出来。产业数字化或者说企业的数字化转型，并不是简单的技术应用，它通常涉及比数字技术投资更复杂的组织调整与风险。因此，除了辩证地看待索洛悖论外，我们可以进一步思考：在数字化时代，产业的何种组织形态是相对较优的？

第五节　产业数字化的制约因素和推进政策

一、产业数字化的制约因素

虽然当前产业数字化正在向纵深发展，而且在国家政策引导与地方政府、企业的大力支持下发展态势良好，但在现实的应用中仍存在一些制约因素：

第一，行业统筹与属地管理脱节。各地分别出台了促进大数据和数字经济的发展规划、实施方案和行动计划，但大数据与数字经济行业在属地的发展过程中存在边界模糊、标准不一、多头管理、同质竞争等问题。

第二，管制思维与模式创新脱节。管理体系和发展模式不能完全适应数字经济新业态发展需求，亟须转变行政管理旧体制。数字经济产生了新的市场主体、市场客体、市场载体和市场交易规则，具有去中心化、跨区域和跨行业的特征，现行的行政管理模式难以适应数字经济的发展。

第三，政府资源与社会资源脱节。政府缺乏针对电商物流、移动定位、金融支付等社会运行数据的统一采集、监测和分析机制；政府内部业务数据的整合、共享初见成效，但受制于立法、安全等原因，未能与社会资源形成良好互动。

第四，招商引资与本地培育脱节。各地在选择数字经济产业发展路径时，重大轻小、重引进轻培育，忽视了自身的发展根基，为今后的发展留下了隐患。

第五，产业需求与科教资源脱节。研究数字经济的大学、科研单位与企业的合作关系仍然较为松散，有效的数字经济技术协同创新组织的数量不足，导致对数字经济技术领域缺乏长期的跟踪和研究，不利于解决制约产业发展的重大技术问题。此外，数据人才培养体系的建设不充分、人才资源分布不均衡，导致产业发展后劲不足。

第六，产业培育与现代金融脱节。现代金融支撑数字经济发展的长效健康机制尚未建立，数字经济与现代金融融合发展催生的新业态、新模式又带来了行业监管的潜在风险。

二、产业数字化的推进政策

（一）国家对产业数字化的重视

中央政治局集体学习数字经济发展的会议体现了国家对数字经济的认知与重视程度。习近平总书记曾在《不断做强做优做大我国数字经济》一文中强调："数字经济发展速度之快、辐射范围之广、影响程度之深前所未有，正在成为重组全球要素资源、重塑全球经济结构、改变全球竞争格局的关键力量。"①

习近平总书记的这段发言突出了数字经济的发展趋势和规律。掌握好数字经济的发展规律，对于构建新发展格局具有十分重要的意义：

第一，数字技术推动各类资源要素快捷地流动，加快形成新发展格局。产业数

① 习近平．不断做强做优做大我国数字经济．求是网，2022-01-15.

字化加速了各类市场主体融合并重构了组织模式，实现了跨界发展。此外，数字技术能够打破时空的限制，延伸产业链条，畅通国内外大循环。

第二，数字技术有利于建设现代化的经济体系。现代化的经济体系通常是指高质量的发展，各部门之间的结构高效优化。数字经济具备高创新性、强渗透性和广覆盖性，能有效地为传统产业赋能，成为现代经济体系的重要引擎。

第三，数字经济有利于构筑国家的竞争优势。随着新一轮科技革命与产业革命的开展，数字技术在国与国之间的竞争中显得愈发重要，特别是在新冠疫情冲击的背景下，谁掌握了数字技术，谁就掌握了竞争的主动权。

（二）如何推动产业数字化

对于如何推动产业数字化的发展，我们总结了以下五个方面：

第一，加强核心技术攻关。要紧紧围绕数字核心技术的自主创新，发挥我国社会主义制度优势、新型举国体制优势、超大规模市场优势，提高数字技术的基础研发能力，实现创新驱动发展与科技自立自强。

第二，加快新型基础设施建设。要加强战略布局，加快建设以 5G 网络、全国一体化数据中心体系、国家产业互联网等为抓手的高速泛在、天地一体、云网融合、智能敏捷、绿色低碳、安全可控的智能化综合性数字信息基础设施，打通经济社会发展的信息“大动脉”。

第三，让数字经济和实体经济融合发展。要把握数字化、网络化、智能化方向，推动制造业、服务业、农业等产业数字化，利用互联网新技术对传统产业进行全方位、全链条的改造，提高全要素生产率，发挥数字技术对经济发展的放大、叠加、倍增作用。

第四，要规范数字经济的发展。推动数字经济健康发展，要坚持促进发展和监管规范两手抓、两手都要硬，在发展中规范、在规范中发展。要健全市场准入制度、公平竞争审查制度、公平竞争监管制度，建立全方位、多层次、立体化监管体系。

第五，完善数字经济的治理体系。要健全法律法规和政策制度，完善体制机制，提高我国数字经济治理体系和治理能力的现代化水平。

通过本章的学习，我们充分认识到了中央对数字经济的高度重视，并且明白了要深刻地把握数字经济的发展趋势和规律。从大趋势来看，数字经济已全面渗透到经济社会生活的方方面面。至于如何推动数字经济发展并助力未来产业数字化治理，仍是一个重大的课题，需要我们在该领域持续探索。

本章小结

产业数字化是指在新一代数字科技的支撑和引领下，以数据为关键要素，以价值释放为核心，以数据赋能为主线，对产业链上下游的全要素进行数字化升级、转型和再造的过程。

数字经济发展需要推动产业数字化，而产业数字化需要数字产业化进行支撑，因此数字产业化和产业数字化是一个互补的关系。

不同的行业有不同的数字化发展路径与特点。

为了推动未来的产业数字化发展，我们应侧重于加强核心技术攻关、加快新型基础设施建设、让数字经济和实体经济融合发展、规范数字经济的发展以及完善数字经济的治理体系等方面。

练习题

一、名词解释

1. 产业数字化

2. 鲍莫尔病

3. 索洛悖论

二、思考题

1. 产业数字化与数字产业化的关系是什么？如何推动数字产业化和产业数字化的协调发展？

2. 我国推动产业数字化有哪些措施？

3. 工业互联网中提供数据的各方应该如何分配？他们的收益如何达成一致？

4. 在数字经济下，我们应该如何应对鲍莫尔病？

宏观发展篇

第十一章

数字经济发展评价与测算

教学目标

1. 了解数字经济发展状况的评价维度与方法
2. 掌握综合评价法、价值创造法
3. 了解数据要素、平台经济规模测算

导入案例

对数字经济的发展进行客观的评价和测算是把握数字经济基本状况、促进数字经济健康发展的基础性工作。在G20杭州峰会后，国内外相关机构掀起了数字经济发展评价与测算领域的热潮，中国信息化百人会、波士顿咨询、腾讯研究院等都迅速公布了关于中国数字经济的测算结果。然而，现有研究的测算结果之间存在巨大差异。以2016年中国数字经济占GDP的比重为例，最高测算结果为腾讯研究院的30.6%，最低为欧洲智库布鲁盖尔的5.6%。除了中国外，不同机构公布的美、英、德、法、日、韩等发达经济体的数字经济占GDP的比重同样存在巨大差异。例如，中国信息通信研究院测算的2016年美国数字经济占GDP的比重为58.3%，埃森哲约为33.0%，而美国商务部和波士顿咨询的测算分别仅为6.5%和5.4%。从各机构披露的测算方法来看，部分测算在界定数字经济范围时缺乏扎实的理论基础，甚至具有一定程度的主观随意性，无法切实反映数字经济的内涵特征，导致测算结果存在巨大差异。接下来，我们将具体学习与数字经济发展状况评价测算相关的理论方法，以期为科学评价数字经济发展状况提供有力支撑。

第一节　数字经济发展状况的评价维度与主要评价方法

一、数字经济发展状况的评价维度

按照研究维度或方法的不同，可以对数字经济发展状况进行多样化的评价。从数字经济要素投入维度来看，可以通过测算数据要素及与之相关的劳动和资本投入来评价。数字基础设施作为数字经济对经济社会生活的物质技术载体，与之相关的指标也可以用来衡量数字经济发展状况。从宏观层面来看，我们可以从数字产业化和产业数字化两方面对数字经济进行评价。另外，按照评价方法的不同，我们可以采用综合评价法、价值创造法等衡量数字经济发展状况。

（一）数据要素

数据作为一种新型的生产要素，与劳动、资本、土地、知识、技术、管理等一样，已成为经济社会发展的重要组成部分，在推动生产生活方式、社会治理方式等数字化转型方面发挥着越来越关键的作用。在国民经济核算框架下，广义的数据要素是已记录为可存储、传输或处理的数字化形式的观察结果，并能从中获取信息和知识以支持决策（许宪春，等，2022）。在人工智能、大数据、云计算等数字技术的推动下，数据要素的生产、收集、存储、加工处理和开发应用得以高效运行，并通过多样化、特色化的分析方式和工具形成数据资产。无论是原始的数据要素还是加工后的数据资产，都有望在价值创造中发挥作用，给企业带来经济效益。数据要素规模及其产生的经济效益在一定程度上可以反映一国或地区的数字经济发展状况。

从目前的研究来看，我们可以使用收益法、市场法和成本法等对数据要素规模及价值进行测算。加拿大统计局尝试将数据纳入国民统计核算框架（Statistics Canada，2019），将数据生产中所发生的人工成本、相关的非直接人工成本以及其他成本（如人力资源管理和财务管理、电力、建筑维护和电信等成本）进行加总，作为估算数据资产形成总额的依据。测算结果显示，2018 年加拿大的数据资产形成总额为 90 亿～ 140 亿美元，加上数据库和数据科学投资，2018 年与数据相关的资产形成总额为 290 亿～400 亿美元。就测算实践来说，如何将与数据生产直接相关的劳动和资本投入从产业或宏观要素投入中分离出来，仍是数据要素价值测算的主要难题和挑战。

（二）数字基础设施

数字基础设施是以数据创新为驱动、以通信网络为基础、以数据存储和算力设施为核心的基础设施体系。数字基础设施主要包括以下四类：一是以 5G/6G、卫星互联网、新一代通信网络、未来网络等为代表的网络基础设施；二是以云计算中心、大数据中心、工业互联网服务平台、物联网服务平台、平台型互联网企业应用服务平台等为代表的信息服务基础设施；三是以超级计算中心等为代表的科技创新支撑类基础设施；四是支撑社会治理、公共服务及关键行业信息化应用的重要信息基础设施等（徐向梅，2022）。数字基础设施作为新型基础设施，是数字技术在生产生活中应用的物质基础。我们可以通过 5G 基站的数量、用云量、算力等数字基础设施指标衡量数字经济发展水平。

（三）数字产业化

数字产业化的范围比较清晰，主要是指生产数字技术产品或提供数字技术服务的数字部门，其产品和服务是数字技术在经济社会运行中发挥作用的中介和载体；数字部门在生产产品或提供服务过程中所创造的价值是衡量数字经济发展的直观指标。数字部门既包括“电子元器件”“计算机制造”“通信设备制造”“软件和信息技术服务业”等传统信息技术产业，又包括“数字媒体/数字出版”“电子商务”等新兴产业。其中，前者大体对应于国家统计局发布的《数字经济及其核心产业统计分类（2021）》中的01、02和03，后者对应于04；它们基本都可归属于《国民经济行业分类》[GB/T4754—2017，以下简称《国民经济行业分类（2017）》] 中的“计算机、通信和其他电子设备制造业”、“软件和信息技术服务业”及“互联网和相关服务”。

【资料专栏 11.1】

数字经济核心产业

《中华人民共和国国民经济和社会发展第十四个五年规划和2035年远景目标纲要》中提出，2025年“数字经济核心产业增加值占GDP比重”达到10%。自2021年以来，数字经济核心产业已成为政府部门衡量数字经济发展水平的重要指标。那么，什么是数字经济核心产业?

按照国家统计局发布的《数字经济及其核心产业统计分类（2021）》，数字经济核心产业是指为产业数字化发展提供数字技术、产品、服务、基础设施和解决方案，以及完全依赖于数字技术、数据要素的各类经济活动，主要包括数字产品制造业、数字产品服务业、数字技术应用业、数据要素驱动业。

（四）产业数字化

产业数字化作为数字经济的另一个组成部分，更能体现数字经济新型经济形态的本质。数字技术作为通用目的技术渗透到经济社会各领域，在非数字部门的价值创造中发挥着重要作用。一方面，在“摩尔定律”“吉尔德定律”“金帆定律”等的作用下，信息技术产品的价格持续快速下降，对其他产品不断实现替代；另一方面，信息技术产品/资产使用过程中产生的数据要素，经过收集加工后所提炼出的有价值信息应用于生产服务提供环节，能增加其他生产要素间的协同性，进而提高生产效率。数字技术对传统产业生产效率的提升所带来的经济效益是数字经济的重要组成部分。根据现有研究，通过产业数字化相关测算可以对传统产业的数字化水平进行分析，同时也可以了解产业数字化的内部结构。另外，产业数字化和数字产业化共同构成了数字经济，将两者的规模加总就可以得到数字经济增加值的整体规模。

二、数字经济发展状况的主要评价方法

（一）综合评价法

综合评价法主要是指构建数字经济指标体系和数字经济指数，即从多个维度选取并构造指标体系，然后在此基础上合成数字经济指数，以衡量数字经济新技术、新模式、新业态等对经济社会的综合影响。综合评价法侧重从时间或空间维度反映数字经济的综合发展水平，可用于比较国家之间、省份之间数字经济的发展差异，或分析同一研究对象数字经济发展的时间趋势，但评价指标本身并无确切的经济学含义。综合评价法的优势是具有直观性、易操作性以及可重复性，同时可以将数字技术新内容纳入评价体系之中，进而更全面地评价数字经济的发展水平。然而，由于指标选取、权重设置等具体操作存在主观性，因而在评价数字经济状况时很可能出现不同甚至相悖的结论。在国际上，经济合作与发展组织（OECD）从"智慧基础设施""社会赋能""激发创新活力""促进增长和就业"四个维度构造了综合指标体系，欧盟委员会则构建了涵盖五大政策领域、31 个具体指标的"数字经济与社会指数"。

（二）价值创造法

价值创造法主要是对数字经济增加值规模的测算。增加值作为经济指标，具有综合性、直观性等优势，加上经济增长本身又是经济社会发展最核心的目标之一，相比综合评价法的数字经济指数，数字经济增加值规模及其占 GDP 的比重更为社会各界所关注。价值创造法主要是在国民经济核算框架下，通过生产法、支出法、收入法、数字经济卫星账户、增长核算等方法，对相关产业中的数字经济增加值进行测算，再加总得出数字经济总规模。然而，尽管数字技术的渗透性特征和数据的关键要素地位等已被广泛认同，但对数字经济增加值规模的测算大多被局限于数字部门。这种理论认知与测算实践的背离，客观上源于在现行国民经济行业分类和统计体系下仅核算数字部门增加值具有很强的可操作性。而深层次原因在于，数字技术的渗透性特征在价值（增加值）创造中的作用机制尚未得到系统梳理；这样既造成了数字经济增加值范围的模糊，又无法依据价值创造机制设计相应的数字经济增加值测算方法。

第二节 数字经济发展状况的综合评价

一、数字经济综合评价与指标体系构建

（一）数字经济综合评价的理论基础

从研究现状来看，基于指标体系进行的数字经济综合评价基本上遵循了数字经济内涵与外延的界定，从数字产业化和产业数字化的角度寻找相关指标对数字经济发展进行评价。

（1）数字产业化指标体系。数字产业化是数字经济的物质基础，其内涵界定清晰，指标确定和体系构成较为成熟，是研究者在合理的指标体系构建逻辑基础上结合国家统计局发布的《国民经济行业分类（2017）》《数字经济及其核心产业统计分类（2021）》的统计分类标准，对相关指标进行对应计算并得到结果。

（2）产业数字化指标体系。对产业数字化指标体系的构建较为复杂：一方面，关于产业数字化的经济学理论尚未统一；另一方面，能够代表产业数字化的指标数据可获得性较差。目前，较为权威的解释是国家统计局发布的《数字经济及其核心产业统计分类（2021）》中给出的定义：产业数字化是指应用数字技术和数据资源为传统产业带来的产出增加及效率提升，是数字技术与实体经济的融合，主要包括智慧农业、智能制造、智能交通、智慧物流、数字金融、数字商贸、数字社会、数字政府以及其他数字化效率提升。

（二）评价因素与指标体系构建

下面将介绍一种简单的以区域数字经济发展为研究对象的指标体系。构建该指标体系的主要依据也是来源于数字经济中数字产业化和产业数字化的划分方式，然后在此基础上进行了概念的延伸。一级指标包括四个，分别是数字技术产业、数字基础设施、数字经济应用、数字经济创新。数字技术产业和数字基础设施对应于数字产业化。数字技术产业代表了各区域内与数字技术直接相关的产业规模，是描述该区域数字经济发展程度最直接的经济变量。一般来说，数字技术产业规模较大的地区，其数字经济发展水平也较高，而且数字技术产业的溢出效应能够扩大企业、居民使用数字经济相关产品和服务的程度，更有利于数字经济与实体经济的融合。数字基础设施是数字产业化在应用层面的物质表现形式，是数字经济产业作用于经济社会生产生活的直接手段，也是存量信息技术生产性资本发挥作用的支撑元素。借助数字基础设施，我们才能促进数字技术在生产生活领域充分发挥（价值创造的）

作用。数字经济应用对应于产业数字化，出于数据可获得性的考虑，该指标更强调消费者和生产者应用数字技术、产品及相关基础设施的手段，而非单纯地反映融合度。最后，数字经济创新可用来表征各地区的数字经济发展潜力。

二、数字经济评价指标的权重设定方法

（一）层次分析法

1. 层次分析法的定义

层次分析法（analytic hierarchy process，AHP）是一种将某个复杂多目标决策问题作为一个系统，将其分解为多个目标或准则，进而分解为多个指标（或准则、约束）的若干层次，再通过定性指标模糊量化方法算出层次单排序（权重）和总排序，以确定该复杂多目标决策问题的系统方法。在 20 世纪 70 年代中期，该方法由美国匹兹堡大学运筹学家托马斯·萨蒂提出。

2. 主要步骤

（1）明确问题，建立层次。首先，明确层次分析法要解决的问题、问题的范围、所包含的元素和元素之间的相互关系。然后，将问题包含的元素分组，每一组作为一个分支，并按照目标层、准则层、指标层排成若干层次。

（2）建立判断矩阵和进行两两元素比较。建立判断矩阵是层次分析法中最关键的一步，就是以矩阵的形式来表述每一层次中各元素相对其上层某元素的重要程度。

（3）进行层次单排序与一致性检验。层次单排序是根据判断矩阵，计算上一层中的某元素与本层次相关元素的重要性权重。

（4）进行层次总排序与一致性检验。层次总排序就是针对最高层目标而言，本层次各要素的重要性排序。总排序需要从上到下逐层顺序进行，最高层次的总排序就是其层次单排序。

（二）其他常用权重设定方法

1. 里克特量表

里克特量表通常是按照不同维度设置若干问题/待评判事项，并以问卷方式向被调查者征求其对某项调查主题的综合评判（看法）。每个事项一般给出 5 级评判选项：非常同意、同意、无所谓/不确定、反对、强烈反对。5 级评判分别赋值：正面评价对应的分值为 5、4、3、2、1；负面评价对应的分值为 1、2、3、4、5。在赋值后，每个问题都会得到一个分值，加总所有问题的分值，便得到被调查者对该调查主题的综合评分/态度。

2. 主成分分析法

主成分分析法是一种多元经济统计分析方法，其本质是将具有相关关系的变量

通过正交变换的方式转换为不相关变量，转换后的变量就是主成分变量。在指标体系的构建过程中，我们总是希望包含尽可能多的指标来描述目标变量的情况，这些指标或多或少都能影响或反映目标变量的动态变化，从而减少遗漏误差。然而，这往往会增加计算分析的复杂度，而主成分分析法恰好可以解决上述问题，它通过降维的方式以较少的指标来反映更多信息。

三、国内外不同机构的测算实践

目前的测算实践基本上都是选取与数字技术相关的指标来构建评价体系，并在此基础上合成数字经济指标，然后通过该指标反映数字技术对生产生活的影响。例如，OECD（2014）从“智慧基础设施”“社会赋能”“激发创新活力”“促进增长和就业”四个维度构造了指标体系，用于考察在数字经济条件下信息通信技术对经济社会的综合影响。欧盟委员会构建了一套涵盖“连通性”“人力资本”“互联网使用”“数字技术融合”“公共服务数字化”五大政策领域、31个具体指标的数字经济与社会指数（digital economy and society index，DESI）（EU，2018）。在国内，财新传媒和数联铭品推出的中国数字经济指数、腾讯研究院推出的中国“互联网＋”数字经济指数[①]、新华三推出的中国城市数字经济指数也属于这类方式（财新传媒，2018；腾讯研究院，2017；新华三，2018）（见表11-1）。

表11-1　国内数字经济指数相关研究

指数名称	研究机构	相关特征
中国数字经济指数	财新传媒、数联铭品	该指数体系包括数字经济产业指数、数字经济融合指数、数字经济溢出指数、数字经济基础设施指数； 其数据来源侧重于数字经济供给侧，强调从数字经济对经济发展的杠杆作用来衡量其发展； 该指数比较分析了中国数字经济整体以及各省份的变化情况，包括基础设施、数据资源管理、互联网基础设施、数字化生活普及程度、数字产业等的各省份表现。
“互联网＋”数字经济指数/数字中国指数	腾讯研究院	该指数体系包括数字经济、数字政务、数字生活、数字文化四个分指数； 其数据来源于腾讯、京东、携程、新美大等互联网数据，这些数据在来源、稳定性和可比性方面具有显著优势； 该指数比较分析了中国整体以及各省份数字经济、数字产业、数字生活、数字文化、数字政务的相关情况，并将“用云量”纳入了该指数体系。

① 2019年，腾讯研究院将“互联网＋”数字经济指数更名为数字中国指数，但其下设的二级指标体系与原来的一致。

续表

指数名称	研究机构	相关特征
中国城市数字经济指数	新华三	该指数体系包括数据及信息化基础设施、产业融合、城市治理、城市服务四个方面； 其数据来源包括城市基本信息、电商数据、搜索指数、信息安全、互联网、信息经济； 该指数比较分析了城市数字经济的分级、聚类情况，城市数字经济的发展路径，以及供给侧结构性改革、精准扶贫、均衡性建设等专题研究。

目前，我国产业数字化指标的构建存在差异化。赛迪研究院发布的《2020 中国数字经济发展指数（DEDI）》中包含了一个融合指标，该指标由工业和信息化融合、农业数字化、服务业数字化三个次级指标构成。其中，工业和信息化融合（以下简称“两化融合”）包括两化融合水平、生产设备数字化率、数字化研发设计工具普及化率、应用电子商务比例、实现网络化协同的企业比例、两化融合贯标企业比例、关键工序数控化率七个指标；农业数字化包括数字农业农村创新项目数量、淘宝村数量两个指标；服务业数字化包括电子商务交易额、互联网医院数量、国家信息化教育示范区数量、智慧景区数量四个指标。欧盟发布的《欧盟数字经济和社会指数报告》纳入了社会赋权指标，具体包括教育中的信息通信技术、工作中的信息通信技术、用户的复杂度、电子政务等。

第三节 数字经济增加值的规模测算

一、数字经济的价值创造机制与测算范围

（一）数字经济的价值创造机制

数字技术具有渗透性、替代性和协同性三大技术-经济特征。数字技术的技术-经济特征是数字经济价值创造机制的基础。渗透性是指数字技术能够渗透到生产、消费等各种经济活动中并带来经济运行方式的改变。渗透性可以看作数字技术最重要的技术-经济特征，是其能在非数字部门价值创造中发挥重要作用的前提和基础。数字技术渗透到非数字部门后，将通过替代性和协同性这两项技术-经济特征参与价值创造（蔡跃洲和牛新星，2021）。

要想让数字技术发挥作用，需要以相应的数字技术产品为载体；或者说，数字技术是物化于数字技术产品中的，包括硬件产品和软件产品。在供给侧，数字技术的渗透正是通过非数字部门（或者说传统产业）对数字技术产品的积累和使用来实现的，即积累数字技术资本并在生产中发挥作用。从数字技术的发展历程来看，不

同类型数字技术产品在发展过程中遵循着特定规律。其中，处理器芯片和存储芯片在价格及性能上遵循摩尔定律，集成电路上可容纳的晶体管数目每18～24个月便会增加一倍；主干网带宽的拓展遵循吉尔德定律，每6个月翻一番；数字信号处理器（DSP）每秒可完成百万乘法累加操作所需功耗遵循金帆定律，DSP功耗/性能比每10年降低2个数量级。这些规律的叠加使得数字技术产品在整体上都长期处于价格下降的态势，由此带来全社会投资和消费中数字技术产品对非数字技术产品的不断替代，而非数字部门的数字技术资本积累也随之不断增多。数字技术资本的使用与其他非数字技术资本一样，都能直接用于产品生产或服务提供以及创造价值（增加值）。由于硬件、软件的价格不断下降，而且具有稳定性、可靠性方面的优势，因而对其他非ICT（information and communications technology，信息与通信技术）资本及劳动要素的替代是顺理成章的，这就是数字技术的替代性。

数字技术的第三项重要技术-经济特征是其协同性，即数字技术资本及数据要素的渗透能够增加经济活动中其他要素之间的协同性，进而提高经济运行的效率。协同性出现的内在机制在于，数字技术资本在使用过程中，除了直接用于产品生产或服务提供外，还会有一种特殊而重要的副产品，那就是以“0”“1”形式存在的数据要素，而数据要素通过企业内部平台乃至跨企业工业互联网平台的统一收集、分析和传递，可以快速提炼出有效信息并及时传递到生产过程的不同环节、不同主体以及产业链上下游的关联企业，从而降低不同环节、不同主体间的信息不对称，缩短资本、劳动等其他要素相互衔接所需花费的时间，减少生产投入的冗余，提高企业的生产效率以及产业链的整体运行效率。企业层面和产业链整体的效率提升最终将表现为更多的价值创造，这部分增加值可以看作数字技术协同效应的贡献。

（二）数字经济价值测算的范围边界

1. 数字部门（数字产业化）

生产数字技术产品或提供数字技术服务的数字部门，其产品和服务是数字技术在经济社会运行中发挥作用的中介和载体；数字部门在生产产品或提供服务过程中所创造的价值理所当然是数字经济增加值的组成部分。数字部门对应国家统计局发布的《数字经济及其核心产业统计分类（2021）》中的01（数字产品制造业）、02（数字产品服务业）、03（数字技术应用业）、04（数字要素驱动业）；它们基本都可归属于《国民经济行业分类（2017）》中的“计算机、通信和其他电子设备制造业”、“软件和信息技术服务业”及“互联网和相关服务”。

2. 产业数字化

产业数字化是数字经济的另一个组成部分。数字技术通过替代效应和协同效应所实现的价值创造共同构成了数字经济中产业数字化部分的增加值，再加上数字部门（即数字产业化）对应的增加值，便可完整地测算出数字经济的增加值规模。

3. 数字经济的价值测算范围

我们可以将数字经济的范围划分为三部分：

（1）数字部门。

（2）数字技术资本在非数字部门/传统产业中发挥的替代效应。

（3）使用数字技术资本产生的数据要素、提供的有效信息所发挥的协同效应。

上述三部分对应的增加值可分别简称为“数字部门增加值”、“替代效应增加值”和“协同效应增加值”（蔡跃洲和牛新星，2021）。

（三）数字经济增加值的测算框架

数字部门增加值可以通过现有统计数据获取，按照统计方法测算得到数字产业化的增加值。

产业数字化的增加值，即替代效应增加值和协同效应增加值的测算较为复杂，国内学界对此进行了有益尝试。下面将介绍一种基于增长核算方法、按照“先增量后总量、先贡献度后规模”逻辑进行的测算方法。这种方法在增长核算及全要素生产率指数测算的基础上展开：

（1）在《国民经济行业分类（2017）》和国家统计局“三新”统计分类的基础上，结合数据可获得性，将国民经济细分为包括数字部门在内的若干行业。

（2）按照OECD的操作标准，对20世纪90年代以来各行业历年的资本存量进行估算，并将资本存量分为“ICT资本存量”和“非ICT资本存量”。

（3）在增长核算框架下，参照OECD的具体规范要求，对各行业的增长来源进行分解，估算出历年“ICT资本服务”“非ICT资本服务”“劳动服务”“全要素生产率”等的增长率及其对行业增长的贡献度，其中“ICT资本服务”的贡献对应于“ICT替代效应”。

（4）运用面板数据考察“ICT资本服务”及其他因素对“全要素生产率增长”的影响，进而将“ICT协同效应对行业增长的贡献”从“全要素生产率增长对行业增长的贡献”中分解出来。

（5）根据“ICT资本存量”和“非ICT资本存量”的估算结果，选取资本存量中ICT资本的占比可以忽略不计（或者接近于零）的年份作为起始年份，并近似设定该年份的ICT尚未渗透到传统行业，“替代效应增加值”及“协同效应增加值”基本为零。

（6）根据各行业历年的增长来源分解，计算出从起始年份到目标测算年份“ICT替代效应”和“ICT协同效应”对行业增长的贡献度，并结合该时间段内的行业增加值变化（增量）推算出“ICT替代效应”和“ICT协同效应”对应的增加值增量。

（7）由于起始年份的“替代效应增加值”及“协同效应增加值”设定为零，因而上述增量的累加约等于目标测算年份的“替代效应增加值”和“协同效应增加值”，将两者加总便基本得到目标年份各（传统）产业对应的数字经济增加值规模。

二、数字产业化增加值的规模测算

（一）数字经济行业部门的划分

按照数字经济价值测算的范围，结合《国民经济行业分类（2017）》和国家统计局发布的《新产业新业态新商业模式统计分类》，选取相关产业作为数字经济行业部门。

对于信息技术制造业，按照《国民经济行业分类（2017）》的中类划分，“计算机、通信和其他电子设备制造业”分为 9 个细分行业：①计算机制造；②通信设备制造；③广播电视设备制造；④雷达及配套设备制造；⑤非专业视听设备制造；⑥智能消费设备制造；⑦电子器件制造；⑧电子元件及电子专用材料制造；⑨其他电子设备制造。

对于信息技术服务业，综合《国民经济行业分类（2017）》和《新产业新业态新商业模式统计分类》中的划分，将“信息传输、软件和 ICT 服务业”分为 3 个细分行业：①电信、广播电视和卫星传输服务，具体包含电信、广播电视传输服务、卫星传输服务三部分；②互联网和相关服务，具体包含互联网接入及相关服务、互联网信息服务、互联网平台、互联网安全服务、互联网数据服务、其他互联网服务六个部分；③软件和 ICT 服务业，具体包含软件开发、集成电路设计、信息系统集成和物联网技术服务、运行维护服务、信息处理和存储支持服务、ICT 咨询服务、数字内容服务、其他 ICT 服务业八个部分。

（二）数字部门增加值的估算

对“数字部门增加值”的估算将结合《国民经济行业分类（2017）》和《新产业新业态新模式统计分类》中的划分，选取直接提供信息技术产品及服务的行业，在各信息技术产业部门增加值收集或估算的基础上即可得到。

三、产业数字化增加值的规模测算：一种基于增长核算的方法

（一）增长核算步骤

增长核算是在索洛新古典增长模型及索洛余值的基础上，引入国民收入核算、投资理论、指数理论等逐步形成的用于分解 GDP（或行业增加值）增长来源的测算

方法。由于乔根森和格里利切斯（Jorgenson-Griliches）在增长核算框架形成中发挥的关键性作用，因而我们将其称为乔根森-格里利切斯增长核算框架。依托乔根森-格里利切斯增长核算框架，我们可以将经济增长（行业增长）归因于资本、劳动、全要素生产率等不同因素，因此增长核算不仅是分析增长源泉的重要依据，而且是测算 TFP 指数（或增长率）的主要方法之一。OECD（2001，2009）规范了资本估算和增长核算的具体细节，包括“资本存量”和“资本服务”的区分、资本生产能力估算等。乔根森-格里利切斯增长核算框架的核心模型为：

$$\frac{\dot{A}}{A}=\frac{\dot{\boldsymbol{Y}}}{\boldsymbol{Y}}-\sum_{j} v_j \times \frac{\dot{X}_j}{X_j} \tag{11-1}$$

或转化为：

$$\frac{\mathrm{d}\ln A}{\mathrm{d}t}=\frac{\mathrm{d}\ln \boldsymbol{Y}}{\mathrm{d}t}-\sum_{j} v_j \times \frac{\mathrm{d}\ln X_j}{\mathrm{d}t} \tag{11-1a}$$

$$\frac{\mathrm{d}\ln \boldsymbol{Y}}{\mathrm{d}t}=\frac{\mathrm{d}\ln A}{\mathrm{d}t}+\sum_{j} v_j \times \frac{\mathrm{d}\ln X_j}{\mathrm{d}t} \tag{11-1b}$$

其中，$\boldsymbol{Y}$，$\boldsymbol{X}$，A 分别为产出（向量）、投入（向量）和全要素生产率；加上时间微分符号后的$\dot{\boldsymbol{Y}}$，$\dot{\boldsymbol{X}}$，$\dot{A}$为相应变量的变化情况；$\frac{\dot{A}}{A}$，$\frac{\dot{\boldsymbol{Y}}}{\boldsymbol{Y}}$，$\frac{\dot{\boldsymbol{X}}}{\boldsymbol{X}}$为各变量在一定时间内的增长率；$v_j$ 为各要素投入在总价值中所占的份额。

（二）增长核算与 ICT 替代效应估算

下面介绍如何基于增长核算估算出某个年份（如 1977 年）以来各细分行业增长中 ICT 资本的贡献度。利用 GDP 平减指数，先将所有增加值数据换算成某年份的可比价格，然后利用各行业可比增加值和 ICT 资本增长贡献度，可推算出每年各行业的增加值以及 ICT 资本贡献对应的增加值，见（11 - 2）式。

$$\Delta \mathrm{VA}_{i,t}^{\mathrm{ICT}}=(\mathrm{VA}_{i,t}-\mathrm{VA}_{i,t-1})\times \mathrm{GC}_{i,t}^{\mathrm{ICT}} \tag{11-2}$$

其中，VA 代表增加值（value added），GC 代表对增长的贡献度（growth contribution）；下标 i 和 t 分别代表细分行业和时间（年份），上标代表参与贡献的要素（或因素）。

选定一个 ICT 对传统产业 i 的渗透可以忽略不计的年份作为起始点，并将传统产业 i 在该年份的增加值$\mathrm{VA}_{i,0}$ 中数字经济的替代效应和协同效应$\mathrm{VA}_{i,0}^{S}$ 和$\mathrm{VA}_{i,0}^{C}$ 都近似设定为 0。替代效应和协同效应都是在 ICT 渗透性特征的基础上形成的。在渗透性可忽略不计的初始年份，ICT 的替代效应和协同效应所对应的数字经济增加值均设定为 0，因为这个时点应在 20 世纪 90 年代中期美国互联网热潮兴起前。在 1993 年以前，中国的生产性资本存量（资本服务）中 ICT 资本的占比维持在 0.2%左右；细分行业中除“机械设备制造”和“金融保险”外，占比基本都在 0.5%以下。因此，我们不妨以 1992 年为起始年份，对应的 t 为 0。根据（11 - 2）式，我们可估算出 1993 年后每年各细分行业增长中替代效应所对应的增加值。由于起始年份的增加值中数字经济的成分几乎为零，因此我们估算出的 1993 年细分行业增长中替代效应所对应的增加值就等于该年度行业增加值中 ICT 替代效应所对应的增加值。据此，我们可以用（11－3）式逐年测算 1992 年后各行业增加值中的 ICT 替代效应。

$$VA_{i,t}^{S}=\sum_{j=1}^{t}\Delta VA_{i,t}^{ICT}, \ VA_{i,0}^{S}=0, \ VA_{i,1}^{S}=\Delta VA_{i,1}^{ICT} \tag{11-3}$$

（三）TFP 增长与 ICT 协同效应的估算

协同效应的作用体现为 TFP 增长，是 TFP 增长的一部分，而 TFP 增长又是 GDP 和行业增加值的增长来源之一，因而要测算 ICT 协同效应所对应的增加值，需要完成以下步骤：①估算“TFP 对 GDP（或增加值）的增长贡献度”；②估算“ICT 协同效应对 TFP 增长的贡献度”，进而得到“ICT 协同效应对 GDP（或增加值）的增长贡献度”；③采用与前述 ICT 替代效应类似的方法，以 1992 年为起始年份，推算出 ICT 协同效应对应的增加值。

ICT 协同效应对应增加值的测算可用以下公式表示：

$$\Delta VA_{i,t}^{C}=(VA_{i,t}-VA_{i,t-1})\times GC_{i,t}^{C}=(VA_{i,t}-VA_{i,t-1})\times GC_{i,t}^{CTT}\times GC_{i,t}^{TFP} \tag{11-4}$$

$$VA_{i,t}^{C}=\sum_{t}\Delta VA_{i,t}^{C}, \ VA_{i,0}^{C}=0, \ VA_{i,1}^{C}=\Delta VA_{i,1}^{C} \tag{11-5}$$

其中，$GC_{i,t}^{C}$、$GC_{i,t}^{CTT}$、$GC_{i,t}^{TFP}$分别代表第 t 期第 i 个细分行业中“ICT 协同效应对增加值的增长贡献度”“ICT 协同效应对 TFP 增长的贡献度”“TFP 对增加值的增长贡献度”；$\Delta VA_{i,t}^{C}$ 为“行业增长的增加值中 ICT 协同效应对应的增加值”；$VA_{i,t}^{C}$ 为“行业增加值中 ICT 协同效应所对应的增加值”。

（四）对该方法的说明

增长核算方法是一种基于数字技术的技术-经济特征测算产业数字化增加值的有益尝试，当然它也不是唯一的方法。与数字产业化相比，测算产业数字化增加值面临众多难点，这些难点来自数据可获得性、机制分析、统计学意义上的可操作性等。我们之所以选取增长核算方法，是因为该方法可以帮助大家直观了解数字技术对传统产业的作用机制。可重复性、可操作性依然是产业数字化增加值测算方法的基础。至于能否最终形成被各界普遍认可的通行测算方法，还需要学术界、统计部门和政策部门的共同努力。

第四节　数字经济评价测算的其他议题

前面主要着眼于对数字经济总体发展状况的综合评价，并介绍了相关的测算思路。下面将着眼于数字经济的运行基础和形态特征，同时结合学术界和实践中的相关探索，对数据要素、平台经济以及新形态特征涉及的评价测算思路进行初步探讨。其中，数据是支撑数字经济新模式、新业态运行的新关键要素；平台经济是数字经济最重要的业态和模式；而数字经济的形态特征则是其区别于农业经济、工业经济的标志。

一、数据要素的规模测算

（一）数据要素的测算思路

数据要素的分类和流动交易模式的多样性决定了数据要素的涵盖范围可以有多种不同的口径。而客观认识数据资源和数据要素市场运行的规律需要科学准确地估算数据要素规模，这就必须明确界定估算对象所对应的口径标准。根据数据要素的分类和对流动交易模式的梳理，我们要估算数据要素的规模，既可以围绕数据要素（资源）的规模进行，又可以针对数据流动交易的规模进行。前者从生产和存储角度反映数据要素的规模，而后者可以从流量角度间接反映数据要素的使用情况。由于数据类型和流动交易模式都较为繁杂，而现行国民经济统计体系也无法提供直接对应的数据，因而我们将从生产存储和流动交易两个方面，综合多渠道的数据信息，尝试对数据要素不同口径的规模进行估算，据此对数据要素规模呈现出的结构性特征进行分析归纳。

（二）数据要素的资源存量和交易流量的初步测算

1. 数据资源规模的估算

根据国际数据公司（IDC）等机构的估算，2000 年全球生成的数据总量为 1 000～2 000PB；到 2010 年生成的数据总量已达 2ZB，增加了 1 000 倍以上。与此相对应，每年存储下来的数据也在高速攀升，但其增速与生成数据的增速之间却有较大差距。根据 IDC 与希捷共同发布的研究报告《数字化世界——从边缘到核心》，2020 年全球数据存储介质的出货容量约为 2.2ZB，而同年全球新产生的数据总量达到 64.2ZB。这意味着 2020 年全球实际被存储下来的数据约占当年新生成数据总量的 3.4%，见表 11 - 2。

虽然我们并不能确切统计每年新增的存储数据规模，但可以通过全球存储介质的出货容量间接佐证 IDC 的上述判断。当前，数据主要是存储于机械硬盘和固态硬盘两类介质。近年来，在数据爆发式增长的趋势下，固态硬盘在存取速度等技术层面展现出显著优势，其市场规模和存储容量也稳步攀升。然而，从技术升级迭代到实现最终替换需要较长时间，而且机械硬盘在价格和容量方面还具备绝对优势；因此，机械硬盘年出货容量占据全球数据存储介质出货容量的比重仍保持在 60%以上

(Reinsel et al.，2017)。全球机械硬盘的生产供给主要集中于希捷、西部数据和东芝三家厂商。根据调研机构 Trendfocus 的统计，2020 年上述三家厂商机械硬盘的出货容量分别达到 479.99EB、422.23EB 和 116.10EB。据此，利用企业的财务报告数据和前述 60%的比例结构，可以大致估算出全球新增存储介质的容量，并间接反映了数据资源每年新增的存量规模。相关的估算数据与 IDC 报告数据从趋势到规模都较为接近，两者可以相互印证。

需要注意的是，每年新增的存储介质容量与当年新存储数据之间并不会完全重合。一方面，当年新增存储介质的利用率不可能达到 100%；另一方面，在每年的存量数据中会有一定比例的数据被删除，由此腾出的存储空间也会被用于新增数据的存储。因此，每年新产生数据被存储的比例与表 11－2 中第四列的数值相比会有一定出入。考虑到存储介质的购置和维护都是有成本的，而存储介质的购置规模（出货量）加上少量既有数据删除所形成的新增存储空间，相对于每年的实际新增存储数据不会有过多冗余。假定冗余比例、删除比例相对稳定，则数据存储介质的出货容量规模基本可以反映出新增存储数据的规模。

表 11－2　全球数据规模及存储介质出货容量规模

年份	全球新产生数据总量（ZB）	全球数据存储介质出货容量（ZB）	占比（%）	机械硬盘出货容量（ZB）	全球存储介质出货容量估算（ZB）
2010	2	0.5	25.0		
2011	5	0.5	10.0		
2012	6.5	0.6	9.2		
2013	9	0.7	7.8		
2014	12.5	0.8	6.4		
2015	15.5	0.8	5.2	0.5	0.7
2016	18	1.0	5.6	0.5	0.8
2017	26	1.2	4.6	0.6	0.9
2018	33	1.5	4.5	0.7	1.1
2019	41	1.8	4.4	0.8	1.2
2020	64.2	2.2	3.4	1.0	1.6
2021	79	2.6	3.3		

资料来源：(1) 第 2 列数据参考 Statista 发布的 2010—2025 年全球创建、使用和存储的数据量。
(2) 第 3 列数据参考 IDC、希捷的《数字化世界——从边缘到核心》。
(3) 第 5 列数据参考希捷、西部数据公司的财务年度报告。
(4) 第 6 列数据由作者估算得出。

2. 数据流动交易的规模估算

除了共享的公共数据外，大多数的数据流动都是通过交易方式实现的，其中的很大一部分交易会以货币形式支付对价。因此，每年数据交易的成交金额也不失为反映数据流动交易规模的一种方式。现有的行业统计资料将大数据市场定义为广义的数据产业市场，其涵盖范围包括了大数据相关硬件、大数据分析软件和大数据专业服务。其中，大数据专业服务主要是数据交易服务，其涵盖范围与数据交易市场更接近。从全球不同机构给出的统计数据来看，虽然各种统计覆盖的范围可能存在差异，同时数据市场规模的口径也有所不同，但基本都围绕与数据相关的交易和服务开展规模估算。

需要注意的是，基于现有可获取资料对数据交易规模/成交金额的估算，不仅由于资料来源、覆盖口径的不同而存在较大差距，而且无法完全反映出数据流动交易的整体规模。一方面，大部分公共数据的流动共享以及基于平台的双重交易并不采取交易或货币支付的方式，但它们也是数据流动交易的重要组成部分；另一方面，现有的统计资料以及可公开查询的企业财务数据远不能涵盖所有以货币方式支付的数据交易。例如，众多企业微观主体间“点对点”的数据交易活动一般很难从公开渠道找到对应信息。因此，当下有关数据交易市场的统计，涵盖范围主要是那些依托公开交易平台达成的数据交易活动，而且相关的成交金额往往还要通过平台提供交易服务所获得的收入进行间接推算。

二、平台经济的福利测算

（一）平台经济的福利影响机制

从平台经济的实践来看，平台的发展通常可以分为高速发展和稳定成熟两个阶段。在初期的高速发展阶段，平台的核心目标是吸引更多的消费者和商户，以便借助消费者的规模优势摊薄平台的建设和运营成本，进而实现盈利。平台在建成运营后，低进入成本和高开放度使平台能够以网状结构连接各种类型的消费者。随着平台消费者数量的增加，其数据信息处理的边际成本不断降低，加上平台数据信息的高度共享，共同促进了消费者之间数据信息的产生和流动，并为消费者低成本地利用数据信息创造了条件，促进了数据要素价值的释放，使得消费者福利不断提升。在此过程中，网络外部性也随消费者数量的增加而不断显现，并增强了上述机制的效果，从而大幅提升了消费者的福利水平。平台吸引消费者往往会面临其他同质平台的竞争，为了加快消费者的积累速度、赢得更大的市场份额，平台需要充分发挥上述福利机制的作用，甚至不惜实施补贴。因此，在初期的高速发展阶段，平台对社会福利的影响以福利提升和福利创造为主，我们不妨称之为福利提升效应或福利创造效应。

由于受市场容量（消费者和商户）的限制，加上竞争对手的争夺，平台的规模和网络外部性不可能无限扩大。从电商、网约车、外卖等不同领域的发展实践来看，竞争的结果往往是少数头部平台胜出，共同占据绝大多数市场份额（90%以上），形成垄断竞争乃至寡头垄断的市场格局。而胜出后的少数优势平台，其规模都难以再现初期的高速增长，平台及整个业态的发展逐步进入稳定成熟阶段。

在稳定成熟阶段，市场上的绝大多数消费者都被纳入少数优势平台，并从前述福利机制中受益，而社会总福利的提升空间变得非常有限。此时，无论是平台经济的市场格局，还是平台的社会福利提升（总）效应，都趋于稳定。胜出的少数优势平台凭借积累的大量消费者和数据信息，获得了市场垄断势力和数据垄断能力，成为市场寡头。面对消费者数量已基本饱和的局面，具有一定垄断能力的头部平台，一方面，开始为争夺彼此的消费者、巩固并扩大自身的规模优势和市场控制力而展开激烈竞争；另一方面，它们也会凭借自身（在市场和数据方面）的优势地位，通过特定的规则或制度安排，影响福利在平台上各主体间的分配格局，我们将其称为福利分配效应。通常说来，优势平台往往会采取一些滥用优势的行为，使福利分配格局向自身倾斜，如歧视定价、独家交易（二选一）等。这些问题既是各界关注的焦点，又是监管的重点。

（二）平台经济福利影响的测算思路

针对社会福利测度方法的研究，学界已有了相对丰富的成果积累。马歇尔最早提出福利水平的最大化并不等同于经济效率最优化，进而提出了消费者剩余和生产者剩余的概念。针对这两种剩余的测度可以较好地反映社会福利水平和利益分配情况。与此同时，他还利用边际效用递减规律推导出了需求曲线（demand curve），在此基础上测得的消费者剩余又称马歇尔消费者剩余（Marshallian consumer surplus）。希克斯认为，马歇尔需求曲线是特定商品价格变化所引起的替代效应和收入效应的综合结果，而实际的需求曲线应当只反映替代效应。为此，他引入了补偿性需求曲线的概念，在此基础上测度的消费者剩余又称希克斯消费者剩余（Hicksian consumer surplus）。由于消费者福利的变化取决于消费所带来的效用变化，因而有学者通过合理假定效用函数来实现对福利水平的直接测度。

Bresnahan（1986）将效用函数设定为超越对数形式，并通过引入价格指数测度了计算机应用对社会福利的影响。这种方法的优势是摆脱了对具体需求曲线方程的依赖，避免了因方程形式偏误造成的福利测度偏差。这可以算是对数字经济带来的社会福利进行测算的最早尝试。

随着平台经济模式的推广和发展，各种互联网销售、消费大数据也得以产生和积累。一些学者开始尝试借助互联网大数据、AI智能等新兴技术来测度社会福利。Brynjolfsson et al.（2003）根据亚马逊网站畅销书的排名、零售价、销量等信息，结合希克斯需求函数测度了线上书店给消费者和商户带来的福利与收益。Cohen et al.（2016）利用UBER打车软件的后台数据，采用断点回归的方法刻画消费者需求曲线，进而得到消费者剩余。另外，互联网平台也为开展大规模调查问卷提供了新的途径和解决方案。Brynjolfsson et al.（2019）通过在线激励相容选择试验，估计消费者愿意接受多少价值以放弃某项数字经济新产品或免费产品，然后以此作为特定商品/服务的社会福利贡献，并将其命名为 GDP-B，作为对现行国内生产总值统计核算的补充。在国内，蔡跃洲和顾雨辰（2023）也借助某大型外卖平台，针对 200 多万家商户开展在线问卷调查，并结合统计数据、企业年报数据等，构造希克斯补偿支出函数、估计参数以及拟合外卖平台的供求曲线，据此测算互联网（外卖）平台上各主体的福利变化。

三、数字经济的形态特征及评价展望

数字经济作为一种新的经济形态，与农业经济和工业经济相比，其差异主要体现在以下两方面：一是经济运行所依赖的生产要素发生了重大变化。在农业经济时代，土地、劳动是关键要素；在工业经济时代，资本成为土地、劳动之外具有决定性作用的要素；在数字经济时代，数据已成为不可或缺的新关键要素。二是经济社会运行的组织模式发生了根本性变化。在农业经济时代，社会生产主要处于一种相对独立、封闭、分散、自给自足的状态；在工业经济时代，分工、协作成为主流，并通过大规模、集中化、标准化等方式，实现生产成本的大幅下降和物质丰裕；在数字经济时代，分工进一步强化，借助新一代信息技术，人与人、人与物、物与物之间的连接大幅增加，多主体远程实时协同成为现实，生产组织模式呈现出分布式、网络化等特征，大规模、低成本、个性化、定制化成为现实，经济社会运行的网络化、复杂性特征也日益强化。

国内生产总值核算以及现有国民经济行业分类在本质上是两次工业革命的产物，反映了工业化成熟阶段的经济结构和经济形态。在数字经济时代，经济运行的网络化、复杂性特征以及低成本、个性化等带来的消费者效用提升等，很多都无法体现在既有的增加值核算框架中。要全面刻画数字经济的发展状况，需要超越增加值核算，尝试新的测量方式，并将基于网络复杂度而衍生出的效用、使用价值等的提升以适当方式进行刻画。

一个可能的评价测算路径是：将复杂系统、网络科学等领域的相关方法，全面引入数字经济发展状况的评价中。例如，借助网络科学中的链接、平均度、网络直径、集聚系数等概念和量化指标，对数字经济运行的高连通性、高复杂度等特征进行刻画。

本章小结

数字经济的范围和测算方法的不同，造成了对国内外数字经济规模测算结果的巨大差异，也反映出对数字经济的界定、价值创造机制等相关理论研究的滞后。根据测算维度的不同，我们可以从数据要素、数字基础设施、数字产业化和产业数字化等方面对数字经济开展测算及评价。按照测算方法的不同，我们可以采用综合评价法、价值创造法等衡量数字经济的发展状况。

数字经济增加值的规模测算以数字技术的渗透性、替代性和协同性三大技术-经济特征为基础，厘清了数字经济的价值创造机制，将数字经济划分为数字产业化和产业数字化两部分，并使用国民经济核算、增长核算和计量分析等工具，构建了适用于数字经济特征的增加值测算框架。

数据是支撑数字经济新模式、新业态运行的新关键要素，平台经济是数字经济最重要的业态和模式，对数据要素的规模和价值、平台经济福利影响的测算与评估是数字经济测算的重点方向和前沿领域。而数字经济与传统农业经济、工业经济之间的差异决定了全面刻画数字经济的发展状况，需要突破增加值核算等理论框架，尝试新的测量方式。

练习题

一、论述题

1. 简述数字经济增加值规模的测算思路。

2. 比较数字经济的测算维度和方法，论述不同方法的优缺点。

二、思考题

数字经济中的哪些新业态、新模式难以在传统经济理论和测算框架中准确测度？

第十一章附录　公式推导和测算结果

一、全要素生产率及其变动

全要素生产率（TFP）本质上就是投入产出效率。在投入要素和产出品都只有一种的基本情况下，生产率可以用产出除以投入直接进行测算。劳动生产率（labor productivity）是在假设劳动是唯一投入要素的情形下计算得到的。但是，在实际生产活动中并不只有劳动要素，还包含资本要素。将先进的机器设备投入生产活动中，并与工人等劳动力相结合，可以极大地提高产出水平，进而提高劳动生产率。资本深化对于劳动生产率的提高具有推动作用，因此，在测算生产率时应尽可能包含所有的投入要素以及要素组合，在这种情况下得到的便是全要素生产率（TFP）。TFP并不是理论性的概念，实际上是循环收入模型的一部分。

在这个模型中，产品市场决定了产品的价格（P）和供给量（Q）。在t时刻，产品的价值为$P_t Q_t$，是消费者支出和生产者利润之和。要素市场决定了劳动和资本的数量（分别为L和K）以及价格（W和R），则t时刻的投入成本为$W_t L_t + R_t K_t$。在t时刻，两个市场的平衡状态可由（1）式表示。

$$P_t Q_t = W_t L_t + R_t K_t \tag{1}$$

这是在现有劳动、资本和技术条件下的预算约束。将不变价概念引入上式，为了保持等式平衡，引入规模要素S_t（scaling factor），则不变价等式为：

$$P_0 Q_t = S_t(W_0 L_t + R_0 K_t);\ S_t = P_0 Q_t / (W_0 L_t + R_0 K_t) \tag{2}$$

其中，S_t为全要素生产率，表示投入产出效率；S_t在基期（$t=0$）时为1，并随着时间而变化。

TFP指数或者变动是经济增长研究中的主要关注点。早在20世纪30年代，科普兰（Copeland）等人就提出了单位投入的产出指数（output per unit input index），而后斯蒂格勒（Stigler）利用实证方法对该指数进行了测算和验证。通过（3）式，该指数可以表示为：

$$\frac{S_t}{S_0} = \frac{Q_t}{W_0 L_t + R_0 K_t} \Big/ \frac{Q_0}{W_0 L_0 + R_0 K_0} = \frac{Q_t}{Q_0} \Big/ \frac{W_0 L_0 + R_0 K_0}{W_0 L_t + R_0 K_t} \tag{3}$$

该公式是一个应用很广泛的指数公式（如CPI），而该指数是固定权重的拉氏指数。作为对TFP变动的测算，它经常出现在早期的生产率测算文献中。

二、增长核算框架

1956年，诺贝尔经济学奖获得者、美国经济学家罗伯特·索洛提出了新古典增长模型，为研究经济增长和 TFP 做出了里程碑式的贡献。他将希克斯技术中性和规模报酬不变引入模型中，得到：

$$Y_t=A_t f(L_t, K_t) \tag{4}$$

式中，Y_t 为产出；A_t 为全要素生产率。

对（4）式各变量关于时间 t 求微分，并在等号两侧除以Y_t，得到：

$$\frac{\dot{Y}_t}{Y_t}=\frac{\dot{A}_t}{A_t}+\frac{\partial Y}{\partial L}\times\frac{L_t}{Y_t}\times\frac{\dot{L}_t}{L_t}+\frac{\partial Y}{\partial K}\times\frac{K_t}{Y_t}\times\frac{\dot{K}_t}{K_t} \tag{5}$$

假设劳动、资本要素的报酬等于边际产出，即

$$\frac{\partial Y}{\partial L}=\frac{W_t}{P_t};\ \frac{\partial Y}{\partial K}=\frac{R_t}{P_t} \tag{6}$$

则（5）式可转化为：

$$\frac{\dot{Y}_t}{Y_t}=\frac{\dot{A}_t}{A_t}+\frac{W_t}{P_t}\times\frac{L_t}{Y_t}\times\frac{\dot{L}_t}{L_t}+\frac{R_t}{P_t}\times\frac{K_t}{Y_t}\times\frac{\dot{K}_t}{K_t}=\frac{\dot{A}_t}{A_t}+\alpha_t\times\frac{\dot{L}_t}{L_t}+\beta_t\times\frac{\dot{K}_t}{K_t} \tag{7}$$

其中，$\alpha_t=\frac{W_t}{P_t}\times\frac{L_t}{Y_t}$，即劳动要素的弹性可以表示劳动要素的收入份额；$\beta_t=\frac{R_t}{P_t}\times\frac{K_t}{Y_t}$，即资本要素的弹性可以表示资本要素的收入份额，且有$\alpha_t+\beta_t=1$。

将（7）式进行转换，有

$$\frac{\dot{A}_t}{A_t}=\frac{\dot{Y}_t}{Y_t}-\alpha_t\times\frac{\dot{L}_t}{L_t}-\beta_t\times\frac{\dot{K}_t}{K_t} \tag{8}$$

（8）式就是索洛新古典增长模型中用于测算 TFP 变动的核心公式。经济增长被分解为劳动要素变动、资本要素变动和索洛余值变动三部分，并可进一步测算出各个部分变动对经济增长的贡献度。

在（8）式的基础上，以乔根森、格里利切斯为代表的经济学家不断地将各种经济因素（如投资、国民经济核算等）充实到索洛新古典增长模型中，使其经济学内涵更加丰富，而迪维西亚指数（Divisia index）的引入，使得可计量的投入要素不再局限于劳动和资本，人们还可以对投入要素进行合并或分解，最终形成了一套完备、严谨且具有较强操作性的增长核算框架，即乔根森-格里利切斯增长核算框架。

在社会经济核算的总量上，存在投入价值和产出价值的平衡关系，通过公式可表示为：

$$PY=ZX \tag{9a}$$

$$PY=P_1Y_1+P_2Y_2+\cdots+P_nY_n \tag{9b}$$

$$ZX=Z_1X_1+Z_2X_2+\cdots+Z_mX_m \tag{9c}$$

在（9）式中，$PY=ZX$ 表示核算期内的投入和产出在价值上的等价关系。在整个经济社会的生产中，假设共有 m 种投入和 n 种产出；第 i 项投入的价格和数量分

别用 Z_i 和 X_i 表示；第 j 项产出的价格和数量分别用 P_j 和 Y_j 表示。将（9）式对时间 t 求微分，并相应除以投出和产出的总价值，可得：

$$\left(\frac{\mathrm{d}P_1Y_1}{\mathrm{d}P_1}\times\frac{\mathrm{d}P_1}{\mathrm{d}t}+\frac{\mathrm{d}P_1Y_1}{\mathrm{d}Y_1}\times\frac{\mathrm{d}Y_1}{\mathrm{d}t}+\cdots+\frac{\mathrm{d}P_nY_n}{\mathrm{d}P_n}\times\frac{\mathrm{d}P_n}{\mathrm{d}t}+\frac{\mathrm{d}P_nY_n}{\mathrm{d}Y_n}\times\frac{\mathrm{d}Y_n}{\mathrm{d}t}\right)/\sum_j P_jY_j=\left(\frac{\mathrm{d}Z_1X_1}{\mathrm{d}Z_1}\times\frac{\mathrm{d}Z_1}{\mathrm{d}t}+\frac{\mathrm{d}Z_1X_1}{\mathrm{d}Z_1}\times\frac{\mathrm{d}X_1}{\mathrm{d}t}+\cdots+\frac{\mathrm{d}Z_mX_n}{\mathrm{d}Z_m}\times\frac{\mathrm{d}Z_m}{\mathrm{d}t}+\frac{\mathrm{d}Z_mX_m}{\mathrm{d}X_m}\times\frac{\mathrm{d}X_m}{\mathrm{d}t}\right)/\sum_i Z_iX_i \tag{10}$$

（10）式可化简为：

$$\frac{\sum_j \dot{P}_jY_j+P_j\dot{Y}_j}{\sum_j P_jY_j}=\frac{\sum_i \dot{Z}_iX_i+Z_i\dot{X}_i}{\sum_i Z_iX_i} \tag{11}$$

对（11）式进一步化简：

$$\frac{\dot{P}_jY_j+P_j\dot{Y}_j}{\sum_j P_jY_j}=\frac{P_jY_j}{\sum_j P_jY_j}\times\frac{\dot{P}_jY_j+P_j\dot{Y}_j}{P_jY_j}=\frac{P_jY_j}{\sum_j P_jY_j}\times\left(\frac{\dot{P}_j}{P_j}+\frac{\dot{Y}_j}{Y_j}\right) \tag{12a}$$

$$\frac{\dot{Z}_iX_i+Z_i\dot{X}_i}{\sum_i Z_iX_i}=\frac{Z_iX_i}{\sum_i Z_iX_i}\times\frac{\dot{Z}_iX_i+Z_i\dot{X}_i}{Z_iX_i}=\frac{Z_iX_i}{\sum_i Z_iX_i}\times\left(\frac{\dot{Z}_i}{Z_i}+\frac{\dot{X}_i}{X_i}\right) \tag{12b}$$

令 $\frac{P_jY_j}{\sum_j P_jY_j}=\mu_j$；$\frac{Z_iX_i}{\sum_i Z_iX_i}=\upsilon_i$，则(10) 式最终可化简为：

$$\frac{\dot{P}}{P}+\frac{\dot{Y}}{Y}=\sum_j \mu_j\times\left(\frac{\dot{P}_j}{P_j}+\frac{\dot{Y}_j}{Y_j}\right)=\sum_i \upsilon_i\times\left(\frac{\dot{Z}_i}{Z_i}+\frac{\dot{X}_i}{X_i}\right)=\frac{\dot{Z}}{Z}+\frac{\dot{X}}{X} \tag{13}$$

其中，μ_j 和 υ_i 表示第 j 项产出的价值和第 i 项投入的价值分别在产出、投入总价值中所占的比重，且有 $\sum_j \mu_j=1$，$\mu_j\geqslant 0$，$\sum_i \upsilon_i=1$，$\upsilon_i\geqslant 0$。

通过上述推导，定义迪维西亚价格和数量指数：

$$\frac{\dot{Y}}{Y}=\sum_j \mu_j\times\frac{\dot{Y}_j}{Y_j},\ \frac{\dot{P}}{P}=\sum_j \mu_j\times\frac{\dot{P}_j}{P_j};\ \frac{\dot{X}}{X}=\sum_i \upsilon_i\times\frac{\dot{X}_i}{X_i},\ \frac{\dot{Z}}{Z}=\sum_i \upsilon_i\times\frac{\dot{Z}_i}{Z_i} \tag{14}$$

根据 TFP 的定义，即产出投入比，有

$$A=\frac{Y}{X} \tag{15}$$

在（15）式中，对时间微分并除以 Y，可得：

$$\frac{\dot{A}}{A}=\frac{\dot{Y}}{Y}-\frac{\dot{X}}{X} \tag{16}$$

将（14）式的迪维西亚指数引入上式，可得：

$$\frac{\dot{A}}{A}=\sum_j \mu_j\times\frac{\dot{Y}_j}{Y_j}-\sum_i \upsilon_i\times\frac{\dot{X}_i}{X_i} \tag{17}$$

(17) 式是本书最基本的增长核算框架。由此可见，无论是投入还是产出，在引入迪维西亚指数后，都可以进行不同层级的分解和合成。

假设只有资本和劳动两种投入要素，我们以科布-道格拉斯（Cobb-Douglas）函数作为生产函数的具体形式：

$$Y=AK^{\beta}L^{1-\beta} \tag{18}$$

其中，β 表示资本投入在总价值中的比重，或资本产出弹性。

对（18）式两边取对数：

$$\ln Y=\ln A+\beta\ln K+(1-\beta)\ln L \tag{19}$$

对（19）式两边求时间 t 的导数：

$$\frac{\mathrm{d}\ln Y}{\mathrm{d}t}=\frac{\mathrm{d}\ln A}{\mathrm{d}t}+\beta\times\frac{\mathrm{d}\ln K}{\mathrm{d}t}+(1-\beta)\times\frac{\mathrm{d}\ln L}{\mathrm{d}t} \tag{20}$$

$$\frac{\mathrm{d}Y/\mathrm{d}t}{Y}=\frac{\mathrm{d}A/\mathrm{d}t}{A}+\beta\times\frac{\mathrm{d}K/\mathrm{d}t}{K}+(1-\beta)\times\frac{\mathrm{d}L/\mathrm{d}t}{L} \tag{21}$$

$$\frac{\dot{Y}}{Y}=\frac{\dot{A}}{A}+\beta\times\frac{\dot{K}}{K}+(1-\beta)\times\frac{\dot{L}}{L} \tag{22}$$

那么，TFP 指数或变动就可以表示为：

$$\frac{\dot{A}}{A}=\frac{\dot{Y}}{Y}-\beta\times\frac{\dot{K}}{K}-(1-\beta)\times\frac{\dot{L}}{L} \tag{23}$$

当存在多种形式的资本和劳动投入时，结合迪维西亚指数，有

$$\frac{\dot{A}}{A}=\frac{\dot{Y}}{Y}-\sum_i \beta_i\times\frac{\dot{K}_i}{K_i}-\sum_j \alpha_j\times\frac{\dot{L}_j}{L_j} \tag{24}$$

三、数字经济增加值的总体规模与结构性分析

（一）总体规模测算

自 1993 年以来中国数字经济增加值及其各组成部分的规模见表 1，增速见表 2。

表 1　自 1993 年以来中国数字经济增加值及其各组成部分规模

年份	数字产业化			产业数字化			数字经济增加值总体规模（亿元）	GDP（亿元）	总体规模在 GDP 中的占比（%）
	ICT 制造业（亿元）	ICT 服务业（亿元）	小计（亿元）	ICT 替代效应（亿元）	ICT 协同效应（亿元）	小计（亿元）			
1993	470.30	341.76	812.06	58.89	79.14	138.03	950.09	35 673.20	2.66
1994	617.80	538.06	1 155.86	218.50	397.34	615.84	1 771.70	48 637.50	3.64

续表

年份	数字产业化			产业数字化			数字经济增加值总体规模（亿元）	GDP（亿元）	总体规模在GDP中的占比（%）
	ICT制造业（亿元）	ICT服务业（亿元）	小计（亿元）	ICT替代效应（亿元）	ICT协同效应（亿元）	小计（亿元）			
1995	767.10	752.52	1 519.62	553.74	765.27	1 319.01	2 838.64	61 339.90	4.63
1996	827.00	1 122.00	1 949.00	955.52	1 050.66	2 006.18	3 955.17	71 813.60	5.51
1997	1 025.80	1 439.20	2 465.00	1 200.00	1 409.18	2 609.18	5 074.17	79 715.00	6.37
1998	1 259.90	1 670.60	2 930.50	1 317.23	1 756.59	3 073.82	6 004.31	85 195.50	7.05
1999	1 519.20	1 941.10	3 460.30	1 470.78	2 023.35	3 494.13	6 954.43	90 564.40	7.68
2000	2 145.90	2 782.00	4 927.90	1 824.07	2 531.22	4 355.29	9 283.19	100 280.10	9.26
2001	2 372.20	3 090.10	5 462.30	2 433.29	2 919.54	5 352.83	10 815.13	110 863.10	9.76
2002	2 714.90	3 640.10	6 355.00	3 365.00	3 367.02	6 732.02	13 087.02	121 717.40	10.75
2003	3 545.50	4 208.60	7 754.10	4 465.75	3 721.33	8 187.08	15 941.18	137 422.00	11.60
2004	5 193.00	4 974.00	10 167.00	5 872.32	4 412.41	10 284.73	20 451.73	161 840.20	12.64
2005	6 700.50	5 802.70	12 503.20	7 269.90	5 139.22	12 409.12	24 912.32	187 318.90	13.30
2006	8 155.40	5 948.70	14 104.10	8 582.16	5 920.95	14 503.11	28 607.21	219 438.50	13.04
2007	9 947.90	7 109.96	17 057.86	10 544.57	7 352.22	17 896.79	34 954.66	270 092.30	12.94
2008	11 407.90	7 485.42	18 893.32	12 666.84	8 926.29	21 593.13	40 486.46	319 244.60	12.68
2009	12 013.50	8 837.69	20 851.19	14 540.63	9 631.43	24 172.06	45 023.25	348 517.70	12.92
2010	13 439.90	11 145.77	24 585.67	18 621.06	12 341.93	30 962.99	55 548.66	412 119.30	13.48
2011	15 312.04	13 514.06	28 826.10	23 663.22	14 602.75	38 265.97	67 092.07	487 940.20	13.75
2012	16 872.99	15 911.93	32 784.92	27 784.84	16 212.06	43 996.90	76 781.82	538 580.00	14.26
2013	18 272.59	19 247.82	37 520.41	31 456.78	18 314.44	49 771.22	87 291.63	592 963.20	14.72
2014	20 153.3	22 734.52	42 887.82	35 079.69	19 922.91	55 002.60	97 890.45	643 563.10	15.21
2015	21 913.1	26 789.54	48 702.64	38 132.78	22 659.84	60 792.62	109 495.26	688 858.20	15.90
2016	23 766.9	29 991.67	53 758.57	41 420.35	25 676.67	67 097.02	120 855.64	746 395.10	16.19
2017	26 965.6	37 117.63	64 083.23	47 177.04	27 353.99	74 531.03	138 614.31	832 035.90	16.66
2018	30 040.7	42 966.41	73 007.11	54 355.95	30 398.49	84 754.44	157 761.53	919 281.10	17.16

表 2　自 1993 年以来中国数字经济增加值及其各组成部分的增速（%）

年份	数字产业化			产业数字化			数字经济整体	GDP
	ICT 制造业	ICT 服务业	数字产业化整体	ICT 替代效应	ICT 协同效应	产业数字化整体		
1993—1995	9.08	26.74	16.84	161.90	165.59	164.02	47.63	12.00
1995—2000	20.94	27.87	24.56	24.95	25.06	25.01	24.77	8.62
2000—2005	21.65	12.22	16.71	27.74	11.62	19.45	18.02	9.78
2005—2010	9.27	8.32	8.83	14.74	13.27	14.14	11.60	11.30
2010—2015	7.34	16.00	11.60	12.35	9.92	11.41	11.49	7.88
2015—2018	7.66	13.44	10.92	9.07	6.89	8.27	9.46	6.70
2010	4.64	17.96	10.28	19.78	19.85	19.81	15.40	10.60
2011	5.37	12.14	8.44	17.53	9.43	14.30	11.70	9.50
2012	7.72	15.10	11.18	14.78	8.53	12.40	11.87	7.90
2013	6.04	18.44	12.06	10.85	10.61	10.76	11.32	7.80
2014	9.04	16.77	13.01	10.25	7.55	9.26	10.87	7.30
2015	8.59	17.68	13.41	8.56	13.59	10.38	11.71	6.90
2016	6.81	10.25	8.70	6.96	11.59	8.69	8.69	6.70
2017	8.70	18.57	14.21	9.12	2.07	6.42	9.89	6.80
2018	7.49	11.69	9.92	11.16	7.22	9.72	9.81	6.60
1993—2018	13.31	16.42	14.87	26.08	21.74	24.04	17.72	9.27

注：增速均按期末/期初的几何平均算得。

根据表 1 和表 2，我们可就自 1993 年以来的中国数字经济规模、发展趋势以及内部结构等方面得到以下判断：

第一，数字经济呈现出快速增长势头，已成为中国经济增长的重要引擎。1993—2018 年中国数字经济增加值的平均增速为 17.72%，明显高于同期 9.27%的 GDP 增速，占 GDP 的比重从 1993 年的 2.66%上升为 2018 年的 17.16%，数字经济增加值的规模达到 157 761.53 亿元。如果分阶段来看，在 2005 年以前呈现出超高速增长，这主要源于全球互联网大潮的兴起；2005—2010 年中国的数字经济进入较平稳的快速增长期，而同期中国的要素驱动发展模式又达到顶点，所以数字经济的平均增速与 GDP 的增速基本持平；2010—2015 年伴随着新一代信息技术的加速应用，中国的数字经济继续保持高速增长，中国数字经济增加值的年均增速为 11.49%，而同期中国经济逐步进入新常态，年均增速下降为 7.88%。

第二，产业数字化的整体增速快于数字产业化。自 1993 年以来，产业数字化几乎从零起点持续快速增长，特别是在2003年前保持了20%以上的增速，明显高于数字产业化的增速。这段时间正是互联网的加速推广期，因而ICT渗透效应得以充分发挥；产业数字化的规模也快速追上数字产业化的规模。在2013年以后，数字产业化的增速反超产业数字化的增速，主要原因是"电子商务""数字媒体/数字出版"等新兴数字部门保持了30%甚至50%的超高速增长。

第三，在数字产业化方面，"ICT制造业"与"ICT服务业"的增速在2010年前没有明显的规律，但在2010年以后，"ICT服务业"的增速明显高于"ICT制造业"，而且在规模上也于2013年实现反超，主要原因可能是在2010年后以新一代信息技术为支撑而衍生出的新兴数字部门归属于"ICT服务业"。

第四，在产业数字化方面，对于"ICT替代效应"来说，在2003年以后（除个别年份），无论是从平均增速还是对应的增加值规模来看，都明显大于"ICT协同效应"。这可能源于"替代效应"与"协同效应"作用机制的差异。前者是在价格机制调节下通过投资和资本形成直接发挥作用，而后者是通过影响全要素生产率间接发挥作用，也就是需要其他条件和因素的配合，而且效率提升的空间相对有限。

（二）结构性分析

各细分行业产业数字化/ICT渗透效应的部分测算结果见表3。

表3 各细分行业产业数字化/ICT渗透效应的部分测算结果

	ICT替代效应		ICT协同效应		2018年行业增加值中的占比		
	2018年的规模（名义，亿元）	1995—2018年的增速（%）	2018年的规模（名义，亿元）	1995—2018年的增速（%）	替代效应（%）	协同效应（%）	合计（%）
农林牧渔	996.66	30.75	2 858.10	9.89	1.50	4.31	5.81
采矿业	523.18	16.24	1 646.11	11.15	2.48	7.80	10.28
食饮烟	403.91	18.84	709.62	5.50	0.96	1.69	2.65
纺服革	878.58	17.03	772.40	9.78	2.65	2.33	4.98
焦气油	265.98	20.10	898.87	20.21	1.72	5.82	7.54
化学工业	765.40	21.29	716.03	15.47	1.83	1.71	3.54
非金属矿	580.05	20.06	411.12	14.07	2.62	1.86	4.48
金属制造	1 140.30	17.15	1 694.77	17.76	2.27	3.37	5.64
非ICT机械	13 620.42	13.94	632.12	13.05	28.06	1.30	29.36
其他制造	662.26	16.39	577.78	13.42	3.76	3.28	7.04
电气水	460.02	21.61	499.69	13.12	2.57	2.79	5.36
建筑业	9 580.16	23.22	2 777.89	13.28	14.91	4.32	19.23

续表

	ICT替代效应		ICT协同效应		2018年行业增加值中的占比		
	2018年的规模（名义，亿元）	1995—2018年的增速（%）	2018年的规模（名义，亿元）	1995—2018年的增速（%）	替代效应（%）	协同效应（%）	合计（%）
交运邮	1 078.43	19.39	556.35	16.99	2.72	1.41	4.13
商业饮食	4 225.81	22.43	3 305.00	14.62	4.09	3.20	7.29
金融保险	11 871.19	20.86	3 717.15	18.32	17.13	5.37	22.50
房地产业	334.55	29.44	1 126.93	21.37	0.53	1.78	2.31
其他服务	6 969.05	24.83	7 498.56	17.16	4.54	4.88	9.42
传统整体	54 355.95	18.32	30 398.49	13.75	6.25	3.49	9.74

我国的数字产业化及其各组成部分的增长见表4。

表4 数字产业化及其各组成部分的增长（%）

年份	ICT	ICT服务业						数字部门
	制造业	软件信息技术服务	电信业	广播电视传输服务	数字媒体/出版	电子商务	卫星传输服务	小计	合计
1993	56.82	79.71	42.53					49.11	53.63
1994	8.87	−0.36	38.69					30.36	17.49
1995	9.28	19.27	27.21					25.92	16.68
1996	1.20	32.71	22.42					24.01	12.15
1997	22.02	24.77	28.10					27.55	24.96
1998	23.88	26.08	14.07					16.01	19.62
1999	22.17	37.48	16.12					19.87	20.96
2000	38.41	31.76	41.06					39.19	38.82
2001	8.29	31.50	10.04					14.13	11.34
2002	13.73	37.32	15.52					20.31	17.25
2003	27.24	44.64	16.97					23.91	25.41
2004	36.93	3.90	13.22					10.49	22.58
2005	24.19	5.90	14.71					12.28	18.36
2006	17.09	17.33	−7.93					0.23	9.27
2007	13.18	7.78	5.75		57.65	130.65		9.12	11.45
2008	6.43	16.50	−13.27	6.93	35.60	71.46		−2.29	2.80
2009	5.53	41.81	−1.53	18.17	56.52	129.72		18.31	10.60

续表

年份	ICT	ICT 服务业							数字部门
	制造业	软件信息技术服务	电信业	广播电视传输服务	数字媒体/出版	电子商务	卫星传输服务	小计	合计
2010	4.64	33.12	0.87	6.63	15.70	66.18		17.96	10.28
2011	5.37	18.36	−0.36	64.20	24.10	31.73		12.14	8.44
2012	7.72	17.23	1.59	8.92	36.14	63.88		15.10	11.18
2013	6.04	24.53	4.20	14.79	29.83	30.06		18.44	12.06
2014	9.04	18.10	−0.58	12.93	30.61	50.58		16.77	13.01
2015	8.59	9.83	12.63	9.40	30.36	54.52	2.81	17.68	13.41
2016	6.81	8.49	−4.58	3.13	27.82	30.11	0.35	10.25	8.70
2017	8.70	17.30	2.46	0.70	29.41	35.08	−3.30	18.57	14.21
2018	7.49	10.26	2.54	−9.87	18.69	20.46	3.63	11.69	9.92
平均	15.37	23.67	11.63	12.36	32.70	59.54	0.87	18.34	16.71

根据表 3 和表 4，我们可以就中国数字经济发展呈现出的产业结构特征做出以下判断：

第一，传统的“ICT 制造业”和“软件信息技术服务”始终是构成数字产业化的主体产业，而且均保持着高速增长态势。其中，“ICT 制造业”在数字产业化中的占比稳定在 40%～50%，1992—2018 年的平均增速为 15.37%，略低于数字产业化的整体增速，而“软件信息技术服务”占数字产业化的比重近年来逐步上升，1993—2018 年的平均增速为 23.67%。

第二，传统的“电信业”已呈现出相对衰弱的势头，“电子商务”“数字媒体/出版”等新兴行业呈现出迅猛增长的势头。2016 年，“电子商务”的规模已超过“电信业”；近年来，“电信业”甚至出现了负增长，而“电子商务”的平均增速高达 59.54 %，“数字媒体/出版”的平均增速也高达 32.70%。

第三，在产业数字化方面，“非 ICT 机械”“建筑业”“金融保险”具有非常显著的 ICT 渗透效应。2018 年，其“增加值中产业数字化的占比”分别为 29.36%、19.23%和 22.50%，远高于 9.74 %的平均水平；在产业数字化对应的增加值中，归属于这三个行业的份额合计达到 71.09%。目前，有 13 个行业低于平均水平，其中有 6 个行业低于 5%。

第四，“农林牧渔”、“采矿业”、“焦气油”、“食饮烟”和“金属制造”的“ICT 协同效应”明显大于“ICT 替代效应”，与其他行业（特别是“非 ICT 机械”）形成了鲜明对比。可能的原因在于，这 5 个行业都属于连续流程生产，上下游各环节的关联性强，而且它们的生产工艺流程相对简单，在 ICT 生产性资本渗透后更容易发挥协同效应，实现效率提升。

四、数据资源规模估算的相关扩展

2022 年，华为与罗兰贝格共同发布了报告《数据存力——高质量发展的数字基石》，该报告提出了“数据存力”的概念，并将“区域内数据存储设备容量与当年生成数据总量之比”作为衡量数据存力充足性的指标。该报告对全球各国数据存力的充足性进行了测算，其结果显示：美国的数据存力充足性指数高达 19.4%，排名全球第一，而中国的数据存力充足性指数为 8.9%，远低于美国，排名全球第十一。中、美两国同为数据生产大国，每年新生成的数据量稳居世界前两位，两国数据存力充足性的差距主要是中国此前在存储方面的投资不足。近年来，各国都在加大存储领域的投资力度，以弥补前期投资的不足；2017—2019 年中国在存储领域投资的年均增长率高达 45.4%，见表 5。

表 5 2020 年数据存力充足性排前十的国家及中国的情况（%）

排名	国家	数据存力充足性指数	存储投资增长率（2017—2019 年）
1	美国	19.4	3.0
2	新加坡	18.8	10.7
3	德国	18.4	20.4
4	瑞典	17.9	21.1
5	英国	15.5	18.5
6	加拿大	14.7	−0.4
7	南非	13.5	22.3
8	日本	11.8	17.8
9	法国	10.0	28.1
10	捷克	9.8	18.8
11	中国	8.9	45.4

资料来源：华为，罗兰贝格．数据存力——高质量发展的数字基石，2022-04-20.

注：数据存力充足性指数通过数据存储设备容量与当年产生的数据总量的比值来表示。

另外，根据《数字中国发展报告（2021 年）》，2017—2021 年中国每年新生成的数据从 2.3ZB 增加到 6.6ZB，平均年增长率为 30.2%。[①] 结合华为报告给出的数据存力充足性指数，2020 年中国现有的数据存储设备容量大约为 0.59ZB；再考虑一定的冗余量，当年累计存储下来的数据资源应该在 0.5ZB 左右。中国信息通信研究院最新公布的估算数据显示，2021 年中国的存储总容量达到 800EB。此外，《国家

① 国家互联网信息办公室．数字中国发展报告（2021 年），2022-07-23.

数据资源调查报告（2020）》指出，2019 年底中国数据总存量为 332EB。[①] 这两项数据在量级上正好验证了上述推算结果。如果新增存储数据的占比以 40%[②]计算，那么 2020 年新增数据存储量大约在 0.2ZB，在 5.1ZB 新生成数据规模中的比重大约为 3.9%。该比重与前文基于数据存储介质出货容量计算出的全球比重大致相当，可以相互印证。

Statista 和 Wikibon 两个机构针对全球数据市场的收入规模进行了估算及预测，见表 6。这两个机构对于全球数据市场收入规模的估算基本一致。其中，Wikibon 还专门估算并预测了"专业服务规模"。根据这两个机构的界定，"数据市场"是涵盖大数据相关硬件、软件和大数据专业服务的广义大数据产业市场，而大数据专业服务主要是指数据交易服务，其业务规模大致对应于数据交易服务的收入总额。根据预测结果，2021 年全球数据交易服务收入约为 220 亿美元，结合数据交易服务收入占成交额的大致比重，可以进一步估算数据要素的成交规模。如果假定数据交易服务收入占成交额的比重为 20%～25%，那么对应的数据要素成交规模为 880 亿～1 100 亿美元。

表 6　2011—2027 年全球数据市场收入规模的估算及预测

年份	Statista（十亿美元）	Wikibon		
		总规模（十亿美元）	专业服务规模（十亿美元）	专业服务占比（%）
2011	7.6			
2012	12.3	—	—	—
2013	19.6	—	—	—
2014	18.3	18.3	7.6	41.53
2015	22.6	22.6	9.1	40.27
2016	28.0	27.3	11.1	40.66
2017	35.0	33.5	13.4	40.00
2018*	42.0	40.8	15.8	38.73
2019*	49.0	49.0	18.2	37.14
2020*	56.0	57.3	20.3	35.43
2021*	64.0	65.2	22.0	33.74
2022*	70.0	72.4	23.3	32.18
2023*	77.0	78.7	24.3	30.88
2024*	84.0	84.0	25.1	29.88

① 中国信息通信研究院，中国网络空间研究院．国家数据资源调查报告（2020），2021-04-25.

② 根据 IDC 的估计，在全球的存量数据中，大约有 90%是在过去三年创造的，以每年约 40%的比例递增。

续表

年份	Statista（十亿美元）	Wikibon		
		总规模（十亿美元）	专业服务规模（十亿美元）	专业服务占比（%）
2025*	90.0	88.5	25.8	29.15
2026*	96.0	92.2	26.3	28.52
2027*	103.0	—	—	—

资料来源：Wikibon，2016—2026 Worldwide Big Data Market Forecast，2016-03-30.

2022年，IDC和Lisbon Council针对全球主要经济体的数据市场交易规模进行了估算及预测。它们将“数据市场”定义为“将数据作为产品或服务进行交换的市场”，其涵盖范围包括与大数据相关的信息和IT服务、研究、商业活动及大数据分析服务，与Statista和Wikibon界定的“数据市场”存在较大差异。IDC和Lisbon Council对数据市场规模的估算参考了数据相关企业在该地区的总收入以及从其他地区进口数据产品/服务的价值，因而在一定程度上反映了数据要素（产品/服务）的交易规模。

它们公布的2019—2021年的估算结果见表7。其中，2021年美国的数据市场交易规模为2 399.6亿欧元，在前四大市场中的占比约为64%，远高于第二名欧盟（27国）的636.3亿欧元，约为中国的8倍；中国的数据市场交易规模仅为316.5亿欧元，低于日本的399.7亿欧元，仅排名第四；美国、欧盟（27国）、日本、中国的数据市场交易总规模约为3 752亿欧元，由此推断全球数据市场交易总规模约为4 000亿欧元。

需要注意的是，上述数据市场交易规模的范围既包括与大数据相关的软硬件服务，又包括直接出售数据等与大数据相关的商业活动。IDC和Lisbon Council还首次披露了欧盟数据相关企业直接出售数据（data monetization）的所得（IDC and Lisbon Council，2022）。2020年，这部分收入达到116.1亿欧元，占欧盟整体数据市场规模的19%。如果按照该比例推算，2021年全球数据相关软硬件服务、研发以及大数据分析活动等业务的规模应该在3 000亿欧元左右；数据企业直接出售数据所得，或者说全球数据要素成交规模应该在800亿欧元左右，中国的数据要素成交规模在60亿欧元左右。

表7 2019—2021年全球前四大数据市场价值

国家或地区	2019年	2020年		2021年*	
	规模（十亿欧元）	规模（十亿欧元）	增长率（%）	规模（十亿欧元）	增长率（%）
美国	184.87	213.46	15.46	239.96	12.41
欧盟（27国）	58.43	60.64	3.78	63.63	4.93
日本	32.93	36.65	11.30	39.97	9.06
中国	24.23	27.47	13.40	31.65	15.22

注：*为当时的预测值。

国际数据服务商 OnAudience 对全球 27 个国家在线市场营销领域（主要为数字广告）的数据交易规模进行了追踪和测算。表 8 展示了 2017—2021 年全球及排名前三的在线市场营销数据的交易规模及全球占比。由此可见，2021 年全球在线市场营销数据的交易规模达到 523 亿美元。其中，美国的交易规模为 306 亿美元，位居全球第一，占比高达 58.51%；中国的交易规模虽排名全球第三，但仅为 73 亿美元，全球占比为 13.96%，远低于美国。

表 8　2017—2021 年全球及排名前三的在线市场营销数据的交易规模及全球占比

	2017 年		2018 年		2019 年		2020 年		2021 年	
国家或地区	价值（十亿美元）	占比（%）	价值（十亿美元）	占比（%）	价值（十亿美元）	占比（%）	价值（十亿美元）	占比（%）	价值（十亿美元）	占比（%）
全球	18.9	100	26.5	100	34.6	100	41.4	100	52.3	100
美国	12.3	65.08	16.6	62.64	21.2	61.27	24.7	59.66	30.6	58.51
欧洲	2.8	14.81	4.1	15.47	5.3	15.32	6.3	15.22	7.6	14.53
中国	1.7	8.99	2.8	10.57	4.1	11.85	5.4	13.04	7.3	13.96

资料来源：Global Data Market Size Report（2017—2021），OnAudience 网站，2018-06-02.

第十二章
数字经济中的劳动力市场

教学目标

1. 掌握数字经济中劳动力市场运行的新特征
2. 掌握按需灵活用工的优点与缺点
3. 掌握目前按需灵活用工存在的发展问题
4. 掌握目前按需灵活用工的治理

导入案例

随着数字经济的发展，数字平台提供的各类便利服务已经深入我们生活的方方面面：外卖平台可以提供各类美食选择和快捷的食品运送服务；网约车平台可以随时随地提供各类交通服务；共享住宿平台提供了在陌生城市寻找短期落脚点的可能性；等等。数据表明，使用这三类服务的网民已分别占到全国网民数量的39%、8%和46%。[①] 在这些数字平台提供的便捷服务背后，逐渐涌现出了一种借助于数字技术才得以实现的按需灵活用工形式，即零工经济，而且这种新的灵活用工形式正在深刻地影响劳动力市场的运行。那么，数字技术条件下的按需灵活用工展现出了哪些新特征？零工经济的兴起带来了哪些新发展与问题？我们应当如何对零工经济的发展进行治理？这是本章将要介绍的内容。

第一节　数字经济按需灵活用工的一般特点

一、按需灵活用工的含义

作为数字经济运行的核心基础设施，平台的快速发展为数字经济实现按需灵活用

① 国家信息中心．中国共享经济发展报告（2022），2022-02-22.

工提供了基本条件。平台与支撑其运行的数字技术体系，以发达的数据采集和传输系统为基础。这些技术可以即时地将现实世界中的各类活动转化为数据进行收集，并通过云计算等手段进行处理，从而可以快速提炼出反映各类社会活动状况的有用信息。这些有用信息可以为如何调节社会活动提供指导。因此，平台具有的即时收集、处理和传输数据与信息的能力有效突破了时间与空间的障碍，使得各类社会活动可以得到即时性的调节。数字经济中的按需灵活用工正是平台所具有的一般功能的具体体现。

图 12－1 反映了数字经济中按需灵活用工的一般模式。从总体上说，平台可以充分收集劳动供给与劳动需求的即时信息，而且依靠即时收集、处理和传输数据与信息的能力，平台还可以进一步提供信息撮合服务，最终帮助劳动供求实现即时的匹配。实际上，这构成了数字经济中按需灵活用工的一般特征。由于平台在促进信息流动和匹配劳动供求中发挥了不可替代的作用，因而平台可以从促成的交易中进行抽成，这成为相关平台获取收入的重要方式。从总体上说，平台的出现大幅降低了劳动供求双方的信息不对称问题，也降低了与劳动供求匹配相关的一系列交易成本，比如信息的收集成本等。

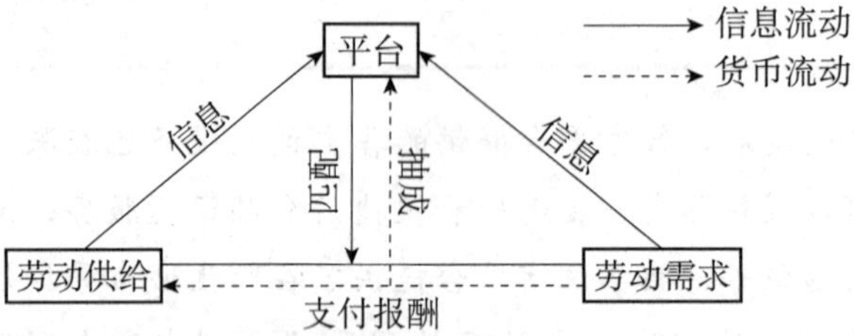

图 12－1　数字经济中按需灵活用工的一般模式

我们将依靠平台实现的这种劳动供求双方的即时匹配称为按需灵活用工，主要有两方面原因：一方面，平台可以让劳动供给即时响应劳动需求，因而这是一种按照需求（on-demand）来调配资源的方式；另一方面，在整个用工过程中，劳动供求双方和平台都不会形成长期稳定的雇佣关系，因而这是一种灵活用工的方式。

【实例分析 12.1】

一次典型的按需灵活用工的实现

在使用滴滴等网约车平台时，平台可以即时收集司机的位置信息以及乘客的位置信息和具体乘车需求。经过算法处理，平台可以实现司机与乘客之间的即时优化匹配，从而快速响应乘客的乘车需求。在实际的匹配过程中，平台会综合考虑现时的交通状况、司机与乘客的距离、司机上一单的完成情况等一系列因素，从而尽可能地提高劳动供求的匹配效率。在该过程中，平台所收集的大量相关数据，可以成为进一步预测交通状况、提前部署运力、不断提高劳动供求匹配效率的基础。

二、相关概念的比较

近年来，随着数字经济中按需灵活用工的快速发展，涌现出大量与之相关的概念。经常见诸媒体的相关概念包括众包（crowdsourcing）、零工经济（gig economy）和共享经济（sharing economy）等。这些概念彼此相关，分别涵盖了按需灵活用工不同方面的特征。准确把握这些常见概念的含义，有助于我们全面理解按需灵活用工。

显然，众包概念是由群众（crowd）和外包（outsourcing）两部分构成。外包主要是指企业将自身的非核心业务委托给其他企业完成，从而达到降低成本、提高企业运营效率的目的。在众包中，由于平台所发挥的即时匹配劳动供求的作用，因而外包并不需要面向任何特定企业，而是可以面向更为广泛的非指定的劳动者群体。由此可见，众包概念强调的是在按需灵活用工的过程中，劳动力供给方式的特征。在大众熟悉的各类按需灵活用工的具体形式中，劳动需求方的确都是将工作“外包”给了一个数量庞大的潜在劳动者群体，比如外卖配送或网约车的抢单过程。

近年来，零工经济这一概念同样吸引了大量的注意力。零工经济更加强调劳动者所从事工作的性质。在零工经济中，劳动者不再与任何公司或平台形成长期稳定的契约关系，而是按照劳动需求形成灵活的工作安排，同时其身份也转变为独立承包人（independent contractor）（Friedman，2014）。

另一个较为常见的共享经济概念突出了按需灵活用工的工作完成方式。在按需灵活用工中，平台只负责提供劳动供求的即时匹配，因而需要劳动者自己准备完成工作所需的各种必要资产。所谓的共享，是指劳动者可以通过“共享”包括汽车、电动车或房产（共享民宿）等在内的各类资产来完成工作。不过，需要注意的是，近年来，一些以资产短期租赁为主要商业模式的平台快速兴起。这些平台同样将自己归为共享经济，主要包括国内的共享单车和美国的共享电动滑板车。然而，与按需灵活用工中的平台相比，这类平台主要进行的是自有资产的短期租赁。换言之，平台所“共享”的自行车或电动滑板车都是平台的自有资产，而非劳动者所有的资产。从共享经济的原意来说，这类平台实质上并不属于共享经济。

三、数字经济按需灵活用工的多种形式

数字经济的快速发展带来了按需灵活用工的多种不同形式（Howcroft and Bergvall-Kåreborn，2019）。从总体上说，按需灵活用工可以根据劳动者是否需要

用自有资产来完成工作而区分为两大类不同的用工模式。需要用自有资产来完成工作的按需灵活用工实质上就是共享经济概念所强调的用工模式。在该模式中，劳动者不仅是劳动的供给者，而且是完成工作所需核心资产的供给者。该用工模式主要包括网约车、网约配送和共享住宿三类。网约车的国内外主要平台包括滴滴、优步和来福车（Lyft）；网约配送的国内外主要平台包括美团、饿了么、闪送和优食（Uber Eats）[①]；共享住宿的国内外主要平台包括小猪民宿和爱彼迎（Airbnb）。需要注意的是，在实际的数字经济运行中，存在劳动者通过租赁资产的方式来参与按需灵活用工的情况。通过租赁资产参与按需灵活用工多见于网约车平台，无论是滴滴还是优步，都为想要成为网约车司机的劳动者提供了汽车租赁的渠道。

其他的按需灵活用工形式涉及不同技能等级的劳动市场。针对技能要求较低的劳动，按需灵活用工一般采取的都是客户通过向平台披露需求信息，最终获得劳动供给的匹配模式。国内外的相关平台主要有58同城、跑腿兔（TaskRabbit）和亚马逊经营的土耳其机器人（Mechanical Turk）。在58同城上，客户可以通过关键词搜索，找到搬家、家政服务、开锁、疏通下水道等各种所需劳动技能较低的零工。跑腿兔和土耳其机器人较为类似，都是客户在平台上发布自己需要完成的任务，然后由劳动者接单完成相关工作并获得报酬。跑腿兔偏向于各种日常活动，发布的任务甚至可以包含家具组装和遛狗。土耳其机器人更偏向于发布与人工智能领域相关的低技能任务，包括人工的语音识别和为图像加入标签等。

针对技能要求较高的劳动，按需灵活用工主要采取了两种模式：第一种模式仍是基于客户需求信息的劳动供求匹配。这种模式的主要例子包括阿里巴巴经营的阿里云众包平台。该平台可以提供包括网站建设、软件开发、品牌设计等在内的众包服务，而客户的个性化需求信息是驱动众包项目运行的开端。另一个更加专业的平台是米画师。客户可以在该平台上提出自己对美术作品的需求，并由多名画师应征工作。第二种模式是高技能劳动者通过平台发布已经完成的工作，而平台成为客户挑选所需成品的中介。这种模式的主要例子包括各类App商店。软件开发者通过App商店发布自己开发的软件，由客户根据自己的需求进行挑选。另一个类似的例子是由盖帝图像（Getty Images）经营的爱库存（iStock）平台。在该平台上，来自全球的摄影师可以上传自己的作品，而有使用图片或视频需求的客户可以通过关键词搜索来发现需要的作品，然后支付使用作品所需的版权费用。

---

① 网约配送员是指通过互联网平台等，从事接收、验视客户订单，然后根据订单需求，按照平台智能规划路线，在一定时间内将订单物品递送至指定地点的服务人员。网约配送员的职业范围要比日常使用的外卖员或外卖小哥更广。例如，闪送平台就可以通过调配网约配送员，满足客户对各类物品的一对一递送需求。

第二节　数字经济按需灵活用工的意义

一、对劳动需求的影响

从数字经济按需灵活用工的多种实现形式可以看出，无论是个体还是企业，都可以从按需灵活用工中获得大量好处。

对于个体来说，数字平台拥有的强大的信息处理与匹配能力为快速满足各种劳动需求提供了可能，这也是按需灵活用工的重要意义。随着我国数字经济的快速发展，食品配送、交通出行、家政服务、搬家等日常生活方面对劳动的需求，都可以通过按需灵活用工得到满足。

对于企业来说，按需灵活用工为企业经营提供了新的灵活性。当企业经营面临大量不确定性时，保持足够的经营灵活性对于企业具有重要的意义（Vallas，1999）。企业在劳动力使用方面的灵活性是企业经营所需灵活性的一个重要来源，主要包括功能灵活性和数量灵活性（Kalleberg，2003）。前者主要是指企业可以将员工在不同的工作和任务之间进行切换，后者主要是指企业可以根据需要，快速地调整所雇佣员工的数量。一般来说，让员工具有功能灵活性需要企业对员工进行人力资本的投资，让员工具有多方面的劳动技能，而相对低技能要求的工作可以通过非正式的就业关系来创造数量灵活性。然而，Rebitzer and Taylor（1991）指出，当企业面临需求的不确定性时，即使企业雇佣的是同质化的劳动力，保留一部分弹性化的员工仍然符合企业的利益。数字经济条件下的按需灵活用工的发展无疑为企业寻找新的灵活性提供了可能，因为无论是需要高技能还是低技能的工作，企业都能以较低的成本在按需灵活用工中实现。例如，许多有大数据清理需求的企业都是通过土耳其机器人，在短期内雇用了全球范围内的大量劳动力来完成大数据的人工清洗，从而充分地实现了数量灵活性。只有数字技术的快速发展才能实现这种灵活性。

【实例分析 12.2】

可在土耳其机器人上发布的典型工作①

土耳其机器人的发展对于人工智能企业具有重要意义，因为在该平台上发布的大量工作都与人工智能运行所需的大数据清理类工作，或者人工智能目前仍无法完成的工作有关。亚马逊列举了以下 16 种在土耳其机器人上发布的典型工作：为物品

① 相关信息整合自亚马逊对土耳其机器人的介绍页面。

找寻合适的图片，从而方便搜索或推送广告；帮助企业选择最适合代表产品的图片；审查用户上传的图片与视频，判定其是否合规；在卫星图像中分类和辨认物体；从企业列表中删除重复企业；在产品列表中找出不完全的或重复的产品信息；确认饭店的电话号码与经营时间；将不标准的地点信息转化为统一格式的地址信息；回答从计算机端或移动端发来的任何问题；参与市场调研；为网站撰写内容；从大规模的法律和政府文件中找出需要的部分或数据；将录音转为文字；将一种语言翻译为另一种语言；评判搜索结果的准确性；根据指示将信息进行分类。

二、对劳动供给的影响

数字经济的按需灵活用工为劳动供给也带来了大量的好处，主要包括两个方面：

第一，与传统的雇佣形式相比，进入按需灵活用工的门槛和成本都比较低，这为大量劳动者提供了潜在的就业机会。例如，想要成为滴滴平台的网约车司机，劳动者基本上只需要满足身体健康、无犯罪记录、持有合适驾照等一系列基本条件，就可以通过平台的审核并开始工作。[①] 除此之外，按需灵活用工也为传统雇佣关系下的劳动者提供了额外的潜在工作机会。例如，传统出租车公司的司机也可以利用滴滴平台来获得订单，而类似于好大夫在线这类提供在线问诊的平台，也为有固定职业的医生提供了额外的工作与收入。

第二，按需灵活用工在赋予劳动需求方灵活性的同时，也为劳动供给方创造了灵活性。与传统的雇佣关系相比，劳动者在按需灵活用工中有着更强的自主性，因为劳动者可以自主安排工作时间、工作强度与工作计划。劳动者既可以选择以全职的方式参与按需灵活用工，从而使相关工作的收入成为其收入的主要来源，又可以选择以兼职的方式偶尔参与按需灵活用工，从而使相关工作的收入成为其补充性的收入。这种可以自主灵活安排工作的方式，对那些因各种原因而无法长时间连续工作的潜在劳动者具有重要的意义。Hall and Krueger（2018）发现，在工作安排上的灵活性已成为人们选择是否成为网约车司机的重要因素之一。

三、资源配置效率的提高

Fevre（1992）曾指出，劳动力市场的运行要经过以下五个步骤：劳动需求方获得劳动者的信息；劳动者获得劳动需求方的信息；劳动需求方挑选劳动者；劳动者挑选劳动需求方；劳动供求的最终匹配与交易完成。数字经济的按需灵活用工提高

① 我国不同城市对网约车司机的具体要求有所区别。

了劳动力市场运行的这五个步骤的效率（Graham and Anwar，2019）。首先，按需灵活用工平台可以充分收集和展示劳动供求双方的信息。例如，在滴滴平台上，客户可以看到司机的过往劳动经历和其他客户对其的评价；根据这些信息，客户可以自行选择是否取消订单。其次，按需灵活用工平台可以通过收集的信息和算法，帮助筛选可以匹配的劳动供求。最后，按需灵活用工平台极大地降低了劳动供求实际匹配所需的成本，促进了交易的完成。

综上所述，数字经济的按需灵活用工在整体上降低了劳动力市场运行的各类交易成本，赋予劳动需求与劳动供给更多的灵活性，因而其发展极大地提高了资源配置效率，主要表现在以下几个方面：①在数字技术的支持下，按需灵活用工可以按照对劳动的个性化需求，高效地匹配对应的劳动供给，从而在整体上提高了劳动力市场的运行效率。②数字经济中的按需灵活用工可以充分利用闲置的资产和劳动者的零碎时间来完成工作，从而提高了资源配置效率。③数字技术帮助克服了进行资源配置的空间障碍，从而提高了资源配置效率。例如，在网约车兴起前，出租车司机很难有激励去较偏远的地区揽客，因此许多客户的乘车需求无法得到满足，而网约车的出现很好地解决了这一难题，可以充分满足相对偏远地区客户的乘车需求。④按需灵活用工在整体上创造了大量新的劳动需求与工作机会，为更多的劳动者提供了就业机会与收入，是促进经济进一步发展的重要助力。

第三节　数字经济按需灵活用工的发展背景与现状

一、灵活用工兴起前的雇佣关系特征

数字经济中的按需灵活用工主要出现在 2005 年后。就国外著名的按需灵活用工平台而言，土耳其机器人成立于 2005 年 11 月，爱彼迎成立于 2008 年 8 月，优步平台成立于 2009 年 3 月。就国内的相关平台而言，58 同城成立于 2005 年 12 月，饿了么成立于 2008 年 4 月，滴滴成立于 2013 年 1 月。因此，从总体上说，数字经济的按需灵活用工到目前为止只有十几年的历史。然而，全球范围内的更广意义上的灵活用工已经历了近半个世纪的发展，所以数字经济中的按需灵活用工并不是一种全新的现象，而是灵活用工发展的新阶段。

灵活用工的兴起是全球经济和劳动力市场在 20 世纪 70 年代中后期所发生的长期结构性变化的一个重要表现。自第二次世界大战结束至 20 世纪 70 年代中期是全球发达经济体的黄金发展时期。在这段时期内，发达国家形成了以稳定为主要特征的雇佣关系，而且有两方面的条件支撑了这种以稳定为主要特征的雇佣关系（Kalleberg，2011）。

（1）从制度层面上说，在第二次世界大战后，发达国家对劳动力市场的制度建设普遍注重雇佣关系的稳定性。总体而言，发达国家在第二次世界大战后普遍建立了以工会为基础的劳资集体谈判制度，即劳资协议（capita-labor accord）制度。在该制度框架下，劳动者可以获得长期稳定的就业，而且其工资普遍与劳动生产率协同增长。与劳动者的长期稳定就业相适应，企业发展出了内部劳动力市场。即使是在早期被雇佣时只具有较低劳动技能的劳动者，也可以通过长期稳定的雇佣关系不断积累人力资本与劳动技能，然后在内部劳动力市场的阶梯中逐渐向上跃迁。换言之，企业用长期稳定的就业、不断增长的工资和内部劳动力市场换取了劳动者对企业的忠诚和更高的工作效率。这种关系非常符合劳动经济学中效率工资理论的基本观点，也就是企业可以通过降低解雇率和提高劳动者的工资来获得劳动者更高的工作效率。

（2）从全球经济结构来说，发达国家拥有的竞争优势保证了劳资协议制度的正常运行。在第二次世界大战结束后，发达国家快速建立和巩固了在大规模生产①上的竞争优势。依靠这些竞争优势，企业可以获得丰厚的利润。企业拥有的竞争优势可以让企业将劳动成本作为长期的固定成本看待，并在定价中将这些成本分摊给消费者。正是因为发达国家企业拥有的这种持续性的竞争优势，劳资协议制度才能在第二次世界大战后得以维持。

二、灵活用工兴起的驱动因素

从 20 世纪 70 年代中期开始，随着全球经济发生了结构性变化，支撑劳资协议制度运行的经济环境和制度环境都发生了重大变化，传统的稳定就业模式开始逐渐解体，最终驱动了全球范围内的灵活用工的兴起（Kalleberg，2011）。驱动灵活用工兴起的因素主要包括以下几个方面：

第一，国际竞争的不断加剧削弱了发达国家拥有的产业竞争力优势，从整体上降低了维持劳资协议制度的可能性。一方面，在美国的支持下，传统的西欧发达国家在第二次世界大战后经济快速复苏，导致了发达国家内部的产业竞争不断加剧；另一方面，一些相对落后的国家和地区也在第二次世界大战后实现了快速发展，并开始在国际竞争中获得优势。从总体上说，国际竞争的加剧使得发达国家的企业不再具备为大多数劳动者提供长期稳定就业关系的条件。除此之外，从 20 世纪 70 年代中期开始，发达国家普遍面临的石油危机，进一步加深了发达国家企业经营所面

① 大规模生产主要是指大批量生产标准化产品的制造业，福特的流水线生产就是大规模生产的典型例子。

临的困难。在这种条件下，由长期稳定雇佣关系形成的类似于长期固定成本的劳动力成本，开始成为发达国家企业进行经营调整的重大障碍。在这种情况下，逐渐打破稳定的雇佣关系并采用灵活用工就成为发达国家企业应对经营困难的选择。

第二，生产、交通与通信技术的发展提高了实现灵活用工的可能性。一方面，生产技术的发展可以打破原有的基于垂直一体化的大规模生产，因而原有的生产流程可以进行拆分，并成为不同企业的劳动分工；另一方面，交通与通信技术的发展使得各种生产要素、产品以及信息的流通成本大幅降低。这促使发达国家的企业利用不同国家的具体条件，将生产过程在全球范围内进行重新部署。在新的全球生产中，发展中国家的劳动力往往具有灵活用工的性质，为发达国家的企业提供了大量灵活性（Barrientos，2013）。例如，在苹果-富士康形成的关系中，富士康就通过在短期内雇佣和解雇大量临时劳动力来应对苹果订单的变化。

第三，金融市场的发展使得企业专注于成本的控制，而压缩劳动力并转向灵活用工就成为企业压缩成本的可行策略（Lazonick and O’sullivan，2000）。随着金融市场的发展，特别是股票市场的发展，使得企业非常关注股票价格的变化趋势。这既让企业关注如何在长期中提高经营效率，又给予了企业在短期经营中尽力提高利润的压力。为了应对这种短期压力，企业会选择更为灵活的成本控制策略，而从稳定的雇佣关系转向灵活用工就成为企业进行成本控制的有效选择。

第四，发达国家政府逐渐放松了劳资协议制度，从而为灵活用工的兴起创造了制度可能性。在全球经济结构性变化的影响下，发达国家维持劳资协议制度的成本在不断提高。为了应对新的压力，发达国家开始放松劳资协议制度。在制度层面上，对劳资协议制度的放松赋予了企业在使用劳动力方面更多的灵活性，企业可以在稳定就业之外，采用更灵活的用工形式。

三、作为新阶段的数字经济按需灵活用工

在各种因素的驱动下，灵活用工开始在发达国家快速兴起。Katz and Krueger（2019）经过测算发现，从 1995 年至 2015 年，美国各类属于非传统就业关系的劳动者占总劳动者的比重从 10％增长到 15.8％。由此可见，灵活用工在发达国家已经历了很长时间的发展，因而数字经济的按需灵活用工是这一长期发展趋势的延续。与传统的灵活用工相比，数字技术在信息传输和劳动供求匹配方面无疑有着更高的效率，所以依靠平台组织的按需灵活用工开始成为灵活用工的重要形式之一。根据皮尤研究中心发布的报告，截至 2021 年，有多达 16％的美国成年人至少有一次通过平台组织的按需灵活用工获得收入的经历。而在过去 12 个月的时间里，有 9％的美国成年人通过零工平台获得过收入。此外，有 3％的美国成年人认为通过平台获得的零工工作是其主要工作。

发展中国家的数字经济按需灵活用工的发展背景与发达国家有所不同。对于发达国家来说，按需灵活用工的兴起是由经济结构和制度变化驱动的，代表了就业关系的巨大变化。然而，对于发展中国家来说，由于其经济发展水平较低，无法提供足够的稳定就业，所以经济中常存在大量的剩余劳动力和非正式就业。这些剩余劳动力与非正式就业与按需灵活用工有着天然的联系，因此发展中国家的按需灵活用工大多与其发展阶段相关，而非由结构性因素变化所驱动。平台的出现极大地促进了发展中国家按需灵活用工的发展。数据表明，截至 2020 年，我国的灵活就业人员已达 2 亿人，其中有 8 400 万人为共享经济的劳动者。到 2021 年，仅在美团一个平台上就有 527 万名外卖骑手获得收入。

正是由于发达国家与发展中国家的发展阶段不同，因而参与按需灵活用工带来的收入与平均国民收入水平相比具有较大区别。发达国家的按需灵活用工是在大规模稳定就业的基础上发展起来的，因而参与按需灵活用工并不会提供额外的更高收入。对于发展中国家来说，按需灵活用工提供了大量潜在的工作机会，对提升收入有重要的意义。以网约车为例，数据表明，截至 2022 年末，美国优步司机的年收入中位数为 3.8 万美元左右，而 2021 年的人均 GDP 为 7 万美元左右，也就是在美国成为优步司机能够获得的年收入远低于人均 GDP。然而，对于我国的网约车司机来说，一项 2018 年针对南京网约车司机的调研发现（齐昊，等，2020），包括全职与兼职在内的全部网约车司机可以平均获得 11 446 元的月收入，在减去所有必要的支出后，每月平均的净收入也能达到 6 540 元。经过折算，网约车司机的年净收入可以达到 78 480 元，其水平明显高于我国 2018 年 64 644 元的人均 GDP 水平。

因此，数字经济按需灵活用工在我国的发展，的确为普通劳动者提供了大量工作和提升收入的机会。饿了么平台在 2020 年发布的《饿了么蓝骑士调研报告》就指出：在 2020 年，为饿了么平台工作的网约配送员有八成来自农村，而按籍贯排名前五的县城中，60%为国家级贫困县。这些贫困县骑手的平均月薪逾 5 800 元，超过 2019 年全国城镇平均工资。由此可见，继续支持按需灵活用工的良好发展，对于我国解决就业问题和贫困问题具有不可替代的重要意义。

第四节　我国按需灵活用工存在的发展问题与治理

一、当前存在的发展问题

近年来，虽然数字经济的按需灵活用工在我国的发展取得了举世瞩目的巨大成就，帮助我国在数字经济领域取得了全球较为领先的地位。但是，平台特有的组织劳动力市场运行的模式还是带来了一系列问题，有可能损害劳动者的权益以及按需灵活用工的长期健康发展。其中，最核心的问题就是平台与劳动者之间的责任关系非常模糊。虽然在按需灵活用工中，平台驱动了大量劳动者，但平台往往声称自己是技术中立的，它只提供劳动供求信息的撮合服务，因此平台与相关劳动者之间不存在任何直接的劳动关系。

【实例分析 12.3】

饿了么、蜂鸟众包与外卖骑手的关系

饿了么成立于 2008 年。在发展的早期，饿了么并未直接介入按需灵活用工，而是依靠餐饮店的自有雇员来完成订单的配送。但是，随着外卖市场规模的扩大，纯粹依靠餐饮店自有雇员来完成配送的方式遇到的限制越来越多，饿了么开始大量使用外卖骑手来完成配送。为了方便管理外卖骑手，饿了么于 2015 年 10 月正式成立了蜂鸟众包平台，并且明确了平台与外卖骑手之间的关系。蜂鸟众包的用户协议[①]就通过特别提示向外卖骑手指出：① 您知悉蜂鸟众包仅提供信息撮合服务，您与蜂鸟众包不存在任何形式的劳动雇佣关系；② 蜂鸟众包可能会基于您的优秀服务质量或者其他优秀的表现向您发放相关的资金奖励，但这种奖金奖励不属于薪资，不等同于认可了您与蜂鸟众包的劳动雇佣关系。

平台与劳动者之间关系的模糊性，直接导致了平台可以规避常规的劳动关系中雇佣方所需承担的一系列社会保险及劳动保护，这也是学界和社会对相关平台进行的最广泛批评（Vallas and Schor，2020）。目前，各平台对按需灵活用工劳动者的社会保险覆盖非常不足。相关劳动者可以交城乡居民医保，或者找社保代理公司代缴城镇职工社会保险，但一般只能办理养老保险和医疗保险，生育保险、工伤保险、失业保险尚不能办理，而且各城市和地区的社保缴纳政策、缴费档位并不统一，个人所享受的福利待遇也不同。滴滴、美团等平台给司机、骑手提供的养老保险等计划属于商业保险而非社会保险。还有一部分平台为了减少意外事故带来的责任压力，会与商业保险公司就劳动者的人身安全和第三者责任等方面进行投保，进而降低了平台的巨额赔偿风险。虽然商业保险能在一定程度上满足按需灵活就业劳动者的部分工伤类社保需求，但商业保险体系工伤赔偿与社保体系工伤赔偿的待遇差异极大。社保体系工伤赔偿的适用范围较为宽泛且实现条件灵活，如上下班途中的非工作时间行为、维护国家公共利益的行为也属于社保体系工伤保险的适用范围，而商业保险体系工伤赔偿的适用范围较为狭窄且实现条件严苛。

除此之外，平台还形成了特有的针对劳动者工作过程的自动化算法控制体系，

① 此处内容来自蜂鸟众包 8.7.6 安卓版本的用户协议。

可能会引发劳动者劳动强度大、劳动时间长等问题。从整体上说，平台能够通过一系列数字技术对劳动者的工作过程进行精准和严格的监督与控制，形成了以算法为核心的自动化工作过程控制体系。这套体系的核心是对劳动者即时状态信息（位置、速度）的收集，以及基于数据和算法得出的一系列参数的最优化。自动化的算法控制体系会以最优化的核心参数作为参考，即时评估劳动者的状态，并对劳动者的最终劳动成果进行评价。以外卖平台为例，外卖骑手在接单时，平台就会对其送单的预计完成时间进行一个最优化估算，而外卖骑手在整个送单过程中的即时速度和方向信息都成为平台检测的数据。外卖骑手最终完成订单的时间与算法评估的最优化到达时间之间的差别决定了系统对于劳动成果的评价。在绝大多数情况下，超时对劳动者意味着客户的差评以及更慢和更少的接单等情况。[①]

因此，相关平台所使用的算法控制体系事实上对劳动者产生了一种强制，劳动者只能想尽一切办法来满足平台的要求。算法控制体系的自动化特征加重了这一问题（陈龙，2020）。算法控制体系可以通过不断的数据收集，实现对算法和参数优化结果的更新。例如，当平台收集到大量外卖骑手从 A 点到 B 点的送单时间，就可以更新完成新订单所需时间的要求。在这种情况下，形成了劳动者不断自我加强劳动强度的循环。当面对平台的要求时，劳动者会尽可能地缩短完成工作所需的时间，对于算法控制体系来说，这又成为可以进一步压缩劳动时间的数据，最终导致平台要求劳动者完成工作的时间越来越短。因此，算法控制体系会不断压缩劳动者的空间，将完成工作的方式推至极限。对于以按需灵活用工作为主要谋生手段的劳动者来说，为了满足平台算法控制的要求，劳动者必须不断提高劳动强度，这会威胁到劳动者的身体健康与人身安全。由超量劳动引起的劳动者猝死问题已引起了社会大量的讨论。此外，算法控制体系没有办法具体考量劳动者单次劳动过程中可能出现的各种意外情况，包括临时的恶劣天气、交通拥堵以及与客户沟通不畅等，这是引起劳动者与平台之间关于劳动成果质量认定纠纷的重要原因，但多以劳动者承担成本而收场。

二、形成有效治理的要点

对于零工平台发展所引发问题的治理核心是如何认定平台与劳动者的关系，因为这关系到劳动者的各项社会福利以及一旦出现各类纠纷时适用的法律，包括如何有效处理超时劳动和超强度劳动等问题。因此，尝试推动零工劳动者与平台之间建

---

① 在某些情况下，平台算法控制体系得出的结果已成为客户唯一信任的指标。例如，在 2021 年发生的货拉拉跳车案中，一个关键的细节就是司机并未按照地图导航的“最优路径”行进，从而引起了乘客的猜疑，最终导致了跳车悲剧。

立较为正式的劳动或雇佣关系已成为各发达国家的主要努力方向。但由于我国是一个发展中国家，按需灵活用工长期存在，因而造成了更加复杂的按需灵活用工的具体劳动关系。以外卖骑手为例，现有研究发现，至少存在三种不同的劳动关系（陈龙，2020）：①自营骑手与外卖平台签订劳动合同，享有法律规定的薪资福利待遇，但出于成本考虑，平台会把配送业务外包给第三方劳务公司，自己只负责平台系统的运营和维护；②外包模式下的骑手又称团队骑手，他们以平台的名义工作，但受站点招募和管理，与平台之间只存在用工关系；③众包骑手不受雇于任何单位，只需登陆平台、注册账号就可以抢单配送。

考虑到这些复杂的具体劳动关系，我们肯定无法用一种单一的形式来认定平台与劳动者之间的关系。人力资源和社会保障部等部门于2021年7月联合发布的《关于维护新就业形态劳动者劳动保障权益的指导意见》指出，符合确立劳动关系情形的，企业应当依法与劳动者订立劳动合同，不完全符合确立劳动关系情形，但企业对劳动者进行劳动管理的，指导企业与劳动者订立书面协议，合理确定企业与劳动者的权利义务。这意味着在现行劳动关系中除了有/无劳动关系外，新确立了“不完全符合确立劳动关系情形”的第三种劳动关系。但是，如何合理确立“不完全符合确立劳动关系情形”的第三种劳动关系的权利与义务范围，仍是立法领域的难点：如果平台所负责任过大，将导致平台的运营成本急剧上升，影响按需灵活用工的长期发展；若平台所负责任过小，那么相关劳动者的劳动权益仍无法得到全面的保障。

为了对数字经济的按需灵活用工形成有效治理，我国必须加快推进相关劳动法的立法。在这一点上，我国明显需要加快进程。数字经济的按需灵活用工是立足于互联网平台及智能数据计算的新用工形态，因而政府部门不能简单套用现有劳动法规。政府部门应在广泛调研的基础上把握按需灵活用工的核心业务形态，制定适宜的法律制度，避免降低按需灵活用工的发展动力。在制定具体法律法规时，政府部门应在兼顾灵活性与普遍性原则的背景下，细化劳动关系相关主体的合理权责；需要明确在各类按需灵活用工的情形下，劳动者的收入来源、职业责任、福利种类、权益保障等要素，也要根据不同的情形判断相关平台的责任及限度，厘清劳动者与平台间的权利与义务界限。

此外，我国需要加强与按需灵活用工相关的劳动力市场制度建设，大力推进按需灵活用工的社保制度创新。在我国现行的社保制度中，劳动者必须借助自身与组织间的固定、长期的劳动关系才能参与社保体系；显然，这不符合按需灵活用工的模式。为适应按需灵活用工的即时性、短期性和非持续性的劳动关系，政府部门应当突破传统思维，对不同的用工形态有针对性地设计社保制度。按需灵活用工的劳动者应采取以个体为直接管理单元的社保模式，该模式在缴费周期、档次及社保责任方面应更具丰富性、层级性和灵活性。比如在缴费周期上，以天、周为计算单元来适应按需灵活用工的特性；在社保档次上，可以依据工作时长、薪资水平、个人意愿采用不同等级，并依据各地实际经济情况进行调整；在社保责任上，可根据劳动者在不同平台上的工作量、工作时长按比例分配社保责任，体现社保责任的公平性。

本章小结

以平台作为媒介而兴起的按需灵活用工已成为当前劳动力市场中一种极为重要的用工形式。基于平台所具有的能力，按需灵活用工可以实现即时的劳动力供求匹配，从而极大地提高了劳动力市场的运行效率。毫无疑问，这为劳动力供求双方提供了大量的灵活性。目前，借助平台实现的按需灵活用工已经涵盖各种不同技能水平的劳动。

需要注意的是，目前劳动力市场制度的建设仍落后于按需灵活用工的实践。劳动者与平台之间关系认定的模糊性引发了社会保险和劳动保护不足等一系列问题，我们需要在按需灵活用工特殊性的基础上，对当前的劳动力市场制度进行改革与调整，做到兼顾灵活性与普遍性。

练习题

一、名词解释

1. 按需灵活用工
2. 共享经济
3. 功能灵活性与数量灵活性
4. 算法控制

二、思考题

1. 数字经济的按需灵活用工如何改变了劳动力市场的运行？
2. 目前，我国按需灵活用工的发展存在哪些问题？

第十三章

数字经济和不平等

教学目标

1. 了解各国间和国家内部收入不平等及数字经济发展不平等的基本情况

2. 了解数字经济对于不平等的影响因素

3. 了解数字经济发展对于劳动力市场的影响，以及劳动力市场重要的变化特点

4. 了解数字经济对于区域发展的影响

导入案例

数字经济会对劳动力市场产生显著的影响，进而通过劳动力市场的变化会影响到国家内部的收入不平等。数字经济如何对劳动力市场产生影响？劳动力市场在数字经济的推动下会产生哪些特点？如何理解劳动力市场的极化现象和可能出现的技能需求逆转等错配现象？本章将对这些问题逐一介绍。

数字经济革命正在改变世界各国的经济面貌。数字技术给世界各国带来了巨大的经济收益，同时也带来了新挑战。伴随着数字技术重塑市场、商业和工作中的各个方面，财富和收入不平等现象逐渐加剧，公司与工人之间的不平等正在逐渐增长。资本收入和劳动收入占总收入的比例变得更加不平等，即收入份额逐渐从劳动力转向资本。技术进步加剧了这些不平等现象，但技术进步并不是不平等现象加剧的唯一原因，政府政策有可能是这种不平等现象加剧的另一个重要原因。技术的快速发展使得政策难以对数字经济的新动态做出更迅速的反应，从而减弱经济中的不平等。

关于收入不平等加剧和潜在的就业岗位与工作之间错位的研究显示：全球化可能是造成这种收入不平等加剧的重要因素之一。国际贸易和离岸外包也促使收入份额逐渐转向资本，特别是对可贸易部门中技术水平较低工人的工资造成了下行压力。

总体而言，全球化在劳动力收入份额下降中发挥了重要作用。但是，全球化的影响远小于技术变革的影响。在发达经济体中，技术变革对劳动力收入份额下降的贡献大约是全球化的两倍（Dao et al.，2017）。全球化的确造成了收入不平等的加剧，但更重要的原因是技术的快速发展。

当前，世界各国出现的重要趋势是我们处于技术急速发展的时代，特别是以数字技术为代表的技术进步。例如，计算机技术和软件、移动通信、数字平台、云计算、人工智能正在以史无前例的速度在各个领域得到广泛应用。在技术快速发展的背景下，经济增长所产生的收入不平等也在加剧。当前，研究数字经济与不平等之间的关系已成为学术界和政府关注的前沿问题，下面讨论了这两者之间的紧密联系：第一，我们介绍了世界各国内部收入不平等的基本情况。第二，我们讨论了数字经济对于企业发展的影响，以及外部政策和因素对它的叠加影响。第三，我们讨论了劳动力市场在数字经济推动下所发生的变化，特别是它与收入不平等之间的关系。第四，我们简要介绍了技术快速发展下所产生的区域不平等问题。第五，我们讨论了中国劳动力市场的变化及其与技术发展的关系。第六，我们介绍了应对数字经济导致劳动力市场不平等情况的相关政策。

第一节　收入不平等加剧

伴随数字技术的快速发展，世界各国的国内不平等逐渐恶化。自 20 世纪 90 年代以来，主要发达国家的不平等现象基本都在加剧。图 13－1 显示了 1995—2015 年主要 OECD 国家的基尼系数大体呈现上升的趋势。特别地，在收入分配顶端的不平等大幅上升。与此同时，财富不平等的现象也更为严重，大约是收入不平等的两倍。美国的收入不平等加剧现象尤为明显。截至 2015 年，美国可支配收入不平等（如果以基尼系数来衡量）的增长超过 10%。图 13－2 显示了美国不同收入群体所占的收入份额。美国最富有的 1%人群的收入份额自 20 世纪 80 年代初以来已增加了一倍多，达到了大约 15%，而中等收入群体所占的收入份额受到了挤压。长期以来，美国工人的实际工资基本上停滞不前。底部 50%群体所占的收入份额从 1980 年的 25%降到 2010 年的 20%左右。此外，排名前 1%的群体所占的财富份额上升到 40%左右。然而，收入分配的不平等加剧并不限于发达国家，许多发展中国家也出现了收入分配不平等加剧的现象，比如印度的收入不平等程度也在持续上升。

除了国家内部的收入不平等加剧，各国间的区域不平等也伴随数字经济的发展而发生变化。数字技术的发展所产生的创新和结构转型成为经济发展的重要驱动力。但是，创新并不总是减小区域间的收入不平等。实际上，数字技术所导致的创新进

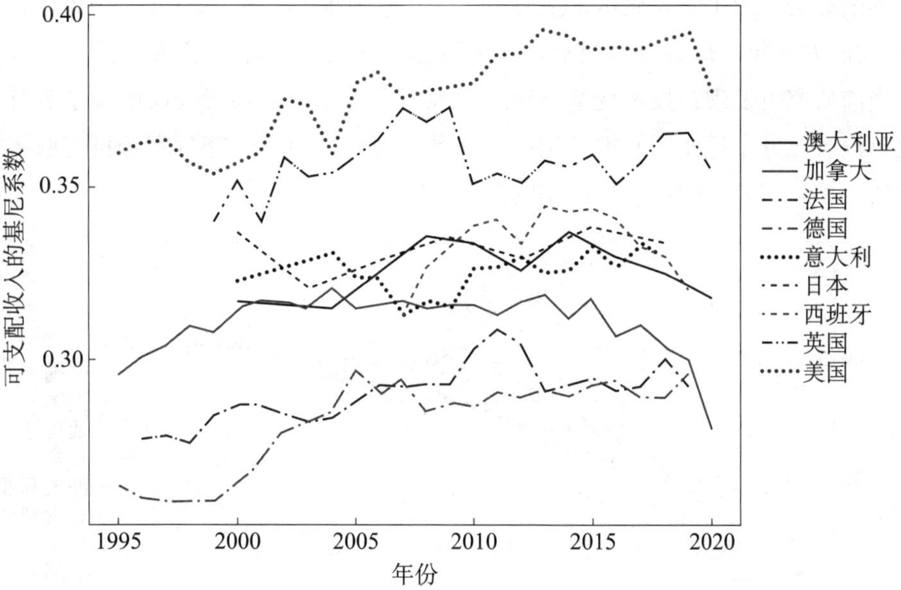

图 13-1 主要发达国家的收入不平等加剧

资料来源：OECD 的收入分配数据库。

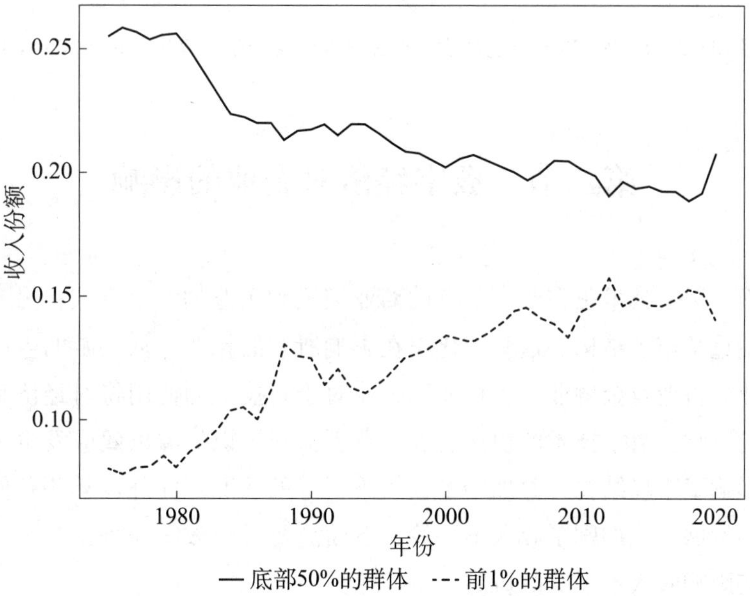

图 13-2 美国前 1%群体和底部 50%群体的收入份额

步也可能造成区域间收入差距的加大。例如，数字技术所带来的创新将更有可能惠及高收入地区。因为这些地区通常都拥有利于创新的某些特点，比如更多的人力资本、创新活动的多样性、更好的基础设施以及与其他创新中心的广泛联系。

在收入不平等和区域不平等加剧的背后，我们也看到了经济增长正在放缓。伴随着数字技术的快速发展，世界各主要经济体的生产趋势逐渐放缓，导致整体经济增长逐渐放缓。图 13-3 显示了主要发达国家经济体 1990—2020 年全要素生产率的变化。在 2008 年全球金融危机后，主要发达国家的生产率增长大幅放缓。与此同时，当前研究也发现：技术变革与导致收入不平等加剧的政策失误解释了为什么技术变革没有充分发挥作用并推动生产力提高。因此，为了研究数字经济与收入分配之间的关系，需要我们结合生产率的提高来展开。

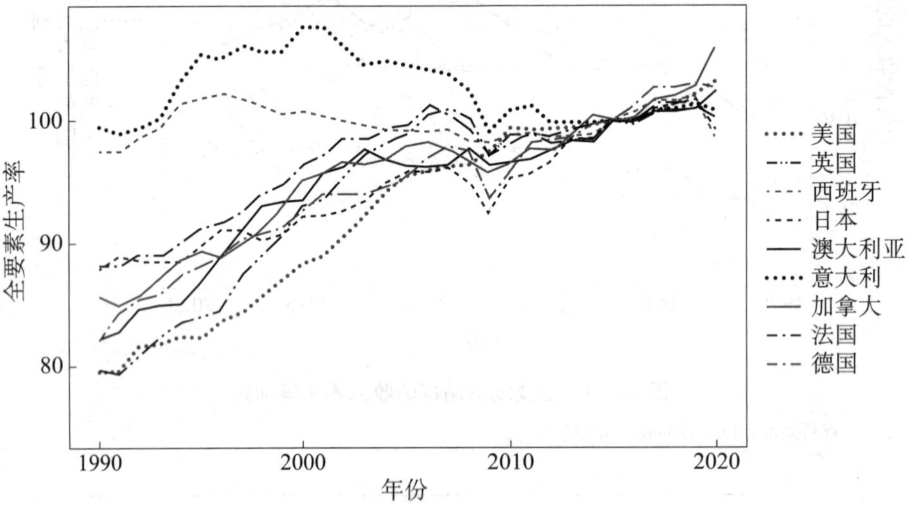

图 13-3　1990—2020 年主要发达国家全要素生产率的变化（2015 年=100）

第二节　数字经济对企业的影响

一方面，数字技术正在改变已有的商业模式和企业的竞争方式；另一方面，数字技术开始重塑市场结构。这些变化正在影响所有的行业，从上游的生产制造业到下游的商业零售业及金融业。各行业和企业对于新技术的使用将对经济和收入分配产生深远的影响。数字技术的快速发展导致创新和知识的溢出效应发生了显著的变化，从而影响了市场结构，并加剧了收入不平等的状况。此外，某些其他因素（如数字金融的发展）也加剧了收入不平等。下面简要讨论数字经济发展对于企业的影响，以及其影响收入不平等的机制。

技术进步在经济体内部的溢出与市场结构的相互作用将极大地影响生产力的增长和收入分配（Comin and Mestieri，2018；Aghion et al.，2019）。在数字技术变革的背景下，新技术难以在各公司之间产生溢出效应。生产力的增长通常发生在那些处于技术前沿的领先企业。与此同时，对于大量小企业来说，它们的技术进步正在大幅放缓，进而带动整体生产力的下滑。2001—2013 年 OECD 中那些处于技术前沿的企业，它们的劳动生产率上升了大约 35%，而那些处于非技术前沿的企业，它们的劳动生产率仅上升了5%左右（Andrews et al.，2016）。图13-3表明：OECD中各经济体的加总生产力增长在截至2015年的10年中只有过去20年的一半。各企业之间生产力增长的不平衡不仅导致整体生产力的下降，而且也导致收入不平等的加剧。

企业间竞争的减弱也是导致生产力下滑和收入不平等加剧的重要原因之一。企业间竞争的减弱和相关的市场摩擦导致企业间创新溢出的下降，进而促使生产力下滑和企业间的利润差距加大。OECD的数据也显示：在竞争减弱的行业中，技术创新和创新溢出也较弱，企业间生产力的差距逐渐加大，而且加总生产力增长也较慢（Cette et al.，2016；Égert，2016）。针对美国和欧洲经济的研究也发现：由于拥有更强大市场力量的企业会减少投资，并通过加价和增加股票回购来获取更高利润，因而市场竞争强度的减弱抑制了对新生产资本的投资（Gutiérrez and Philippon，2017；Égert，2018）。

企业间的竞争减弱体现在以下几个方面：行业市场集中度上升，更大的市场力量导致企业更高的价格加成，新企业数量下滑导致企业数量的固化。大部分发达经济体都出现了以上趋势。例如，自20世纪80年代以来，美国主要行业中前四大公司的总销售额一直持续上升（Autor et al.，2017）。在更密集地使用数字技术的行业，我们可以观察到市场集中度出现了较大幅度的上升。美国上市公司的加价幅度接近两倍，而且主要发生在市场集中度上升的企业中（De Loecker et al.，2020）。美国的数据也显示：在所有的美国企业中，新企业数量所占的份额下降了接近50%（Decker et al.，2017）。

数字技术的发展会通过“赢者通吃”效应来改变市场结构。数字技术通过领先优势、网络效应、规模经济导致领先企业迅速崛起。全球化也会通过减弱市场壁垒来加强全球范围内规模经济的效应。在数字经济中，软件和知识产权等无形资产对于企业的成功越来越重要，而且这会导致行业中主导企业的出现。

在高科技行业，“赢者通吃”效应更为显著。在这些行业中通常会出现“明星”企业，例如Google和微软。但是，随着数字技术渗透到运输、通信、金融和商业等其他行业，这些技术越来越广泛地影响到经济。例如，在零售领域，百货商场的市场份额正在逐渐被亚马逊等在线大型企业替代。

在数字经济发展的过程中，其他外部政策和因素的变化也会影响企业的发展状况及收入不平等的加剧。下面简要介绍数字金融带来的影响。数字技术的发展在经济金融化上发挥了重要的作用，同时也增强了金融部门放松管制的动力。OECD的数据显示：在最近几十年中，信贷和金融中介活动的增长速度是其经济活动的三倍。由于市场竞争的减弱，迅速的金融化通常与生产力下滑和收入不平等加剧同时发生。在2008年全球金融危机之前，大量的信贷资金流向家庭而非企业，推动了对于股票市场和房地产市场的投资。因此，信贷错配导致了经济增长下滑和收入不平等的恶化。此外，在金融领域的技术创新都集中在金融交易和资产配置，对于实际经济的影响有限。在国际金融危机前，金融部门的回报远超来自实体经济的回报。金融业的超额利润反映了行业集中度所带来的租金。美国前五大银行的资产份额从2000年的25%上升到2014年的45%。因此，数字技术所推动的金融化也加剧了收入不平等的状况。

第三节　劳动力市场变化

数字技术对于企业和市场结构的影响，导致资本劳动收入分配发生了变化，而且这些变化直接影响到劳动力市场。通过对劳动力市场的分析，我们可以更好地理解数字技术发展对于劳动力市场和收入不平等的影响机制。

一、工资收入不平等加剧和劳动收入份额下滑

（一）工资收入不平等

数字技术的发展对于企业的盈利产生了直接影响，而数字技术导致的企业之间生产力和盈利能力的差距加大，致使劳动收入的不平等进一步加剧。随着公司的盈利能力差距加大，工资差距也开始加大。企业与工人之间的利润共享也导致了企业之间的工资差距加大，表现更好的公司可以获得更高的利润份额并同工人分享这些超额利润。此外，企业通常利用外包的方式，将那些需要低技能工人的非核心岗位转移给其他公司。这也加剧了工资收入的不平等。企业间的工资不平等在数字技术驱动的行业中上升得更快。从整体上看，在过去几十年中，工资收入的不平等急剧上升，其中大多来自企业间的工资差异（Song et al.，2019）。

那些处于技术前沿的公司的工人收入要远高于其他公司的工人，这就会导致生产率增长所带来的好处并没有在企业之间平均分配，使得工人的工资增长远远落后于生产率增长。在业绩较好的公司中，工人的工资会上升，但上升幅度也低于生产率的上升。对大多数其他公司来说，工资有限的增长代表公司生产率的增长有限。在这些公司中，工资的增长也往往低于生产率的增长（Schwellnus et al.，2018）。

（二）劳动收入份额的下滑

工资与生产率的脱钩促使收入分配从劳动收入转向资本收入。在过去的几十年中，大多数主要经济体都经历了劳动收入日益不平等和劳动收入份额下降的情况。

例如在美国，劳动收入占总收入的百分比从2000年的60%下降到2015年的50%左右。

市场集中度的提高也推动了收入份额从劳动收入转移到资本收入。因为市场集中度提升将行业内的劳动力重新分配给利润超常和劳动收入份额较低的主导企业（Autor et al.，2017）。占行业主导地位的公司不仅在产品市场上获得了更多的垄断力量来提高加价程度和获得更高的租金，而且还获得了控制劳动力市场工资的能力（Azar et al.，2022）。其中，一个新的现象是在线工作平台的快速扩张。在这些平台上，雇主的集中度也急剧上升（Dube et al.，2020）。在雇主的垄断力量加强的同时，工人讨价还价的能力随着工会组织的减少和最低工资法的削弱而减弱。

这些劳动力市场的变化加强了劳动替代性技术变革对劳动收入与资本收入分配的影响。企业的生产转变为使用更多有形或者无形的资本和更少的劳动力。2017年最大的美国公司苹果公司的市值是1962年最大的美国公司AT&T公司的40倍，但其总就业人数仅为后者的五分之一。由于资本所有权高度不平衡，因而收入从劳动收入向资本收入的转移加剧了总体的收入不平等。

二、劳动力需求、极化现象和技能错配

技术发展一直是影响劳动力需求的主导力量。数字技术和自动化技术的推广使得劳动力需求转向拥有高水平技能的工人。全球化对于劳动力需求的影响是一致的，即劳动力需求逐渐远离那些更容易受到技术影响的日常、中等技能，如文书工作和重复生产等工作。劳动力市场逐渐出现了极化现象，也就是中等技能工作的份额下降，而专业技术人员和管理人员等高技能工作的份额上升。低技能工作的就业比例也会有所增加，但主要是诸如个人护理等难以推广自动化技术的工作。1995—2015年OECD成员中的中等技能就业人数占总就业人数的比例平均下降了约9.5%，高技能和低技能职位的比例分别上升了约7.5%和2%。与此同时，我们可以看到劳动力市场中零工经济的兴起。越来越多的工人开始从事非标准的工作，如临时、兼职和自我雇佣的职业。

虽然劳动力需求发生了变化，但劳动力供给的变化难以适应市场的需要，因为教育和培训很难满足劳动力市场中对于工人技能的需求（Autor，2014）。由于缺乏新技术所要求的更高水平技能，公司之间难以更广泛地推广创新并使创新溢出，因而拥有与新技术相关技能的工人越来越多地聚集在技术领先的公司中。与此同时，各行业之间的技能错配也有所增加。

技能需求和劳动力供给之间的不平衡，通过高技能工人的工资，加剧了工资收入的不平等。特别地，在1980—2000年期间，所有主要经济体的技能溢价都有所上升。2016年，美国拥有研究生学位的人所获得的工资是只受过高中教育的人所获得

工资的215%左右，而在1980年，这一数字为155%左右。非标准工作的增加给劳动力市场带来了更大的灵活性，然而这加剧了收入不平等，因为这些技能水平较低工作的报酬通常低于正常的工作。

由于数字经济的发展导致劳动力市场发生了显著的变化，为了更好地理解数字经济和劳动力市场中收入不平等之间的关系，下面详细讨论劳动力市场的极化现象和技能需求逆转现象。

第四节　极化现象

一、极化概念

早在20世纪80年代，极化已成为发达国家劳动力市场的一个重要特征。极化（polarization）一词最早出现在关于美国工作质量（job-quality）的讨论中（Bluestone and Harrison，1988；Levy and Murnane，1992）。例如，Bluestone and Harrison（1988）在关于美国工资不平等的研究中就提出了工资极化（wage polarization）——高工资和低工资的岗位数量增加，而中等工资的岗位数量减少。除了按照工资水平对职业进行分类，学者还按照技能水平对职业进行了分类（Goos and Manning，2003；Autor et al.，2003；Autor and Dorn，2013；Goos et al.，2014），将认知任务型（cognitive tasks）职业①归类为高技能职业，日常任务型（routine tasks）职业②归类为中等技能职业，手工任务型（manual tasks）职业③归类为低技能职业。尽管他们的研究结果略有差异，但都得出了一个普遍的结论：劳动力市场中高技能职业和低技能职业的就业率上升，中等技能职业的就业率下降。还有学者按照教育水平对工人进行了分类。技术进步促进了日常任务④（routine task）的计算机化，进而引起了劳动力市场中高等教育、高工资工人和低等教育、低工资工人的就业机会同时增长，而中等教育、中等工资工人的就业机会减少，Goos and Manning（2003）将这一现象定义为工作极化（job polarization）。吕世斌和张世伟（2015）、李宏兵等（2017）按照行业进行了分类，并指出：近年来，我国劳动力市场出现了高技能行业和低技能行业的劳动力就业增加，中等技能行业的劳动力就业减少，而且各行业间的工资增长呈现U形趋势。

---

① 认知任务型职业包括管理型、专业型和技术型职业。

② 日常任务型职业包括文员和办公室工作、销售和生产职业。

③ 手工任务型职业包括劳动力、交通、农业、家政等职业。

④ routine task 通常定义为可以借助计算机等机器用循序渐进的程序或规则来表达的任务。

二、极化的特点

（一）就业的极化

Autor et al.（2003）观察到，在 20 世纪 80—90 年代，相对于技能分布的中间部分，美国的劳动力市场出现了底层和顶层技能工作就业增长加快的现象。Acemoglu and Autor（2011）构建的理论框架通过内生化任务来刻画过去三十年美国劳动力市场的特点：整个劳动力市场的收入水平结构出现了明显的系统性非单调变化，低技能工人的实际工资呈下降趋势，高技能职业与低技能职业的工资差距不断增大。劳动力市场的就业呈 U 形增长，高等教育和高工资职业的就业数量、低等教育和低工资职业的就业数量同时迅速增长。就业的极化不仅体现为劳动力市场中技能组成的变化，而且体现为各职业间技能群体收入分配的变化，它们由行业内和行业间就业的两极分化同时驱动（Goos et al.，2014）。

（二）工资的极化

就业的两极分化（特别是信息技术的发展）是否会引起工资的极化，目前学界没有得到一致的结论。David et al.（2006）研究指出：劳动力就业极化伴随着工资极化，计算机技术的发展和成本的下降使认知任务型职业的工资相对日常任务型职业和手工任务型职业的工资有所提高。Autor and Dorn（2013）研究表明：职业的两极分化并不一定会产生工资的两极分化，劳动力需求的变化源自产品与服务的消费互补性，对服务业职位的工资有提升作用；劳动力供给的变化源自低教育程度的工人从中等技能、日常任务密集型职业转向传统的低技能手工密集型职业，对服务行业的工资有抑制作用，这两种力量相互抵消。Acemoglu and Restrepo（2017）研究指出：从短期来看，低技术工作的自动化会提高工资不平等，高技术工作的自动化会降低工资不平等，而从长期来看，这两种自动化都会促进工资增长。

三、劳动力市场的极化原因

（一）技术进步

技术进步，特别是计算机、自动化和人工智能等数字技术的发展，带来了强大的经济动力，推动企业采用计算机等先进技术代替昂贵的人力，进而影响劳动力的供给和需求。日常任务大多遵循易于理解的精确程序，可以被机器取代。因此，随着办公文员、运输和销售等日常任务密集型的中等职业被机器替代，其就业率下降，这就是技术进步的替代效应。Autor et al.(1998)指出：行业内计算机化的速度加快，预示着工资差距和技能升级的增加。Michaels et al.(2014)利用美国、日本和9个欧洲国家1980—2004年的数据表明：信息通信技术（ICT）的普及增加了对高学历人群的需求，取代了日常任务，导致中等技能工人的就业机会减少，从而使劳动力市场两极分化。Autor et al.(2003)记录了日常任务工作就业率下降的变化，并认为这些变化反映了此类任务的计算机化。Graetz and Michaels（2018）通过分析1993—2007年17个国家的行业面板数据，指出工业机器人的投资在促进生产率增长的同时，也对低技能工人和中等技能工人的就业产生了一些负面影响。

尽管需要归纳、沟通、管理和解决问题能力的认知任务，以及需要环境适应力、面对面沟通、视觉和语言互动的手工任务难以计算机化（Autor et al.，2003）。但是，计算机化通过大幅降低成本和提高工作效率，使认知任务工人和手工任务工人的比较优势得到进一步强化，对其工作起补充作用，即技术进步对高技能职业和低技能职业有互补效应（complementary effect）（Autor，2014）或生产率效应（productivity effect）（Acemoglu and Restrepo，2017）。David et al.(2006)指出，在20世纪80年代，美国劳动力市场的就业和工资结构是单调增长的，而在90年代则是两极分化的，并且他们从计算力实际价格下降的角度构建模型，解释了产生劳动力市场极化的机制：计算机技术的发展降低了中等技能任务的工资；通过互补效应提高了高技能（认知）任务的工资；对低技能（手工）任务的影响不确定。这种由信息技术的直接影响和信息技术对外包的影响间接造成的工作任务需求分布的变化，在一定程度上可以解释劳动力市场工资结构的两极分化。

（二）贸易和离岸外包

随着互联网和通信技术的发展，外国劳动力可以在特定的任务中替代国内工人，如中等技能工人因执行的部分核心任务转移到国外而使其技能回报发生了变化（Autor et al.，2003）。对于承接离岸外包的国家，刘延宇（2021）表明：承接离岸外包可以通过促进劳动生产率提高的直接效应和技术溢出的间接效应影响工资结构，而且日常任务型技术进步会降低对中等技能工人的需求，导致极化现象。具体说来，Acemoglu and Autor（2010）研究表明：低技能偏向型离岸外包扩大了高技能工人与中等技能工人之间的工资差距，同时缩小了中等技能工人和低技能工人之间的工资差距，也就是出现了工资极化现象，低技能工人的工资上涨幅度高于高技能工人。中等技能偏向型离岸外包会促使该国中等技能工人的工资提高，同时降低了高技能工人和低技能工人的相对工资水平。高技能偏向型离岸外包扩大了高技能工人与中等技能工人之间的工资差距，同时缩小了中等技能工人与低技能工人之间的工资差距，低技能工人的工资上涨幅度低于高技能工人。David et al.(2013)从进口竞争的角度解释了美国制造业的就业总量下降、当地劳动力市场工资下降的现象。李宏兵等（2017）仔细分析了对外直接投资对我国高、中、低技术工人的影响，该研究表明：存在U形就业极化现象，并且对中低收入国家投资有利于缓解我国劳动力市场的就业极化现象，对发达国家投资会加剧我国劳动力市场的就业极化现象。

（三）规模效应与收入不平等

地理上的集聚和规模效应有利于增加高技能工人和低技能工人的就业，对中等技能工人的就业没有显著影响（陆铭，等，2012）。劳动力市场的极化可能是由于收入不平等的加剧，导致高技能工人对低技能服务部门的需求增加。特别地，随着发达国家收入的提高，其对低技能工人的服务需求增加（Goos et al.，2009）。一般来说，具有高时间机会成本的高技能工人应该是国内生产的替代品（包括购买食品和饮料、维修和维护、送货、保姆、家政和个人护理服务等）的净买家，而低技能工人应该是净卖家。Mazzolari and Ragusa（2013）的研究表明：高技能工人工资增加产生的消费需求会刺激对低技能工人的需求，20世纪90年代低技能服务业中非大学生的就业增长，大约有三分之一是由该渠道造成的，这种消费溢出效应可以很好地解释20世纪90年代美国劳动力市场的两极分化现象。

第五节　技能需求逆转

一、技能需求逆转的出现

Beaudry et al.(2016）对美国劳动力市场的一项研究发现：在2000年左右，欧美等发达国家的劳动力市场出现了对技能（或者更确切地说，对与高等教育技能相关的认知任务）的需求发生逆转的现象，同时伴随着高等教育工资溢价增长放缓、技能降级（skill-downgrading）等趋势（Beaudry et al.，2016；Valletta，2018）。Aum(2017）对该现象进行了具体描述，并称该现象为技能需求逆转（skill demand reversal）。与其他任务相比，软件种类的数量增加更能提高软件密集型任务的生产力，因为软件种类的增加导致工人从高技能任务向低技能任务进行了再分配，所有工人都进行了任务降级，即出现了技能需求逆转。在动态的模型中，设备生产率的提高立即导致极化，随着软件种类和设备种类的上升，市场达到新的稳态。设备种类的增加将导致极化，由此产生的稳定状态是极化和技能需求逆转的混合体，随着软件种类的增长速度加快，技能的需求逆转趋势逐渐增强。

该现象具体表现为：随着技术投资的放缓，企业对认知技能或任务的需求减弱，高技能工人会沿着职业阶梯（occupational ladder）向下流动，从事传统上由低技能工人从事的工作，将低技能工人推向职业阶梯的更底层，甚至挤出劳动力大军。此时，人们获取更高学历的动力不仅为了获得知识和高薪职位，而且为了打败学历低的人，从而保持自己在职业阶梯中的位置。

关于技能需求逆转出现的时间，目前学界主要存在两种观点：一种观点认为技能需求逆转产生于2000年之后。Beaudry et al.(2016）认为：在2000年后，美国的劳动力市场出现了技能需求逆转的现象。由于2003—2006年的房地产繁荣，导致这一现象对劳动力市场的影响在国际金融危机后才开始显现。另一种观点认为技能需求逆转的出现早于2000年。Aum（2017）认为：美国对高技能的需求增长趋势自20世纪90年代中期开始停滞，技能需求逆转开始发生。

二、技能需求逆转的特点

（一）就业增长趋势逆转

2000年后，美国的平均工资水平上升，而就业率开始下降，到2010年就业率回到了20世纪80年代的水平。在不同年龄、教育和性别群体中出现了就业率和平均工资随时间推移呈现“逆C”的关系，而且在高等教育劳动者群体、年轻劳动者群体（25～35岁）和女性劳动者群体中更为明显。具体表现为，在2000年后，美国劳动力市场中的认知类职业和日常任务类职业的就业率下降，体力劳动类职业的就业率上升。在各教育阶层中，从事认知类职业的工人比例降低，受教育程度较低的工人从事日常任务类工作的比例也在下降，同时失业人数增加（Beaudry et al.，2016)。对认知类工作需求的减少意味着接受高等教育的工人会沿着职业阶梯向下流动，转而从事技术含量较低的日常任务类工作，并将技能较低的工人推向下层。这种就业的技能降级和挤出效应放大了教育程度较低工人的失业趋势。

（二）工资溢价增长放缓

第一，从宏观上说，整体工资水平相对稳定。一方面，工人由高收入的认知类工作转向低收入的日常任务类工作会压低平均工资；另一方面，部分低工资、低教育水平的工人进入失业状态，提高了整体的平均工资。在这两方面作用下，平均工资略有上升（Beaudry et al.，2016)。第二，高等教育工资溢价的增长放缓。具体说来，高等教育工资溢价自20世纪80年代开始快速增长，2000—2010年的增长速度放缓，2010—2015年基本停滞（Valletta，2018)。特别地，高等教育工资溢价又可以分为大学生工资溢价（相对于高中生群体而言）和研究生工资溢价（相对于大学生群体而言)，2000—2010年只有大学生工资溢价的增长放缓甚至停滞，研究生的工资溢价继续增长（Lindley and Machin，2016)。第三，高、低技能工人工资差距的增长放缓。Acemoglu and Restrepo（2018）认为：技能需求逆转与高技能自动化有关，因为高技能自动化会增加低技能工人的工资，从而降低高技能工人与低技能工人之间的工资差距。

（三）任务报酬大幅下降

任务报酬或价格（task prices）通常是指对每单位技能支付的报酬。任务偏向型技术进步（task-biased technological change，RBTC）模型根据主要执行的不同任务将职业分为三大类：认知、非常规任务职业（cognitive，non-routine task occupation，如管理、技术和专业职业），常规任务职业（routine task occupation，如文员、生产、销售和办公室工作类职业）和手工、非常规任务职业（manual，non-routine task occupation，如劳工、运输、农业、家政服务相关职业）。Beaudry et al.（2016）经统计分析发现：美国劳动力市场中三种任务职业的报酬在1990—2000年呈先下降后上升的趋势，并且认知、非常规任务职业的报酬始终高于常规任务职业和手工、非常规任务职业的报酬，而2000年后这三种任务职业的报酬都大幅下降。由于需求减少，认知、非常规任务职业的实际报酬下降了约2%；到2010年，认知、非常规任务职业的报酬下降到1990年的水平。随着高技能劳动力沿职业阶梯向下移动，他们将失业的压力层层向下传导。在供给增加的作用下，常规任务职业的报酬大幅下降，没有恢复到1990年的水平，而手工、非常规任务职业的实际报酬降幅最大，达到8%。

三、技能需求逆转的原因

（一）技术投资放缓

在美国，一个典型的事实是计算机软件、硬件和相关设备的投资占GDP的份额在2000年之前迅速增长，而在2000年之后，这些投资份额的增长停滞甚至下降，其变化趋势几乎与认知、非常规任务职业的就业增长趋势相同。Beaudry et al.（2016）构建了认知技能需求的繁荣-萧条模型，其与描述技能偏向型技术进步类文章的关键不同点在于：它假设认知任务不仅影响生产，而且以组织资本的形式为企业建立了无形资本。该模型假设认知任务产生的组织资本可以替代常规任务，技术进步对常规任务没有影响，但随着技术进步，认知任务产生的组织资本生产力增加。在开始阶段，认知任务是投资的关键组成部分，新技术的引进使企业增加了对认知任务的需求。这一时期的平均就业率和工资上升，认知、非常规任务职业在本科及以上和高中教育群体中的就业比例均增加。随着新技术的扩散，经济将进入萧条阶段。在这一时期，总体就业率下降，认知、非常规任务职业和常规任务职业的就业率也下降，劳动力市场出现了技能需求逆转。在每个教育阶层，从事认知、非常规任务职业的比例均下降，同时低教育群体从事常规任务职业的比例也在下降。

（二）软件创新增长

互补效应是指两种及以上生产要素相互赋能，即企业增加一种要素的投入会促进其他要素投入回报的增加（Brynjolfsson and Milgrom，2013）。大量的研究表明，信息通信技术、自动化技术与高技能劳动力存在互补效应，两者在生产活动中相互匹配（何小钢，等，2019；王永钦和董雯，2020）。因此，某种技术投资强度的变化会影响与其互补的劳动力群体的技能需求，而且技术水平的提升对不同岗位员工技能水平的影响存在差异性。20 世纪 90 年代中期美国软件创新加速，这与技能需求逆转开始的时间基本一致（Aum and Shin，2020）。Aum（2017）将工作极化、软件创新和技能需求逆转纳入同一模型，从软件创新增强角度解释了近十年中高技能工作增长停滞的现象。具体说来，职业的任务特征与其使用的软件或设备紧密相关，软件在认知、非常规任务（高技能）职业中密集使用，设备在常规任务（中等技能）职业中密集使用，手工、非常规任务（低技能）职业对软件和设备的使用无差别。机械设备的创新会代替常规工作，然后劳动力从生产率高的常规工作转向生产率低的认知和体力工作，出现劳动力极化。此后，随着企业对机械设备需求的下降，软件创新变得有利可图，因而技术进步的方向由设备转向软件。软件的不断创新提高了认知工作的效率，降低了对高技能劳动力的需求，进而出现技能需求逆转。

（三）雇主对技能的要求提高

大量的媒体报道和雇主调查显示，2007—2012 年雇主对员工的要求大幅提高，具体表现为许多以前只要求高中文凭的职业，现在需要大学文凭，Modestino et al.（2020）将这种趋势称为技能提升。Modestino et al.（2020）研究表明：劳动力市场疲软是导致雇主技能要求上升的原因，大衰退期间雇主技能要求的提高可以解释 2007—2010 年教育需求增长总量的 18%，经验需求（4 年及以上）增长总量的 25%。有证据表明，招聘强度的变化和雇主的技能要求是由可获得的劳动力供应驱动的。随着经济的发展和教育的普及，高等教育劳动力的供给大于需求，而市场的岗位数量有限，这就造成了部分高技能劳动者找不到与其技能相匹配的职业，不得不选择与较低技能的劳动力竞争。自 2000 年以来，美国本科及以上毕业生在职业生涯开始阶段获得认知、非常规任务职业的比例下降也体现了该现象。

（四）其他原因

Acemoglu and Restrepo（2018）提出了一个新的概念——高技能自动化（high-skill automation），即人工智能和机器学习的突破性发展使原来不能自动化生成的认知任务可以被机器取代。蔡跃洲和陈楠（2019）指出：由深度学习推动的新式人工智能的发展可以通过海量的数据，提炼与学习其中的默会知识①，从而使人工智能替代复杂的人类认知任务成为可能。这种高技能的自动化提高了生产率，降低了对高技能工人的需求，迫使技能更高的工人在简单的工作中与低技能工人竞争，从而间接降低了低技能工人的就业率。

第六节 区域不平等

数字技术的发展除了会对企业和市场产生影响外，在国内不同区域之间也会产生不同的影响。下面主要讨论数字技术发展对于区域不平等的影响。在经济增长领域，大量的研究集中讨论了结构因素、经济外部性所导致的国家间和国家内部区域发展的不平衡问题。自由市场力量往往会导致区域不平等，比如基础设施的外部性、资本流动以及高技能工人选择向经济较发达的区域迁移，这些效应都超过了潜在技术溢出效应，从而导致了区域间发展的不平衡。在经济增长的初始阶段，可能会出现区域发展的极度不平衡，但创新和知识的溢出会导致所有地区呈现收敛的特征。

创新和知识的溢出是影响区域不平等的关键因素。关于创新和知识溢出的研究发现：知识溢出通常在空间上产生积聚效应。知识溢出在空间上的转移有很强的阻碍，在地理上也会受到约束，并在空间上形成积聚（Jaffe et al.，1993）。高收入地区通常具有促进创新的某些特征，比如更多的人力资本、不同种类的经济活动和与知识相关的基础设施（Feldman，1994）。国家内部的某些核心区域通常会成为创新网络的枢纽，并能提供接触更多资源的机会，这往往会加剧创新和知识在地理分布上的不平衡（Maggioni et al.，2007）。此外，在积累知识和创新上也呈现出了专业化分工的趋势，导致知识和创新的溢出在空间上受到了限制（Boschma and Lambooy，1999）。目前，创新溢出对于区域发展不平等的影响效应集中于创新的多样化进程是否更有可能发生在高收入地区或低收入地区，是否更有可能导致各区域收入差距的扩大或缩小。Hidalgo et al.（2007）研究显示：相对于低收入国家，创新活动种类更多的高收入国家有更大的潜力将不同创新活动进行组合或者分散化创新活动。对于经济体内部的不同区域，也可能产生类似效应（Balland and Boschma，2021）。

信息和通信基础设施建设是影响创新及知识溢出的重要因素之一。更重要的是，

---

① 默会知识又称行动中的知识（knowledge in action）或内在于行动中的知识（action-inherent knowledge），是一种经常使用却不能通过语言文字符号清晰表达和传递的知识。

伴随着数字技术的发展，人工智能已逐渐变为促进经济持续发展的前沿技术，并以史无前例的速度和规模对经济产生影响。这些前沿技术的发展依赖于大量的数据，而这些数据的生产和处理主要依赖于高速互联网。区域间信息和通信基础设施的不平衡导致新技术的使用及发展也会呈现不平等的状况。此外，新冠疫情增加了对远程工作的需求，这也增加了对通信基础设施的需求，特别是高速互联网的接入。但是，并非所有的国家和地区都能提供足够的通信基础设施来满足数字技术的发展。伴随着家庭、政府和企业更多地将活动转向数字领域，弥补通信基础设施在区域间的差距变得越来越重要。

OECD的数据显示：高速互联网接入存在显著的区域差异。表13－1显示了部分OECD成员光纤宽带的接入情况。比如美国和德国，地区最高接入比例分别达到84.67%和71%。在表13－1显示的所有国家中，哥伦比亚的光纤宽带接入比例最低，在最高比例的接入地区只有17.27%的居民能够接入光纤，最低比例的接入地区不到1%。表13－2显示了部分OECD成员的高速宽带接入情况。高速宽带的接入是推动数字技术的关键。除哥伦比亚和爱尔兰外，其他12个国家中至少有1个地区80%以上的家庭可以使用高速宽带连接。此外，数据显示：国家内部的高速宽带接入差距也很显著，国内的平均差距可以达到23%。法国和匈牙利的地区差距最大，其高速宽带覆盖率最高地区、最低地区的差距超过40%。比利时、丹麦、西班牙和英国等国可以保证85%以上的家庭能够广泛使用高速宽带连接。此外，农村和城市的高速宽带接入也存在显著差异。表13－3显示：奥地利平均91%的家庭能够接入高速宽带，但在农村地区的高速宽带接入比例只有57.09%。OECD成员的数据显示，平均1/3的农村家庭无法接入高速宽带。

表13－1 居民光纤接入比例（%）

国家	最大值	最小值	平均值
西班牙	97.30	50.55	80.40
葡萄牙	87.00	47.80	68.70
丹麦	76.53	53.17	66.86
意大利	84.64	38.08	65.28
法国	83.65	28.13	49.00
美国	84.67	5.02	40.77
英国	41.33	4.15	12.17
德国	71.00	2.60	11.80
哥伦比亚	17.27	0.07	6.73

资料来源：OECD数据库中的区域城市数据。

表 13-2　居民高速宽带接入比例（%）

国家	最大值	最小值	平均值
比利时	99.86	97.70	99.11
丹麦	97.88	91.87	96.41
英国	96.72	89.12	95.16
美国	99.27	78.15	94.77
西班牙	98.82	89.53	94.16
加拿大	97.70	60.80	93.70
德国	98.80	78.10	93.60
意大利	95.65	78.51	92.83
挪威	95.63	77.67	88.82
芬兰	97.27	65.54	75.00
爱尔兰	76.54	55.69	70.38
匈牙利	94.26	36.37	66.22
法国	81.42	39.13	56.08
哥伦比亚	18.33	0.02	6.72

资料来源：OECD 数据库中的区域城市数据。

表 13-3　农村居民高速宽带接入比例（%）

国家	整体	农村
荷兰	99.80	98.90
冰岛	97.42	95.12
比利时	98.99	93.95
瑞士	99.00	93.90
卢森堡	97.60	92.90
爱尔兰	95.90	89.69
拉脱维亚	92.97	82.09
美国	94.77	79.33
加拿大	93.70	72.10
丹麦	95.36	70.64
葡萄牙	75.63	66.61
德国	87.90	66.22
匈牙利	86.81	64.61
斯洛伐克	86.07	64.14
捷克	89.81	62.44

续表

国家	整体	农村
爱沙尼亚	82.91	61.04
挪威	85.92	59.70
奥地利	91.11	57.09
西班牙	88.19	47.65
法国	58.47	46.46
意大利	90.19	43.42
瑞典	86.10	31.43
波兰	66.30	29.04
立陶宛	62.74	27.52
芬兰	74.57	9.32

资料来源：OECD数据库中的区域城市数据。

在过去的10年中，中国的数字技术也伴随着经济快速发展。截至2020年，中国互联网用户的规模接近10亿，互联网普及率达到70%，智能手机用户数接近8亿。但是，数字经济在各区域之间的发展不平衡却缺乏关注。我们通常利用数字经济发展指数来衡量中国不同地区间的信息化水平。这一指标系统涵盖了不同数据指标（例如，互联网普及率、国际互联网带宽、移动宽带普及率、计算机普及率、移动电话普及率、电子商务比率）。这些数据指标体现了信息通信技术的接入、使用和收益。根据这一指数，图13-4显示了中国各省份2011年和2020年的数字经济发展指数。2011年的数据显示出存在较大的不平等，但该发展指数从2011年到2020年有了较大提升。拥有高发展指数的地区基本分布在我国的东部地区，而西部省份的发展指数通常较低。此外，由于移动互联网的快速发展和中西部地区加快了信息基础设施建设，因而中西部地区的数字经济发展指数有了快速提高。因此，在过去10年中，我国的数字经济发展不平衡状况有所改善。图13-4还显示了2011年和2020年我国各省份人均GDP的比较。人均GDP在地理上的分布状况与数字经济发展指数的分布比较类似。我们可以看到区域间经济发展的不平衡也在逐渐缩减。因此，数字经济发展的驱动因素和先决条件显示：新技术的推广和应用与市场规模、技术吸收能力和信息通信技术服务投资之间呈现正相关关系。在具有高技术吸收能力的地区，新技术投资的回报率可能大大提高，而这一结果往往反映了此前积累的不平衡。如果当前的数字经济发展趋势继续下去，那么前沿技术的进步可能会进一步增加收入、机会等不平衡现象，并扩大国内各区域间的发展差距。数字技术会向拥有必要基础设施、资金和知识的人提供颠覆性的机会，而没有机会的人将被甩在技术发展的后面。

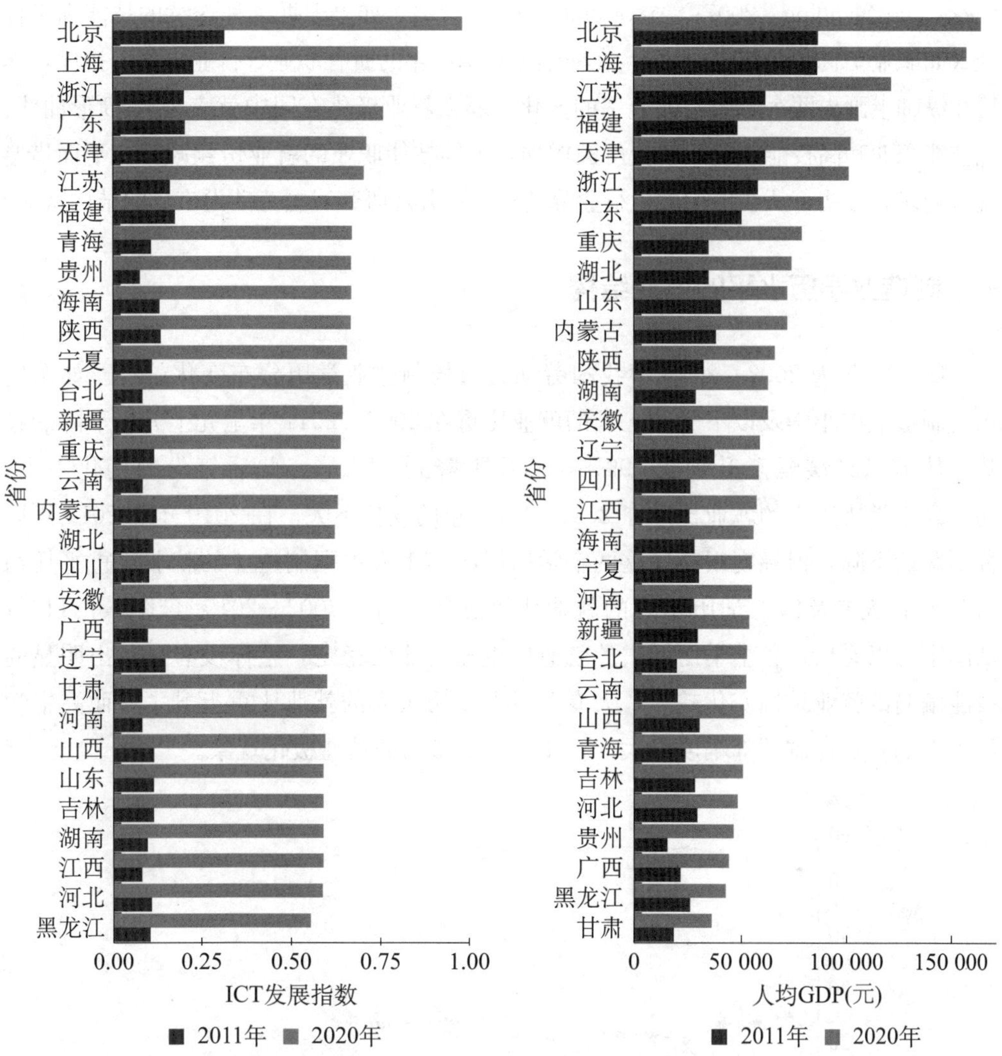

图 13－4　我国各省份的数字经济发展指数和人均 GDP（2011 年和 2020 年）

第七节　中国劳动力市场就业结构的特征

由于数字技术的发展会显著改变劳动力市场的结构，中国劳动力市场的变化特点将成为我们理解和研究数字经济及不平等的重要对象。下面主要讨论中国劳动力市场就业结构的主要特征。劳动力市场的极化现象通常会伴随数字经济的发展而产生。劳动力极化的显著特点是受教育水平较高和受教育水平较低劳动力的就业增加，而中等教育水平劳动力的就业减少；高技术行业和低技术行业的就业率增加，中等技术行业的就业率减少；位于高工资水平劳动力和低工资水平劳动力的就业率增加，中等工资水平劳动力的就业率减少。现有研究利用劳动力市场的结构数据证实了就业极化现象

(Goos and Manning，2007；Autor and Dorn，2013)。如果根据某种连续的技能衡量标准（如职业工资和受教育年限），在横轴上对基准年的所有职业（行业）进行排序，然后在纵轴上画出两个时间段就业率的变化，那么就业极化在图中就表现为U形曲线：低技能职业和高技能职业的就业份额增加，中等技能职业的就业份额减少。下面借鉴现有的研究方法，从学历构成、行业分类和工资分类研究我国劳动力市场的结构特征。

一、制造业学历水平的就业结构

图13-5为2002—2019年我国劳动力市场制造业学历分布变化趋势。如图所示，制造业中小学及以下学历工人的就业比重在2002—2011年呈先上升后下降的趋势，从15.7%缓慢上升到17.99%，然后下降到11.1%，此后年份的变化不大；初、高中学历工人的就业比重在2002—2010年的变化不大，在2010年和2014年后分别开始下降，但幅度很小，这两个学历层次的工人占据制造业的就业比重平均约为74%；大专及以上学历工人的就业比重逐年上升，2002—2019年上升了11%；从图中可以看出，各个学历层次的就业比重相对比较稳定，整体没有显示出明显的技能偏向的就业结构变化趋势，大专及以上学历工人的就业比重上升了，而高中学历工人的就业比重下降幅度最大，初步显示了微弱的就业极化现象。

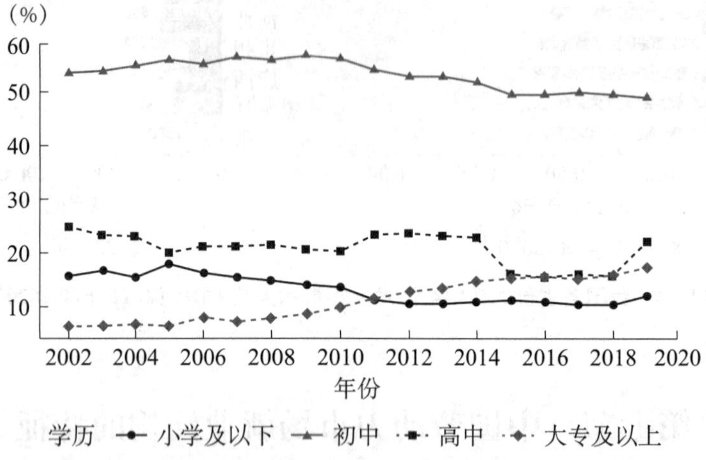

图13-5　2002—2019年我国劳动力市场制造业学历分布变化趋势

资料来源：2003—2020年的《中国劳动统计年鉴》。

国外众多文献从技术进步（特别是信息通信技术）的角度研究了劳动力市场的极化（Michaels et al.，2014），因而我们有必要研究信息通信行业的学历分布趋势。由图13-6可以看出，2002—2010年高技术行业的整体就业结构较为稳定，大专及以上学历工人的就业比重呈上升趋势，体现了近年来信息行业迅速发展并增加了对高学历熟练劳动力的需求。高中学历工人的就业比重明显下降，小学及以下和初中学历工人的就业比重比较稳定，即劳动力市场的就业极化现象初显。2010—2011年大专及以上学历工人的就业比重大幅下降，其他学历工人的就业比重均呈上升趋势，特别是初中学历工人的就业比重增幅最大，整个高技术行业的就业有沿着教育阶梯下滑的趋势，出现了对高技能人才需求下降的现象，即可能出现技能需求逆转。2015—2019 年受益于人工智能以及大数据行业的发展，互联网行业迅速扩张，大专及以上学历工人就业比重急剧上升，达到 60%以上，初、高中以下学历工人的就业比重下降到仅占 20%左右，就业极化现象明显。信息技术和自动化的发展意味着非日常认知活动的需求增加，日常和部分手工活动的需求减少，受过良好教育的工人在非日常工作中具有比较优势，而 Autor et al.（2003）的研究表明：非日常任务投入高、日常和手工任务投入低的行业和职业高学历的就业相对集中，这不难解释近 20 年来在制造业（特别是高技术行业）大专及以上学历工人的就业比重上升。

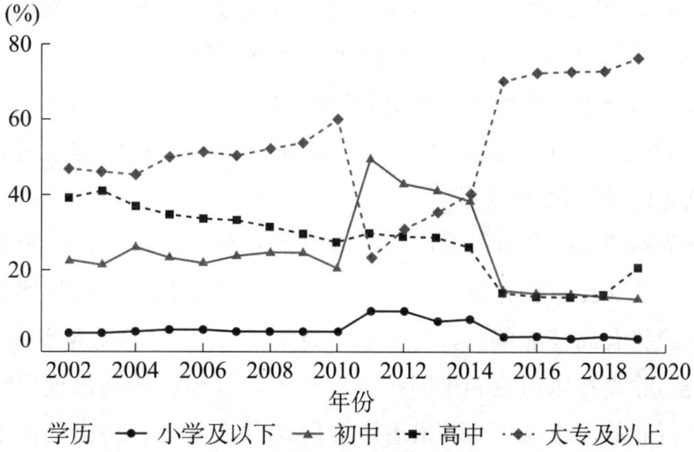

图 13－6　2002—2019 年信息传输、计算机和软件业的劳动力学历分布趋势

资料来源：2003—2020 年的《中国劳动统计年鉴》。

综上所述，从学历变化上看，制造业行业呈现微弱的极化趋势，信息传输、计算机和软件业存在明显的极化现象，而且在 2010 年后，可能存在技能需求逆转现象。

二、制造业行业水平的就业结构

我们将制造业分为高技术行业、中高技术行业、中低技术行业和低技术行业①，

① 高技术行业包括医药制造业，专用设备制造业，通信设备、计算机及其他电子设备制造业，仪器仪表及文化、办公用机械制造业；中高技术行业包括化学原料及化学制品制造业、通用设备制造业、交通运输设备制造业、电气机械及器材制造业；中低技术行业包括煤炭开采和洗选业，石油和天然气开采业，黑色金属矿采选业，有色金属矿采选业，非金属矿采选业，石油加工、炼焦及核燃料加工业，橡胶制品业，塑料制品业，非金属矿物制品业，黑色金属冶炼及压延加工业，有色金属冶炼及压延加工业，金属制品业；低技术行业包括食品制造业，饮料制造业，烟草制品业，纺织业，纺织服装、鞋、帽制造业，皮革、毛皮、羽毛（绒）及其制品业，木材加工及木、竹、藤、棕、草制品业，家具制造业，造纸及纸制品业，印刷和记录媒介复制业，文教体育用品制造业，化学纤维制造业，电力、热力的生产和供应业，燃气生产和供应业。

分别考察工业行业劳动力的就业情况，见图 13-7 和图 13-8。

图 13-7 为 1999—2009 年、2009—2019 年、1999—2019 年制造业分类行业的就业增长。如图所示，1999—2009 年、2009—2019 年各行业的就业增长率呈现两端高、中间低的 U 形，而且时间跨度越长，趋势越明显。从行业内部来看，1999—2009 年四类行业的就业呈 U 形增长趋势，就业增长的极化现象明显，高技术行业的就业增长幅度为 181.26%，低技术行业的就业增长幅度为 109.81%，中高技术行业和中低技术行业的就业增长幅度分别为 104.63%和 77.15%。2009—2019 年四类行业的就业增长率大幅下降，除高技术行业外，其他三类行业均出现了劳动力就业的负增长，中低技术行业的下降幅度最大，为−20.84%，低技术行业次之，为−17.50%。图 13-8 为 1999—2009 年、2009—2019 年、1999—2019 年制造业分类行业的就业比重变化。1999—2009 年高技术行业和低技术行业的就业比重分别增加了 4.08%和 0.73%，而中低技术行业的就业比重下降了−4.79%；2009—2019 年高技术行业和中高技术行业的就业比重分别增加了 4.75%和 1.67%，中低技术行业和低技术行业的就业比重分别下降了 3.78%和 2.64%。从整体上看，1999—2019 年各行业的就业比重变化呈 U 形。

由图 13-7 和图 13-8 可以看出：①从形状上看，2009—2019 年制造业分类行业的就业增长和就业比重变化呈 U 形，高技术行业和低技术行业的增长幅度相对较大；尽管就业趋势有高技能偏向，但 2009—2019 年各行业的就业增长仍近似 U 形，只是增速放缓。除高技术行业和中高技术行业外，其他行业均出现负增长，这可能是由于高技术行业的需求减少，其沿着职业阶梯向下运动，挤出低技术行业劳动力就业，进而影响了整个工业就业结构。综上所述，我国工业就业结构有明显的极化现象，同时技能需求逆转的现象有待进一步研究。②从周期上看，时间跨度越长，

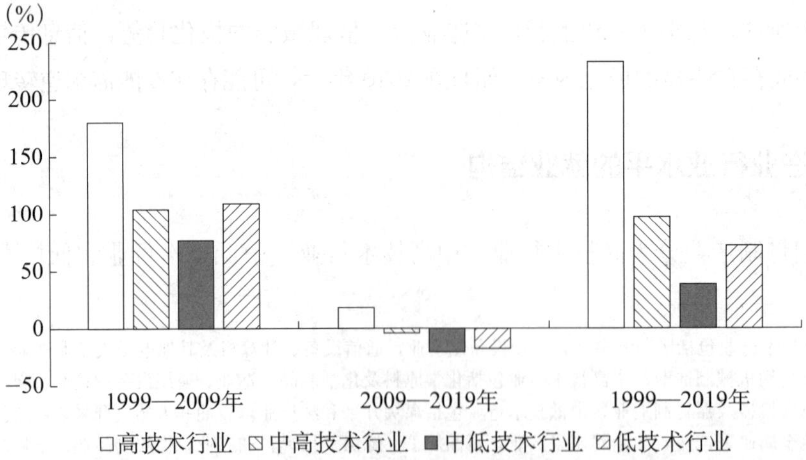

图 13-7　1999—2009 年、2009—2019 年、1999—2019 年制造业分类行业的就业增长

资料来源：相关年度的《中国统计年鉴》。

劳动力市场的就业结构变化越明显。特别是 2009—2019 年整个分类行业的就业增长放缓，其中低技术行业和中低技术行业的降幅尤为明显。在就业比重上，2009—2019 年高技术行业和低技术行业的就业比重变化幅度减少。

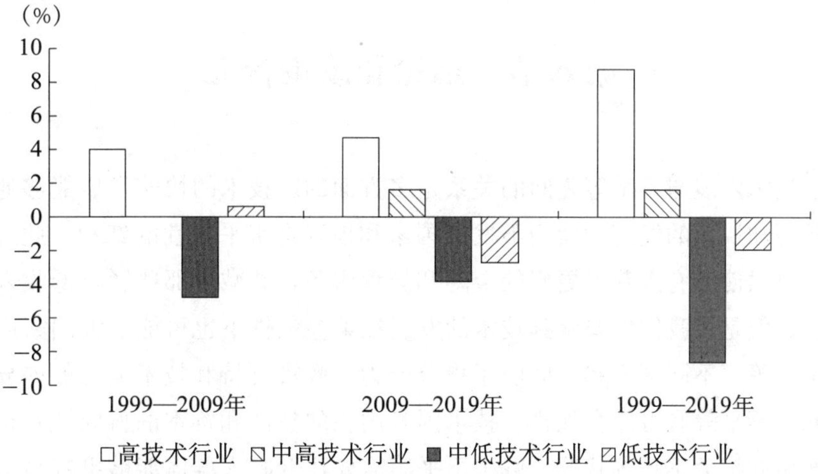

图 13-8 1999—2009 年、2009—2019 年、1999—2019 年制造业分类行业的就业比重变化

资料来源：相关年度的《中国统计年鉴》。

三、制造业工资水平的就业结构

制造业的工资变化也存在明显的极化趋势。图 13-9 中的横坐标表示在起始年份工业各细分行业按照从小到大的顺序排列的平均工资指数，纵坐标为 1999—2019 年的实际工资增长率，工资增长率呈 U 形。

结合以上分析，我们认为中国劳动力市场存在就业和工资的极化现象，而且这一现象在 20 世纪 90 年代末开始出现，在 2008 年左右整个劳动力市场开始有明显的

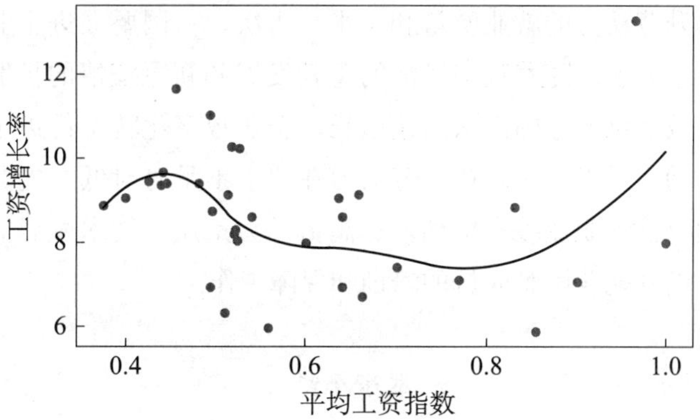

图 13-9 1999—2019 年工业各细分行业的实际工资变化趋势

资料来源：相关年度的《中国劳动统计年鉴》。

极化现象，从2010年开始，高科技行业和高工资行业可能出现了技能需求逆转现象。目前，中国的劳动力市场已有较明显的极化现象，而且技能需求逆转现象开始出现；随着技术的进一步发展，该趋势可能越来越明显。

第八节　结论和政策含义

数字技术发展与不平等之间的关系是多方面的。技术的快速发展能够通过生产模式的转型和快速的经济发展为不发达国家和地区带来平等性的红利。此外，信息通信技术可以使所有人获得更好的金融和教育服务，并减少那些影响低收入人群的负面因素。但是，我们也要看到技术的发展在某些条件下也可能扩大国家内部和区域间的不平等。不同国家和地区由于投资能力、政策支持和技术能力的差异，国家和区域间的不平等有可能会加剧。技术因其内在的技能和资本的偏向性，也会导致寻租的产生并扩大不平等状况。减少不平等需要让低收入群体能够更容易地获得技术所带来的好处，而这需要更广泛的信息通信技术基础设施和相关技能的获取。这些条件的缺失也会恶化不平等的现状。

对于不同国家来说，技术发展对不平等的影响存在差异。例如，发展中国家需要通过增加技术能力来带动经济增长。在这一过程中，一方面国家需要增强技术能力，另一方面要保证技术进步不会恶化国内的不平等状况。首先，需要加强信息通信基础设施建设。一国要保证信息通信基础设施（特别是宽带互联网）的接入能够可靠和经济实惠。缺乏这类基础设施，就无法缩减存在的区域间的数字化和收入差异。其次，一国要加强政府就业政策引导，完善就业服务。技术的发展会带来劳动力市场就业和收入分配的结构性变动。一国在制定政策时应科学、系统地评估和平衡其对劳动力市场的影响，将扩大就业的政策与科技创新、产业发展和数字化转型等相结合，以提升劳动力的就业质量和水平。再次，一国要促进企业加快数字化转型，同时扩大人才需求。随着数字经济的蓬勃发展和新冠疫情的扩散，企业数字化转型加快，其对数字化人才的需求迅速增长。企业数字化转型促进了高技能人才向数字化岗位的流动，可以缓解高技能劳动力在需求不足时对低技能劳动力的挤出效应。最后，一国要推动职业教育培训，提高劳动力素质。技术发展应加大对失业群体的帮扶力度，做好就业困难人员的培训和保障工作。

本章小结

数字经济正在迅速改变世界各国的经济面貌，特别是对市场结构、企业行为和劳动力市场产生了深远的影响。这些影响正在逐渐加剧财富和收入的不平等。

数字技术的发展改变了已有的商业模式和企业竞争方式。技术的溢出发生了变化，导致生产力的增长通常发生在那些处于技术前沿的领先企业。企业间竞争的减弱也导致技术创新和创新溢出减弱，并进一步减弱了整体生产力的增长。

数字技术的发展给劳动力市场带来了显著的影响。技术进步导致劳动收入的份额下滑、收入差距加大。此外，技术进步也导致劳动力市场需求发生了变化。劳动力市场的极化和技能错配是理解收入差距的重要因素。

数字经济的发展也导致了区域间发展的不平衡。创新和知识的溢出是影响区域不平等的关键因素，而信息通信基础设施建设会影响区域间的创新和知识溢出。

练习题

1. 简要讨论数字技术发展对于市场结构的影响，以及其如何影响收入不平等。
2. 什么是劳动力市场极化？极化有哪些特点？

政策篇

第十四章

数字经济与税收及货币政策

教学目标

1. 重点理解数字经济的发展对国际及国内税收体系提出的挑战
2. 了解数字经济税收挑战的国际解决方案
3. 了解面对数字经济的税收挑战，我国需要采取的措施
4. 重点掌握非银行支付、数字人民币的概念和内容
5. 理解数字金融发展对央行的货币发行及货币政策产生的影响

导入案例

2015 年 10 月，经济合作与发展组织（OECD）和 G20 推出了“税基侵蚀和利润转移项目”，明确分析了数字经济的运行特点及其对国际税收的挑战。此后，OECD 受 G20 的委托，成立了专门的机构进行研讨，探索问题的解决方案。2019 年，OECD 首次提出“双支柱”方案设计框架，而后经过各国曲折艰辛的谈判，在 2021 年有 137 个国家和地区就“双支柱”方案达成共识，并计划于 2023 年开始实施。与此同时，因为非银行支付行业的迅速发展以及民间数字加密货币的活跃，各国政府开始探讨新型中央银行货币“央行数字货币”的发行。到 2023 年，中国的数字人民币、新加坡的 Ubin 项目、瑞典的 e-krona 项目等已经开始了试点工作，包括美国、日本、印度、英国在内的许多大型经济体已明确公布了央行数字货币的研发计划。作为政府宏观调控的重要手段，财政政策和货币政策已受到了数字经济发展带来的全面挑战。了解上述挑战带来的影响以及应对之策，是摆在各国政府及国际组织面前迫在眉睫的任务。

第一节　数字经济对税收体系的挑战

在数字经济中，生产活动的组织方式、价值创造方式及商业模式发生着持续的

变化，这使得基于传统工业社会构建的税收体系面临着各种挑战。本节从国际税收的角度出发，介绍和分析受到广泛关注的由跨国公司的税基侵蚀和利润转移行为引发的国际税收公平问题，以及数字经济新业态的快速发展对国内税收体系的挑战。

一、跨国公司的税基侵蚀和利润转移行为对国际税收体系的影响

（一）税基侵蚀和利润转移

税基侵蚀和利润转移的英文是 base erosion and profit shifting（BEPS）。按照经济合作与发展组织（OECD）的定义，税基侵蚀和利润转移是指跨国公司利用不同国家和地区的税制中存在的漏洞及空白进行税收筹划，从而人为减少应纳税所得或者将利润转移至没有（或者几乎没有）经济活动的低税率地区的行为。

【资料专栏 14.1】

“双层爱尔兰夹荷兰三明治” 避税技法

“双层爱尔兰夹荷兰三明治”是由苹果公司于 20 世纪 80 年代在全球初露头角时期推出的一款避税工具，全称为“double Irish with a Dutch sandwich”，其财务目标是最大限度地降低苹果公司的海外业务的税务成本。

苹果公司的具体做法是：第一步，苹果公司在爱尔兰投资设立两家公司 A 和 B，选择爱尔兰的原因是爱尔兰在欧盟中的公司所得税税率最低。另外，苹果公司在荷兰设立一个“壳”公司 H。然而，这些公司的控股股东不是在美国加州的苹果总部，而是在英属维尔京群岛注册的 W 公司。英属维尔京群岛的税法规定，当地注册的公司从海外获得的利润无须缴纳公司所得税。第二步，苹果公司把在美国加州总部研发的专利或其他产品等无形资产的使用权转到爱尔兰的 A 公司，A 公司的海外业务盈利按照爱尔兰 12.5%的公司所得税税率交税，而非美国 35%的法定税率。然后，A 公司将其从美国苹果总部获得的无形资产授权给爱尔兰的另一家公司 B。A 公司负责收取授权费，B 公司负责收取苹果公司海外销售的业务收入，成本在它们之间互相转移。由于爱尔兰与欧洲多国签有协议，爱尔兰不向该国公司从荷兰等国取得的收入征税。因此，B 公司取得的海外销售收入首先记录在其设立在荷兰的“壳”公司 C 的账上，C 公司将一些必要的开销转移到爱尔兰的 B 公司，相关利润则转移到在英属维尔京群岛纳税的 W 公司。如此一来，由于大部分业务和利润貌似都产生于爱尔兰之外，因而苹果公司原本可以在爱尔兰缴纳的“低公司所得税”也能省掉。

自苹果公司发明了“双层爱尔兰夹荷兰三明治”模式后，众多著名的跨国公司

（特别是美国的谷歌、亚马逊、脸谱、微软等互联网巨头）纷纷效仿。有资料显示，在 2010 年前后，该模式让美国的跨国公司每年成功规避的税额在 1 000 亿美元左右。

普遍的跨国公司税基侵蚀和利润转移行为造成了税收不公平现象。首先，造成了国际税收不公平。跨国公司倾向于在税率低的国家设立实体企业，但其经营范围往往是跨境的，这造成企业的居民国和市场国之间的税收不公平。其次，造成了企业间的税收不公平。只在某地登记且经营的公司需要按照该地的税法规定交税，但跨国公司获得了较低的实际税率，形成了不公平的税负环境。

（二）数字经济发展对税基侵蚀和利润转移产生的影响

数字经济（特别是平台经济）的虚拟化、网络化及无时空阻隔的特征改变了企业价值创造的方式，冲击了基于传统经济形态而建立的常设机构认定规则、收入定性规则以及转让定价规则等现行国际税收规则体系，给予大型数字平台更多的合法避税的手段。

1. 常设机构物理化存在的模糊

常设机构作为一个传统国际税制中的地理概念，主要是为了界定主权国家的属地管辖权，用以维护一国的税收权益，这是跨国公司是否作为非居民纳税人进行纳税的依据。一方面，常设机构是衡量应纳税所得的必要条件；另一方面，常设机构还是征税的前提条件，只有归属于常设机构的所得才可被征税。对于数字化运营的跨国公司，从技术上说，无论它把经营地点选择在哪里，都可以提供全球服务和运营，其商业模式不再受地理位置的约束，诸如合同签订、业务往来、服务提供、资金收付都可以通过远程数字技术进行，不再依赖于物理存在的经营场所和线下的接触。

在这种情况下，跨国公司就可以选择在税制对自己有利的市场上设立机构，并且只需按照较低的税率纳税。例如，公司可以把基础设施放在远离市场的地方并远程向该市场销售服务，同时也可以用最少的人力在当地开展大量业务活动，以便人为分割商业实体运作，从而实现 BEPS 避税。

在上述情况下，常设机构所在的居民国和实际开展业务的市场国之间就会存在税收的不公平，造成市场国的税源流向居民国。谷歌、脸谱、亚马逊、苹果等公司在欧洲开展业务时，就采取了在爱尔兰、荷兰等所得税较低的国家设立法人企业，但大部分的实际业务却发生在法国、英国这些经济体量更大的国家。

2. 经济活动发生地与价值创造地界定的困难

企业实现的利润在经济活动发生地和价值创造地被征税是合理税制的一个基本

特征，但在数字经济下，经济活动发生地与价值创造地的界定变得日益困难。传统的经济理论认为：供给方是价值的创造主体，因而应基于供给方的成本与收益核定税基，也就是在价值创造地和利润实现地进行征税是固有之意。但在数字经济下，生产活动的组织方式发生了变化，多个地区的不同部门、机构协同完成一项工作成为常态，而公司注册地与核心生产活动发生地不一致的情况非常多见。此外，在数字经济下，除生产方以外，消费者在价值创造和利润实现过程中也发挥着重要作用。

（1）网络效应与价值创造。在平台提供的服务中存在着广泛的网络效应，企业所提供的产品和服务的价值与用户人数及用户活跃度紧密相关。根据梅特卡夫法则，我们知道网络价值与网络节点的平方成正比。在这个意义上，消费者加入网络后，他在网络平台上的行为本身就参与了价值创造。在平台型企业的估值中，用户数量以及用户黏性成为重要财务分析指标的原因就在于此。在各类平台上，用户使用平台软件就会生成数字化内容，其持续的使用行为深度介入了该平台的建设，而平台生态内用户间复杂的网络外部性也成为该平台超额利润的来源。以传统行业的价值链分析来看，软件产品的品牌建设、研发、推广、升级、售后服务等一整条价值链是以企业为核心开展的，因而企业是核心价值的创造者。但在互联网时代到来后，用户通过使用软件并发布内容所创造的价值，对于社交、直播、短视频等网络软件的成败至关重要，用户在价值创造中所起的作用不再是辅助性的，而是成为其中的核心力量。

（2）产销合一与价值创造。很早就有人提出了产消者（prosumer[①]）的概念。产消者是指参与生产活动的用户在消费的同时也参与生产、参与价值的创造过程，也就是充当了生产者和消费者的两重角色。产销合一可以从两个维度来理解：第一，消费的过程就是产品或服务的生产过程。比如线上多人游戏平台，游戏者玩游戏的行为本身构成了向其他游戏者提供服务的一部分；在自媒体平台，编辑信息、阅读、点赞、转发等消费行为丰富了平台内容，可以提高其他消费者获得信息的内容和质量；在电子商务平台，买家的购买行为和评价行为是平台建立声誉机制的重要构成部分，而有效的声誉机制是平台服务质量的一个要素。第二，消费者是数据资源创造的重要主体。数据资源、数据要素的概念已经深入人心，而消费者所有行为的信息都会留在平台上，是平台形成数据资产的最重要信息来源。如果认为数据是一种生产要素，那么数据价值及其收入的归属也成为与税收密切相关的新问题。

3. 数字经济赋予了跨国公司整合其全球业务价值链更大的空间

在过去，跨国公司通常在每一个开展业务的国家和地区设立子公司，但不够便

---

① 未来学家阿尔文·托夫勒（Toffler）在其《第三次浪潮》中首次提出 prosumer 一词，并将那些为了自己使用或者自我满足而不是为了销售或者交换而创造产品、服务或者经验的人命名为产消者。2006 年，阿尔文·托夫勒又在《财富的革命》一书中提出产消合一经济。

捷的通信、不同的外汇兑换规则、关税以及相对较高的运输成本等多种因素导致全球供应链难以运作。近年来，随着数字技术的不断进步、关税壁垒的降低以及数字产品和服务型经济的发展等，使得跨国公司可以在更大的地域或全球层面实行功能集中式经营，同时全球商业模式的运营变得更容易。即使中小企业也有可能成为在不同国家和区域经营业务并拥有工作人员的微型跨国公司。这些变化使得税收筹划更加容易。

此外，数字经济的一个特点是无形资产（如软件、专利、模型、数据、算法等）在生产过程中发挥着重要的作用。无形资产具有高度的流动性及估值的灵活性，更容易远距离投入使用，因此它很容易成为跨国公司内部进行价值、成本转移以及利润操控的手段。

综上所述，虽然税基侵蚀和利润转移问题是一个传统的问题，但在数字经济的背景下，这个问题被放大了。因此，如何应对这一挑战，构建更加公平的税收制度，这是摆在国际社会面前的重要议题。

二、数字经济新业态对国内税收体系的挑战

我国的数字经济规模仅次于美国，居全球第二，特别是在面向个人和家庭的消费互联网领域，数字平台的规模之大及形式之多受到了全球瞩目。电子商务、线上社交、网络直播、短视频、本地生活、线上会议等新业态层出不穷，涉及几乎每一个人生活的方方面面。这些数字经济新业态都具有跨地区即时交易、高度依赖数据类无形资产、“平台-个人”的生产组织方式等特点，而这些特点给我国现行税收体系带来了诸多挑战

（一）税基侵蚀及税基估值困难

1. 税基侵蚀

在国内，与上述国际情况相同，在高度数字化的商业模式下，企业的税收筹划出现了新形态，这不仅造成了政府税收收入的流失，而且造成了不公平的企业税收环境，导致不同类别企业间的不公平税收待遇。

在数字经济新业态存在的各种税基侵蚀中，最受关注的是数据的价值被忽视或低估而导致的税收减少。例如，在网络社交和短视频领域，平台吸引大量个人用户免费进入，而进入者越多，个人用户和社交平台的获益越多。数字企业搜集、存储、使用这些用户数据并通过算法将其处理为更加结构化且价值更高的数据，再销售给广告商，使数据价值变现。用户数量和数据帮助数字企业创造了大量收入及利润，但数字企业却无须纳税，从而造成了税收侵蚀。

在数字经济新业态中，自然人和小微企业依附平台成为经营主体。在增值税方

面，如果小规模纳税人的月销售额未超过 15 万元，可以享受免征增值税政策。但由于许多小规模纳税人在多个平台上经营，这样就会出现其经营总额远超过 15 万元，应按照税法规定缴纳增值税的问题。在个人所得税方面，劳务报酬和工资、薪金所得同样存在免征额的问题，个人所得税的征缴方法主要依赖发放机构的代扣代缴。如果个人在多个平台上经营，就会存在税收流失的情况。

2. 税基估值困难

对数字经济规模的核算是税基估值的基础，但由于数字经济的价值创造具有不确定性且利用传统核算体系无法对其进行准确度量，因而对税基估值也会面临新的难题。

数据资产具有虚拟性、零成本复制性、边际成本低等特点，因而能否对数据资产课税、哪些数据资产能被课税以及如何确定数据资产的价值，就成为对数据资产课税的难题。例如，在平台经济下，用户通过提供数据或内容的方式参与企业价值创造，那么根据经济学理论应对该价值课税，但囿于技术上难以精准计算非货币性经济权益以及海量用户所产生的征税成本极高等困境，难以在实践中进行课税。

此外，由于需求方规模经济的存在，规模报酬递增带来的“免费”商业模式导致产品生产和服务提供过程以及居民的最终消费被忽略或被严重低估，进而会影响税基大小。然而，这些在现行税收体制下是难以被捕捉的。

（二）税收分享体制的平衡受到挑战

中央与地方的分税制是目前我国税收分享体制的基础，增值税和企业所得税均是中央和地方分享税种，它们在什么地方征收，往往会影响到地方政府的财政收入。与前述国家间税收权利分配类似，地区间的税收管辖权也是按照企业登记注册地进行确定的。目前，国内数字平台的实体大多设在中心城市和发达地区，但面向全国提供服务，因而归地方政府的税收收入也流向了这些地区。此外，中国各地区间存在招商引资、发展地区经济的激烈竞争，通常会制定地方性的税收优惠和补贴政策。数字平台可以在物理空间的政策差异中进行套利，因而数字经济的快速发展加剧了我国税源的跨区域转移，导致地区间财力的不平衡。

（三）税收征管困难

传统的税收征管方式通常以物理存在为基础进行构建，依赖纳税人的线下交易进行管理。数字经济新业态所具有的无形性和虚拟性等特征，使得税收征管难以监测到产品流转的纳税主体。与此同时，即使找到了纳税主体，税务机关可能也无法通过有效的方式对纳税人的真实身份和位置进行识别，导致税收征管的申报和缴纳程序都无从下手。

此外，由于线上交易的便捷性和数据化，其经营方式灵活多样，因而税务机关获取经营信息的难度加大。即使税务机关可以从第三方平台获取交易信息，但一般只能看到交易对象和交易金额，而适用何种税率及如何征收仍是税务机关面临的难题。因此，从整体上说，税务机关对数字经济新业态的经营主体进行税务稽查的难度与成本都有所提高。

第二节　应对数字经济税收挑战的对策

一、应对数字经济税收挑战的国际方案

如前所述，数字经济对现行国际税法领域中传统常设机构的认定与利润归属规则提出了挑战，造成了价值创造地与税收征管地错位的问题，影响到国际税收的公平性。自 2010 年以来，全球许多国家及国际组织致力于解决数字经济引发的税收挑战问题。从目前来看，大致形成了单边措施、双边措施与多边措施三类解决方案。

（一）单边征收的数字服务税方案

数字服务税是一国政府向提供搜索引擎、在线广告、数据销售、社交媒体等数字服务且达到一定收入门槛的大型企业征收的税款。数字服务税的税基一般是企业通过数字服务在当地市场获得的总收入，税率一般为 2%～3%，见表 14-1。

表 14-1　一些国家数字服务税的征收情况

国家	开征时间	税率	征收对象
日本	2015 年	8%	年收入超过 1 000 万日元的数字服务企业
新西兰	2016 年	15%	年销售收入达到 6 万新元的数字销售商
澳大利亚	2017 年	10%	进口的数字产品
英国	2018 年	2%	全球销售额超过 5 亿英镑且至少有 2 500 万英镑来自英国用户的科技公司
法国	2019 年	3%	全球每年服务收入超过 7.5 亿欧元和法国国内收入超过 2 500 万欧元的科技公司

日本、新西兰、法国和英国的数字服务税都设定了企业销售收入的规模下限，因而从结果来看，它们的征税对象主要是美国的跨国大型数字平台。由于这个原因，在法国和英国征收数字服务税以后，美国采取了反制措施。

一个国家单独征收数字服务税的单边解决方案具有过渡性的特点，在全球性数字经济的税收框架达成后，就会停止使用。

【实例分析 14.2】

法国的“GAFA 税”

一直以来，法国、英国、德国等一些欧洲国家对谷歌、脸谱、亚马逊等数字平台在爱尔兰等低税区设子公司避税的做法感到非常不满，因为这些公司在像法国这样拥有大量销售额的国家几乎不缴税。据欧盟委员会估算，经营传统业务的公司支付的平均有效税率为23%，而数字公司支付的平均有效税率仅为9.5%。

虽然欧盟内部就征收数字服务税的问题进行过多次磋商，但因为英、法两国的科技巨头很少，所以它们一直是数字服务税的强烈支持者，但由于爱尔兰、瑞典、丹麦等低税率国家的反对，迟迟未能就欧盟层面广泛的数字服务税达成一致。因此，英国和法国先后决定在达成广泛的国际共识之前，采取临时措施在国内对科技公司征税。

继2018年10月英国政府宣布将向跨国巨头征收2%的数字服务税后，2019年法国国民议会也通过了一项名为“GAFA”[①] 的税法。根据该税法，法国将面向全球年营业额超过7.5亿欧元（约合8.44亿美元）、在法营业额超过2 500万欧元的数字公司，对它们的数字服务营业额（包括广告收入、平台佣金、个人数据转售的收入）征收3%的数字服务税，并追缴至2019年1月1日，受到该税法影响的公司有30多家。

然而，在法国的这一法案通过后，很快受到美国的反制。美国政府以“法国不公平对待美国企业”为由，于2019年7月对法国的数字服务税发起“301调查”。2019年12月，美国贸易代表办公室公布“301调查”结果称，法国的数字服务税“歧视美国公司，与国际税收政策的现行原则相抵触，并且对受影响的美国公司造成异常沉重的负担”，同时建议美国对输美的法国产品加征关税作为报复。

（二）双边协商的联合国税收协定范本

针对跨境自动化数字服务（automated digital service，ADS）无法被现有的税收制度规定所覆盖的问题，2021年4月联合国批准了《关于发达国家与发展中国家间双重征税的协定范本》（以下简称《联合国范本》）新增的第12B条及其注释。该方案以现行税收协定为基础，新增了“自动化数字服务收入”作为来源国的税基，而且这种征税权不需要以收入的受益方在来源国设立常设机构或固定基地为前提。

《联合国范本》中修改的内容赋予了收入来源国对境外自动化数字服务征收预提税的征税权，自动化数字服务主要包括在线广告服务、在线搜索引擎、在线中介平台服务及社交媒体平台等，它允许纳税人在对总收入或是合格利润进行征税两种不

① GAFA是美国的谷歌（Google）、苹果（Apple）、脸谱（Facebook）、亚马逊（Amazon）四个数字平台巨头名称的缩写。

同征税方式中选择其一。按总收入征税的税率应依照来源国国内税法规定的税率征税，但这种征税方式规定了最高限额，该最高限额由缔约国双方谈判确定。如果按合格利润征税，来源国可以对合格利润依照该国国内税法规定的税率征税。在数字服务费来源地的确定上，《联合国范本》的规则较为简单，即只要是由该国居民支付或是由设立在该缔约国的常设机构和固定基地承担，就视为产生于该缔约国。

（三）多边磋商的 OECD “双支柱” 方案

为了应对经济数字化的税收挑战，避免税基侵蚀和利润转移造成的不公平竞争进一步加剧，经济合作与发展组织（OECD）多年来致力于通过多边磋商达成全球共识的解决方案。2021 年 10 月，OECD 的 136 个成员就国际税收制度重大改革达成共识，OECD 提出的“双支柱”方案也基本设计完成，预计 2023 年开始实施。

OECD 的“双支柱”方案包含“支柱一”及“支柱二”。“支柱一”的重点是按照统一方法解决全球征税权的重新分配问题，借此扩大市场国的税收管辖权。“支柱二”的重点是设置了“全球最低税”规则，该规则将为大型跨国公司设定全球最低有效税率，以防止跨国公司为实现更有利的税收结果而选择在低税地开展商业活动的行为。目前，OECD 拟定的全球最低税税率为 15%。

上述三类不同解决方案的共性为：它们都承认数字经济中不依赖于物理地点的虚拟实体的存在以及用户参与了价值创造，致力于解决价值创造与税源征收不匹配的问题。它们的差别在于：单边措施的相对难度较低，但会形成复杂的国际纠纷；双边措施虽然比多边措施更加现实，但会造成碎片化的国际税收体制，并不利于数字经济的全球化发展。因此，通过多边磋商达成全球化的共识框架将是解决数字经济税收挑战的最终方向。

二、数字经济税收挑战的国内应对措施

对于解决数字经济引发的相关税收问题，我国在短期应遵循“逐步完善税制、强化税收征管、科学划分归属”的原则，逐步加以应对；在长期，我国应致力于适应数字经济的税制进化。

（一）逐步完善税制

在增值税方面，我国应进一步简化税制，减少税目和税率的种类设定，适应多行业融合发展的新趋势。在个人所得税方面，我国应按照简税制、宽税基、提高直接税比重的税制改革方向，积极探索将个人经营所得纳入综合所得，化解当前经营所得与劳务报酬所得在实际划分时的复杂性，强化劳务报酬所得的代扣代缴，并适当改革扣缴方式，使之与灵活就业人员数量多、单笔金额小的特点更加契合。

与此同时，我国需要根据数字经济的特点研究数据资产的征税制度，即以数据为征税对象，以数据的财产价值为税基构建财产税体系。我们可以适时建立全国性的数据交易市场，实现数据交易的公开化和市场化，使税务部门了解数据资产交易的真实价格，进而获得可参照的公允市场价格，这是对数据资产征税的前提。

（二）加强税收征管

我国应依法确定数字平台以及自然人的法律义务，统筹界定各类数字平台以及自然人的权利与义务；制定与数字经济业态相适宜的法律规范，出台系统化的数字经济税收法案，对数字经济涉税问题加以明确和细化。与此同时，我们要清晰界定税务机关对涉税数据采集和利用的权责以及获取第三方数据的法律依据，实现对在多平台上经营的各类纳税主体的有效精准监管。

我国应建立适应经济新业态的税务登记制度，坚持以纳税人、缴费人为中心的征管改革思想，在对待“平台＋个人”交易模式的思路上，应选择让市场管理规范适应经济新业态，而不是让经济新业态适应市场管理规范。与此同时，我国应推进以身份证号码为基础的自然人税收主体建设，实现税收征管体系在自然人注册登记后即可实时税务登记的全覆盖，以达到对市场主体干扰最小化、监管效能最大化、基层减负最大化的目标。

我国应探索数字平台代扣代缴及向税务机关定时申报特定信息的制度。数字平台作为“看门人”和中介服务商，拥有最全面实时的交易、经营信息，税务机关可研究制定相关规定，要求数字平台的经营者履行代扣代缴相关税费的义务，履行对平台内经营者的信息收集、核验、申报等义务，并定期向税务机关提供平台内经营者的涉税信息。

我国应设立专门的数字经济税收管理部门，增强税务机关对数字经济的税收征管能力。针对数字经济企业跨区域经营的特点，税务机关可以在现有组织架构和征管模式上进行适当调整改革，设立全国性的数字经济税收管理部门，对跨区域经营的数字经济企业进行税收征管，统一规划、部署全国税务系统有关数字经济税收征管的制度和规范。

（三）科学划分税收归属

在数字经济的背景下，要解决税收收入与税源相背离的问题，有两种解决思路：

第一，在保持现行税收分配方案的前提下，改进财政分配机制，进行地区间的二次分配。在销售及消费行为发生地对企业登记注册地产生税收溢出时，可采取财政转移支付的方式，将各地区网上零售额和消费额的差值、平台集中度等作为重要参考指标，进行合理计算，最终确定中央财政向消费地专项转移支付的额度，并合理分配各地区之间的税收权益。这种分配方法由中央统一征收所有与数字经济相关的税收，然后采用转移支付的方法将税收收入在各地区之间进行二次分配，可以避免在数字经济背景下各地区政府间的横向财政失衡问题。

第二，改进现行的税收分配机制。若按照消费地原则征收增值税，平台在申报时可以按一定比例预扣一部分增值税给消费者所在地，对于平台上的自然人经营者，其所扣缴的个人所得税也可自动划给自然人所在地。

（四）税制进化

伴随着经济形态的变化，最优税制处于动态的调整中。在从农业社会向工业社会的转换中，增值税全面代替流转税就是一种税制进化，是为了解决流转税在工业经济时代因分工不断深化导致的重复征税及扭曲的问题。在工业文明向数字文明的演化中，增值税也相应暴露出一些缺陷。

第一，要素投入及产品服务的高度分散化、流动性和无形性，致使抵扣项的核算变得尤为困难，而增值税的纳税遵从成本和征管成本变得极为高昂。

第二，各地区的税收优惠政策造成了“上游减税、下游吃亏”的局面，不利于真正发挥数字经济新业态发展扶持政策的效果。因为上游的税收优惠政策降低了下游企业的成本，致使其缴纳更多的增值税甚至所得税。

第三，基于数字形态的无形资产在企业的成本中占据相当的比重，其现实中的“进项抵扣”操作难度大，可能导致相关企业不合理的税负加重。

鉴于上述情况，很多发达国家已经全面转向以消费税替代增值税。推动数字经济发展是《中华人民共和国国民经济和社会发展第十四个五年规划和2035年远景目标纲要》的重要部分，而适应经济形态变化、进行相应的税制优化也是管理部门需要考虑的。

第三节　数字金融发展背景下的货币及支付体系创新

中央银行的货币发行和基于商业银行账户的支付清算是法币体系运行的基础，也是一个国家制定和实施货币政策的根基。自20世纪90年代开始，以互联网、智能手机、云计算、区块链等为代表的数字技术不断被应用到金融领域，推动了金融科技创新和数字金融的发展，而货币和支付体系是最先受到冲击且连续发生变革的领域。下面从非银行支付行业的迅速发展、非主权货币的发行创新及央行数字货币发行三个方面，介绍数字金融发展背景下的货币及支付体系创新。

一、非银行支付行业的迅速发展

在电子商务出现后，传统的银行支付体系难以提供与远程、线上的即时交易相匹配的支付工具。为适应这一新的交易场景需求，美国出现了 PayPal、中国出现了支付宝，它们是专为电子商务交易提供第三方担保网络支付的新型支付机构。此后，随着国内及跨境电子商务的蓬勃发展，这些支付机构的用户数量、交易规模不断攀升，成为银行支付之外的另一个重要力量。

进入 21 世纪后，智能手机和移动互联网迅速普及，众多具有科技背景的机构又纷纷进入支付领域提供方便、快捷的手机支付服务。这些机构不仅提供电子钱包、账户开立、远程/近场支付等服务，并且开创了 NFC 接触性支付、条码支付、刷脸支付、App 内支付等形式多样的支付方式，极大地满足了日常生活中小额、高频的支付需求。美国的苹果支付和 Stripe、印度的 Paytm、中国的微信支付等都是在这个时期快速发展起来的。由金融科技机构主导的移动支付开始普及后，非银行支付不仅表现出对现金支付的高替代性，而且也进入了原先由商业银行主导的 POS 支付和 ATM 支付领域，成为支付体系中的重要构成部分。

（一）中国的第三方支付行业

在中国，非银行支付被称为第三方支付。中国是全球非银行支付行业中发展最快、普及率最高的国家，特别是自 2011 年基于智能手机的条码支付被发明以来，微信支付和支付宝支付几乎成为在任何场景都可以使用的消费购物、缴费、转账工具，并且全球范围的个人用户数量在 2022 年已超过 10 亿人。从图 14－1 可以看到，在 2013 年中国移动支付开始普及后，第三方支付的交易金额增速一直远高于银行卡交易；到了 2021 年，第三方支付金额已达到银行卡交易金额的 35%，成为中国零售支付体系中不可缺少的一个构成部分。

与其他国家相比，中国的第三方支付有以下特点：第一，主流支付机构的母公司基本是大型数字平台，早期的获客和业务主要依托母公司的平台生态。例如，支付宝脱胎于阿里电商平台，微信支付依托与微信开展业务。第二，移动支付市场渗透率极高，基本进入了无现金社会。中国的移动支付开创了全新的条码支付方式，这不同于在美国占主流的非接触支付（NFC），它对硬件的要求少、进入门槛低，非常容易在农村等经济落后地区普及。第三，市场集中度较高。与美国、印度、日本等国不同，虽然中国开展支付业务的第三方支付机构的数量很多，但支付宝和微信支付占据了非银行支付 90%以上的市场份额。第四，在支付业务之外提供小额信贷服务以及理财等其他金融服务。因此，第三方支付服务商也是一个提供多项金融服务的金融科技机构。

（二）与传统银行支付相比，非银行支付的特点

从全球来看，与银行支付相比，非银行支付普遍具有以下特点：首先，非银行支付的便捷性和清算效率高于银行支付。在很多国家，非银行支付的服务手续费也

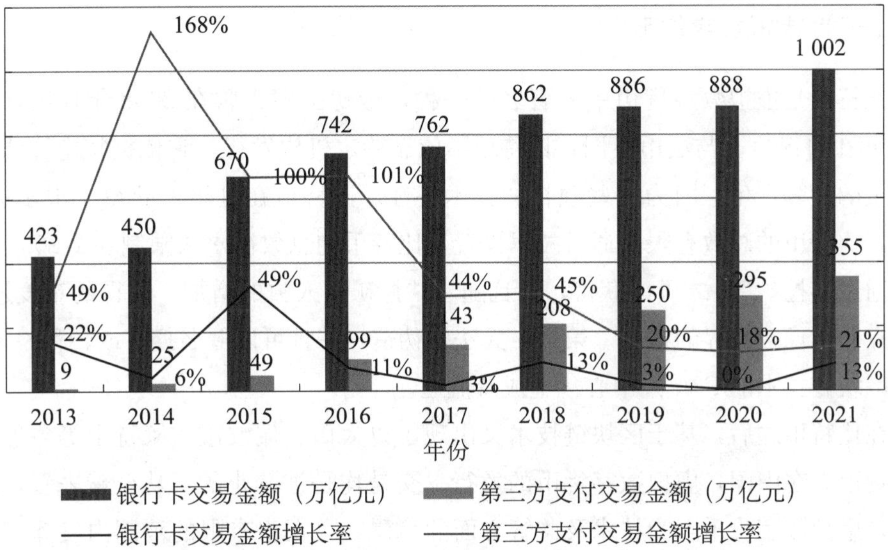

图 14－1　银行卡支付交易金额与第三方支付交易金额

资料来源：中国人民银行历年发布的“支付体系运行总体情况”。

低于银行卡支付。其次，依托商业银行的账户网络提供服务。因此，非银行支付机构与银行在支付业务上既有竞争关系，又有互补关系。最后，集中在小额高频的支付场景，大额支付仍是银行支付占主流。因此，在未来很长一段时间里，非银行支付和银行支付是共存的。

由于非银行支付机构提供了基础性的金融服务，因而在各国都受到严格的行业监管。从全球来看，相关监管的内容涉及牌照发放、备付金管理、账户余额限制等。

二、非主权货币的发行创新

人类进入信用货币时代后，货币发行权的归属变得非常重要。拥有货币发行权的主体不仅能够获得铸币税收益，而且拥有了调控经济的能力。进入现代后，由政府排他性地发行法币并通过货币政策进行宏观调控已成为现代金融体系的一个基本要素。自 2009 年以来，因为区块链技术的出现，一些非主权类私人机构的数字货币不断出现，引起了人们对 20 世纪 70 年代哈耶克提出的“货币非国家化”[①] 问题的关注。

---

① 20 世纪 70 年代哈耶克在《货币的非国家化——对多元货币的理论与实践的分析》一书中，提出了在当时非常惊世骇俗的关于货币发行竞争的观点，他主张中央银行制度，允许私人发行货币并自由竞争，同时认为这个竞争过程将会发现最好的货币。

（一）虚拟数字货币

比特币是虚拟数字货币中最著名的一种，最初由中本聪在 2008 年提出，并于 2009 年 1 月诞生。与法币不同，比特币不依靠特定机构发行，它依据特定算法、通过大量的计算产生。因为一些独特的技术特性，比特币在世界上获得了很多拥趸。第一，比特币的总数有限。通过技术设置，比特币的总数被永久限制在 2 100 万个，只有通过“挖矿”[①] 才可以获得，并且随着“挖矿”人数的增加，获得的难度递增。这一点非常像自然界的黄金。第二，无法被伪造，并且可以匿名拥有或转移。第三，基于区块链技术的 P2P 去中心化生成及流通。

在比特币之后，基于区块链技术又出现了以太币、瑞波币、莱特币等多种虚拟数字货币。在中国，虚拟数字货币的发行、交易均是被禁止的。从全球来看，迄今为止，虚拟数字货币因为技术及监管方面的障碍，只在很有限的范围内发挥支付媒介的货币功能，在大多数国家仅被当作“加密数字资产”进行监管，并没有成为真正意义上的货币。

（二）稳定币

一方面，上述虚拟数字货币具有良好的充当交易媒介的技术特征；另一方面，其市场交易价格波动剧烈，因而难以承担计价单位的功能。因此，后来一些民间机构基于区块链技术设计发行了稳定币（stablecoin），即以某种价值稳定的资产（如美元、英镑等）作为“锚货币”，发行虚拟数字货币。每一单位的稳定币对应固定数量的资产，其发行总量需要有相应的资产储备来对应，这很像金本位制下发行的英镑或美元。

因为上述设计，这类虚拟数字货币的价格很稳定，所以被称为稳定币。目前比较著名的稳定币大多绑定美元，如 Tether 公司发行的泰达币（USDT）、CoinBase 和 Circle 公司发行的 USDC 等。2019 年，全球最大的网络社交平台脸谱发布了关于推出虚拟数字货币 Libra 的白皮书，最初的设计是绑定美元、欧元等一揽子法定货币。因脸谱的用户数量巨大且遍布世界各地，因而在白皮书发布后，引起了巨大的反响。但是，因不能得到包括美联储在内的各国监管机构的许可，所以 Libra 项目没有问世就胎死腹中了。

目前，虽然虚拟数字货币和稳定币并没有成为真正的货币，也就是它们的影响范围有限，但这个领域的活跃，使私人货币这个古老的现象又以数字技术的新面貌

---

① 中国曾经是虚拟数字货币“挖矿”算力最集中的地方，其原因是挖矿的成本主要是电的耗费，而中国的内蒙古、四川一带有很多水利、煤炭发电厂的电力不能进入国家电网，因而价格非常便宜。但在 2021 年，国家发展改革委等 11 部门联合印发通知，整治虚拟货币“挖矿”，明确禁止在国内开展“挖矿”行为。

呈现出来。从理论和政策意义上说，我们都需要思考私人货币的出现对目前法币体系产生的影响。

三、央行数字货币发行

央行数字货币（central bank digital currency，CBDC）是一种基于国家信用、由中央银行发行的法定数字货币。这种全新的货币形式在本质上仍是中央银行对公众发行的债务，具有法偿性，是一种主权货币。

在历史上，央行发行的主权货币有过不同的形态，如纸币、硬币以及电子货币等。近年来，数字技术的发展赋予了货币新的形态，而数字经济和数字社会的运行，也产生了对不同于传统货币形态的数字货币的需求。因此，在2010年后，许多国家开始了央行数字货币的研发、试点工作。

（一）数字人民币

1. 数字人民币的定位及特征

数字人民币是中国人民银行发行的数字形式的法定货币，由指定运营机构参与运营，以广义账户体系为基础，支持银行账户松耦合功能，与实物人民币等价，具有价值特征和法偿性。

(1) 数字人民币是中国人民银行发行的法定货币，具有法偿性。数字人民币具备货币的价值尺度、交易媒介、价值贮藏等基本功能，与实物人民币一样是法定货币。数字人民币是中国人民银行对公众的负债，以国家信用为支撑，具有法偿性。

(2) 数字人民币定位为现金类支付凭证（M0），无利息和手续费。数字人民币主要定位为M0，是法定货币的数字化形态。数字人民币与现金一样，属于纯公共产品，中国人民银行对数字人民币将执行与现金一样的免费策略。中国人民银行建立免费的数字人民币价值转移体系和金融基础设施，不向发行层收取兑换流通服务费用，商业银行也不向个人客户收取数字人民币的兑出、兑回服务费。

(3) 数字人民币采取中心化管理、双层运营体系。中心化管理可以保证中国人民银行的货币发行权，双层运营可以促进市场力量的调动。中国人民银行在数字人民币体系中居于中心地位，负责向指定商业银行批发数字人民币并进行全生命周期管理，商业银行等机构负责面向社会公众提供数字人民币兑换流通服务。数字人民币的发行流通体系主要分为三层：数字人民币核心系统、数字人民币发行体系、个人和商户等数字人民币的使用者，涉及中国人民银行、发行银行、其他商业银行和第三方金融机构、个人和商户这四类主体。

(4) 中国人民银行的数字人民币核心系统由“一币，两库，三中心”构成。“一币”是由中国人民银行负责数字货币本身的设计要素和数据结构。从表现形态上看，数字货币是由中国人民银行担保并签名发行的代表具体金额的加密数字串，不是电子货币表示的账户余额，而是携带全量信息的密码货币。“两库”是指数字货币发行库和数字货币商业银行库。数字货币发行库是指中国人民银行在其数字货币私有云上存放数字货币发行基金的数据库。数字货币商业银行库是指商业银行存放央行数字货币的数据库（金库），可以在本地也可以在央行数字货币私有云上。发行库和银行库的设计让人觉得是对实物货币发行环节的模拟，但其设计目标主要是考虑给数字货币创建一个更为安全的存储与应用执行空间。“三中心”是指中国人民银行的认证中心、登记中心和大数据分析中心。认证中心负责对央行数字货币机构及用户身份信息进行集中管理，登记中心负责记录央行数字货币及对应的用户身份，以完成权属登记，同时负责记录流水，完成央行数字货币产生、流通、清点核对及消亡的全过程登记。大数据分析中心运用大数据分析数字人民币的发行、流通、贮藏等，具有 KYC（know your customer）、反洗钱、支付行为分析、监管调控指标分析等功能。

（5）数字人民币是一种零售型央行数字货币。央行数字货币根据用户和用途的不同可分为批发型和零售型。批发型央行数字货币主要面向商业银行等机构类主体发行，多用于大额结算。零售型央行数字货币面向公众发行并用于日常交易。

2. 数字人民币的技术特征

数字人民币的可控匿名、支付即结算、可编程性是区别于传统纸币以及其他移动支付工具的主要特点。

（1）可控匿名，兼具价值和账户特性。数字人民币通过钱包分类实现“小额匿名、大额可控”。数字人民币钱包采用了分级分类的设计，根据 KYC 程度的不同开立不同级别的数字钱包，满足公众不同的支付需求。其中，KYC 强度最弱的钱包为匿名钱包，仅用手机号就可以开立，这类钱包的余额和每日交易限额也最低，只能满足日常小额支付需求。如果要进行大额支付，就需要升级钱包，钱包余额和支付限额会随着 KYC 强度的增强而提高。

（2）支付即结算，高效便捷。数字人民币依托“支付即结算”功能，可实现商户侧的降本增效。数字人民币的交易均在中国人民银行的核心系统中进行，而且数字人民币定位为 M0，与实物人民币等同，中国人民银行不向发行层收取兑换流通服务费用，商业银行也不向个人客户收取数字人民币的兑出、兑回服务费。因此，当前数字人民币的支付结算免除手续费，所以对商户侧来说，它们实现了支付成本的下降。此外，传统结算有“T+1”“T+2”“D+1”“D+2”等结算方式，“T+1”是目前收单中常见的结算方式，但商户收取资金有延迟。数字人民币的“支付即结算”特性保证了商户结算的实时性，从而提升了商户侧的资金周转效率。

（3）可编程性，利用智能合约可实现条件支付。数字人民币通过加载不影响货币功能的智能合约能够实现可编程性，使数字人民币在确保安全与合规的前提下，可根据交易双方商定的条件、规则进行自动支付交易，从而促进了业务模式创新。这一特点是数字人民币区别于纸币、存款以及其他电子货币的最重要方面。通过数字人民币的可编程性和条件支付的特性，未来有望创造很多过去无法实现的新货币应用场景，从而大大拓宽了数字人民币的应用边界。

3. 数字人民币的试点推广

中国是在大型经济体中最早开始央行数字货币研发和试点的国家。2014 年中国人民银行成立了数字货币研究所进行数字人民币的研发工作，2019 年得到国务院的批准，开始了数字人民币的内测和试点工作。

2020 年 4 月，中国人民银行宣布数字人民币先行在深圳、苏州、雄安、成都及冬奥场景进行内部封闭试点测试，而后又增加了上海、海南、长沙、西安、青岛、大连六个试点测试地区，形成“10＋1”格局。资料显示，截至 2021 年底，数字人民币试点场景已超过 808.51 万个，开立个人钱包 2.61 亿个，交易金额达 875.65 亿元，数字人民币业务技术设计及系统稳定性、产品易用性和场景适用性得到了初步认证，同时社会公众对数字人民币的理解和接受程度进一步提高。

（二）全球央行数字货币的研发状况

国际清算银行在 2021 年发布的调查报告显示，截至 2020 年末，全球 65 家央行积极从事 CBDC 工作，占调查对象的 86%，比 2016 年增长 30%以上，其中未开展相关工作的也多为小型经济体。此外，大约有 60%的央行正在进行概念验证或实验，14%的央行已经在推进试点工作，10%的央行即将发行本国 CBDC。从整体来看，新兴经济体比发达经济体更加积极地研究和发行 CBDC。中国是国际上第一个推出主权数字货币的国家，已经发行央行数字货币的经济体多集中在加勒比地区；大多数经济体还处在研发试验或试点阶段，瑞典和韩国已经开始试点，欧元区、日本、俄罗斯等主要经济体也已进入概念验证或研发阶段，但英、美两国 CBDC 的进程基本仍处于技术性研究阶段。

第四节　数字金融发展对央行货币发行及货币政策的影响

数字技术的应用促进了全球性的数字金融发展，除了货币及支付体系的创新外，新兴的金融科技机构大量出现，构造出许多不同于传统金融的信贷、理财及保险产品。与此同时，传统的金融机构（如商业银行、保险公司、证券公司等）为了适应数字技术的发展、应对新兴金融科技力量的挑战，也在探索数字化转型。金融领域的这些变化对政府通过货币政策进行宏观调控产生了深远的影响。

一、数字金融发展与央行货币发行及信用扩张

（一）数字金融发展与央行货币发行

对货币发行权及对支付清算网络的控制，是中央银行实施货币政策的基础，数字金融的发展弱化了这一控制，具体表现在：

第一，虚拟数字货币、稳定币以及其他具有私人性质的电子货币的出现使货币发行多元化，可能会削弱主权货币地位，使铸币权从政府向私人部门转移。比如非银行支付机构直接向个人提供开设支付账户和电子钱包的功能，这会从两个方面对央行基础货币的发行产生影响：一是现金使用大幅减少；二是民间机构电子钱包中的余额，如支付宝、微信支付账户中的余额，实际具有私人货币的性质，虽然这些余额与商业银行存款有良好的互换性，但它们在本质上不是央行数字货币。

第二，金融科技使货币与类货币资产之间的转换更加方便和迅速，从而弱化了央行对基础货币的控制能力。数字金融的高速发展令越来越多的资金在银行体系外运转，银行理财产品类、支付宝推出的余额宝类的货币基金等具有影子银行的产品特征，减少了家庭和个人对商业银行存款的需求。这些可能影响央行对货币数量的度量以及调控。

第三，非银行支付体系的发展，一方面使法币支付清算体系的构成更加复杂和碎片化，另一方面非银行机构提供的信贷服务更加普及，呈现出对商业银行信贷服务的替代，如蚂蚁旗下的花呗、借呗业务，京东数科旗下的白条业务等。这弱化了商业银行的账户网络以及存款支付的重要性。

（二）数字金融发展与货币信用扩张

中央银行只能直接控制基础货币的发行，最终实现的货币流动性供给还取决于货币流通速度及货币需求。

费雪方程 $MV=PY$ 是考察货币政策的基础，其中 M 是货币供给量，V 是货币流通速度。一般来说，我们认为货币流通速度是一个常数，因而央行可以通过控制货币供给量 M 来影响实际经济的运行。近年来，许多研究表明：在数字技术下，金融产品的交易速度加快、网络支付普及使货币流通速度加快，并且变得不稳定，因而央行即使能控制基础货币供给，但实际的信用扩张也变得不确定。

根据凯恩斯的货币需求理论，人们持有货币的需求由两部分构成：与收入水平相关的交易需求和与利率相关的投资需求。持有货币的成本包括可能的利息损失以及有价证券的交易成本。在数字金融环境下，利用 IT 技术与支付、交易等金融业

务融合创新产生出的电子货币、数字货币等具有对实物通货的替代效果，不仅使货币与可生息的资产间可以迅速转换，而且降低了有价证券的交易成本，因而这些因素的变化改变了货币需求函数，从而影响了央行的货币控制能力。

二、数字金融发展与货币政策的有效性

货币政策作为重要的宏观经济调控手段之一，其有效性对于一国经济的平稳发展具有重大的现实意义。在数字金融蓬勃发展后，其对货币政策有效性的影响受到了普遍关注。目前，无论是从理论推演还是从实证研究的成果来看，数字金融发展对货币政策有效性的影响是两方面的。

首先，货币政策的有效性可能被削弱。除了前述的央行货币发行控制能力受到削弱这一因素外，在数字金融环境下，金融市场逐渐完善、技术手段日益发达，这为企业和家庭部门平滑货币政策冲击提供了更好的条件和更多的选项，因而数量型货币政策的效果将被弱化。

其次，金融体系的数字化发展降低了金融交易成本，减少了信息不对称，因而使企业和家庭的行为对利率更为敏感，这提高了价格型货币政策的有效性。此外，数字技术的发展也赋予央行更强的经济运行预判能力及更多的实施货币政策的手段，比如发行央行数字货币、实施更多结构性货币政策等。因此，央行可以实施更加精准、有效的货币政策。

本章小结

数字经济的发展对政府实施宏观调控的税收政策及货币政策都提出了挑战。在数字技术背景下，企业的实体经营机构突破了物理存在的限制，同时消费者也成为价值创造的重要参与者，因而在传统的国际税收体系下，跨国公司税收筹划行为的空间更大，对经济活动发生地和价值创造地产生了不公平的税权分配。上述问题在一国内也同样存在，因而国际税制及国内税制都需要进行调整改革。数字金融的发展使非银行支付行业、虚拟数字货币、央行数字货币的创新活跃，也使传统金融机构全面进入数字化转型。这些变化弱化了央行对货币发行和信用扩张的控制力。从整体上说，数字金融发展对货币政策有效性的影响是复杂的，既存在正向的影响机制，又存在负向的影响机制。

练习题

1. 数字经济的发展对跨国公司的税基侵蚀和利润转移产生了怎样的影响？

2. 如何理解平台经济中消费者创造价值？思考这一现象对税收的影响。

3. 应对数字经济税收挑战的单边、双边、多边解决方案的国际动向是什么？这些方案有什么共性及优缺点？

4. 请进行实地调查和二手数据搜集，了解数字人民币的试点发行情况。谈谈你对数字人民币未来的思考。

5. 虚拟数字货币、稳定币等非主权数字货币的出现对法币体系会产生怎样的影响？

6. 如何理解数字金融发展对货币政策有效性的影响？

第十五章
数字经济发展的产业政策

教学目标

1. 了解产业政策的定义、分类和基本理论
2. 掌握数字经济下产业政策的基本理论
3. 掌握数字经济下的功能性产业政策、选择性产业政策与竞争性产业政策
4. 了解数字经济下产业政策设计与实施面临的挑战

导入案例

数字经济发展的一个重要特征就是诸多新兴产业的快速发展。从这个角度来说，数字经济的发展仍需政府为某些产业或者产业中的企业制定政策规划，以此弥补市场失灵。那么，在数字经济下产业政策实施的理论依据何在？在数字经济下产业政策的关键内容是什么？在数字经济下的产业政策又面临什么样的挑战？本章将围绕以上几点对数字经济发展中的产业政策进行介绍。

第一节　产业政策的含义与理论依据

一、产业政策的含义与分类

（一）产业政策的含义

产业政策是指涉及产业各个方面的政策文件以及相关的法规。产业政策通常是一种部门政策，是政府为某些产业或者产业中的企业发展而制定的规划。大多数学者认为，产业政策是一国为了弥补市场机制缺陷而采取的政策。产业政策是政府参

与经济的重要手段，其目的就是弥补市场缺陷，实现资源配置的帕累托最优，最终促进经济的发展。

例如，随着经济全球化的发展，外资涌入可能会对一国的产业安全构成威胁，而且只依靠市场的调节力量无法与之抗衡，此时就需要发挥产业政策对经济的调节作用，比如借助贸易保护政策来保护该国的产业安全。再如，资本逐利的属性使得股权融资具有明显的歧视性，股权融资往往向实力雄厚的大企业倾斜，可能的后果是中小企业惨遭市场淘汰，引起失业增加、贫富差距加大等问题，此时就需要产业政策缓解信贷歧视，合理配置信贷资金总量和结构，实现产业均衡与可持续发展。

（二）产业政策的分类

从市场和政府的关系上划分，产业政策可以分为功能性产业政策和选择性产业政策。在功能性产业政策中，市场占据主导地位，主要以完善市场机制、补充市场不足为特点。选择性产业政策是由政府选择主要扶持的重点产业和重点项目、战略产业和新兴产业，对选定的产业给予税收、补贴等政策扶持，借以实现政府的既定目标。

从实施手段上划分，产业政策可以分为直接干预和间接引导、信息指导和法律法规四种。直接干预的主要手段表现为行政权力的运营，包括行政管理和行政协调两种。行政管理包括市场准入、技术管制、环境保护、生产安全保护等手段；行政协调主要是运用对企业生产和经营的协调。间接引导是指政府采用经济杠杆进行管理，主要采取财税政策和金融手段等对企业进行鼓励、限制和淘汰。

（三）数字经济中的产业政策

数字经济中的产业政策主要是为了实现数字经济下产业的高质量发展。近年来，我国深入实施数字经济发展战略，新一代数字技术创新活跃，并加速与经济社会各行业、各领域的深入融合。在数字经济发展的过程中，能够培育和壮大我国的未来产业，但需要政府在战略引导、支持基础研究、创造早期市场、完善产业生态、优化资源配置等方面提供支持。近年来，数字经济中的产业政策不断深化和落地，有力支撑了现代化产业体系的构建和经济社会的高质量发展。

二、产业政策合理性的理论依据

（一）市场失灵与产业政策

亚当·斯密在《国民财富的性质和原因的研究》中提出了“看不见的手”的理论，并指出：价格机制可以自发实现资源的优化配置，政府不应该干预经济。然而，由于现实中存在公共产品、信息不对称、外部性等现象，依靠价格机制实现资源最优配置的条件不能完全满足，从而出现了市场失灵的现象，这就需要政府进行必要的干预。政府和市场在资源配置上往往不是相互独立的，福利经济学认为：政府干预是对市场失灵的弥补。凯恩斯主义认为：国家干预是出于宏观经济稳定的需要。青木昌彦提出了政府干预的"市场增进论"，即产业政策是一种协调手段。政府更好地发挥作用是保障市场体制更加完善的基础，也是促进和维持经济繁荣的可靠保证。发展中国家的市场体制尚不完善，外部性和信息不对称等市场失灵现象普遍存在，因而政府恰当的产业政策可以有效弥补市场的不足，推进产业结构合理化。

（二）赶超战略与产业政策

德国经济学家李斯特在其著作《政治经济学的国民体系》中阐述了"国家干预"的思想，即工业落后国家要想发展新型工业化，并快速提高产业竞争力，那么政府干预显得尤为重要；他提出了幼稚产业保护论，认为工业落后国家要制定产业政策和贸易保护政策扶持幼小产业，只有这样才能促进该国工业的发展。斯蒂格利茨等指出：在面对国外寡头企业的竞争时，幼稚产业保护论是成立的，通过实施贸易保护政策能够比自由贸易带来更多的福利。比森和韦恩斯坦认为：依靠产业政策可以改变一国的比较优势，实现产业结构的合理化和高级化。后发国家具备更好、更快地模仿和应用先进技术的潜力，从而不断缩小它与发达国家的差距，实现经济和技术的赶超目标。

三、关于产业政策的争论

（一）产业政策争论的焦点

目前，有关产业政策的争论主要在三种观点中展开：以林毅夫为代表的新结构主义的观点，以张维迎为代表的新自由主义的观点，以贾根良为代表的演化发展经济学派的观点。从争论的具体情况来看，重点是"林张之争"，主要体现在以下四个方面：

第一，关于产业政策的概念界定不同。林毅夫（2017）秉持的是广义视角下的产业政策范畴，其内容除了选择性产业政策外，还包括提供基础科研、专利保护、制度保障等具有公共产品属性的功能性产业政策。张维迎（2016a）秉持狭义视角的产业政策，即在私人产品领域的选择性干预。张维迎认为，林毅夫对于产业政策的定义太过宽泛，公共产品投资、普适性政策、专利保护、区域政策均不属于产业政策范畴。

第二，关于市场失灵的认知不同。林毅夫（2011）在新古典经济学范式下肯定了市场失灵现象的存在，从而为政府实施产业政策提供了依据。张维迎（2016b）在奥地利经济学范式下否认市场失灵的存在，认为市场失灵正是人为限制自由市场和企业家精神所造成的，因而反对产业政策干预。

第三，对于企业家精神的认知不同。张维迎（2016a）认为，企业家是市场的主角，政府致力于产业升级的政策干预只会妨害和误导企业家精神的发挥。林毅夫（2012）认为，企业家精神的发挥需要因势利导的有为政府，以帮助企业家解决外部性与协调问题。

第四，关于比较优势甄别与利用的认知不同。张维迎（2016a）认为，市场是甄别和发挥比较优势的最有效途径，企业家是发现和创造比较优势的天才，“自由市场＋企业家精神”足以甄别和利用比较优势，政府的无知以及自利行为只会扭曲比较优势的正常甄别与发挥过程。林毅夫（2012）强调了有为政府的作用，他基于要素禀赋理论提出了“两轨六步法”的比较优势产业甄别方式。

（二）产业政策争论的实证依据

针对产业政策效应，国内外学界做了大量实证分析，总体持有三种观点：第一，支持实施产业政策；第二，有条件地支持实施产业政策；第三，反对实施产业政策。

支持实施产业政策的学者认为，产业政策的实施对于一国产业升级与经济发展具有促进作用。有条件地支持实施产业政策的学者认为，产业政策的积极效应需要一定条件才能发挥。反对实施产业政策的学者并不认为产业政策对产业升级与经济发展具有促进作用。

总而言之，不同学者依据不同国家、不同发展阶段、不同产业对象得出了相互矛盾的结论。国际产业政策实践的丰富性和差异性造成了实证分析结论的丰富性和差异性，进而成为学术争鸣的实证依据。

（三）产业政策争论的理论依据

当前产业政策争论的深层原因是对市场经济条件下是否需要政府干预产业发展的认知分歧，而各派有关产业发展过程中政府与市场关系的认知分歧又根植于不同的理论逻辑。

新结构主义以新古典经济学作为理论基础。新古典经济学以一般均衡的理想状态作为标准，对现实市场的运行绩效进行评价，从理论上得出垄断、外部性、公共产品、信息不对称以及协调失灵等导致市场失灵的结论。新古典经济学意义上的市场失灵现象自然蕴含着政府干预以纠正市场失灵的政策含义，而产业政策就是政府实施政策干预的重要工具，因此实现国民经济发展需要有效市场和有为政府共同作用（林毅夫，2016）。这构成了新结构主义支持政府积极实施产业政策以干预产业发展的理论逻辑。

以张维迎为代表的新自由主义观点是以奥地利经济学范式作为理论基础。奥地利学派主张从不完全信息出发，把竞争性市场解读为分散的知识与信息的动态发现和利用的过程，实现动态均衡的关键在于企业家在利润动机下通过分散决策和优胜劣汰的试错、竞争机制，实现对于未被发现的分散知识与信息的发现和利用，不断创造出新的技术、新的产品以及新的交换机会，使市场参与者充分利用互惠的交换机会，实现动态均衡和效率。奥地利学派进一步指出，由于缺乏必要信息，政府无法有效地识别需要扶持的特定产业、特定企业、特定产品及技术路线，因而政府执行产业政策是一个危险的策略选择。这构成了以张维迎为代表的新自由主义反对实施一切形式产业政策的理论逻辑。

演化发展经济学派同样反对新结构主义的理论逻辑，但在政策取向上却与新结构主义十分相似，即同为产业政策的支持者。不同的是，演化发展经济学派从技术创新的目标出发，其关注的重点是智力资源的创造，而非新古典经济学所强调的资源配置。演化发展经济学派主张的产业政策无论是在广度还是强度上都远比新结构主义激进（朱富强，2018）。这从根本上反映了演化发展经济学派对于产业发展问题不同于新结构主义的理论逻辑。

第二节　数字经济发展中产业政策的理论分析

一、数字经济与产业外部性

（一）数字经济加速产业融合发展

过去几十年，随着世界经济一体化和产业规模的扩张，产业分工从水平分工到垂直分工，再到产业链分工，而产业分工的深化使工业经济条件下的生产效率达到了空前水平，成为促进经济增长的重要源泉。与产业分工相同，产业融合也是产业演进中的一个重要过程，数字技术的出现和发展加速了产业融合的进程。

按融合的范围分，主要包括产业融合、产品融合和市场融合。产业融合包括数字产业与传统产业的融合，第一产业与第二、三产业的融合，制造业与服务业的融合，产业上下游的融合。产品融合是产业数字化转型的最直接体现，是“数字＋产品”的创新形式，如智能手机、智能冰箱等。市场融合是通过数字技术使原本不同的行业面对同一市场，原先处于不同市场的非竞争性产品开始转化为竞争性产品。例如，手机视频与电视市场的融合、手机拍照对照相机的替代等。

在上述三类融合中，产业融合的发展对产业政策制定的影响更大。例如，制造业与服务业的融合在一定程度上可以减轻制造业的产能过剩，同时可以抑制过度服务化。伴随着数字经济的发展，服务业与制造业的关系表现出较强的产业关联性，而传统意义上此消彼长式的产业转移关系逐渐弱化。以第三产业的占比提高作为产业结构高级化的传统判断标准在数字经济条件下不再适用。

（二）数字经济改变产业空间范围

数字经济时代已逐渐形成以数字技术为基础的新一代产业模式，促使传统产业不断开发借助新技术来创造新价值的转型路径，从而为传统产业组织理论中产业的界定、产业集聚的形态、理论假设条件以及两代产业组织理论的研究方法等提供了新的探索空间。

第一，互联网、区块链等技术在生产领域的应用改变了各产业的空间范围，打破了传统产业的边界。传统产业通过生产要素重组、生产环节重构等实现了产业的跨界经营，从而实现了全新的价值增值和价值创造（赵振和彭毫，2018；陈冬梅，等，2020）。

第二，数字技术的发展削弱了企业之间以空间关系为联系纽带的作用，以物联网为载体的产业数字化转型加强了产业协同效应，催生了产业组织的网络化发展。王如玉等（2018）在产业集聚理论研究中提出了虚拟集聚这一空间组织新形态的概念，即在网络虚拟空间中，随着信息技术的发展，该空间可以充分扩展，使产业集聚不受地理条件及人文环境的局限。

第三，大数据、人工智能和云计算等技术，为经济学家提供了获取完全信息的可能，这些信息不仅包含可准确度量的结构化信息，而且包含声音、图像、视频等非结构化信息。信息的准确性、多样性向产业组织理论的不完全信息假设提出了挑战。

（三）数字经济催生大数据产业

随着人类社会逐渐进入数字时代，数据在提高生产效率方面发挥了前所未有的作用，数据已成为类比传统生产要素的、具有时代特征的新型生产要素。可以说，在数字时代，数据将发挥更多、更重要的价值，并且随着大数据、人工智能、5G、区块链等新一代信息技术的融合创新呈现快速发展态势，数字经济与实体经济融合发展的步伐正不断加快，以数据为驱动的新技术、新模式在企业、行业和区域等各个层面将完成更深层次的渗透。

数据作为数字经济的关键生产要素，其价值通过自身增值效应在数据的生产过程中会不断增值。人们最初采集的零散单一、非结构化数据的内在价值极小，但大量原始数据的汇聚可能带来潜在价值；随着对原始数据的清洗、标注，可形成标准化、结构化的数据，然后通过挖掘分析能够提炼出有用的信息和知识，其价值逐步增加；最终，通过数据确权、交易、应用，成为数据资产和数据资本。这一数据价值的增值过程，直接导致以数据生成、收集、存储、加工、分析、服务为主的大数据产业的形成和发展。

大数据产业是一种典型的跨产业边界的战略性新兴产业，其上游主要包括相关硬件设备供应和云计算、大数据平台建设，中游主要包括数据收集、数据存储、数据分析、数据交易、数据安全、数据融资、数据证券化等，下游是几乎渗透到各行各业的大数据应用市场。

（四）数字技术赋能互联互通新产业生态

在传统的工业经济-技术系统中，受限于传统技术范式，企业内部、企业与用户、产业链（供应链）上下游企业之间存在大量信息壁垒，信息获取和挖掘利用难度大，大量数据价值流失。数字技术（特别是以大数据、云计算、物联网和人工智能等为核心的通用数字技术）具有无尽连接能力和海量数据汇聚处理能力，通过与传统技术的融合共生，打破企业与用户的横向信息壁垒和行业内的纵向壁垒，在虚拟层面使企业与用户之间、上下游企业之间的信息流动变得更加自由、便捷，从而形成纵向互联、横向相通的新产业生态。

在互联互通的新产业生态下，企业与用户之间、不同行业之间的信息相互交织碰撞，各种要素重新组合，在这一过程中跨越产业和行业边界融合发展的新产业新业态新模式应运而生。生产、流通、消费相应环节的信息交互畅通，叠加了相关数字技术支撑，催生了基于需求驱动的服务型制造、基于资源整合的总集成及总承包、基于技术引领的创新服务、基于流程协同的智慧供应链管理、基于价值提升的品牌建设、基于低碳转型的绿色制造、基于业态融合的产业文旅、基于平台生态的工业互联网和消费互联网、基于物联网系统的智能制造等跨界融合新产业新业态新模式等。

此外，新业态和新模式畅通了企业、用户、产业链（供应链）各环节之间的信息联系，提供了数据交互连接、相互融合的渠道和载体，反过来又促进了互联互通新产业生态的进一步完善，形成了相互促进的良性循环。例如，作为拥有中国自主知识产权的工业互联网平台，卡奥斯提出了“大企业共建、中小企业共享”的生态赋能模式，通过与各行业、各领域的龙头企业共建平台，将沉淀的工业机理模型与中小企业共享，为智能制造领域提供数字转型方案和行业标准。

（五）小结

数字经济发展中的外部性特征要求政府高度重视并合理干预，发展大方向的可预测性是产业政策成功的前提；但数字经济下的产业融合发展、产业空间范围的改变、产业发展的不确定性、数字技术的前沿性等也要求产业政策转型，即从强调产业政策到重视竞争政策、从选择性支持到发展方向引导、从重视应用技术到强化基础研究、从技术产业化的支持到市场拉动、从依托特定企业到鼓励多元试错。在数字经济的发展过程中，培育和壮大我国未来产业，需要政府在战略引导、支持基础研究、创造早期市场、完善产业生态、优化资源配置等方面提供支持。

二、数字经济发展与数字基础设施

经济发展与基础设施具有密切的关系，数字经济发展也不例外。中国把数字化基础设施叫作新型数字基础设施。狭义的新型数字基础设施包括宽带（4G/5G）、IP地址、域名、超算中心等。广义的新型数字基础设施包括利用数字技术对传统的基础设施进行赋能并提升其功能，即铁路、公路、水运、电力等的数字化改造。从本质上看，数字基础设施满足俱乐部物品的两个基本特征：

（1）对外的排他性。这种排他性是获益上的排他，即对非俱乐部成员来说，能将其排除在消费该俱乐部物品并从中获益的范围之外。如果把数字基础设施供给方在一定范围内提供的服务看作俱乐部物品，那么经由价格区分后选择接受服务的民众就是具有同质性的俱乐部成员，剩下的那部分民众自然就被排除在数字基础设施服务范围之外，并且无法从其提供的服务中获益。

（2）对内的非竞用性。这种非竞用性是指消费上的非竞用性，即在一定的集体规模内，一种物品一旦被提供，增加一个消费者所引起的边际成本为零且消费者数量的增加不会影响其他消费者的消费质量。在这里要明确一个概念，我们对数字基础设施的消费并不是在消耗该基础设施本身，而是指共同消费由该数字基础设施提供的连接服务、数据存储服务等。数字基础设施提供的服务具有准公共物品的性质，这是基于数字基础设施的属性而找到的与之相匹配的供给方式的基本逻辑所在。

数字基础设施是数字技术成功转化为数字红利的先决条件，但数字基础设施准公共产品的性质有可能引发数字红利受益不均等问题。因此，我国有必要通过有效的产业政策来弥补这种具有俱乐部物品性质的数字基础设施建设，抑制由于数字基础设施的不均衡供给导致的数字鸿沟。

三、数据开放性与产权理论

现代产权理论的前提条件有两点：①收益权依附于所有权并融为一体；②市场经济普遍存在的外部性问题。现代产权理论认为，在公有产权下对资源的所属和使用界定不明确，因而收益和成本的归属比较模糊，导致个体都想不劳而获。私有产权清晰地划定了资源所有者，保证其通过投入成本能够得到收益并享有剩余利润占有权，形成了有效促使所有者创造更多效益的激励机制。在以数据要素作为关键资源的数字经济体系中，现代产权理论的内容构成有所变化：它主要体现为数字经济冲击了产权理论的前提条件。所有权不再是收益分配的唯一依据，资源的使用权成为关键。尽管数据所有者是单一个体或特定集体，但数据使用者并不限定于所有者。得益于数据在虚拟平台上的易搬运和可复制性，数据资源的私有产权被逐渐淡化，数据资源的开放与共享成为数字经济运行的核心。例如，在考虑个人隐私和数据安全的前提下，企业通过对消费者需求的大数据分析，可以研究自身产品的精准定位。数据权属不确定，可能会导致数据的流通、交易、使用不能被规范化，相关主体的权责不清，数据市场价值开发处于灰色领域，数据监管困难、成本增加，并使得违法成本较低，诸如个人信息在黑市上被低价售卖、隐私泄露问题等数据违法行为频发。

由此可见，数据的开放和交易以及数据确权是政策监管的难点，也是数字经济下产业政策设计的要点与热点。2020 年 11 月，欧盟委员会以亚马逊利用平台数据为旗下的自营品牌获取不公正的竞争优势为由，对其提起了反垄断指控，认为亚马逊通过自身的数据处理系统对第三方零售商的非公开商业数据进行收集、归纳与分析，并利用分析结果为自营品牌调整定价、制定销售策略。中国也在不断加强针对数据平台的反垄断调研和处罚。例如，2021 年 2 月国务院反垄断委员会印发了《关于平台经济领域的反垄断指南》。2021 年 11 月 18 日，国家反垄断局正式成立，国家市场监督管理总局新增了反垄断执法一司、二司，将反垄断机构提升到了前所未有的地位。

第三节 数字经济下产业政策的关键内容

一、数字经济下的功能性产业政策

（一）数字基础设施建设

数字基础设施是数字技术成功转化为数字红利的先决条件，但数字基础设施的准公共产品特征可能会引发数字红利受益不均等问题，需要政府基于未来信息技术的发展趋势，加大新型数字基础设施的实践检验，前瞻性地部署应用和统筹规划，克服由于数字基础设施的不均衡供给而导致的数字鸿沟。因此，数字基础设施建设是在数字经济下功能性产业政策的要点之一。

自 2018 年中央经济工作会议首次提出“新基建”概念以来，2019 年的政府工作报告、2020 年国务院常务会议等党中央、国务院召开的多次重要会议，均重点提及并明确要求加快以数字基础设施建设为核心的新型基础设施建设。在“十四五”时期，为了合理布局数字基础设施建设，中央和地方出台了一系列相关政策，见表 15 - 1。

表 15-1 中央和地方出台的数字基础设施政策

时间	地区	政策名称	政策要点
2021 年 3 月	国家	《中华人民共和国国民经济和社会发展第十四个五年规划和 2035 年远景目标纲要》	围绕强化数字转型、智能升级、融合创新支撑，布局建设信息基础设施、融合基础设施、创新基础设施等新型基础设施。
2021 年 12 月	国家	《“十四五”现代综合交通运输体系发展规划》	“推进基础设施智能化升级”，设置交通基础设施数字化网联化升级工程，规划智能铁路、智慧公路、智慧港口、智能航运、智慧民航、智慧城市轨道交通、综合交通运输信息平台七大智能化建设项目。
2022 年 3 月	国家	《“十四五”现代能源体系规划》	“加快能源产业数字化智能化升级”，推动能源基础设施数字化，加快信息技术和能源产业融合发展，推动能源产业数字化升级，加强新一代信息技术、人工智能、云计算、区块链、物联网、大数据等新技术在能源领域的推广应用。
2022 年 7 月	国家	《“十四五”全国城市基础设施建设规划》	明确推动城市基础设施智能化建设与改造，加快推进城市交通、水、能源、环卫、园林绿化等系统的传统基础设施数字化、网络化、智能化建设与改造，加强泛在感知、终端联网、智能调度体系构建。
2022 年 2 月	河南	《河南省“十四五”新型基础设施建设规划》	整合重组实验室体系，打造国家实验室的预备队；在种质、激光、量子等领域争取国家重大科技基础设施布局；通过对口合建提升化工、材料和临床医学等学科水平；布局建设一批智慧岛，打造新兴产业聚集区、未来产业先行区和创新创业引领区；推进先进制造业开发区中试基地建设。
2022 年 7 月	北京	《关于促进本市新型基础设施投资中新技术新产品推广应用的若干措施》	充实完善北京市新基建重点项目库，强化对全市新基建项目的统筹管理和服务，鼓励各区、各部门建立项目台账，符合本措施重点支持方向且总投资达到 1 000 万元（含）以上的，原则上应纳入市级重点项目库，享受本措施支持的项目应为在库项目。
2022 年 4 月	云南	《云南省“十四五”新型基础设施建设规划》	到 2025 年，初步构建系统完备、高效实用、智能绿色、安全可靠的新型基础设施体系，信息基础设施建设实现快速发展，工业互联网、智慧能源、智慧旅游等融合基础设施领域建成一批全国标杆，创新基础设施建设水平显著提升，新型基础设施成为数字云南建设和云南高质量跨越式发展的重要支撑。

续表

时间	地区	政策	政策要点
2022 年 5 月	江西	《江西省加快推进物联网新型基础设施建设实施方案》	到 2023 年底，物联网基础设施进一步完善，县域以上地区基本具备千兆接入能力，5G 网络覆盖城乡，NB-IoT（窄带物联网）、eMTC（增强机器类通信）、4G 和 5G 协同发展的移动物联网综合生态体系基本建成。物联网产业生态更加完善，产业基础更加稳固，产业特色更加鲜明，物联网产业增速全国领先，产业规模突破 2 000 亿元。物联网技术对农业、工业、交通、医疗、文旅等领域的赋能作用全面提升，成为全国移动物联网应用示范区。
2022 年 8 月	四川	《四川省关于加快新型数字基础设施建设扩大升级信息消费的若干政策措施（征求意见稿）》	适度超前开展 5G 基站等投资建设，重点深化县城城区、重点区域、重点行业的网络覆盖，并向有条件有需求的乡镇、行政村延伸。

（二）数据资源的开放和交易

在数字经济下的数据要素具有非竞争性和规模效应，导致数据资源争夺更容易形成赢者通吃的局面，从而限制数字经济发展中的公平竞争。从这个角度来说，数字经济下的功能性产业政策的要点是通过促进数据资源的开放和交易，打造数字经济下的公平竞争环境。

近年来，我国实施了一系列完善数据要素市场的政策（见表 15 - 2），这些政策主要是明确数据作为生产要素参与社会分配、加强数据资源整合和安全保护、加快培育数据要素市场以及完善数据权属界定等。

表 15 - 2　完善数据要素市场的有关政策

时间	政策	政策要点
2019 年 10 月	《中共中央关于坚持和完善中国特色社会主义制度推进国家治理体系和治理能力现代化若干重大问题的决定》	首次明确数据作为生产要素参与社会分配。
2020 年 4 月	《关于构建更加完善的要素市场化配置体制机制的意见》	加快培育数据要素市场，推进政府数据开放共享，提升社会数据资源价值，加强数据资源整合和安全保护。

续表

时间	政策	政策要点
2020 年 5 月	《中共中央、国务院关于新时代加快完善社会主义市场经济体制的意见》	加快培育发展数据要素市场，建立数据资源清单管理机制，完善数据权属界定、开放共享、交易流通等标准和措施，发挥社会数据资源价值，推进数字政府建设，加强数据有序共享，依法保护个人信息。

2022 年 12 月，《中共中央、国务院关于构建数据基础制度更好发挥数据要素作用的意见》（以下简称《意见》）发布，正式拉开了我国数据基础制度建设的大幕，对促进数据要素作用的有效发挥、推动数据要素市场加快形成意义重大。

在数据产权方面，《意见》提出要建立保障权益、合规使用的数据产权制度，构建数据产权结构性分置制度，推进公共数据、企业数据、个人数据分类分级确权授权使用，健全数据要素各参与方合法权益保护制度。

在数据流通交易方面，《意见》提出要建立合规高效、场内外结合的数据要素流通和交易制度，完善数据交易全流程的合规与监管规则体系，统筹构建规范高效的数据交易场所。

在数据收益分配方面，《意见》提出要建立体现效率、促进公平的数据要素收益分配制度，健全数据要素由市场评价贡献、按贡献决定报酬机制，更好地发挥政府在数据要素收益分配中的引导调节作用。

总之，通过合理设计政策，完善数据资源的开放和交易，健全数据产权制度，明确各种类型的数据确权，明晰权利与义务边界，能够规范数据主体自身的行为和活动准则以及保障相关数据权利主体的合法利益。为数据要素提供法律保障，有利于构造数字经济良性生态圈，引导各主体平等有序地参与数字经济发展与市场竞争，进而加速数据在市场上的整合、开放、利用与共享。这样有利于降低交易成本，从制度基础上推进数字经济的健康有序发展。

（三）数字产业创新生态建设

数字经济下的产业发展具有发展的不确定性、数字技术的前沿性等特征，因而产业政策不能局限于某些已知的对象，一定要给未知产业的创新活动留下充分的发展空间。因此，政府要为未知的数字产业和新兴产业创造良好的创新生态，即数字经济下功能性产业政策的要点在于数字产业创新生态建设。

在数字经济的赋能下，颠覆性创新促进产业创新生态重构主要有三个途径：一是比较优势的高级化，即比较优势由自然禀赋上升到技术、管理和营销网络等后天禀赋。二是建立竞争优势，主要体现在三个层次上，即技术优势、规模优势和创新优势。实现经济高质量增长的关键是转换动力，创造新的比较优势。三是资本要素积累和技术进步是促进生态重构的关键。

一方面，基于全球联合创新的颠覆性创新能够集聚各地区和各成员企业的优势资源，将各种能力要素协同在一个跨区域甚至跨境的大平台上，有效利用高端生产要素，促进专业化、集聚化、系统化的生产性服务业集群发展，“拉动”制造业集群转型升级，促使优势产业形成国际竞争核心优势。另一方面，基于大数据信息资源库和信息基础设施建设的基础性硬件，可以灵活配置资源的数字综合服务平台将数字应用、数字与产业交互以及产业生态体系（实体经济）联结起来，并以数字经济赋能产业创新生态重构。

二、数字经济下的选择性产业政策

（一）扶持关键新兴产业发展

中国作为发展中大国，产业发展正面临“追赶、并跑和领跑”等多重任务，在某些前沿的新兴产业或者关系国家安全的关键产业等领域，特别是当市场机制存在缺陷时，选择性产业政策仍有较大发挥作用的空间，我们应该充分发挥其应有的作用。例如，世界能源安全、环境保护增加了对新能源汽车的诉求，促使各国以前瞻性视角、战略性眼光来发展新能源汽车。美国、德国、日本等多个国家相继出台多项产业政策扶持新能源汽车的发展。由此可见，新兴产业的发展仍然需要选择性产业政策的支持与引领，即选择性产业政策要聚焦于关键新兴产业的扶持与培育。

在数字经济范式的导入期，为促使关键新兴产业取得技术突破，我国发布了一些关键的政策措施，这类政策大多具有选择性政策的特征，往往明确指出了需要大力发展的具体产业。例如，2021 年 12 月国务院发布《“十四五”数字经济发展规划》，指出要瞄准传感器、量子信息、网络通信、集成电路、关键软件、大数据、人工智能、区块链、新材料等战略性、前瞻性领域，发挥我国社会主义制度优势、新型举国体制优势、超大规模市场优势，提高数字技术基础研发能力。

总体而言，在数字经济范式的导入期，借助相关政策的引领与支持，中国制造业奋起直追，新兴产业领域不断取得技术突破，对制造业转型升级发挥了举足轻重的作用。此后，我们应关注与发达国家在关键核心技术方面的优势与劣势，目前各国制造业的技术优势对比见表 15－3。通过对比可以发现，与美、德、日等国相比，中国制造业还有一定差距，需要瞄准方向，集中力量扶持关键新兴产业。

表 15-3 数字经济背景下制造业转型升级的国内外技术优势比较

国家	优势制造技术领域
中国	既有优势：5G 商用、OLED 面板、语音和视觉识别、人工智能应用等新一代信息技术领域国际领先；核电、高铁、载人航天、北斗卫星、深海钻探等高端装备领域优势明显。
	现存短板：在核心算法、关键设备、高端芯片、基础元件、软件结构方面与世界先进水平有显著差距。
	主攻方向：高性能光纤、微机、视觉传感；分散式、可编程逻辑控制；数据采集；高性能、高可靠嵌入式系统等关键技术。
美国	前沿科技领域领跑全球：量子芯片及原型电路、7 纳米工艺处理器、超导材料、仿真行为计算机等颠覆性基础研究取得突破，依旧处于全球领先水平。
	关键技术领域群体领先："大智移云"等新一代信息技术、精密轴承等核心部件、工业机器人等高端装备都拥有世界顶尖技术。
	技术交叉领域继续推进：将新材料、新能源、新一代信息技术、物理技术、先进制造业技术不断交叉，推出特斯拉电动汽车、各类工业互联网平台等技术融合产品。
	智能产品领域更加成熟：美国通用电气公司生产的储能智能风机、苹果公司生产的可折叠手机、谷歌公司生产的无人驾驶汽车、通用汽车公司生产的汽车间通信系统，都显示出美国在智能产品领域持续创新、更加成熟。
德国	装备制造：全球嵌入式系统和自动化装备的供应商。
	工业软件：90%以上的制造流程已实现数字化。
	智能制造：作为工业 4.0 和信息物理系统（CPS，工业 4.0 的核心设施）的首倡者，德国的智能制造水平全球领先。以奥迪为代表的众多德国企业已经实现了智能制造。在汽车智能化开发、3D 零部件打印、智能机床板材冲压、机器人装配、大规模定制等技术领域应用效果显著。
日本	硬件设施：机器人大国，年产量和营业额世界第一，机器人的研发、生产、应用和零件供给水平世界领先，制造业机器人占日本机器人市场规模的 62.7%。
	制造业是日本最具竞争力的产业，准时生产和看板管理起源于 20 世纪后半期日本丰田公司的实践，精益生产、敏捷制造等先进制造理念也源自日本。

资料来源：王姝楠．数字经济背景下中国制造业转型升级研究．中共中央党校，2020.

（二）扶持传统重点产业数字化转型

当今世界正在经历新一轮科技革命和产业变革浪潮。以网络化、数字化、智能化为代表的数字经济，正在不断创造新的生产供给、激发新的消费需求、拓展新的发展空间，为经济发展的质量变革、效率变革、动力变革增添新动力，人类社会正在进入以数字化生产为主要标志的新阶段。在此背景下，促进新技术、新产业基因不断注入传统重点产业，驱动实体经济体系的重构、动力变革和范式迁移，对于促进我国经济高质量发展、培育壮大新动能具有重要意义。由此可见，扶持传统重点产业数字化转型是数字经济下选择性产业政策的要点之一。

传统重点产业数字化转型方面的政策设计与实施仍处于起步阶段，《“十四五”数字经济发展规划》首次指出，要深化重点产业数字化转型，主要包括：第一，纵深推进工业数字化转型，加快推动研发设计、生产制造、经营管理、市场服务等全生命周期数字化转型，加快培育一批“专精特新”中小企业和制造业单项冠军企业。第二，深入实施智能制造工程，大力推动装备数字化，开展智能制造试点示范专项行动，完善国家智能制造标准体系。第三，大力发展数字商务，全面加快商贸、物流、金融等服务业数字化转型，优化管理体系和服务模式，提高服务业的品质与效益。第四，加快推动智慧能源建设应用，促进能源生产、运输、消费等各环节智能化升级，推动能源行业低碳转型。第五，加快推进国土空间基础信息平台建设应用，推动产业互联网融通应用，培育供应链金融、服务型制造等融通发展模式，以数字技术促进产业融合发展。

（三）扶持“两化融合”示范企业

党的十七大报告就已提出了工业化和信息化融合的概念，即用信息化促进工业化的发展，同时以工业化作为信息化发展的基础，构建一条社会主义市场经济的新型发展道路。其中，企业是市场经济中的重要主体，企业的生存发展与经济的发展密切相关。在“两化融合”发展的过程中，需要关注微观企业的发展，通过选择性产业政策扶持“两化融合”型企业，夯实数字经济发展的微观基础。

例如，为推进我国“两化融合”的深入发展，中华人民共和国工业和信息化部在全国选取了信息化与工业化融合试验区，各试验区也纷纷选取基础条件好、实施意义大的项目作为重点示范项目，同时选取“两化融合”实施基础条件好、影响大的重点企业作为“两化融合”示范企业，并开展了工业软件剥离重组试点示范，工业企业节能降耗、安全生产试点示范，以及工业自动控制、节能监测、物流配送、质量跟踪等重点领域的物联网应用试点示范等。目前，该举措已取得了积极成效。

此后，我们可进一步推进“两化融合”试验区、示范企业和示范项目，及时总结工作过程中取得的经验，并通过举办“两化融合”论坛、现场经验交流、推广会，建立相应的网站平台等途径加强沟通和协同，寻找最佳实践路径，为全国各地区、各行业推广成功经验，避免走弯路。

三、数字经济下的竞争性产业政策

近年来，随着数字技术、互联网经济的迅速发展，在激烈的技术竞争和平台垄断的共同作用下，市场格局逐渐由电气时代的寡头垄断向信息时代的竞争性垄断结构转变。在数字技术的支撑下，平台作为一种新型组织形态，呈现出了新的创新组织特征和市场竞争格局，并对政府监管提出了新的挑战。

第一，平台经济的特殊性容易导致“一家独大”的垄断市场格局。平台突破了协同生产的地域限制，大幅降低了交易成本，这种基于互联网与大数据进行资源整合和能力集成、管理的“平台领导”将呈现更高的垄断性特征。由于具有网络外部性和低复制成本的特征，数字经济领域更容易出现“赢者通吃”的现象，出现“一超多强”的格局，导致市场集中度高。

第二，平台无竞争行为与反竞争行为的认定工作更加复杂。平台经济的新特点增加了反垄断分析的复杂性，传统经济中建立的竞争政策无法直接应用于数字经济，反垄断执法在平台经济案例的市场界定、市场支配地位认定等环节面临挑战。

第三，平台垄断下的用户隐私保护对竞争监管的有效性和灵活性提出了挑战。在大数据技术的驱动下，数据成为重要的商业资源和价值来源，如何有效防范平台因受商业利益驱使而出现“大数据杀熟”行为，进而导致用户数据泄露及算法滥用等问题，已成为政府监管需要考虑的新议题。

若要根据数字经济与平台经济发展的新态势调整完善竞争政策，应该从以下三个方面做好权衡：

（1）平衡反垄断监管与企业创新之间的关系。数字经济的发展并没有改变竞争政策的主要目标，反垄断监管的主要目标仍是维护市场的有序竞争，以保护创新。考虑到数字经济行业的颠覆性创新和动态特征，中国在进行反垄断执法时，应当审慎克制，平衡好监管与创新之间的关系，坚持以保护技术创新为主要政策目标。

（2）平衡数字经济发展、隐私权与消费者权益之间的关系。中国在推动数据共享与开放的过程中，应该明确监管的基本原则，平衡好数字经济发展、消费者权益与隐私保护之间的关系，既要保障消费者的个人隐私与自由，又要满足平台运营中合理的数据使用需求。

（3）采取积极、审慎的适应性监管。当前，中国在平台经济中采取的选择性执法问题突出，事前监管不仅疲于应对，而且效果有限，事后监管则采取“一刀切”的做法，管得过严过死。为提高监管效率，中国应该鼓励企业、行业协会、消费者各界参与监管，追踪先锋型平台的行为变化并及时反映新兴产业中的漏洞问题，以便尽早提出预案，由政府采取积极的适应性措施进行监管。

第四节　国外数字经济发展的产业政策

一、美国数字经济发展的产业政策

（一）《先进制造业美国领导力战略》

2018 年 10 月，美国白宫发布了由国家科学技术委员会下属的先进制造技术委员会编写的《先进制造业美国领导力战略》，首次公开了特朗普政府确保未来美国占据先进制造业领导地位的战略规划。该报告涉及技术、劳动力、供应链三大战略目标，其目的是扩大制造业就业，确保强大的国防工业基础与可控的弹性供应链。

在“新型制造技术的开发与转移”战略目标下，该报告提出了赢得智能制造系统的未来、开发世界领先的材料和加工技术、确保国内制造医疗产品、扩大食品和农产品制造业的机遇等5个方面的行动目标。在“制造业劳动力的教育、培训及信息联网”战略目标下，该报告提出了吸引并培养未来劳动力、更新并扩大职业及技术教育途径、推广学徒制以及实现技术工人与所需行业相匹配4个方面的行动目标；在“提升美国国内制造业供应链能力”战略目标下，该报告提出了强化中小型制造商在先进制造业中的作用、鼓励制造业创新的生态系统、加强国防制造业基础以及加强农村社区先进制造业4个方面的行动目标。

（二）《美国国防部人工智能战略概要》

2019年2月12日，美国国防部发布了《美国国防部人工智能战略概要》（以下简称“概要”）。该概要总结了美国国防部发展人工智能的举措，阐明了人工智能战略的重点领域，概括起来主要包括实践、合作、人才、安全4个方面。

第一，明确了人工智能实践的方法和重点领域。美国国防部将优先在一些关键领域推广人工智能的应用。为实现上述目标，美国国防部采取了快速迭代的方式在关键领域进行人工智能技术整合，在认知或体力型工作中优先考虑人工智能的应用，通过创造可重复的试验流程和系统获取实践经验并不断改进。

第二，明确了人工智能领域的多方合作。与企业、研究机构以及美国盟友的合作对人工智能的研究、部署以及运营的全流程至关重要。目前，美国的企业和研究机构在人工智能领域仍处于前沿位置，将领先的人工智能技术用于国防，无疑是维持这种领先优势的有效手段。为此，美国国防部重点加强了人工智能领域的多方合作。

第三，培育人工智能领域的人才。人工智能的变革推动了美国国防部的人才发展理念，通过简化流程、增加新岗位、制定有针对性的晋升路径，确保能够招募、培训、发现和留住人工智能领域的关键人才。

第四，保证人工智能应用的安全。美国国防部在人工智能的创新和应用中将遵守国际法和国内法，维护美国价值观。具体包括：制定人工智能应用规则；提高人工智能系统的可靠性和健壮性；资助人工智能可解释性领域的研究等。

（三）《芯片和科学法案》

2022年8月，美国总统拜登正式签署了《芯片和科学法案》。该法案旨在通过加强人工智能、高性能计算和先进制造等关键技术领域的基础研究，保障美国在关键技术方面的领导地位。

从《芯片和科学法案》的产业政策内容看，该法案主要包括对美国本土芯片产业提供巨额补贴，并要求任何接受美方补贴的公司必须在美国本土制造芯片，具体举措包括为美国芯片研发、制造以及劳动力发展提供 527 亿美元。其中，390 亿美元用于芯片制造业的激励措施，20 亿美元用于汽车和国防系统使用的传统芯片。此外，在美国建立芯片工厂的企业将获得 25％的减税。该法案具有明确的“护栏条款”规定，即接受了该法案补助的企业在长达十年的时间内不能在其他国家扩大或建设先进产能。

二、欧盟数字经济发展的产业政策

（一）《欧盟人工智能战略》

2018 年 4 月，欧盟发布了《欧盟人工智能战略》（以下简称“战略”）。该战略的政策目的是秉持以人为本的人工智能发展理念，部署欧盟人工智能领域的技术研发、道德规则制定以及投资规划。该战略的主要政策内容包括：①增强欧盟的技术与产业能力，并推进人工智能应用。该战略可增进政府投资并加强基础研究，开发针对医疗、交通等关键部门的人工智能应用，同时打造世界级的欧洲人工智能研究卓越中心。②积极应对社会经济变革。该战略要为每个人提供所需的数字技能以消除数字鸿沟，并加强培养多元化、跨学科人才。③确立合适的伦理与法律框架。该战略要制定人工智能伦理指南，构建评估人工智能安全和责任的法律框架，支持可解释人工智能开发，建立对人工智能驱动的应用理解，并充分赋能个人和消费者。

（二）《2030 年政策计划“通向数字十年之路”》

欧盟理事会于 2022 年 11 月 30 日通过了《2030 年政策计划“通向数字十年之路”》，以确保欧盟实现符合欧盟价值观的数字化转型目标。该政策计划列出了欧盟及其成员力争于 2030 年前在这 4 个领域实现的具体数字目标：加强数字技能和教育、安全和可持续的数字基础设施、企业数字化转型、公共服务数字化。该政策计划的实施路径包括以下几点：

第一，该政策计划首先强调了数字经济发展的重要目标，即加强基本权利、透明度和安全性以及促进数字技能。为实现这些共同目标，欧盟成员将共同努力，评估该政策计划的进展情况并在必要时采取措施。

第二，该政策计划引入了一种基于欧盟成员与欧盟委员会之间合作的新型治理形式，以确保欧盟实现其雄心壮志。该政策计划将使欧盟成员能够紧密合作并集中资源，以便在个别成员无法独自实现的数字技术方面取得进展。其最终目标是实现符合欧盟价值观的数字化转型，并赋予公民和企业权利。

第三，该政策计划提出了进一步合作和共享投资以帮助实现目标的多国项目概念。这些是汇集欧盟及成员和私人资源的大型项目，可以取得任何成员都无法独自取得的进展。

第四，该政策计划提出要着重发展高性能计算、通用数据基础设施和服务、区块链、低功耗处理器、泛欧 5G 走廊开发、数字技能高科技合作、量子安全网络基础设施和网络安全等领域的投资中心、数字公共行政、测试设施和数字创新中心。

三、日本数字经济发展的产业政策

（一）《网络安全战略》

2018 年，日本出台《网络安全战略》，提出在 2020 年前打造网络安全生态系统。2019 年又推出新的《网络安全战略》，标志着日本的网络空间战略进入新时代。在此基础上，日本依法组建网络安全协议会，中央及地方机构、重要基础设施运营商等均可自由入会，履行保密和提供信息义务。另外，长期以来，日本在跨境数据方面的政策一贯兼顾美、欧各方，日本赞同数据自由跨界流动的全球化属性，同时也关注数据的人权治理诉求。为保护国际数字安全，日本多次提出倡议，加强了数字安全保障，为各产业的数字化提供了更为安全的环境。

（二）《未来投资战略 2017》

日本在《未来投资战略 2017》中提出了互联产业重点发展的 5 个领域，即自动驾驶与出行服务、制造与机器人、生物科技与材料、重型工厂与基础设施安保、智能生活。《未来投资战略 2017》对 5 个领域的发展目标、市场发展前景及经济效益预测、具体的推进主体、通用配套措施进行了阐述。日本发展互联产业的总体目标是：要通过各种数据跨行业、跨企业与人、机器系统的连接和人工智能的应用，创造新的附加价值和新产品、新服务、新产业，提高生产率，促进解决老龄化、劳动力不足、环境及能源制约等各种社会发展问题，最终实现提高产业竞争力和国民生活品质，促进国民经济健康发展的经济社会发展目标。

（三）《未来投资战略 2018》

日本的《未来投资战略 2018》专门针对创新性数据产业的应用，确定了要在 2020 年之前，使信息处理安保师的注册人数超过 3 万人，并打造了 30 个跨行业、跨部门的数据共享示范典型案例。而支持创新性数据产业应用的政策措施则瞄准社会经济形态从看得见的现实经济圈向看不见的资源（诸如数据和创意点子混在其中的网络经济圈）剧变的趋势，将如何促进数据这一类新型资源的高级应用和流通，以及完善民间企业数字化转型的政策环境作为首要目标。另外，日本还要加快健全能够支持网络安全、区块链等新技术引进、庞大数据处理的5G技术的基础建设。

第五节　数字经济下产业政策面临的挑战

一、数字经济下产业政策设计面临的挑战

（一）信息不对称导致的产业政策设计困难

在产业政策的设计中，政府必须考虑信息不对称可能导致的困难。例如，在对企业研发投入的激励政策中，政府无法轻易获知企业的研发投入中是否存在水分。事实上，我们首先需要认识到，信息不对称是无法改变的客观存在。可行的产业政策设计应该是以付出较少监管成本的代价，将企业的研发操纵行为控制在一定范围之内，同时又能激励企业显著提高真实的研发投入。

例如，中国创新激励政策所针对的高新技术企业，其研发强度需要达到政策所要求的水平。这是一种抓大放小、扶强奖优的政策思路。相比之下，欧洲与北美国家普遍采取的做法是不设这么高的政策门槛。在欧美国家这种政策模式下，政府需要监管数目庞大的企业，这使得单个企业反而面临更少的监管，有可能助长企业的研发操纵行为，从而影响政策的实际效果。在中国的模式下，政府能够把有限的监管力量集中于少数更有创新能力的企业，从而有效减少企业的研发操纵。

（二）数字经济下中央政府与地方政府产业政策设计的协调性

中国产业政策的设计机制十分复杂，政策设计的有效性在一定程度上取决于中央政府和地方政府的博弈。中央政府更关心整体的经济运行和产业竞争状况，但在分税制以及锦标赛式政绩考核制度的共同作用下，地方政府往往更为在意所在地区的利益和短期成效。这一产业政策设计机制可能会严重阻碍互联网、大数据、人工智能和实体经济深度融合的推进，因而迫切需要进行优化调整。在数字经济下的产业政策具有网络性和系统性的特征，要求中央政府和地方政府加强协调、分工合作。具体说来，我们可考虑从以下几个方面着手：

（1）优化产业政策制定机制，加大其开放和透明度。设立由中央政府、地方政府、行业组织、企业、学术界和公众共同组成的产业政策委员会，负责国家层面的产业政策制定和调整，包括基础性政策和调节性政策（如支持性政策和限制性政策），避免单一部门在政策制定的过程中因自身利益而造成的不公以及政策“碎片

化”的问题。

（2）设立监督机构，对地方政府的细化政策进行评估和监督。避免地方政府之间的恶性竞争，造成政策资源和要素资源的浪费。

（3）需要在地方产业政策设计的目标中，重新思考对不同地区需要采取的不同考核标准，我们不能“一刀切”地对不同地区都强调GDP考核。由于不同地区在所处发展阶段、地方资源禀赋、居民利益诉求等方面都各不相同，而中央政府一般并不拥有地方地府在这方面的独特信息，因此要求中央政府在对地方政府的考核中，更多地引入当地老百姓的评价。

二、数字经济下产业政策实施面临的挑战

（一）产业政策实施中地方政府的过度干预

产业政策在实践操作中很容易陷入误区，以政府干预取代市场机制。事实上，并不是只要存在正外部性就需要政府干预，关键要看市场能否自我协调。因此，即使有了产业政策，我们也需要避免以政府的过度干预取代市场机制的情形。

以政府干预取代市场机制可能表现为：由政府人为地选择具体的企业作为政策的扶持对象，而事实上更合理的做法是面向整个行业，让所有潜在的企业平等地参与竞争。此外，一旦政策扶持以项目的形式出现，往往会涉及事后对项目的验收或政策效果的评价。此时，政府就可能取代市场机制。在上述政策误区的背后，体现出信息在产业政策实施中的重要性。与企业家相比，政府往往并不太清楚企业及产业发展背后的各种复杂信息，因而也无法对政策支持下的企业发展状况做出准确的判断。

从党的十八大提出“实施创新驱动发展战略”，到“十四五”规划明确提出“坚持创新驱动发展，全面塑造发展新优势”，我们可以预见：未来中国的产业政策会越来越强调对企业创新和数字技术的政策扶持。这是因为，越是创新投入密集的领域，政府越不具有信息优势，产业政策越容易陷入误区。

因为政府在选择产业方向时并不比市场或企业家拥有更多的信息优势，所以产业政策就不能局限于某些已知的对象，要给未知的产业留下充分的发展空间。数字产业与新兴产业的发展尤其如此，因为在政府形成上述产业发展的共识之前，必定是一部分富有冒险精神的企业家率先对潜在的市场机会做出判断并付诸实践。因此，政府最需要、也能做的就是为未知的数字产业和新兴产业的发展创造良好的市场环境。

（二）传统经济与数字经济产业政策实施的协调性

互联网、大数据和人工智能在实体经济中的广泛应用从根本上改变了实体经济

的生产方式和要素结构，对产业发展产生了多层次、多领域的影响，并对传统的产业政策产生了一定冲击，影响了传统经济与数字经济产业政策实施的协调性。

首先，在传统经济与数字经济的深度融合下，产业价值链的重构推动了产业政策的转型。互联网、大数据和人工智能与传统经济的深度融合不仅重塑了产业价值链的各个环节，而且使得产业价值链的各环节之间产生相互渗透、相互交织。产业价值链各环节的交织使得产业政策要从原先单一的纵向产业政策转向多样化、网络化的横向产业政策。

其次，在传统经济与数字经济的深度融合下，产业组织形态的转变推动了产业政策的转型。随着物联网、大数据、人工智能等技术在制造业中的广泛应用，产业组织形态将由大企业主导型和供应链主导型转向产业生态主导型。在纵向一体化产业组织形态下，大规模生产的成本竞争转化为地区间产业生态灵活性和有效性的竞争。相应地，产业政策（特别是产业组织政策）的重点要从扶持大型企业、限制竞争转向促进市场竞争、激励各种企业形成良性互动的合作关系。

再次，在传统经济与数字经济的深度融合下，产业发展模式的变化推动了产业政策的转型。互联网、大数据、人工智能与传统经济的深度融合使得产业发展模式由要素驱动型转向创新驱动型，而在产业生态组织中，各企业的协同创新效率对于传统经济产业的转型升级至关重要，并对投入要素的质量提出了更高的要求，而知识、技术、复合型劳动力的丰富将有利于推动它们深度融合的进度。相应地，我国的产业政策体系要转向注重培育高质量要素资源，同时提高协同创新的效率。

最后，在传统经济与数字经济的深度融合下，产业竞争格局的变化推动了产业政策的转型。互联网、大数据、人工智能和传统经济的深度融合弱化了发展中国家的要素成本优势，削弱了发展中国家的产业竞争力。另外，发达国家依据已有的技术和要素优势就能获得先发优势，提高传统产业的生产效率。在这一产业竞争格局中，发达国家在全球产业价值链中占据了绝对优势，抑制了发展中国家的产业升级和产业结构高端化。为了打破这一产业竞争格局，我们要从原先强化要素成本优势的产业政策转向有利于建立以创新为依托的新竞争优势的产业政策。

总而言之，我们应针对传统经济与数字经济融合的不同阶段，有差别、有重点地搭配选择性产业政策和功能性产业政策，以实现整个政策体系的协同互补。未来，我们可以考虑在以下几个方面协同推进：

首先，在融合的准备期，对人工智能等通用技术和共性技术的研发是重点，而这些技术的研发和创新通常有赖于对基础研究的大量投入和协同创新。我国在传统经济与数字经济深度融合的准备期要综合运用两种政策模式：一方面，我国要运用选择性产业政策支持人工智能等相关技术的基础性研究；另一方面，我国在传统产业政策方面要注重功能性产业政策的有效制定和实施，同时通过知识产权保护、创新环境的完善、人才流动政策的优化等，引导和鼓励公共部门与私营部门形成研发联盟，提高协同创新效率。

其次，在传统经济与数字经济融合的初期，通用技术及共性技术的扩散、应用和推广是重点。一方面，在新一轮工业革命的过程中，我国要抓住技术窗口期，在目前不具备比较优势的制高点战略中占据一席之地，这种制高点战略要求我国将人工智能等通用技术和共性技术与产业前沿结合起来，培育战略性新兴产业。政府有必要通过选择性产业政策的创新实施来扶持这些产业的发展，建立传统经济与数字经济深度融合的技术优势和产业优势。

最后，在传统经济与数字经济融合的成熟期，产业政策体系的重点在于构建良性互动的产业生态系统，激励产业价值链的各环节协同生产和创新。在解决关键技术的制约并进入技术应用阶段后，产业组织形态将成为快速推进传统经济与数字经济深度融合的重要支撑。这一阶段的产业组织形态将由传统的大企业主导型和供应链主导型转向产业生态主导型。在这种情况下，横向的功能性产业政策将是产业政策设计的重点，其目标是促进各种企业以及企业与用户之间的良性互动。我国的产业政策要依靠保护市场公平竞争的功能性产业政策来促进市场竞争，比如放松对企业进入的管制、消除信贷歧视、实施普惠性的创新激励等。

本章小结

产业政策是政府参与经济的重要手段，其目的是弥补市场失灵、实现资源的帕累托最优以及促进经济的发展。由于数字经济下的产业发展具有更明显的外部性特征，使得数字经济中的产业政策也有别于传统经济发展过程中的产业政策，需要对数字经济下的产业政策进行新的归纳总结。

总体来看，数字经济下的产业政策可从功能性产业政策、选择性产业政策以及竞争性产业政策三个方面进行阐述。数字经济下的功能性产业政策主要包括数字基础设施建设、数据资源的开放和交易、数字产业创新生态建设等；数字经济下的选择性产业政策主要包括扶持关键新兴产业发展、扶持传统重点产业数字化转型、扶持“两化融合”示范企业等；数字经济下的竞争性产业政策需要在平衡反垄断监管与企业创新之间的关系，平衡数字经济发展、隐私权与消费者权益之间的关系，采取积极、审慎的适应性监管等方面进行深度优化。

数字经济下的产业政策设计与实施面临着新的挑战和机遇。我们应对信息不对称导致的产业政策设计困难、数字经济下中央政府与地方政府产业政策设计的协调性、产业政策实施中地方政府的过度干预、传统经济与数字经济产业政策实施的协调性等方面予以重点关注。

练习题

1. 简述产业政策的定义与产业政策合理性的理论依据。
2. 数字经济下的产业外部性体现在哪些方面？你能举出更多现实中的例子吗？
3. 数字经济下的产业政策具体包括哪几类？
4. 国内外数字经济下的产业政策有何异同？
5. 你认为应如何优化数字经济下产业政策的设计与实施？

第十六章

数字经济反垄断监管

教学目标

1. 了解反垄断法的基础知识
2. 了解相关市场界定的基本方法
3. 掌握禁止垄断协议行为的法律规定以及反垄断法对算法合谋的规制
4. 掌握禁止滥用市场支配地位行为的法律规定以及反垄断法对滥用平台力量的规制
5. 掌握经营者集中反垄断审查的法律规定以及反垄断法对数字市场并购的规制

导入案例

2020年11月5日，美国司法部宣布，其已于当天在美国加利福尼亚州北区联邦地区法院提起反垄断诉讼，寻求阻止Visa以53亿美元收购金融科技公司Plaid的交易。美国司法部称，Visa是在线借记服务（online debit services）的垄断者，每年向消费者和商家收取数十亿美元的在线支付费用。而Plaid是一家成功的金融科技公司，正在开发一种支付平台，这将挑战Visa的垄断地位。美国司法部负责反垄断事务的副部长马坎·德拉希姆（Makan Delrahim）表示："Visa正试图收购新兴竞争对手Plaid，该公司正在开发一种颠覆性的、低成本的在线借记支付方式。如果允许进行收购，这一收购将使美国商人和消费者失去这种Visa之外的创新选择，并提高未来创新者的进入壁垒。"该新闻表明，美国各司法辖区的反垄断执法机构都高度关注并购可能产生的排除、限制竞争行为，而反垄断监管在维护数字市场竞争中将如何发挥作用，值得我们深入研究。

第一节 数字经济反垄断法概述

一、垄断与反垄断法

（一）垄断

从反垄断法的角度来说，垄断是指特定主体在经济活动中限制和阻碍竞争的状态或行为，具体是指企业或其他组织单独或者联合采取经济的或非经济的手段，在特定市场实行排他性控制，从而限制或阻碍竞争的状态或行为（王先林，2008）。

（二）垄断行为

垄断行为是指形成垄断状态或谋求垄断状态的各种行为，以及凭借垄断状态所实施的各种限制竞争的行为。《中华人民共和国反垄断法》（以下简称《反垄断法》）第三条规定："本法规定的垄断行为包括：（一）经营者达成垄断协议；（二）经营者滥用市场支配地位；（三）具有或者可能具有排除、限制竞争效果的经营者集中。"第九条规定："经营者不得利用数据和算法、技术、资本优势以及平台规则等从事本法禁止的垄断行为。"第十条规定："行政机关和法律、法规授权的具有管理公共事务职能的组织不得滥用行政权力，排除、限制竞争。"

（三）反垄断法

各国对垄断行为进行规制的立法统称反垄断法，但具体的称谓不同。在美国一般称为反托拉斯法，在德国一般称为反对限制竞争法或卡特尔法，在日本一般称为禁止垄断法，等等。

关于反垄断法的概念，目前理论界尚无统一的定论。尽管学者对反垄断法的界定并不相同，但基本表达了对限制竞争行为进行规制的理念。从内涵上说，反垄断法是禁止排除或者限制市场竞争的状态或行为的法律规范的总称；从外延上说，反垄断法是禁止反竞争的垄断协议行为、滥用市场支配地位行为、经营者集中行为和滥用行政权力排除、限制竞争行为的法律规范的总称。

二、反垄断法的历史沿革

据考证，反垄断法的早期历史可以追溯到古罗马时期，比如公元前后古罗马帝国颁布的禁止粮行蓄意提高粮价的法律和公元 482 年颁布的宪法（内容包括对提高价格在内的所有垄断行为的禁止），其与现代规范价格的反垄断法几乎相同。最早的反垄断案件可以追溯到公元前 386 年雅典城邦的一份判决书，该判决书惩罚了几个粮食商之间的卡特尔行为（侯利阳，2019）。公元 529 年的《查士丁尼法典》规定："任何人不得垄断衣服、鱼、梳子、碗等生活日用品及其他用品，不管该垄断行为是行为人自主所为，还是经申请获得批准或者据钦定的法律解释而为；任何人不得密谋或者约定商品的最低价格。"罗马法对欧洲中世纪的法律有很大影响，中世纪的欧洲也普遍适用上述法律原则来保护公平价格。到了 18 世纪末的法国大革命时期，法国政府于 1791 年制定了反对垄断组织的《沙波利耶法》（该法在 1884 年被废除），其作用是"反对组成卡特尔和其他限制竞争措施"（种明钊，1997）。在普通法系国家，反垄断法通过法院对契约的干预而确立了一些基本原则。现代意义上的反垄断法兴起于 19 世纪后期的资本主义垄断时期，1889 年加拿大制定的《禁止限制性贸易合并法》、1890 年美国国会通过的《保护贸易和商业不受非法限制与垄断侵害法》（以下简称《谢尔曼法》）是现代反垄断法产生的标志。此后，美国的各司法辖区陆续颁布实施了反垄断法，构建了比较完善的反垄断法律体系。

我国有相当长一段时期实行的是计划经济体制，那时对市场经济持否定态度并推崇国家垄断，因而直接导致我国反垄断立法起步较晚。我国最早关于反垄断的规范性文件是 1980 年 7 月国务院发布的《关于推动经济联合的暂行规定》，该规定提出要"打破地区封锁、部门分割"。1980 年 10 月，国务院发布了《关于开展和保护社会主义竞争的暂行规定》，该规定提出"在经济活动中，除国家指定由有关部门或单位专门经营的产品外，其余的不能进行垄断、搞独家经营"。1993 年，《中华人民共和国反不正当竞争法》禁止不正当竞争行为。《反垄断法》的制定从 1994 年被列入第八届全国人民代表大会常务委员会立法规划到出台，经历了 13 年，最终我国在 2007 年通过了《反垄断法》并于 2008 年 8 月 1 日正式实施。2022 年 6 月 24 日，根据第十三届全国人民代表大会常务委员会第三十五次会议《关于修改〈中华人民共和国反垄断法〉的决定》修改，修改后的《反垄断法》于 2022 年 8 月 1 日正式实施。

三、反垄断法的立法目标

罗伯特·博克教授认为，除非我们能确切地回答一个问题，否则无法做到反垄断政策的理性化：该法是干什么用的，即它的目标是什么？所有其他问题均取决于我们对这一问题的回答……只有在解决了反垄断政策的目标后，才有可能形成连贯的反垄断具体规则（Bork，1993）。反垄断法的立法目标在不同的国家可能会有不同的答案，在同一国家的不同历史时期也可能会有不同的答案。反垄断法是一个在各种利益、各种价值和各种目标之间进行衡量、选择的开放系统。

《反垄断法》第一条规定："为了预防和制止垄断行为，保护市场公平竞争，鼓励创新，提高经济运行效率，维护消费者利益和社会公共利益，促进社会主义市场经济健康发展，制定本法。"

在数字经济时代，当产品供给呈现出"多产品组合供给"，市场呈现出"双边甚至多边市场"，市场竞争呈现出"跨市场竞争"，产品或服务定价呈现出"免费模式与交叉补贴"等新特性后，反垄断法的立法目标仍是反对垄断行为和保护竞争，就如伯吉斯所言："反垄断法的目的是简单明确和不存在争议的，就是要保护竞争。"美国的新布兰代斯学派将数字平台垄断视为美国当前反垄断理论的最大挑战之一，并认为针对数字平台应当采取更严厉的执法措施，反垄断法应关注市场竞争过程与市场结构本身，并回归反垄断立法本质，关注有效竞争。数字经济给反垄断法带来的诸多挑战仍未改变反垄断法的核心目标是维护市场竞争，各司法辖区在反垄断法的核心立法目标是维护市场竞争方面已达成共识。在数字经济领域，市场竞争不仅能够促进数字市场中的现有企业和新进入者创新并提高生产率，而且能够刺激企业加强在隐私和数据保护等其他方面的投入，为消费者福利提供保障。因此，在数字经济时代，反垄断法维护市场竞争的核心立法目标并未发生改变。

【资料专栏 16.1】

美国关于反垄断法立法目标的争论其实从未停止过，只是基于数字经济存在的诸多竞争或非竞争问题而提出政策主张的新布兰代斯学派使有关美国反垄断法立法初衷的讨论备受关注而已。哈佛学派认为：消费者利益是由竞争带来的，反垄断法的目标是维护竞争，根据其"市场结构-市场行为-市场绩效"（structure-conduct-performance，S-C-P）范式，市场结构状况决定了经营者的利润最大化方式，从而决定了当事人的行为选择。按照哈佛学派的理论逻辑，维护竞争是指维护竞争性的市场结构，其核心要素是使每个经营者都处于竞争压力之下，由此可以保护竞争性的价格形成机制，但不是保护来自具体经营者的具体竞争活动。芝加哥学派否认市场结构具有决定性作用，认为反垄断法的目的是增进经济效率，而不是片面地维护竞争性的市场结构，即反垄断法应以维护效率为目的，并以"对效率的影响"作为评判行为合法性与否的标准。后芝加哥学派也坚持以经济效率作为垄断行为的判断标准，但同时认为反垄断体系还应充分结合结构性因素。新布兰代斯学派认为：反垄断法应当更加重视竞争过程与竞争结构，而不是竞争效果，因而芝加哥学派将消费者福利标准作为他们倡导的反垄断策略需要发生变革的标准（Khan，2018）。瓦伊桑通过大量研究表明：消费者福利标准未能真实反映反垄断法的立法初衷。尽管数字经济时代的美国关于反垄断立法的初衷充满争论，但人们争论的核心议题是反垄断法维护的市场竞争究竟应当是“竞争状态”“经济效率”“可竞争性”，还是“竞争过程”“竞争结构”，但反垄断法是维护市场竞争的法律这一共识并未受到原则性影响。

第二节　禁止垄断协议与算法合谋规制

一、禁止垄断协议概述

垄断协议是指排除、限制竞争的协议、决定或者其他协同行为。有些行业协会通过行业自律行为来限制竞争，但以行业协会决议的形式限制价格竞争，也属于垄断协议的一种表现形式。根据《反垄断法》的规定，行业协会不得组织该行业的经营者从事《反垄断法》禁止的垄断行为（孟雁北，2017）。

《反垄断法》禁止横向垄断协议行为和纵向垄断协议行为，同时禁止经营者组织其他经营者达成垄断协议或者为其他经营者达成垄断协议提供实质性帮助。

二、横向垄断协议

横向垄断协议是指两个或两个以上因生产或销售同一类产品或提供同一类服务而处于相互竞争中的经营者，通过共谋而实施的限制竞争行为。企业间的横向垄断协议又称卡特尔。《反垄断法》第十七条规定：“禁止具有竞争关系的经营者达成下列垄断协议：（一）固定或者变更商品价格；（二）限制商品的生产数量或者销售数量；（三）分割销售市场或者原材料采购市场；（四）限制购买新技术、新设备或者限制开发新技术、新产品；（五）联合抵制交易；（六）国务院反垄断执法机构认定的其他垄断协议。”

三、纵向垄断协议

纵向垄断协议又称垂直限制协议、垂直协议，是指两个或两个以上在同一产业中处于不同阶段而有交易关系的经营者，通过共谋而实施的限制竞争行为。其主要类型有维持转售价格以及其他限制交易方营业自由的行为。

《反垄断法》第十八条规定：“禁止经营者与交易相对人达成下列垄断协议：（一）固定向第三人转售商品的价格；（二）限定向第三人转售商品的最低价格；

（三）国务院反垄断执法机构认定的其他垄断协议。对前款第一项和第二项规定的协议，经营者能够证明其不具有排除、限制竞争效果的，不予禁止。”

安全港制度是指当经营者在相关市场中的份额低于法定标准等预先确定的条件时，其所达成的纵向协议不适用反垄断法的禁止性规定。反垄断法引入纵向垄断协议安全港制度的原因是，如果经营者在相关市场上的份额不大，其所实施的纵向协议排除、限制相关市场竞争的危害通常有限，对这类行为没有用反垄断法禁止的必要性。安全港制度为市场份额较低且对市场竞争影响较小的企业之间达成纵向合谋行为提供了抗辩空间（刘继峰，2022）。《反垄断法》第十八条规定：经营者能够证明其在相关市场的市场份额低于国务院反垄断执法机构规定的标准，并符合国务院反垄断执法机构规定的其他条件的，不予禁止。

四、组织或帮助垄断协议行为

《反垄断法》对垄断协议的规制采取的是横向垄断协议和纵向垄断协议的二分法，因而垄断协议的组织帮助行为有时也会面临挑战。为此，《反垄断法》在 2022 年修订时新增了第十九条规定：经营者不得组织其他经营者达成垄断协议或者为其他经营者达成垄断协议提供实质性帮助。

【资料专栏 16.2】

《反垄断法》第十九条可用来规制轴辐协议。轴辐协议又称枢纽卡特尔，是指处于横向关系的竞争者分别与处于纵向关系的同一主体（轴心经营者）签订纵向协议，从而实现信息交换，达成横向垄断协议的效果。轴辐协议是一种兼具横向协议和纵向协议特征的混合型垄断协议。在家电、医药、汽车等行业，当生产商依赖经销商进行产品销售时，容易衍生出轴辐协议的情况（王先林，2022）。

在我国国务院反垄断委员会发布的反垄断指南中，亦有关于轴辐协议的规定。例如，《国务院反垄断委员会关于平台经济领域的反垄断指南》第八条规定：“具有竞争关系的平台内经营者可能借助与平台经营者之间的纵向关系，或者由平台经营者组织、协调，达成具有横向垄断协议效果的轴辐协议。分析该协议是否属于《反垄断法》第十三条、第十四条规制的垄断协议，可以考虑具有竞争关系的平台内经营者之间是否利用技术手段、平台规则、数据和算法等方式，达成、实施垄断协议，排除、限制相关市场竞争。”再如，《国务院反垄断委员会关于原料药领域的反垄断指南》第九条规定：“经营者不得组织原料药经营者达成垄断协议或者为其达成垄断协议提供实质性帮助。具有竞争关系的原料药经营者可能借助与其他经营者之间的纵向关系，或者由其他经营者组织、协调，达成具有横向垄断协议效果的轴辐协议。

分析该协议是否属于《反垄断法》第十三条规制的垄断协议，主要考虑原料药经营者是否应知或者明知其他经营者与同一原料药经销企业签订相同、相似或者具有相互配合关系的协议。”

五、垄断协议的法定豁免制度

豁免制度是指反垄断法本应予以限制或禁止的某些行为，但根据法律认可或依法定程序认可，允许这些行为合法进行而不予制止或不追究法律责任的制度。

《反垄断法》第二十条规定：“经营者能够证明所达成的协议属于下列情形之一的，不适用本法第十七条、第十八条第一款、第十九条的规定：（一）为改进技术、研究开发新产品的；（二）为提高产品质量、降低成本、增进效率，统一产品规格、标准或者实行专业化分工的；（三）为提高中小经营者经营效率，增强中小经营者竞争力的；（四）为实现节约能源、保护环境、救灾救助等社会公共利益的；（五）因经济不景气，为缓解销售量严重下降或者生产明显过剩的；（六）为保障对外贸易和对外经济合作中的正当利益的；（七）法律和国务院规定的其他情形。属于前款第一项至第五项情形，不适用本法第十七条、第十八条第一款、第十九条规定的，经营者还应当证明所达成的协议不会严重限制相关市场的竞争，并且能够使消费者分享由此产生的利益。”

六、算法共谋的反垄断法规制

数据和算法的使用便利了经营者之间达成垄断协议，由此产生了算法共谋的问题。

与传统的垄断协议相比，算法共谋是更隐蔽的新型共谋，这种共谋引入了算法黑箱机制，采用更为自主的机器学习技术构造的智能算法作为联结共谋的来源。根据智能算法的作用及其隐蔽性，有学者将算法共谋分为四种：信使共谋、轴辐共谋、预测代理共谋、数字之眼共谋，这四种共谋逐渐复杂，它们的自主性也逐渐加深（Ariel and Maurice，2017）。

反垄断法在规制算法共谋时会面临挑战，具体表现为：

（1）识别算法共谋行为存在一定困难。算法共谋常常以默示的形式加以呈现，由于其高智能、隐蔽性的显著特点，因而很难被发现。算法作为中介，使得经营者达成垄断协议，并且自动迅速调整价格以回应竞争对手的价格调整，这样会增大反垄断执法机构察觉算法共谋行为存在的难度。此外，算法容易加深共谋者之间的信任，在一定程度上克服了“囚徒困境”并减少了经营者背叛的风险，这样也会弱化举报、垄断协议豁免制度的实施效果（周围，2020）。

（2）判定算法共谋具有违法性存在一定困难。大多数司法辖区的反垄断法将“沟通/交流”或“意思联络”作为认定共谋的重要条件，这使得认定预测型算法共谋以及自我学习型算法共谋等意思联络意图不明显的算法共谋能否构成垄断协议面临更多挑战。

（3）确定算法共谋的法律责任存在一定的困难。虽然有观点认为设计使用算法的“人”是当然的责任主体，但开发者与使用者的责任之争一直未能停歇（Bernhardt and Dewenter，2020）。不过，随着算法自主化的不断发展，算法的责任主体也变得逐步模糊。对于明示共谋来说，算法基本上是执行算法开发者或管理者的指示，开发者或管理者是责任主体，但对于默示共谋来说，管理者往往不具有主观意图甚至不知情，在这种情况下确定责任主体就会变得比较困难（李振利和李毅，2018）。

【资料专栏 16.3】

区块链共谋

区块链共谋是学术界关注的一种更为新型的数字化垄断协议行为（Matsushima，2019），即在同一相关市场上互相竞争的经营者可能会采用区块链作为工具形成共谋，并可区分为经营者是采用“公链”还是“私链”作为共谋的交流工具。当经营者采用“公链”时，所有价格信息对于全体经营者都是持续可见的，这样可以增加经营者之间的互信，但执法机关也可以很容易观察并查证这种通过“公链”形成的价格共谋，进而将其认定为垄断协议行为（Cong and He，2019）。因此，经营者通过“公链”进行共谋的行为在理论上具有可行性，但在实践中因被查处的概率较高而较少真正出现。经营者可能更乐意采用“私链”进行共谋，这样既能增强参与“私链”建设的经营者之间的互信与持续信息的观察，又能降低被执法机关发现的可能性。

一般来说，区块链共谋会采用智能合约的形式来完成，区块链上存储的信息可以充当经营者之间智能合约的条款，特别是在“私链”上的智能合约，在可以随时对信息进行调整的情况下，经营者达成合约的意思表示以及合约的内容也能随时进行调整。由于智能合约的共谋具有合作性以及动态性，这使得整个共谋的组织框架变得极为稳定和复杂。与传统共谋相比，区块链上信息的可见度更高，信息更为丰富和完善，同时具有私密性，可以对未参加共谋的经营者产生极佳的隐匿效果。

就区块链共谋的规制而言，现行的反垄断执法机构在一定程度上还难以对高度去中心化和隐秘性的区块链共谋进行识别和认定，由此对反垄断执法机构的监管技术提出了更高的要求，而反垄断执法机构也需要尽快向智能化的监管方向发展（黄运康，2022)，甚至可以探索反垄断执法机构在评估存在反竞争效果的前提下“推定”区块链共谋行为存在的可行性等。

区块链共谋是在数字市场上可能出现的新型垄断协议，但目前尚缺乏可供实证研究的样本，也没有典型案例出现。区块链共谋主要来自学术和行业的观察，我们仍需对此进行更深入的理论研究。

第三节 禁止滥用市场支配地位与滥用平台力量的规制

一、禁止滥用市场支配地位的行为概述

滥用市场支配地位的行为是指具有市场支配地位的企业不合理利用其市场支配地位，在一定的交易领域实质性地限制竞争，损害自由、公平的市场竞争秩序和社会公共利益，应被《反垄断法》禁止的行为。

禁止滥用市场支配地位的行为是一种针对特殊主体的责任制度，经营者具有市场支配地位是确认滥用市场支配地位的行为的前提和基础。当然，经营者具有市场支配地位本身并不违法，只有滥用市场支配地位才会受到《反垄断法》的禁止。滥用市场支配地位的行为根据行为主体的目的、对于竞争的危害程度、针对的不同对象可以分为剥削性滥用行为和排挤性滥用行为。

剥削性滥用行为是具有市场支配地位的经营者针对交易相对人所实施的滥用行为。由于具有市场支配地位的企业不受竞争的限制，因而有能力对交易相对人提出显失公平的交易条件来实现个体利益的最大化。剥削性滥用行为最典型的表现形式是对包括供应者、客户和最终消费者在内的各种交易相对人索取不合理的垄断性高价或不公平地以超低的价格购买产品的行为等。

排挤性滥用行为是具有市场支配地位的经营者针对同业竞争者所实施的滥用行为，其目的是排挤竞争对手，或者将自己的市场优势不正当地扩大到本没有竞争优势的领域，此举会对自由、公平的竞争构成损害。排挤性滥用行为的主要表现形式是掠夺性定价、独家交易、限定交易、搭售等。

二、市场支配地位的认定

（一）市场支配地位的概念

市场支配地位是指经营者在特定市场上所具有的某种程度的支配或者控制力量，

即在相关的产品市场、地域市场和时间市场上，拥有决定产品产量、价格和销售等各方面的控制能力。换言之，市场支配地位是指一个经营者或者数个经营者作为整体在相关市场内具有能够控制产品价格、数量或者其他交易条件，或者具有阻碍、影响其他经营者进入相关市场能力的市场地位。

（二）相关市场的界定

相关市场是指经营者在一定时期内就特定产品或者服务（以下统称“产品”）进行竞争的产品范围和地域范围。在反垄断执法实践中，通常需要界定相关产品市场和相关地域市场，而相关时间市场对于特定案件的分析也有重要意义。例如，《反垄断法》在禁止滥用市场支配地位的行为时，首先面临的问题就是要合理地界定相关市场。如果相关市场界定过宽，就会人为减少一个企业的实际市场份额或淡化其市场影响力，使该企业很容易逃脱《反垄断法》的规制；如果相关市场界定过窄，则会夸大一个企业的市场份额，使《反垄断法》对该企业的规制过于严苛。2009 年 5 月 24 日，为了给相关市场界定提供指导，同时提高反垄断执法机构执法工作的透明度，国务院反垄断委员会根据《反垄断法》颁布并施行了《国务院反垄断委员会关于相关市场界定的指南》。

通过借鉴各国（地区）反垄断的执法和司法经验，《国务院反垄断委员会关于相关市场界定的指南》规定了界定相关市场的一般方法，但界定相关市场的方法不是唯一的。在反垄断执法实践中，反垄断执法机构根据实际情况，可能会使用不同的方法。在界定相关市场时，反垄断执法机构可基于产品的特征、用途、价格等因素进行需求替代分析，必要时可进行供给替代分析。当经营者竞争的市场范围不够清晰或不易确定时，可以按照“假定垄断者测试”的分析思路来界定相关市场。反垄断执法机构应根据案件的具体情况，运用客观、真实的数据，借助经济学分析方法来界定相关市场。无论反垄断执法机构采用何种方法界定相关市场，都要始终把握产品的基本属性，并以此作为对相关市场界定中出现明显偏差的校正依据。

（三）市场支配地位的认定方法

1. 对经营者市场支配地位的推定

推定是指依照法律规定，从已知的基础事实推断主体法律状态的过程。为了降低反垄断执法机构和司法机关的评估难度，减少工作量，也为了降低当事人的举证难度，提高法律的实施效率，许多国家的反垄断法都规定了可以推定经营者具有市场支配地位的情形（刘继峰，2012）。

《反垄断法》第二十四条规定：“有下列情形之一的，可以推定经营者具有市场支配地位：（一）一个经营者在相关市场的市场份额达到二分之一的；（二）两个经营者在相关市场的市场份额合计达到三分之二的；（三）三个经营者在相关市场的市场份额合计达到四分之三的。有前款第二项、第三项规定的情形，其中有的经营者市场份额不足十分之一的，不应当推定该经营者具有市场支配地位。被推定具有市场支配地位的经营者，有证据证明不具有市场支配地位的，不应当认定其具有市场支配地位。”

2. 对经营者市场支配地位的认定

经营者是否具有市场支配地位，可以综合考量各种要素进行认定。《反垄断法》第二十三条规定：“认定经营者具有市场支配地位，应当依据下列因素：（一）该经营者在相关市场的市场份额，以及相关市场的竞争状况；（二）该经营者控制销售市场或者原材料采购市场的能力；（三）该经营者的财力和技术条件；（四）其他经营者对该经营者在交易上的依赖程度；（五）其他经营者进入相关市场的难易程度；（六）与认定该经营者市场支配地位有关的其他因素。”

另外，在认定互联网等新经济业态经营者具有市场支配地位时，可以考虑相关行业的竞争特点、经营模式、用户数量、网络效应、锁定效应、技术特性、市场创新、掌握和处理相关数据的能力及经营者在关联市场的市场力量等因素。在认定知识产权领域的经营者具有市场支配地位时，可以考虑知识产权的替代性、下游市场对利用知识产权所提供产品的依赖程度、交易相对人对经营者的制衡能力等因素。

三、滥用市场支配地位的行为的具体表现

具有市场支配地位的经营者并不受《反垄断法》的禁止，但是，如果经营者滥用了市场支配地位，将会受到《反垄断法》的禁止。

《反垄断法》第二十二条规定：“禁止具有市场支配地位的经营者从事下列滥用市场支配地位的行为：（一）以不公平的高价销售商品或者以不公平的低价购买商品；（二）没有正当理由，以低于成本的价格销售商品；（三）没有正当理由，拒绝与交易相对人进行交易；（四）没有正当理由，限定交易相对人只能与其进行交易或者只能与其指定的经营者进行交易；（五）没有正当理由搭售商品，或者在交易时附加其他不合理的交易条件；（六）没有正当理由，对条件相同的交易相对人在交易价格等交易条件上实行差别待遇；（七）国务院反垄断执法机构认定的其他滥用市场支配地位的行为。具有市场支配地位的经营者不得利用数据和算法、技术以及平台规则等从事前款规定的滥用市场支配地位的行为。”

四、滥用平台力量的反垄断法规制

《反垄断法》第二十二条第二款规定：“具有市场支配地位的经营者不得利用数

据和算法、技术以及平台规则等从事前款规定的滥用市场支配地位的行为。”

（一）平台“二选一”

“二选一”行为的本质是独家交易，即经营者要求交易相对人只能与其交易，而不能与其他竞争对手进行交易的行为。随着平台（特别是超级平台）的产生和发展，平台“二选一”行为表现出与传统独家交易行为存在显著的差异，而且平台“二选一”行为尽管存在发生在消费者一侧的可能性，但主要还是发生在平台内经营者这一侧的市场上。平台“二选一”行为是指具有一定市场力量的平台，要求平台内的经营者只能与其进行交易，而不得与其他平台进行交易的限制行为。

平台“二选一”行为本身是一个中立的概念，并不必然受到法律的禁止。平台“二选一”行为是否应受到规制的关键是平台在行使其经营自主权的同时，是否损害了平台内的经营者或消费者的利益，是否排除和限制了各平台的市场竞争，是否破坏了公平、诚信的竞争秩序。

平台“二选一”行为存在限制、排除市场竞争的风险。如果平台“二选一”行为的目的是为了排挤竞争对手，或者将自己的市场优势不正当地扩大到本没有竞争优势的领域，就会对市场竞争构成损害。由于平台经济“赢者通吃”的特点，因此平台“二选一”行为对竞争的损害令人担忧。另外，平台的网络外部效应也会使平台“二选一”的竞争损害凸显。一方面，如果平台 A 实施的“二选一”行为减少了平台 B 的经营者数量，不仅会削弱平台 B 获得交易机会的能力，而且会提高平台 B 的边际成本，进而平台 A 由此受益；另一方面，平台 B 的消费者一侧同样存在规模经济，即消费者数量的减少同样会提高平台 B 的边际成本，削弱平台 B 的竞争力。这说明，如果平台之间的规模严重不对称，占优势地位的平台通过“二选一”行为就可以获得更大的好处。大平台意味着更多的交易机会，这种“二选一”行为意味着本来可以多归属的平台内经营者就只能与其进行交易，由此就容易把小平台排挤出市场。退一步说，即使经济实力比较弱的平台仍然留在市场上，但因为强势平台的“二选一”行为会大大提高弱势平台提供服务的边际成本，所以两者之间的竞争力差距也会越来越大（王晓晔，2020）。

如果平台的“二选一”行为可能产生排除、限制市场竞争的后果，就会受到反垄断法的规制。反垄断法对平台的“二选一”行为主要从滥用市场支配地位的角度出发进行规制。《反垄断法》在禁止滥用市场支配地位时会遵循相对固定的四步分析框架：界定相关市场；认定经营者在相关市场上是否具有市场支配地位；认定具有市场支配地位的经营者是否从事了滥用行为；分析滥用行为是否产生了排除、限制竞争的后果。这四个分析步骤应当具有内在逻辑上的一致性。《反垄断法》在规制平台的“二选一”行为时会面临因平台经济的个性化特征而在相关市场界定、市场支配地位认定、是否具有正当理由判定和竞争损害评估等议题上的挑战。

（二）平台自我优待

平台自我优待行为是目前讨论较多的滥用市场支配地位的行为，自我优待行为的界定并未达成共识。通常说来，平台自我优待是指平台经营者相比于在其平台上的其他经营者而言，可以通过制定平台规则或者利用自己的独特资源，更加偏袒其自身业务的行为。这种行为在竞争法框架下的讨论始于 2015 年的欧盟谷歌在线比价服务案。在该案中，谷歌调整了搜索结果排列顺序的算法，更加偏袒其自营比价服务 Google shopping，将该业务总是置于搜索结果页面的顶端，造成竞争优势的纵向延展（孟雁北和赵泽宇，2022）。

平台自我优待会产生一定的反竞争效果，下面以数字广告平台为例，有学者总结了如下的反竞争效果：①导致对广告信息主体参与的限制，排挤效应明显，比如在数据访问优待中拒绝访问数据的行为、在数据使用优待中的广告服务器提供商禁止广告发布者同时将广告空间路由至多个广告交易所的行为、在广告发布优待中的广告服务器提供商禁止发布商在其搜索结果页面上放置竞争对手广告的行为、在市场经营其他优待行为中的广告服务器提供商与广告交易所捆绑经营的行为；②导致对广告信息类型的限制，市场封锁效应明显，比如在数据访问优待中变相拒绝访问数据的行为、在广告发布优待中优先展示平台自营产品信息并通过算法降低竞争对手信息可见度的行为；③导致阻碍了广告信息的有效传输，增加了竞争对手的成本，造成了社会无谓损失，比如在数据使用优待中的广告服务器提供商要求广告发布者优先将其广告空间路由至自家广告交易所的行为、在数据传输优待中对传输速度的特殊安排。因此，数字广告平台的自我优待行为不符合信息流规范良构的标准，背离了数字广告场景正义的立场，可从形式上认定自我优待行为的反竞争效果（邓辉，2022）。

与此同时，平台的自我优待行为并非完全不合理。因此，在认定平台的自我优待行为是否构成滥用市场支配地位时，需要在界定相关市场的基础上认定平台是否具有市场支配地位，需要评估是否存在竞争损害，需要判断平台自我优待是否具有正当理由，最终才能对平台的自我优待行为做出是否违反反垄断法的认定。

【资料专栏 16.4】

在欧盟谷歌在线搜索广告服务的反垄断案中，欧盟委员会认为：谷歌与其在线搜索广告中介服务大客户（直接合作伙伴）签订的《谷歌服务协议》（GSA）中包含排他性条款、优先投放条款、谷歌广告最低量条款以及同等广告授权条款的行为，滥用了其在在线搜索广告中介市场上的支配地位，限制了竞争，损害了消费者权益，同时也扼杀了创新，因而违反了《欧盟运行条约》第 102 条和《欧洲经济区协定》

第 54 条，并于 2019 年 3 月确定对谷歌的 AdSense 广告服务处以 14.9 亿欧元的反垄断罚款，罚款金额按谷歌 2018 年营业额的 1.29%确定。欧盟委员会还要求谷歌和 Alphabet 必须停止相关的滥用行为，不再采取任何具有相同或者类似目的或效果的行动。具体说来，谷歌和 Alphabet 不得：①以书面或口头的方式约定采购谷歌搜索广告的前提条件，要求直接合作伙伴在其搜索结果页面上为谷歌搜索广告保留最突出的位置。②以书面或口头的方式约定采购谷歌搜索广告的前提条件，要求直接合作伙伴在其搜索结果页面上最突出的位置展示最低数量的谷歌搜索广告。③以书面或口头的方式，在与直接合作伙伴签署 GSA 时，要求直接合作伙伴在对竞争对手搜索广告的展示进行任何改变之前寻求谷歌的批准，以及惩罚或威胁那些决定采购竞争对手搜索广告的直接合作伙伴。

（三）个性化定价

个性化定价又称“大数据杀熟”、算法定价、算法价格歧视等，主要是指互联网企业利用大数据收集用户信息，然后通过算法分析出消费者的消费习惯、偏好与收入水平，从而针对每一个用户或者每一类用户进行个性化定价的行为。2013 年英国公平贸易办公室在一份颇有影响力的报告中，认为“个性化定价是这样的做法：企业可能会利用观察到（通过自愿、推断或者是收集的有关个人行为或是特征）的信息，为不同的消费者（无论是个体还是团体）制定不同的价格，这些价格是企业认为消费者愿意支付的费用”。

个性化定价主要发生在经营者与消费者之间，通常是经营者利用算法，对于消费者自身提供的数据与其从第三方获取的数据进行分析，在得出消费者的支付意愿后，基于这种意愿而非基于产品成本进行定价，从而实现了“一人一价”“千人千价”的定价行为。由于在人工智能时代到来之前，经营者很难精确把握每位消费者的保留价格，因而一级价格歧视不易发生，但在数据规模扩大与算法分析优化紧密结合的当下，一级价格歧视就具备现实可能性，由停留于纸面的传统分析模型转变为可付诸实践的流行商业模式（朱建海，2021）。尽管基于算法和数据的“大数据杀熟”完成了近似于传统的一级价格歧视，即对于每个消费者呈现独特的定价行为，但也存在构成三级价格歧视的情形。在这种情形下，消费者被分为不同的群组，经营者针对每个消费者群组进行差别定价。

个性化定价是一个中性的概念，我们在确定是否以及如何规制个性化定价时，需要评估个性化定价可能产生的正向效益和负向效益，再通过经济学分析或者案例研习等多种方式对该行为进行分析。个性化定价行为需要与一级价格歧视理论和三级价格歧视理论联系起来，采用个案分析原则分析其对于经营者剩余、消费者福利和社会总福利的影响，还应区别竞争性市场与非竞争性市场进行分析。此外，我们还需要认识到个性化定价属于经营者自主经营权的范围，不能把经营者利用算法和大数据定价的现象“一棍子打死”。也就是说，我们不仅需要准确界定经营者自主定价权的不当行使，而且需要在尊重经营者的自主定价权和限制经营者自主定价权的不当行使之间进行协调。

反垄断法规制个性化定价主要采用滥用市场支配地位的分析框架，需要判断涉嫌“大数据杀熟”的行为是否可能属于反垄断法禁止的掠夺性定价行为、差别待遇行为以及剥削性滥用行为？与数字经济的其他领域一样，反垄断执法部门对个性化定价算法的规制应该在两个方面进行平衡：一方面，需要更灵活地应用反垄断规则来解决新形态的滥用；另一方面，需要在创新驱动发展的数字市场中，在采用监管措施时必须要有充分的合理性论证，并且给予经营者一定的合理抗辩空间，充分尊重经营者的经营自由。

第四节　经营者集中反垄断审查与数字市场并购

一、经营者集中概述

经营者集中是经济活动中的普遍现象，经营者集中的结果具有两面性：一方面，有利于形成规模经济，提高经营者的竞争力；另一方面，可能产生或加强市场支配地位，对市场竞争产生不利影响。因此，各国反垄断法都对经营者集中实行必要的控制，以防止因经营者的过于集中而影响市场竞争。

经营者集中是指经营者合并，经营者通过获得股权或者资产的方式取得对其他经营者的控制权，或者经营者通过合同等方式取得对其他经营者的控制权或能够对其他经营者施加决定性影响的情形。《反垄断法》第二十五条规定：“经营者集中是指下列情形：（一）经营者合并；（二）经营者通过取得股权或者资产的方式取得对其他经营者的控制权；（三）经营者通过合同等方式取得对其他经营者的控制权或者能够对其他经营者施加决定性影响。”

二、经营者集中的反垄断审查申报标准与审查标准

（一）经营者集中的反垄断审查申报标准

经营者集中是大量频繁发生的，反垄断执法机构不可能对所有的经营者集中行为都进行审查，所以反垄断法就需要确定一个适当的反垄断审查申报标准。该标准既要使那些有较大限制竞争可能性的经营者集中得到必要的审查和有效的控制，又

要使那些基本上不会限制竞争的经营者集中行为能够及时、顺利地进行，防止政府的不必要干预，减少交易的成本（王先林，2009）。

《反垄断法》第二十六条规定："经营者集中达到国务院规定的申报标准的，经营者应当事先向国务院反垄断执法机构申报，未申报的不得实施集中。经营者集中未达到国务院规定的申报标准，但有证据证明该经营者集中具有或者可能具有排除、限制竞争效果的，国务院反垄断执法机构可以要求经营者申报。经营者未依照前两款规定进行申报的，国务院反垄断执法机构应当依法进行调查。"

《国务院关于经营者集中申报标准的规定》第三条明确规定："经营者集中达到下列标准之一的，经营者应当事先向国务院反垄断执法机构申报，未申报的不得实施集中：（一）参与集中的所有经营者上一会计年度在全球范围内的营业额合计超过100亿元人民币，并且其中至少两个经营者上一会计年度在中国境内的营业额均超过4亿元人民币；（二）参与集中的所有经营者上一会计年度在中国境内的营业额合计超过20亿元人民币，并且其中至少两个经营者上一会计年度在中国境内的营业额均超过4亿元人民币。营业额的计算，应当考虑银行、保险、证券、期货等特殊行业、领域的实际情况，具体办法由国务院反垄断执法机构会同国务院有关部门制定。"

（二）经营者集中的审查标准

反垄断法对经营者集中的审查标准，是反垄断执法机构对受控制的经营者集中进行实质性干预的依据，也是决定某个经营者集中是否被禁止的关键。结合各国（地区）反垄断法的规定，经营者集中的审查标准主要有"市场支配地位标准"和"严重损害竞争标准"。此外，反垄断法还会对不予禁止的经营者集中行为进行具体的规定。

《反垄断法》第三十四条规定："经营者集中具有或者可能具有排除、限制竞争效果的，国务院反垄断执法机构应当作出禁止经营者集中的决定。但是，经营者能够证明该集中对竞争产生的有利影响明显大于不利影响，或者符合社会公共利益的，国务院反垄断执法机构可以作出对经营者集中不予禁止的决定。"

三、经营者集中的反垄断审查

经营者集中的反垄断审查分为初步审查和进一步审查两个阶段。

（一）初步审查

国务院反垄断执法机构应当自收到经营者提交的符合规定的文件、资料之日起30日内，对申报的经营者集中进行初步审查，做出是否实施进一步审查的决定，并书面通知经营者。国务院反垄断执法机构在做出决定前，经营者不得实施集中。国务院反垄断执法机构做出不实施进一步审查的决定或者逾期未做出决定的，经营者可以实施集中。

（二）进一步审查

国务院反垄断执法机构决定实施进一步审查的，应当自决定之日起 90 日内审查完毕，做出是否禁止经营者集中的决定，并书面通知经营者。做出禁止经营者集中的决定，应当说明理由。在审查期间，经营者不得实施集中。有法定情形的，国务院反垄断执法机构经书面通知经营者，可以延长 90 日的审查期限，但延长期限最长不得超过 60 日。

审查经营者集中，应当考虑下列因素：①参与集中的经营者在相关市场的市场份额及其对市场的控制力。②相关市场的市场集中度。③经营者集中对市场进入、技术进步的影响。④经营者集中对消费者和其他经营者的影响。⑤经营者集中对国民经济发展的影响。⑥国务院反垄断执法机构认为应当考虑的影响市场竞争的其他因素。

（三）停表制度

停表制度是指反垄断执法机构可根据经营者集中申报案件审查的需要，在案件符合特定条件时，决定中止计算审查期限的制度。

《反垄断法》第三十二条规定："有下列情形之一的，国务院反垄断执法机构可以决定中止计算经营者集中的审查期限，并书面通知经营者：（一）经营者未按照规定提交文件、资料，导致审查工作无法进行；（二）出现对经营者集中审查具有重大影响的新情况、新事实，不经核实将导致审查工作无法进行；（三）需要对经营者集中附加的限制性条件进一步评估，且经营者提出中止请求。自中止计算审查期限的情形消除之日起，审查期限继续计算，国务院反垄断执法机构应当书面通知经营者。"

（四）经营者集中反垄断审查的决定

反垄断执法机构根据审查结果会分别做出禁止经营者集中、不予禁止经营者集中或附条件不予禁止经营者集中的决定。对于经营者集中具有或者可能具有排除、限制竞争效果的，国务院反垄断执法机构应当做出禁止经营者集中的决定。但是，经营者能够证明该集中对竞争产生的有利影响明显大于不利影响，或者符合社会公共利益的，国务院反垄断执法机构可以做出不予禁止经营者集中的决定。对于不予禁止经营者集中，国务院反垄断执法机构可以决定附加减少经营者集中对竞争产生不利影响的限制性条件。国务院反垄断执法机构应当将禁止经营者集中的决定或者对经营者集中附加限制性条件的决定，及时向社会公布。

四、数字市场并购行为的反垄断审查

对于经营者集中，特别是数字市场领域的经营者集中，许多国家开始采用积极干预的态度，而且价格以及市场进入壁垒以外的因素逐渐被纳入考量范围，比如对数据的控制和消费者隐私保护等。2022 年修改的《反垄断法》增加的第二十六条第二款“经营者集中未达到国务院规定的申报标准，但有证据证明该经营者集中具有或者可能具有排除、限制竞争效果的，国务院反垄断执法机构可以要求经营者申报”的规定，就是为了回应如何对数字市场的扼杀式并购、数据驱动型并购予以反垄断审查的实践需求。

（一）扼杀式并购

扼杀式并购并不是指某类特定的横向并购或者纵向并购，而是一种修辞性的表达，用于描述平台出于消除潜在竞争或创新的动机所进行的对初创企业的并购。

数字市场巨头平台对于该领域初创企业的大量收购引发了新的垄断隐忧，这是因为有研究表明，数字市场巨头平台会借助扼杀式并购关停（即“扼杀”）初创企业的产品生产或商业模式的研发，而这一类产品或商业模式通常具有创新性，对于消费者有足够的吸引力。假设此并购没有发生，那么假以时日，该初创企业有可能成长起来，给在位企业施加巨大的竞争压力，在未来加强市场的竞争；反之，此并购便减少了未来市场的竞争。①

经营者集中的反垄断审查制度需要进行调整，以适应数字市场中并购初创企业所带来的变化。首先，从经营者集中申报制度上说，我们应当采用多重申报标准，尽量将可能会产生竞争损害的并购初创企业行为纳入经营者集中的反垄断审查范围。其次，在对平台并购初创企业进行竞争损害评估时，可以有条件地适用“反事实”（counterfactual）的分析工具，评估在没有并购的情况下初创企业在未来能否对在位企业造成竞争威胁，进而建立完善的潜在竞争损害评估体系。

（二）数据驱动型并购

数据驱动型并购的实质是平台经营者为了并购相对方的数据而进行的并购。有学者指出：通过数据驱动型并购，并购企业不仅能够最大限度地整合和利用数据资源、获取数据处理技术、开发和改进数据产品，而且能够通过机器学习、算法训练进一步提高网络服务质量和企业运营效率，实现竞争优势的最大化（卢均晓，

---

① 李凯，樊明太．我国平台经济反垄断监管的新问题、新特征与路径选择．改革，2021(3)：56－65.

2021)。

当然，数据驱动型并购也会带来反垄断隐忧：第一，数据驱动型并购常常能够逃避经营者集中的反垄断审查程序。因为数据驱动型并购大多属于对于初创企业的并购以及非横向并购，这样使得其营业额相对较低，即便交易额较高，反垄断审查对非横向并购也相对宽松，由此使得数据驱动型并购很容易通过反垄断审查（曾彩霞和朱雪忠，2021)。第二，数据驱动型并购很可能对创新有极大的损害。有学者指出：在数据驱动型并购后，平台经营者很可能实施数据封锁行为，这种行为会阻止竞争对手的进一步研发行为，可能会提高市场进入门槛，使得新的具有创新潜力的初创企业难以进入市场。数据驱动型并购还会因为并购后的创新转移效果（外部化的创新激励内部化，使得创新动机出现停滞）以及与初创企业并购相伴随的扼杀现象，使得市场创新出现进一步的停滞（王磊，2022)。

由于数据驱动型并购常常伴随着纵向并购和初创企业并购，因而反垄断审查在进行竞争损害评估时会关注平台并购的数据分析，运用“反事实”等相关经济学分析工具判断数据驱动型并购对于创新的影响。

【资料专栏 16.5】

在美国脸谱并购反垄断案中，联邦贸易委员会和 46 个州、关岛及哥伦比亚特区总检察长于 2020 年 12 月正式起诉脸谱，指控脸谱通过长达数年的反竞争行为非法维持其个人社交网络的垄断地位：①声称脸谱通过收购新生和潜在竞争对手，并限制其对 API 的访问，已违反并正在违反《谢尔曼法》第 2 条；②声称脸谱通过收购 Instagram 违反了《克莱顿法》第 7 条，减少了竞争，继而形成了垄断，并持续持有和使用 Instagram 的资产；③脸谱收购和持续持有 WhatsApp 同样违反了《克莱顿法》第 7 条。美国联邦贸易委员会还向法院寻求一项永久禁令，要求剥离包括但不限于 Instagram 和 WhatsApp 在内的资产、业务或进行重组，并进行其他足以恢复竞争的救济；补救脸谱上述反竞争行为所造成的损害；禁止脸谱对软件开发人员施加反竞争条件及从事与本次起诉事实行为或类似的相关行为；要求脸谱向联邦贸易委员会提交定期的合规报告并履行其他报告义务；要求脸谱为未来的并购进行事先的通知和批准。2021 年 6 月 28 日，美国哥伦比亚特区地方法院驳回了 46 个州、关岛及哥伦比亚特区总检察长对脸谱的起诉，并驳回了联邦贸易委员会对脸谱的指控。正如法院所称，对联邦贸易委员会的指控驳回并不意味着法官同意脸谱的说法，联邦贸易委员会仍有时间整理起诉状，证明脸谱的垄断地位，并将争议的焦点集中到 Instagram 和 WhatsApp 的收购是否合法上。2021 年 8 月 19 日，联邦贸易委员会提交修改版的诉讼状，仍以《谢尔曼法》第 2 条作为主要法律依据，其诉求与上次相同，即剥离 Instagram 和 WhatsApp 等业务，要求脸谱在将来合并或收购其他业务时也需要提前上报，同时禁止脸谱就 API 和数据分享设定反竞争条件。目前，本案仍在进行中。

本章小结

反垄断法是禁止、排除或者限制市场竞争的状态或行为的法律规范的总称，是维护市场经济竞争秩序的“经济宪法”。现代各国反垄断法的实体规范一般是由禁止垄断协议制度、禁止滥用市场支配地位制度、控制经营者集中制度三个最基本的方面组成。《反垄断法》除上述三个基本制度外，还包括禁止滥用行政权力排除、限制竞争行为制度。

我国的禁止垄断协议制度在禁止横向垄断协议、纵向垄断协议以及垄断协议的组织、帮助行为的同时，还规定了纵向垄断协议的安全港制度和垄断协议的豁免情形，其中数字市场出现的算法共谋、区块链共谋给《反垄断法》的实施带来了挑战。

我国的禁止滥用市场支配地位制度重点规定了市场支配地位的认定和滥用市场支配地位的表现，数字市场反垄断法最关注的是平台“二选一”行为、平台自我优待行为和个性化定价行为。

我国的控制经营者集中制度规定了构成经营者集中的情形，经营者集中的反垄断申报标准、审查标准和审查程序。在数字经济时代，反垄断法最关注的是扼杀式并购行为和数据驱动型并购行为。

练习题

1. 简述相关市场界定的方法。
2. 简述算法合谋给反垄断法的实施带来了哪些挑战？
3. 简述数字经济时代反垄断法最关注哪些滥用平台力量的行为？
4. 简述经营者集中的反垄断申报标准和审查标准。
5. 运用所学知识，辨析某种具体行为是否违反了《反垄断法》的规定。

参考文献

1. 奥兹·谢伊．网络产业经济学．张磊，等译．上海：上海财经大学出版社，2002.

2. 财新传媒．数字经济的供给侧——中国数字经济指数 2018 年度报告，2018-05-27.

3. 蔡跃洲，陈楠．新技术革命下人工智能与高质量增长、高质量就业．数量经济技术经济研究，2019，36（5）：3-22.

4. 蔡跃洲，顾雨辰．互联网平台的技术-经济特征与福利提升及分配机制．中国社会科学文摘，2023（8）：87-88.

5. 蔡跃洲，牛新星．中国数字经济增加值规模测算及结构分析．中国社会科学，2021（11）：4-30，204.

6. 陈龙．“数字控制”下的劳动秩序——外卖骑手的劳动控制研究．社会学研究，2020（6）：113-135，244.

7. 陈星，潘勤毅．“互联网＋”时代民族地区版权产业数字化发展及对策．中国出版，2016（11）：44-46.

8. 陈永伟．区块链通识：关于区块链的 111 个问题．上海：格致出版社，2020.

9. 邓辉．数字广告平台的自我优待：场景、行为与反垄断执法的约束性条件．政法论坛，2022（3）：103-116.

10. 董超．欧盟数字化战略特点及对我国的启示．中国经贸导刊，2021（26）：23-25.

11. 弗里德里希·哈耶克．货币的非国家化——对多元货币的理论与实践的分析．姚中秋，译．北京：新星出版社，2007.

12. 郭广珍．区块链经济学．上海：格致出版社，2022.

13. 国家税务总局税收科学研究所课题组．数字经济对我国税制和征管的影响及相关政策建议．国际税收，2022（3）：3-11.

14. G20/OECD包容性框架．136个辖区就应对经济数字化税收挑战“双支柱”方案达成共识．国家税务总局官网，2021-10-08.

15. 何帆，刘红霞．数字经济视角下实体企业数字化变革的业绩提升效应评估．改革，2019（4）：137-148.

16. 何剑，魏涛．数字金融削弱了货币政策有效性吗？——来自上市公司投资行为的证据．财贸研究，2022，33（2）：52-67.

17. 何小钢，梁权熙，王善骝．信息技术、劳动力结构与企业生产率——破解“信息技术生产率悖论”之谜．管理世界，2019，35（9）：65-80.

18. 侯利阳．市场地位的反垄断剖析．北京：中国书籍出版社，2019.

19. 黄勇．促进战略性新兴产业集群化发展的培育机制研究．贵州社会科学，2021，384（12）：125-133.

20. 黄运康．从代码到法律：区块链平台数字竞争规则的建构．重庆大学学报（社会科学版），2022-03-10.

21. 江小涓．网络空间服务业：效率、约束及发展前景——以体育和文化产业为例．经济研究，2018，53（4）：4-17.

22. 焦勇．数字经济赋能制造业转型：从价值重塑到价值创造．经济学家，2020（6）：87-94.

23. 卡尔·夏皮罗，哈尔·R. 范里安．信息规则：网络经济的策略指导．孟昭莉，朱露晴，译．北京：中国人民大学出版社，2017.

24. 克里斯·安德森．免费：商业的未来．蒋旭峰，冯斌，王蒙静，译．北京：中信出版社，2009.

25. 孔含笑．应对数字经济税收挑战的国际方案比较．财政科学，2022，77（5）：134-145.

26. 李宏兵，郭界秀，翟瑞瑞．中国企业对外直接投资影响了劳动力市场的就业极化吗？．财经研究，2017，43（6）.

27. 李凯，樊明太．我国平台经济反垄断监管的新问题、新特征与路径选择．改革，2021（3）：56-65.

28. 李振利，李毅．论算法共谋的反垄断规制路径．学术交流，2018（7）：73-82.

29. 刘继峰，等．中华人民共和国反垄断法理解与适用．北京：中国法制出版社，2022.

30. 刘继峰．反垄断法．北京：中国政法大学出版社，2012.

31. 刘淑春，闫津臣，张思雪，等．企业管理数字化变革能提升投入产出效率吗？．管理世界，2021，37（5）：170-190.

32. 卢均晓．数据驱动型国际并购反垄断审查：挑战与应对．国际贸易，2021（11）：70-79.

33. 吕世斌，张世伟．中国劳动力“极化”现象及原因的经验研究．经济学（季刊），2015，14（1）：757－778.

34. 罗伯特·S. 平狄克，丹尼尔·L. 鲁宾费尔德．微观经济学．9 版．李彬，译．北京：中国人民大学出版社，2020.

35. 罗珉，李亮宇．互联网时代的商业模式创新：价值创造视角．中国工业经济，2015（1）：95－107.

36. 孟雁北，赵泽宇．反垄断法下超级平台自我优待行为的合理规制．中南大学学报（社会科学版），2022，28（1）：70－82.

37. 孟雁北．反垄断法．2 版．北京：北京大学出版社，2017.

38. 戚聿东，褚席．国际私人数字货币对中国经济的影响与应对之策．财经问题研究，2021（2）：53－61.

39. 齐昊，马梦挺，包倩文．网约车平台与不稳定劳工——基于南京市网约车司机的调查．政治经济学评论，2019，10（3）：204－224.

40. 裘莹，郭周明．数字经济推进我国中小企业价值链攀升的机制与政策研究．国际贸易，2019（11）：12－20，66.

41. 申卫星．论数据用益权．中国社会科学，2020（11）：110－131.

42. 腾讯研究院．中国“互联网+”数字经济指数（2017），2017－04－20.

43. 王磊．数据驱动型并购创新效应的反垄断审查．北京大学学报（哲学社会科学版），2022，59（3）：131－140.

44. 王先林．竞争法学．北京：中国人民大学出版社，2009.

45. 王先林．知识产权与反垄断法：知识产权滥用的反垄断问题研究．北京：法律出版社，2008.

46. 王先林．最新反垄断法条文对照与重点解读．北京：法律出版社，2022.

47. 王晓晔．论电商平台“二选一”行为的法律规制．现代法学，2020，42（3）：151－165.

48. 王雍君．数字经济对税制与税收划分的影响：一个分析框架——兼论税收改革的核心命题．税务研究，2020（11）：67－75.

49. 王永钦，董雯．机器人的兴起如何影响中国劳动力市场？——来自制造业上市公司的证据．经济研究，2020，55（10）：159－175.

50. 吴非，胡慧芷，林慧妍，等．企业数字化转型与资本市场表现——来自股票流动性的经验证据．管理世界，2021，37（7）：130－144.

51. 小贾尔斯·伯吉斯．管制和反垄断经济学．冯金华，译．上海：上海财经大学出版社，2003.

52. 肖静华．企业跨体系数字化转型与管理适应性变革．改革，2020（4）：37－49.

53. 肖旭，戚聿东．产业数字化转型的价值维度与理论逻辑．改革，2019（8）：

61－70.

54. 新华三集团数字经济研究院．中国城市数字经济指数白皮书（2018），2018－03－30.

55. 邢丽，樊轶侠，施文泼．面向数字经济时代的我国税制改革前瞻．税务研究，2022（5）：61－67.

56. 徐翔，赵墨非．数据资本与经济增长路径．经济研究，2020，55（10）：38－54.

57. 徐向梅．优化升级数字基础设施．经济日报，2022－11－14.

58. 许宪春，张钟文，胡亚茹．数据资产统计与核算问题研究．管理世界，2022，38（2）：16－30.

59. 杨佩卿．数字经济的价值、发展重点及政策供给．西安交通大学学报（社会科学版），2020，40（2）：57－65，144.

60. 俞杰，阮晶琦，周春英．数字经济背景下的税基侵蚀与利润转移．财政科学，2017，20（8）：53－63.

61. 曾彩霞，朱雪忠．大数据驱动型并购的事先申报制度研究．同济大学学报（社会科学版），2021，32（3）：177－124.

62. 战明华，汤颜菲，李帅．数字金融发展、渠道效应差异和货币政策传导效果．经济研究，2020，55（6）：22－38.

63. 张大鹏．新媒体时代纪录片产业数字化生存之道．传媒，2017（1）：47－49.

64. 中国人民银行数字人民币研发工作组．中国数字人民币的研发进展白皮书，2021－07－16.

65. 种明钊．竞争法．北京：法律出版社，1997.

66. 周围．算法共谋的反垄断法规制．法学，2020（1）：40－59.

67. 朱建海．“大数据杀熟”反垄断规制的理论证成与路径优化．西北民族大学学报（哲学社会科学版），2021（5）：112－121.

68. 祝合良，王春娟．“双循环”新发展格局战略背景下产业数字化转型：理论与对策．财贸经济，2021，42（3）：14－27.

69. 左文明，丘心心．工业互联网产业集群生态系统构建——基于文本挖掘的质性研究．科技进步与对策，2022，39（5）：83－93.

70. Acemoglu，Daron，and David Autor，“Skills，Tasks and Technologies：Implications for Employment and Earnings”，*Handbook of Labor Economics*，2011（4）.

71. Acemoglu，Daron，and Pascual Restrepo，“Low-skill and High-skill Automation”，*Journal of Human Capital*，2018，12（2）.

72. Acquisti，A.，Taylor，C.，Wagman L.， “The Economics of Privacy”，*Journal of Economic Literature*，2016，54（2）.

73. Aghion, Philippe, Ufuk Akcigit, Antonin Bergeaud, Richard Blundell, and David Hémous, " Innovation and Top Income Inequality", *The Review of Economic Studies*, 2019, 86 (1).

74. Andrews, Dan, Chiara Criscuolo, and Peter N. Gal, "The Best Versus the Rest: The Global Productivity Slowdown, Divergence Across Firms and the Role of Public Policy", *OECD Productivity Working Paper*, 2016-12-02.

75. Anneke Kosse, Ilaria Mattei, "Gaining Momentum-Results of the 2021 Survey on Central Bank Digital Cunrrencies", *BIS Papers*. May, 2022.

76. Aridor, G., Che, Y.-K., Salz, T., " The Effect of Privacy Regulation on the Data Industry: Empirical Evidence from GDPR", *NBER Working Paper*, No. 26900, 2020.

77. Ariel Ezrachi and Maurice E. Stucke, "Artificial Intelligence and Collusion: When Computers Inhibit Competition", *University of Illinois Law Review*, 2017 (1775).

78. Aum, Sangmin, and Yongseok Shin, "Why is the Labor Share Declining?" SSRN 3736264, 2020.

79. Aum, Sangmin, "The Rise of Software and Skill Demand Reversal", *Unpublished Manuscript*, 2017.

80. Autor, David H., and David Dorn, " The Growth of Low-Skill Service Jobs and the Polarization of the US Labor Market", *American Economic Review*, 2013, 103 (5).

81. Autor, David H., Frank Levy, and Richard J. Murnane, " The Skill Content of Recent Technological Change: An Empirical Exploration", *The Quarterly Journal of Economics*, 2003, 118 (4).

82. Autor, David H., Lawrence F. Katz, and Alan B. Krueger, " Computing Inequality: Have Computers Changed the Labor Market?", *The Quarterly Journal of Economics*, 1998, 113 (4).

83. Autor, David H., " Skills, Education, and the Rise of Earnings Inequality among the other 99 Percent", *Science*, 2014, 344 (6186).

84. Autor, David, David Dorn, Lawrence F., Katz, Christina Patterson, and John Van Reenen, "Concentrating on the Fall of the Labor Share", *American Economic Review*, 2017, 107 (5).

85. Azar, José, Ioana Marinescu, and Marshall Steinbaum, "Labor Market Concentration", *Journal of Human Resources*, 2022, 57 (S).

86. Balland, Pierre-Alexandre, and Ron Boschma, "Complementary Interre-

gional Linkages and Smart Specialisation: An Empirical Study on European Regions", *Regional Studies*, 2021, 55 (6).

87. Balázs Égert, "Regulation, Institutions and Aggregate Investment: New Evidence from OECD Countries", *Open Economies Review*, 2018, 29 (2).

88. Barrientos, S. W., " 'Labour Chains': Analysing the Role of Labour Contractors in Global Production Networks", *The Journal of Development Studies*, 2013, 49 (8).

89. Beaudry, Paul, David A. Green, and Benjamin M. Sand, " The Great Reversal in the Demand for Skill and Cognitive Tasks", *Journal of Labor Economics*, 2016, 34 (S1).

90. Benetton, M., Compiani, G., and Morse, A., "Crypto Mining: Local Evidence from China and the US", *Working Paper*, 2019.

91. Bluestone, Barry, and Bennett Harrison, " The Growth of Low-wage Employment: 1963—1986", *The American Economic Review*, 1988, 78 (2).

92. Boschma, Ron A., and Jan G. Lambooy, "Evolutionary Economics and Economic Geography", *Journal of Evolutionary Economics*, 1999, 9 (4).

93. Bourveau, T., De George Et, Ellahie, A., Macciocchi, D., " The Role of Disclosure and Information Intermediaries in an Unregulated Capital Market: Evidence from Initial Coin Offerings", *Journal of Accounting Research*, 2022, 60 (1).

94. Bresnahan, Timothy F., " Measuring the Spillovers from Technical Advance: Mainframe Computers in Financial Services", *American Economic Review*, 1986, 76 (4).

95. Brown, D. H., Lockett, N. J., "Engaging SMEs in E-commerce: The Role of Intermediaries within eClusters", *Electronic Markets*, 2001, 11 (1).

96. Brunnermeier, M., James, H., Landau, J. P., " The Digitalization of Money", *NBER Working Paper*, 2019, No . w2630.

97. Brynjolfsson, E., Hu, Y. J., and Smith, M. D., "Consumer Surplus in the Digital Economy: Estimating the Value of Increased Product Variety at Online Booksellers", *Management Science*, 2003, 49 (2).

98. Brynjolfsson, E., Hu, Y., and Simester, D., "Goodbye Pareto Principle, Hello Long Tail: The Effect of Search Costs on the Concentration of Product Sales", *Management Science*, 2011, 57 (8).

99. Brynjolfsson, E., Collis, A., Diewert, W. E. and Eggers, F., " GDP-B: Accounting for the Value of New and Free Goods in the Digital Economy", *NBER*

Working Paper, 2019, No. 25695.

100. Brynjolfsson, Erik, and Paul Milgrom, *Complementarity in Organizations*, Princeton: Princeton University Press, 2013.

101. Böhme, R., Christin, N., Edelman, B., Moore, T., "Bitcoin: Economics, Technology, and Governance", *Journal of Economic Perspectives*, 2015, 29(2).

102. Catalini, C., Boslego, J., Zhang, K., "Technological Opportunity, Bubbles and Innovation: The Dynamics of Initial Coin Offerings", *Mimeo*, MIT, 2017.

103. Catalini, C., Gans, J. S., " Initial Coin Offerings and the Value of Crypto Tokens", *National Bureau of Economic Research*, 2022-11-09.

104. Cette, Gilbert, Jimmy Lopez, and Jacques Mairesse, "Market Regulations, Prices, and Productivity", *American Economic Review*, 2016, 106 (5).

105. Chen, L., Cong, L. W., Xiao, Y., "A Brief Introduction to Blockchain Economics", *World Scientific Book Chapters*, 2020.

106. Christin, Nicolas, "Traveling the Silk Road: A Measurement Analysis of a Large Online Anonymous Marketplace", *Proceedings of the 22nd International World Wide Web Conference*, May 2013.

107. Cohen, P., Hahn, R., Hall, J., Levitt, S., and Metcalfe, R., "Using Big Data to Estimate Consumer Surplus: The Case of UBER", *NBER Working Paper*, 2016, No. 22627.

108. Comin, Diego, and Martí Mestieri, "If Technology has Arrived Everywhere, Why has Income Diverged?", *American Economic Journal: Macroeconomics*, 2018, 10 (3).

109. Cong, L. W., and Li, J. "Decentralized Mining in Centralized Pools", *Working Paper*, 2018.

110. Cong, Lin William, Zhiguo He, and Jiasun Li, "Decentralized Mining in Centralized Pools", *The Review of Financial Studies*, 2021 (34).

111. Dao, Mai Chi, Mitali Das, Zsoka Koczan, and Weicheng Lian, " Understanding the Downward Trend in Labor Income Shares", *World Economic Outlook*, April 2017.

112. David, H., David Dorn, and Gordon H. Hanson, "The China Syndrome: Local Labor Market Effects of Import Competition in the United States", *American Economic Review*, 2013, 103 (6).

113. David, H., Lawrence F. Katz, and Melissa S. Kearney, "The Polariza-

tion of the US Labor Market", *American Economic Review*, 2006, 96 (2).

114. De Loecker, Jan, Jan Eeckhout, and Gabriel Unger, " The Rise of Market Power and the Macroeconomic Implications", *The Quarterly Journal of Economics*, 2020, 135 (2).

115. Decker, Ryan A. , John Haltiwanger, Ron S. Jarmin, and Javier Miranda, "Declining Dynamism, Allocative Efficiency, and the Productivity Slowdown", *American Economic Review*, 2017, 107 (5).

116. Dorn, David, Lawrence F. Katz, Christina Patterson, John Van Reenen, and others, "Concentrating on the Fall of the Labor Share", *American Economic Review*, 2017, 107 (5).

117. Dosis, A. , Sand-Zantman, W. , "The Ownership of Data", *SSRN Working Paper*, No. 3420680, 2019.

118. Dube, Arindrajit, Jeff Jacobs, Suresh Naidu, and Siddharth Suri, "Monopsony in Online Labor Markets", *American Economic Review: Insights*, 2010, 2 (1).

119. Eisenmann, T. , Parker, G. , and Van Alstyne, M. , "Platform Envelopment", *Strategic Management Journal*, 2011, 32 (12).

120. EU, "Digital Economy and Society Index Report (DESI)", *European Commission*, 2018.

121. Eyal, I. , and Gün Sirer, E. , "Majority is Not Enough: Bitcoin Mining is Vulnerable", *Communications of The ACM*, 2018, 61(7).

122. Égert, Balázs, "Regulation, Institutions, and Productivity: New Macroeconomic Evidence from OECD Countries", *American Economic Review*, 2016, 106 (5).

123. Feldman, Maryann P. , "*The Geography of Innovation*", *Springer Science and Business Media*, 1994, VOL. 2.

124. Fevre, R. , *The Sociology of Labour Markets*, *London: Harvester Wheatsheaf*, 1992.

125. Friedman, G. , " Workers without Employers: Shadow Corporations and the Rise of the Gig Economy", *Review of Keynesian Economics*, 2014, 2(2).

126. Garratt, R. J. , Van Oordt, M. R. C. , "Entrepreneurial Incentives and the Role of Initial Coin Offerings", *Journal of Economic Dynamics and Control*, 2022, (142).

127. Goos, M. , Manning, A. , A. Salomons, "Explaining Job Polarization: Routine-biased Technological Change and Offshoring", *American Economic Review*,

2014, 104 (8).

128. Goos, Maarten, Alan Manning, and Anna Salomons, "Job Polarization in Europe", *American Economic Review*, 2009, 99 (2).

129. Goos, Maarten, and Alan Manning, "Lousy and Lovely Jobs: The Rising Polarization of Work in Britain", *The Review of Economics and Statistics*, 2007, 89 (1).

130. Graetz, Georg, and Guy Michaels, "Robots at Work", *Review of Economics and Statistics*, 2018, 100 (5).

131. Graham, M., and Anwar, M., " The Global Gig Economy: Towards a Planetary Labour Market?", *First Monday*, 2017, 24(4).

132. Gutiérrez, Germán, and Thomas Philippon, "Investment-less Growth: An Empirical Investigation", *National Bureau of Economic Research*, 2016 (22897).

133. Hall, J. V., and Krueger, A. B., "An Analysis of the Labor Market for Uber's Driver-partners in the United States", *ILR Review*, 2018, 71(3).

134. Hann, I.-H., Hui, K.-L., Lee, S.-Y. T., Png, I. P., "Consumer Privacy and Marketing Avoidance: A Static Model", *Management Science*, 2008, 54(6).

135. Hidalgo, César A., Bailey Klinger, AL Barabási, and Ricardo Hausmann, "The Product Space Conditions the Development of Nations", *Science*, 2007, 317 (5837).

136. Hitoshi, Matsushima, "Blockchain Disables Real-World Governance, Kyoto University", *Institute of Economic Research Working Papers*, 2019 (1017).

137. Howcroft, D., and Bergvall-Kåreborn, B., "A Typology of Crowdwork Platforms", *Work, Employment and Society*, 2019, 33(1).

138. Howe, Jeff, "Crowdsourcing: A Definition", 2006-06-02.

139. Huberman, Gur, Jacob D. Leshno, and Ciamac Moallemi, "Monopoly Without a Monopolist: An Economic Analysis of the Bitcoin Payment System", *The Review of Economic Studies*, 2021, 88(6).

140. Jaffe, Adam B., Manuel Trajtenberg, and Rebecca Henderson, "Geographic Localization of Knowledge Spillovers as Evidenced by Patent Citations", *The Quarterly Journal of Economics*, 1993, 108(3).

141. Jean-Charles Rochet and Jean Tirole, "Platform Competition in Two-Sided Markets", *Journal of the European Economic Association*, 2003, 1(4).

142. Jeffrey Rohlfs, "A Theory of Independent Demand for a Communications Sevices", *Bell Journal of Economics*, 1974, 5(1).

143. Julie Martin, "UN Committee of Experts Approves New Digital Tax Article for Model Treaty", *MNE Tax*, April 20, 2021.

144. Kalleberg, A. L., "Flexible Firms and Labor Market Segmentation: Effects of Workplace Restructuring on Jobs and Workers", *Work and Occupations*, 2003, 30(2).

145. Kalleberg, A. L., "Good Jobs, Bad Jobs: The Rise of Polarized and Precarious Employment Systems in the United States, 1970s—2000s", *Journal of Cross Culture Psychology*, 2013-03-01.

146. Katz, L. F., and Krueger, A. B., " The Rise and Nature of Alternative Work Arrangements in the United States, 1995—2015", *ILR Review*, 2019, 72 (2).

147. Katz and Shapiro, "Network Externalities, Competition and Compatibility", *The American Economic Review*, 1985, 75(3).

148. Lazonick, W., and O'sullivan, M., "Maximizing Shareholder Value: A New Ideology for Corporate Governance", *Economy and Society*, 2000, 29(1).

149. Lea Bernhardt and Ralf Dewenter, "Collusion by Code or Algorithmic Collusion? When Pricing Algorithms Take Over", *European Competition Journal*, 2020(16).

150. Levy, Frank, and Richard J. Murnane, "US Earnings Levels and Earnings Inequality: A Review of Recent Trends and Proposed Explanations", *Journal of Economic Literature*, 1993, 30(3).

151. Lin William Cong and Zhiguo He, "Blockchain Disruption and Smart Contracts", *The Review of Financial Studies*, 2019(32).

152. Lina M. Khan, "The New Brandeis Movement: America's Antimonopoly Debate", *Journal of European Competition Law and Practice*, 2018(9).

153. Maggioni, Mario A., Mario Nosvelli, and Teodora Erika Uberti, "Space Versus Networks in the Geography of Innovation: A European Analysis", *Papers in Regional Science*, 2007, 86 (3).

154. Malinova, K., Park, A., "Tokenomics: When Tokens Beat Equity", *SSRN Electronic Journal*, 2022-11-09.

155. Mazzolari, Francesca, and Giuseppe Ragusa, "Spillovers from High-skill Consumption to Low-skill Labor Markets", *Review of Economics and Statistics*, 2013, 95 (1).

156. Michaels, Guy, Ashwini Natraj, and John Van Reenen, "Has ICT Polarized Skill Demand? Evidence from Eleven Countries over Twenty-five Years", *Re-*

view of Economics and Statistics, 2014, 96 (1).

157. Modestino, Alicia Sasser, Daniel Shoag, and Joshua Ballance, "Upskilling: Do Employers Demand Greater Skill when Workers arc Plentiful?", *Review of Economics and Statistics*, 2022, 102 (4).

158. Möser, Malte, and Rainer Böhme, "Trends, Tips, Tolls: A Longitudinal Study of Bitcoin Transaction Fees", *Social Science Electronic Publishing*, January 2015.

159. OECD, *Measuring Capital*, 2nd ed, OECD Manual, 2009.

160. OECD, *Measuring Productivity: Measurement of Aggregate and Industry-Level Productivity Growth*, OECD Manual, 2001.

161. OECD, *Measuring the Digital Economy: A New Perspective*, OECD Publishing, 2014.

162. O'Dwyer, K. J. and Malone, D., "Bitcoin Mining and Its Energy Footprint", in IET Conference Proceedings, 2014.

163. Parker, G., Van Alstyne, M. W., "Platform Strategy", *The Palgrave Encyclopedia of Strategic Management*, 2014.

164. Paul A., David, "Clio and the Economics of QWERTY", *The American Economic Review*, 1985, 75(2).

165. Rebitzer, J. B., and Taylor, L. J., "A Model of Dual Labor Markets When Product Demand is Uncertain", *The Quarterly Journal of Economics*, 1991, 106(4).

166. Reinsel, D., Gantz, J., and Rydning, J., "Data Age 2025", IDC, 2019.

167. Robert H. Bork, *The Antitrust Paradox: A Policy at War with Itself*, New York: The Free Press, 1993.

168. Schwellnus, Cyrille, Mathilde Pak, Pierre-Alain Pionnier, and Elena Crivellaro, "Labour Share Developments Over the Past two Decades: The Role of Technological Progress, Globalisation and 'Winner-takes-most' Dynamics", *OECD Economic Department Working Paper*, 2018-09-04.

169. Song, Jae, David J. Price, Fatih Guvenen, Nicholas Bloom, and Till Von Wachter, "Firming up Inequality", *The Quarterly Journal of Economics*, 2019, 134 (1).

170. Statistics Canada, "The Value of Data in Canada: Experimental Estimates, Latest Developments in the Canada Economic Accounts, *Working Paper Series*, 2019, No. 9.

171. Vallas, S. and Schor, J. B., "What do Platforms do? Understanding the Gig Economy", *Annual Review of Sociology*, 2020, 46(1).

172. Vallas, S. P., " Rethinking Post-Fordism: The Meaning of Workplace Flexibility", *Sociological Theory*, 1999, 17(1).

173. Valletta, Robert G., *Recent Flattening in the Higher Education Wage Premium: Polarization, Skill Downgrading, or Both?* Chicago: University of Chicago Press, 2018.

174. Yermack, D., "Corporate Governance and Blockchains", *SSRN Electronic Journal*, 2015-01-01.

图书在版编目（CIP）数据

数字经济概论/李三希主编；刘小鲁，杨继东，程华副主编．-- 北京：中国人民大学出版社，2023.10
数字经济系列教材
ISBN 978-7-300-32277-3

Ⅰ.①数… Ⅱ.①李… ②刘… ③杨… ④程… Ⅲ.①信息经济－高等学校－教材 Ⅳ.①F49

中国国家版本馆 CIP 数据核字（2023）第 199260 号

数字经济系列教材
数字经济概论
主　编　李三希
副主编　刘小鲁　杨继东　程　华
Shuzi Jingji Gailun

出版发行	中国人民大学出版社		
社　　址	北京中关村大街 31 号	**邮政编码**	100080
电　　话	010－62511242（总编室）		010－62511770（质管部）
	010－82501766（邮购部）		010－62514148（门市部）
	010－62511173（发行公司）		010－62515275（盗版举报）
网　　址	http://www.crup.com.cn		
经　　销	新华书店		
印　　刷	北京市鑫霸印务有限公司		
开　　本	787 mm×1092 mm　1/16	**版　　次**	2023 年 10 月第 1 版
印　　张	23 插页 1	**印　　次**	2025 年 10 月第 6 次印刷
字　　数	445 000	**定　　价**	49.00 元

教学支持说明

1. 教辅资源获取方式

为秉承中国人民大学出版社对教材类产品一贯的教学支持，我们将向采纳本书作为教材的教师免费提供丰富的教辅资源。您可直接到中国人民大学出版社官网的教师服务中心注册下载——http://www.crup.com.cn/Teacher。

如遇到注册、搜索等技术问题，可咨询网页右下角在线 QQ 客服，周一到周五工作时间有专人负责处理。

注册成为我社教师会员后，您可长期根据您所属的课程类别申请纸质样书、电子样书和教辅资源，自行完成免费下载。您也可登录我社官网的“教师服务中心”，我们经常举办赠送纸质样书、赠送电子样书、线上直播、资源下载、全国各专业培训及会议信息共享等网上教材进校园活动，期待您的积极参与！

2. 高校教师可加入下述学科教师 QQ 交流群，获取更多教学服务

经济类教师交流群：809471792

财政金融教师交流群：182073309

国际贸易教师交流群：162921240

税收教师交流群：119667851

3. 购书联系方式

网上书店咨询电话：010-82501766

邮购咨询电话：010-62515351

团购咨询电话：010-62513136

中国人民大学出版社经济分社

地址：北京市海淀区中关村大街甲 59 号文化大厦 1506 室　100872

电话：010-62513572　010-62515803

传真：010-62514775

E-mail：jjfs@crup.com.cn